四訂版

否認事例にみる

法人税・消費税
修正申告の実務

諸星 健司 著

税務研究会出版局

四訂版の発行に当たって

　本書は平成26年4月に消費税等の税率が5％から8％に引き上げられたことを契機として三訂版として発行して以来長らく見直しを行っていませんでしたが，令和元年10月1日から消費税等の税率が10％に引き上げられること，企業会計における収益認識に関する会計基準への対応により平成30年度法人税の改正及び平成30年5月30日付法人税基本通達等の一部改正が行われたことから，これらを踏まえて見直しを行いました。

　本書が企業の経理担当者や職業会計人諸氏の実践に少しでもお役にたてば幸いです。

　令和元年9月

著　者

は　し　が　き（初版）

　法人税は，確定した決算に基づき課税所得を計算する仕組みとなっているため，各企業が作成した事業年度の損益計算書の当期利益をもって課税所得とすればよいわけですが，法人税法における別段の定めがあり，これが企業会計における配当可能利益の算出方法と異なるため，その異なる部分の調整を確定申告に当たって行わなければなりません。

　この確定申告に当たって行う調整を「申告調整」と呼んでいますが，申告調整で調整する所得のうち，消費税等が課税される資産の譲渡等に基づくものについては，法人税の申告調整に併せて消費税等の税額計算を同時に行わなければなりません。

　そのため，法人税の申告に誤りがあったことにより修正申告を行う場合は，申告調整と同様に修正すべき事項について申告書別表四及び別表五（一）で表示することになりますが，消費税等の経理処理を税込み又は税抜きのいずれで行っているかにより修正すべき金額が相違し，更に，消費税等の経理処理について税抜きで行っているときは，別表五（一）で未払消費税等を表示する必要があるなど，別表五（一）の記載の仕方も複雑になり，理解に窮することも少なくないものと思われます。

　本書は，平成11年４月に発行した「否認事例にみる法人税・消費税修正申告の実務」について，平成12年度の税制改正に伴い改訂版を発行することとし，税効果会計，時価会計・ヘッジ会計の処理について，新たに章を設け増補したものです。

　なお，税務調査等で特に問題となる事項や修正が多い事項を取り上げて事例として解説したつもりですが，時間的な制約等により不十分な点

につきましては読者の皆さんの御意見等を得て，更に充実したものとしていきたいと考えています。

　本書が，企業の経理担当者や職業会計人諸氏の実践に少しでもお役に立てればこのうえない喜びです。

　なお，本書において意見にわたる部分は私見であることをお断りいたします。

　最後に本書の刊行に当たりお世話になった税務研究会出版事業部の編集担当者諸氏に心からお礼を申し上げます。

　平成12年6月

著　　者

v

目　　次

第1章　消費税に係る法人税の経理処理及び調整事項

1　取引における経理処理 ……………………………………………………… *2*

2　税抜経理の方法 ……………………………………………………………… *5*

3　税抜経理の時期 ……………………………………………………………… *6*

4　控除対象外消費税額等の処理 ……………………………………………… *7*

5　期末の経理処理 ……………………………………………………………… *11*

6　当期の処理 …………………………………………………………………… *19*

第2章　収　益　・　費　用

1　収益・費用の帰属の概要 …………………………………………………… *32*

2　収益・費用の計上時期の概要 ……………………………………………… *34*

3　事例の解説と具体的修正の方法 …………………………………………… *50*

　【事例1】機械装置の販売に伴い据付工事を行った場合 ……………… *50*

　【事例2】工事代金が確定していない場合の見積り ……………………… *59*

　【事例3】商品券の発行代金の収益計上時期 ……………………………… *65*

　【事例4】補償金の収益計上 ………………………………………………… *68*

　【事例5】自社発行ポイントがある場合 …………………………………… *70*

　【事例6】従業員の横領金の処理 …………………………………………… *75*

第3章　資産の低廉譲渡等

1　法人税における収益の概念 ………………………………………………… *84*

2　法人税における益金の額 …………………………………………………… *84*

vi

③ 消費税における課税標準 ……………………………………………86

④ 事例の解説と具体的修正の方法 ……………………………………87

【事例7】 対価の額を修正した場合 ………………………………87

【事例8】 高価買入れの場合 ………………………………………93

【事例9】 役員に対する低廉譲渡の場合 …………………………97

第4章　売上割戻し・仕入割戻し

① 値引き・割戻しの概要 ………………………………………………104

② 割戻し等の計上時期等の概要 ……………………………………105

③ 事例の解説と具体的修正の方法 …………………………………110

【事例10】 変動対価の要件を満たさない売上割戻し　………………110

【事例11】 事前の取決めがない場合の売上割戻し　…………………116

【事例12】 契約等により事前の取決めがある場合の仕入割戻し　………121

【事例13】 支払通知を受けた場合の仕入割戻し　……………………126

第5章　減価償却資産の取得価額・償却開始時期

① 減価償却資産の概要 ………………………………………………134

② 減価償却資産の取得価額 …………………………………………135

③ 減価償却費の損金算入 ……………………………………………137

④ 事例の解説と具体的修正の方法 …………………………………140

【事例14】 土地・建物一括購入の場合の区分　………………………140

【事例15】 事業の用に供していない減価償却資産　…………………149

第6章　資産の評価損

① 資産の評価損益の概要 ……………………………………………160

② 資産の評価損の税務上の取扱い …………………………………160

目　　次　vii

③　事例の解説と具体的修正の方法 ……………………………………166

【事例16】棚卸資産の評価損 ………………………………………166

【事例17】有価証券の評価損 ………………………………………170

【事例18】ゴルフ会員権の評価損 …………………………………173

【事例19】土地の評価損 ……………………………………………175

第7章　役員給与・退職給与

①　法人の役員の概要 ………………………………………………………180

②　役員給与・退職給与等に係る税務上の取扱い ………………………180

③　退職給付会計に係る退職給付引当金の処理 …………………………197

④　事例の解説と具体的修正の方法 ………………………………………199

【事例20】過大役員給与 ……………………………………………199

【事例21】役員給与の増額 …………………………………………201

【事例22】個人的費用が役員給与となる場合 ……………………202

【事例23】代物弁済による退職金の支給 …………………………206

第8章　子会社再建又は整理の損失負担金等

①　損失負担金等の概要 ……………………………………………………214

②　子会社整理や再建支援に伴う損失負担等 ……………………………214

③　デット・エクイティ・スワップに関する取扱い ……………………216

④　事例の解説と具体的修正の方法 ………………………………………218

【事例24】金利免除が寄附金となる場合 …………………………218

【事例25】債務の肩代わりが寄附金となる場合 …………………220

【事例26】損失負担金が寄附金となる場合 ………………………223

viii

第9章　福利厚生費

1　福利厚生費と経済的利益の供与について ……………………………228

2　事例の解説と具体的修正の方法 ………………………………………235

【事例27】値引販売に係る否認事例 ……………………………………235

第10章　貸倒損失

1　貸倒損失等の概要 ………………………………………………………240

2　貸倒損失の判定基準 ……………………………………………………241

3　税抜経理における貸倒れの経理処理 …………………………………244

4　貸倒引当金への繰入れ …………………………………………………246

5　貸倒損失の計上が認められなかった場合の個別評価金銭債権に係る貸倒引

当金 ………………………………………………………………………252

6　事例の解説と具体的修正の方法 ………………………………………256

【事例28】破産債権に係る貸倒れ ………………………………………256

【事例29】停止条件付債務免除における貸倒れ ………………………264

【事例30】保証債務の履行に伴う貸倒れ ………………………………270

【事例31】貸倒損失が寄附金となる場合 ………………………………273

【事例32】貸倒債権が回収された場合 …………………………………279

第11章　リース取引

1　リース取引の概要と経緯 ………………………………………………284

2　リース取引に関する税務上の取扱い …………………………………285

3　事例の解説と具体的修正の方法 ………………………………………300

【事例33】リースバック取引が金融取引とされた場合 ………………300

目　　次　ix

第12章　組　織　再　編　等

[1] 組織再編成に関する税務 ……………………………………………*311*

[2] 営業譲渡に係る税務の取扱い …………………………………………*365*

[3] 事例の解説と具体的修正の方法 ………………………………………*366*

【事例34】営業権の譲渡代金を分割で収受した場合 …………………………*366*

第13章　交　際　費　等

[1] 交際費等の概要 ………………………………………………………*378*

[2] 交際費等の支出の方法・意義 …………………………………………*386*

[3] 事例の解説と具体的修正の方法 ………………………………………*388*

【事例35】創立記念パーティーの費用 ………………………………………*388*

【事例36】会議に併せて宴会を行った場合 …………………………………*392*

【事例37】情報提供料が交際費となる場合 …………………………………*395*

【事例38】親子会社における交際費の付替え …………………………………*401*

第14章　使途不明金・使途秘匿金

[1] 使途不明金の取扱い …………………………………………………*412*

[2] 使途秘匿金の取扱い …………………………………………………*413*

[3] 事例の解説と具体的修正の方法 ………………………………………*414*

【事例39】経費が使途不明とされた場合 ……………………………………*414*

【事例40】仮払金として経理した金額が使途秘匿金となる場合 …………*418*

【事例41】交際費等の支出が使途秘匿金となる場合 …………………………*421*

第15章　課税仕入れの帳簿への記載及び請求書の保存要件を欠く仕入税額控除の否認事例と修正手続

1　消費税の基本的仕組み …………………………………………………………428

2　帳簿及び請求書等の保存 …………………………………………………………428

3　事例の解説と具体的修正の方法 ………………………………………………430

【事例42】簿外売上げ及び仕入れがあった場合 ………………………………430

【事例43】帳簿への記載はあるが請求書等の保存がない場合 …………………438

第16章　税抜経理に伴う消費税等の前期否認額に係る当期の処理

【事例44】前期の売上計上もれについて当期にその全額が計上された場合の処理 …………………………………………………………………………445

【事例45】前期の売上計上もれの一部が当期に計上されている場合の処理 ……451

【事例46】前期の経費否認に係る当期の処理 …………………………………463

第17章　税効果会計に係る法人税の処理

1　税効果会計の目的 …………………………………………………………472

2　税効果会計の仕組み …………………………………………………………472

3　税効果会計と申告調整 ………………………………………………………474

4　修正申告に係る税効果 ………………………………………………………475

【事例47】退職給付引当金限度超過額に係る税効果の処理 …………………476

【事例48】賞与引当金限度超過額に係る税効果の処理 ………………………478

【事例49】土地評価損の計上が認められない場合の税効果の処理 ……………480

目　　次　xi

第18章　時価会計・ヘッジ会計

1　有価証券の譲渡損益 ……………………………………………*484*

2　有価証券の評価損益 ……………………………………………*497*

3　デリバティブ取引に係る未決済損益の計上 ………………………*501*

4　繰延ヘッジ処理 …………………………………………………*502*

5　時価ヘッジ処理 …………………………………………………*505*

6　外貨建資産等の期末時換算 …………………………………………*507*

【事例50】償還有価証券について差額計上がない場合 ………………*508*

【事例51】デリバティブ取引に係る期末未決済損益を計上していなかっ
　　　　　た場合………………………………………………………*517*

【事例52】有価証券の空売り等に係る期末未決済損益を計上していなか
　　　　　った場合 ……………………………………………………*519*

xii

凡　　例

　本書で引用した法令等の略称のうち，主なものは次のとおりです。

法　　　　　法　……法人税法

法　　　　　令　……法人税法施行令

法　　　　　規　……法人税法施行規則

消　　　　　法　……消費税法

消　　　　　令　……消費税法施行令

消　　　　　規　……消費税法施行規則

所　　　　　令　……所得税法施行令

措　置　　法　……租税特別措置法

措　置　　令　……租税特別措置法施行令

法　基　　通　……法人税基本通達

消　基　　通　……消費税法基本通達

所　基　　通　……所得税基本通達

措　置　　通　……租税特別措置法関係通達

財務諸表等規則　……財務諸表等の用語，様式及び作成方法に関する規則

〈使用例〉

法法2②二＝法人税法第2条第2項第2号

＊本書は令和元年6月28日現在の法令・通達に拠っています。

第1章

消費税に係る法人税の
経理処理及び調整事項

法人税の調査により，売上げの計上漏れや経費の過大計上が把握されたとき
は，法人税の修正に加えて，消費税等の修正が必要となりますが，法人税の非
違や消費税単独の非違により消費税の課税売上割合が変動する場合もあります。

また，法人税の経理処理について，税抜経理方式を採用している法人にあっ
ては，資産に係る控除対象外消費税額等が生じることもあり，この場合には，
調査により生じた資産に係る控除対象外消費税額等について損金算入限度額の
調整も必要となります。

そのため，法人税の修正と消費税等の修正とは，切っても切り離せないもの
となっています。そこで，法人税の修正に伴って消費税等の非違が生じる場合
の法人税の修正処理に当たっては，まず，消費税等の税務処理について十分理
解しておく必要があります。

1 取引における経理処理

消費税の創設時における経理処理に関しては，企業会計上一般に公正妥当な
経理処理の基準に従って処理することとされ，その方法には税込経理方式と税
抜経理方式とがありました。

これは，消費税の税体系が課税資産の譲渡等を課税の対象とする一方，事業
者である法人によって商品やサービスの価額に上乗せされた税が各流通段階に
おいて転嫁され，最終消費者に税の負担を求める間接税であること，また，各
流通段階におけるそれぞれの事業者を納税義務者としていることから，税が累
積しないように前段階控除方式（仕入れに係る消費税額の控除）を採用してい
ますので，企業会計上，各事業者の流通段階における消費税は一種の通過勘定
であるとの認識から，売上げに係る消費税等は仮受消費税等，仕入れに係る消
費税等は仮払消費税等として消費税等相当額を取引対価の額と区分して処理し，

期末においてそれを清算し納付税額を未払金に計上する税抜経理方式が認められていました。

一方，消費税等の額を取引の本体価額とは別に経理処理することは煩雑であるなどの理由により，税抜経理方式より簡便な税込経理方式も認められていました。

ところで，企業会計基準委員会から平成30年3月30日に「収益認識に関する会計基準」（企業会計基準29号）が公表され，その第47項で，第三者のために回収する額は取引価格には含めないとされたことにより，同会計基準を適用した場合には税抜経理処理をせざるを得ないこととされました。そのため，同会計基準を前提とした場合には税込経理処理方式は選択できないこととなります。

しかし，中小企業など収益認識に関する会計基準の適用を受けない法人もあることから，法人税の取扱いにおいては税込経理処理方式もそのまま認められています（「消費税法等の施行に伴う法人税の取扱いについて」3）。

ただし，消費税の納税義務が免除されている法人にあっては税込経理処理方式によらなければなりません（「消費税法等の施行に伴う法人税の取扱いについて」5）。

また，地方消費税も消費税と同様に税込経理方式又は税抜経理方式により処理することになります。

ただし，消費税と地方消費税の税目の違いにより異なる経理処理を行う理由はないものと思われますので，消費税を税抜きで地方消費税を税込みで行うような経理処理方式を採用することは認められません。

1 税込経理方式

旧物品税等の間接税については，それを法人が納税義務者として納付するとしても，転嫁された税相当額を売上げとして認識していたのと同様の理由により売上げに係る消費税及び地方消費税は売上げとして認識し収益に計上する一

4

方，仕入れ等に関して支払った消費税及び地方消費税は費用又は資産の取得価額とする経理処理を税込経理方式といい，税抜経理方式に比べると簡便な処理方式です。

2 税抜経理方式

税抜経理とは，取引に係る消費税及び地方消費税に相当する金額をこれらに係る取引の対価と区分する経理をいい，すべての勘定科目について税抜きを行うのを原則とします。

ただし，売上げ等の収益に係る取引について税抜経理方式を採用している場合には，固定資産等（繰延資産，棚卸資産を含む。）又は経費等（販売費，一般管理費等）のいずれかの取引については税込経理方式を選択適用でき，また，固定資産等のうち棚卸資産の取得については継続適用を条件として他の固定資産等とは異なる方式を選択適用することができることとされています。

なお，固定資産等や経費等について税込みを選択する場合には，個々の固定資産や個々の経費科目ごと又は取引ごとに異なる方式を選択することはできませんから，例えば，固定資産について税込経理を選択した場合にA資産については税込み，B資産については税抜きとして処理することはできません。

区分	売上げ	固 定 資 産 等		経費等
		固定資産・繰延資産	棚卸資産	
処理方法	税抜き	税抜き	税抜き	税抜き
				税込み
		税抜き	税込み	税抜き
				税込み
		税込み	税抜き	税抜き
		税込み	税込み	税抜き

消費税の課税体系は，課税資産の譲渡等を課税の対象とする一方，商品やサービスの価格に上乗せされて各流通段階において転嫁され，最終消費者に負担

第1章 消費税に係る法人税の経理処理及び調整事項　　5

を求める間接税であること，各流通段階におけるそれぞれの事業者を納税義務者としていることから，税が累積しないように前段階控除方式である仕入税額控除を採用しています。

　また，地方消費税の課税体系は消費税額を課税標準としていますが，各流通段階における課税の仕組みは消費税と同一です。

　そのため，法人にとって消費税及び地方消費税は一種の通過勘定であるとの認識から，取引の時点で売上げに係る消費税及び地方消費税を仮受消費税等，仕入れ等に係る消費税及び地方消費税を仮払消費税等として処理し，期末においてそれを清算し納付すべき消費税額及び地方消費税額を未払債務に計上する方式を税抜経理方式といい，収益認識に関する会計基準の適用を前提とすれば，この税抜経理方式によらざるを得ないことになります。

② 税抜経理の方法

　税抜経理方式を採用し，取引のつど本体価額と消費税等相当額とを区分する税抜経理を行う場合，例えば，1,000,000円の売上げに対して7.8％の消費税78,000円と2.2％の地方消費税22,000円の合計1,100,000円を受領したときには，次の仕訳を行います。

（借方）現預金　　　　　1,100,000円　　（貸方）売　上　　　　　1,000,000円

　　　　　　　　　　　　　　　　　　　　　　　仮受消費税等　　　　100,000円

　そして，売上対価の額と消費税及び地方消費税を区分して受領するときの請求書等の記載例は，次のようになります。

6

請　求　書				
□□□□　様			株式会社△△△△△	
品　　　名	単　　　価	数量	金　　　額	
○　○　○　商　品	1,000,000円	1	1,000,000円	
消費税額等（10％）			100,000円	
合計請求金額			1,100,000円	

　なお，飲食料品の販売など軽減対象資産の譲渡の場合，10,000円の売上に対して6.24％の消費税624円と1.76％の地方消費税176円の合計10,800円を受領したときは，次の仕訳を行います。

（借方）現預金　　　　　　　10,800円　　　（貸方）売　上　　　　　　　　10,000

　　　　　　　　　　　　　　　　　　　　　　　　　仮受消費税等　　　　　　800

(注)　2019年（令和元年）10月1日以降2023年（令和5年）9月30日までの間は区分記載請求書等保存方式が適用されますので，請求書等には標準税率対象資産（10％対象）と軽減税率適用対象資産（8％対象）がある場合には軽減対象資産の譲渡についてはその旨がわかるように表示するとともに，標準税率対象資産と軽減税率対象資産のそれぞれの合計額(税込対価の額)を表示することが求められています（消法30⑨，平成28年改正法附則34②）。

　また，旧消費税法施行規則第22条を適用して課税資産の譲渡等の対価の額を受領している法人が，課税期間における消費税の課税標準額に対する消費税額を算出する場合には，仕訳によるところの仮受消費税等（消費税と地方消費税との合計額）のその課税期間中の合計額に100分の78（軽減対象資産の譲渡に係る仮受消費税等にあっては80分の62.4）を乗じて算出した金額が当該消費税額となります。

3　税 抜 経 理 の 時 期

　税抜経理方式による経理処理は，消費税の課税取引が行われたつど（個々の資産の譲渡等の対価ごと）行うのが原則ですが，それぞれの取引を記帳する段

階では税込みで処理し，期末において消費税及び地方消費税相当額を一括して税抜きしたとしても特に課税上の弊害がないことから，期末一括税抜処理も認められます。また，月次決算，四半期決算又は中間決算における一括税抜経理も認められます。

　ただし，一括税抜経理の場合には，各勘定科目の金額のうち消費税の課税取引により生じた部分の金額を税抜処理するのは当然ですが，勘定科目に課税取引と非課税取引又は不課税取引が混在している場合には，税抜経理を行う時点で課税取引による金額だけを集計し，その金額に110分の10を乗じて仮受消費税等又は仮払消費税等を算出しなければならず，かえって困難となる場合があり，それによって誤った処理がなされないように注意する必要があるでしょう。

　なお，本書の税抜経理の解説に当たっては，取引のつど行うものとして記載します。

4 控除対象外消費税額等の処理

　法人税法施行令第139条の4《資産に係る控除対象外消費税額等の損金算入》第5項の規定によれば，資産に係る控除対象外消費税額等とは「内国法人が消費税法第19条第1項（課税期間）に規定する課税期間につき同法第30条第1項の規定の適用を受ける場合で，当該課税期間中に行った同法第2条第1項第9号（定義）に規定する課税資産の譲渡等につき課されるべき消費税の額及び当該消費税の額を課税標準として課されるべき地方消費税の額に相当する金額並びに同法第30条第2項に規定する課税仕入れ等の税額及び当該課税仕入れ等の税額に係る地方消費税の額に相当する金額をこれらに係る取引の対価と区分する経理をしたときにおける当該課税仕入れ等の税額及び当該課税仕入れ等の税額に係る地方消費税の額に相当する金額の合計額のうち，同条第1項の規定による控除をすることができない金額及び当該控除をすることができない金額に係る地

方消費税の額に相当する金額の合計額でそれぞれの資産に係るものをいう」とされています。

また、上記の「課税仕入れ等の税額に係る地方消費税の額に相当する金額又は控除をすることができない金額に係る地方消費税の額に相当する金額」とは、それぞれ「地方消費税を税率が100分の2.2（軽減対象資産の譲渡等に係るものである場合には100分の1.76）の消費税であると仮定して消費税法の規定の例により計算した場合における同法第30条第2項に規定する課税仕入れ等の税額に相当する金額又は同条第1項の規定による控除をすることができない金額に相当する金額をいう」こととされています（法令139の4⑥、平成30年改正令附則14②）。

したがって、控除対象外消費税額等とは、税抜経理を行ったときにおける仮払消費税等の金額（課税仕入れに係る税込対価の額の110分の10（軽減対象資産の譲渡等に係るものである場合には108分の8）に相当する金額並びに課税貨物につき課された又は課されるべき消費税額及び地方消費税額の合計額）のうち、消費税法第30条第1項の規定による控除をすることができない金額及び地方消費税を税率が100分の2.2（軽減対象資産の譲渡等に係るものである場合には100分の1.76）の消費税であると仮定して消費税法の規定の例により計算した場合における消費税法第30条第1項の規定による控除をすることができない金額に相当する金額の合計額が控除対象外消費税額等となります。

これによる控除対象外消費税額等を図示すると下図のようになります。

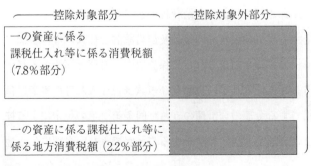

第1章　消費税に係る法人税の経理処理及び調整事項　　*9*

　ところで，この場合の控除をすることができない金額の合計額は，消費税の仕入控除税額の計算を個別対応方式により行った場合の非課税売上げ対応課税仕入れについては仮払消費税等とした金額の全額が控除対象外消費税額等となりますが，消費税の仕入控除税額の計算を一括比例配分方式により行っている場合及び個別対応方式による課税売上げと非課税売上げとに共通して要する課税仕入れについては，仮払消費税等の金額のうち控除対象外部分をそれぞれの資産ごとに計算しなければならず，その具体的な計算としては，次の二つの方法が考えられます。

① 　消費税の控除対象仕入税額の$\frac{100}{78}$に相当する金額を，仮払消費税等の額から控除する方法

$$\text{資産に係る仮払}_{\text{消費税等の金額}} - \left\{ \text{当該資産について控除}_{\text{対象となる仕入税額}} \times \frac{100}{78} \right\}$$

　　(注) $\frac{100}{78}$は，消費税及び地方消費税の合計税率10％を消費税率7.8％で除した割合です。

② 　仮払消費税等の額に非課税売上割合（1－課税売上割合）を乗じて算出する方法

$$\text{資産に係る仮払}_{\text{消費税等の金額}} - \left\{ \text{当該資産に係る}_{\text{仮払消費税等の金額}} \times \text{課税売上割合} \right\}$$

$$= \text{資産に係る仮払消費税等の金額} \times （1－課税売上割合）$$

　法人税法施行令第139条の4第5項の規定によれば，上記の資産に係る控除対象外消費税額等とは，それぞれの資産ごとに算出することとされていますが，消費税法において一括比例配分方式及び個別対応方式で共通用の課税仕入れ等に係る控除対象仕入税額を算出するときは，その課税期間中の課税仕入れ等の税額の合計額に課税売上割合を乗じて計算することとされていることから，上記①の方法のように個々の資産ごとに控除対象となる仕入税額を計算するのは非常に煩雑です。

　そこで，個々の資産に係る控除対象外消費税額等を算出するには，上記②の

10

方法によるのが一般的かと思われます。

　これによる消費税の仕入控除税額の違いによる控除対象外消費税額等は次のようになります。

消費税の仕入控除税額の計算方法		仮払消費税等の金額のうち控除対象外部分
一　括　比　例　配　分　方　式		仮払消費税等の金額×（1－課税売上割合）
個別対応方式	課税売上げ対応	な　し
	共　通　対　応	仮払消費税等の金額×（1－課税売上割合）
	非課税売上げ対応	仮払消費税等の金額の全額

　そして，課税売上高が5億円以下で，かつ，その事業年度（課税期間）における課税売上割合が95％以上の場合は，仕入れに係る消費税額の全額が控除されるため控除対象外消費税額等はありません。しかし，課税売上高が5億円以下でその事業年度（課税期間）の課税売上割合が95％未満80％以上，又は課税売上高が5億円超でその事業年度（課税期間）の課税売上割合が80％以上の場合には，すべての資産に係る控除対象外消費税額等は損金経理を要件として一括して損金の額に算入することができます。

　また，その事業年度（課税期間）における課税売上割合が80％未満であるときは，課税売上高に関係なく棚卸資産に係る控除対象外消費税額等及び棚卸資産以外の資産に係る控除対象外消費税額等の金額で一の資産に係るものの金額が20万円未満のものは損金経理を要件として一括損金の額に算入することができます。それ以外のもの（棚卸資産以外の資産に係る控除対象外消費税額等で一の資産に係るものの金額が20万円以上のもの）は繰延消費税額等を60で除し，これにその事業年度の月数を乗じて計算した金額（初年度はその2分の1）が損金算入限度額となります。

　そのため，仮払消費税等として経理した金額のうち控除対象外となる部分を的確に把握し，一時損金算入できるものと繰延消費税額等として資産計上しなければならないものとを明確にする必要があります。

第1章 消費税に係る法人税の経理処理及び調整事項 *11*

(注) 事業年度（課税期間）における課税売上高が5億円以下であるか否かの判定に当たっては，事業年度（課税期間）が1年に満たない場合には，その事業年度（課税期間）の課税売上高をその期間の月数で除し，これに12を乗じて計算した金額を課税売上高として判定します。

なお，課税仕入れ等の税額の控除に係る帳簿及び請求書等を保存しない場合に，消費税法第30条第7項の規定により，仕入税額控除が認められなかった消費税及び地方消費税の額も控除対象外消費税額等に該当します。

課税売上高	課税売上割合	資産に係る控除対象外消費税額等の処理
5億円以下	95％以上	原則として，控除対象外消費税額等はない。
	95％未満 80％以上	損金経理を要件として，資産に係る控除対象外消費税額等の全額を一時の損金として処理できる。 （損金経理しなかった資産に係る控除対象外消費税額等は繰延消費税額等として処理する。）
	80％未満	一の資産に係る控除対象外消費税額等が20万円以上のものは繰延消費税額等として処理する。 　ただし，棚卸資産に係るもの及び一の資産に係る控除対象外消費税額等で20万円未満のものについては，損金経理を要件として一時の損金として処理できる。 （損金経理しなかった棚卸資産に係るもの及び一の資産に係る控除対象外消費税額等で20万円未満のものは繰延消費税額等として処理する。）
5億円超	80％以上	損金経理を要件として，資産に係る控除対象外消費税額等の全額を一時の損金として処理できる。 （損金経理しなかった資産に係る控除対象外消費税額等は繰延消費税額等として処理する。）
	80％未満	一の資産に係る控除対象外消費税額等が20万円以上のものは繰延消費税額等として処理する。 　ただし，棚卸資産に係るもの及び一の資産に係る控除対象外消費税額等で20万円未満のものについては，損金経理を要件として一時の損金として処理できる。 （損金経理しなかった棚卸資産に係るもの及び一の資産に係る控除対象外消費税額等で20万円未満のものは繰延消費税額等として処理する。）

(注) 調査等により課税売上割合が減少したことに伴い資産に係る控除対象外消費税額等が増加した場合には，その増加した部分の控除対象外消費税額等については損金経理がないことになるため，繰延消費税額等として処理せざるを得なくなります。

5 期末の経理処理

期末における仮受・仮払消費税等の処理については，納付すべき消費税額と

12

納付すべき地方消費税額を算出した後に，仮受消費税等の残額を借方に，仮払消費税等の残額を貸方に仕訳し，当該算出された納付すべき消費税を未払消費税として，また納付すべき地方消費税を未払地方消費税（又はこれらの合計額を未払消費税等）として貸方に仕訳した上で，その仕訳により生じた差額を雑損又は雑益として処理します。

　ただし，課税売上割合が80％未満となる事業年度における資産に係る控除対象外消費税額等は，別途繰延消費税額等としての処理を行います。

(1)　課税売上高が5億円以下で，かつ，課税売上割合が95％以上の場合

【例1】

①　事業年度中の総額

仮払消費税	×××××円	仮受消費税	△△△△△△円

②　清算仕訳

仮受消費税	△△△△△△円	仮払消費税	×××××円
		未払消費税	○○○○円
		未払地方消費税	□□□□円

（雑損　　　　　　　　　　　円）又は（雑益　　　　　　　　　　　円）

　なお，消費税の確定申告が還付申告であるときは，還付を受ける消費税額は未収還付消費税として，また還付を受ける地方消費税額は未収還付地方消費税（又はこれらの合計額を未収還付消費税等）として借方に仕訳し，期末の清算仕訳を行います。

【例2】

①　事業年度中の総額

仮払消費税	×××××円	仮受消費税	△△△△△△円

② 清算仕訳

仮受消費税	△△△△△△円	仮払消費税	××××××円
未収還付消費税	○○○○円		
未収還付地方消費税	□□□□円		

（雑損　　　　　　　　　　　円）又は（雑益　　　　　　　　　　　円）

(2) 課税売上高が5億円以下で，かつ，課税売上割合が95％未満80％以上又は課税売上高が5億円超で課税売上割合が80％以上の場合

【例3】

① 事業年度中の総額

仮払消費税	××××××円	仮受消費税	△△△△△△円

② 清算仕訳

仮受消費税	△△△△△△円	仮払消費税	××××××円
控除対象外消費税額等	◇◇◇◇◇◇円	未払消費税	○○○○円
		未払地方消費税	□□□□円

（雑損　　　　　　　　　　　円）又は（雑益　　　　　　　　　　　円）

(注) 借方に控除対象外消費税額等を計上せず，差額全額を雑損処理することも可能です。この場合には，次の③の処理は不要です。

③ 控除対象外消費税額等の損金算入処理

　　課税売上割合が80％以上の場合には，損金経理を要件として控除対象外消費税額等の全額が損金として認められますので，控除対象外消費税額等の全額を雑損として処理します。

雑　　損	◇◇◇◇◇◇円	控除対象外消費税額等	◇◇◇◇◇◇円

14

⑶　課税売上割合が80%未満の場合

【例4】

① 事業年度中の総額

仮払消費税　　　×××××円　　　仮受消費税　　　△△△△△△円

② 清算仕訳

仮受消費税　　　△△△△△△円　　　仮払消費税　　　×××××円

控除対象外消費税額等　◇◇◇◇◇◇円　　　未払消費税　　　　○○○○円

　　　　　　　　　　　　　　　　　　未払地方消費税　　　□□□□円

（雑損　　　　　　　　　　　円）又は（雑益　　　　　　　　　円）

(注)　借方に控除対象外消費税額等を計上せず，差額全額を雑損処理することも可能です。この場合には，別表四で繰延消費税額等の損金算入限度超過額を加算し，③の処理は不要です。

③ 控除対象外消費税額等の損金算入処理

　　課税売上割合が80%未満の場合には，控除対象外消費税額等のうち棚卸資産に係るもの，資産に係る控除対象外消費税額等の金額が20万円未満のもの及び経費に係るものを雑損とし，残額を繰延消費税額等として仕訳した上で，繰延消費税額等の当期損金算入限度額を損金処理します。

繰延消費税額等　　▲▲▲▲▲円　　　控除対象外消費税額等　◇◇◇◇◇◇円

雑　損　　　　　＊＊＊＊＊円

繰延消費税額等の損金算入額　□□□□円　　　繰延消費税額等　　　　□□□□円

　調査により消費税の課税売上割合が異動した場合の調整事項については，次の表を参考にしてください。

　なお，控除対象外消費税額等の調整関係に記載したパターンについては，その該当するパターンの図解を参照してください。

第1章 消費税に係る法人税の経理処理及び調整事項 15

【課税売上高が5億円以下の場合】

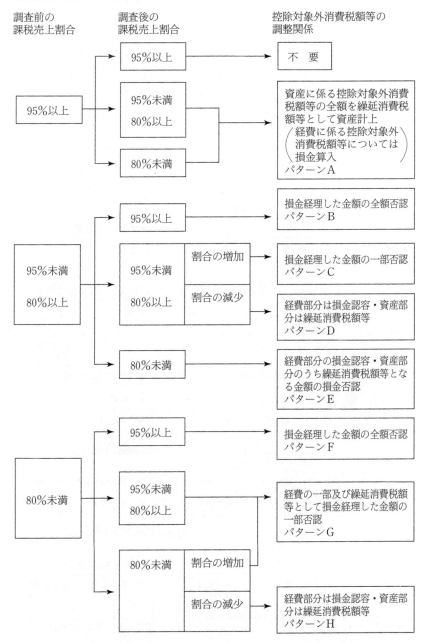

16

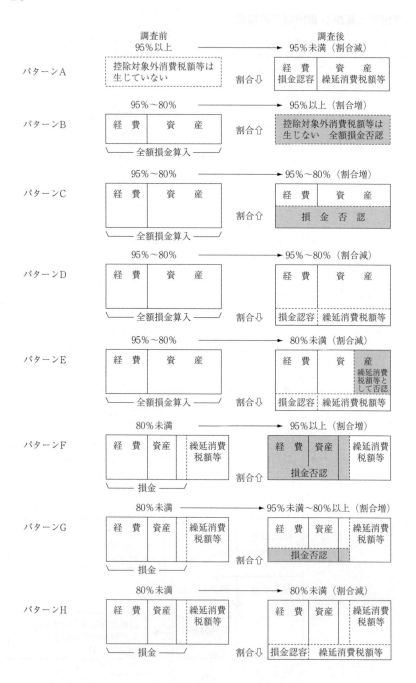

第1章 消費税に係る法人税の経理処理及び調整事項　*17*

【課税売上高が5億円超の場合】

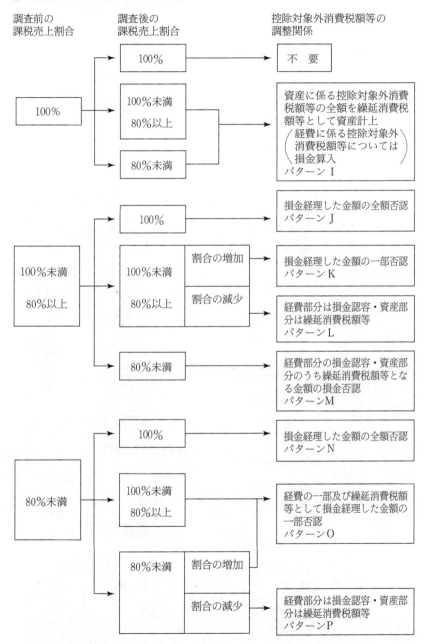

18

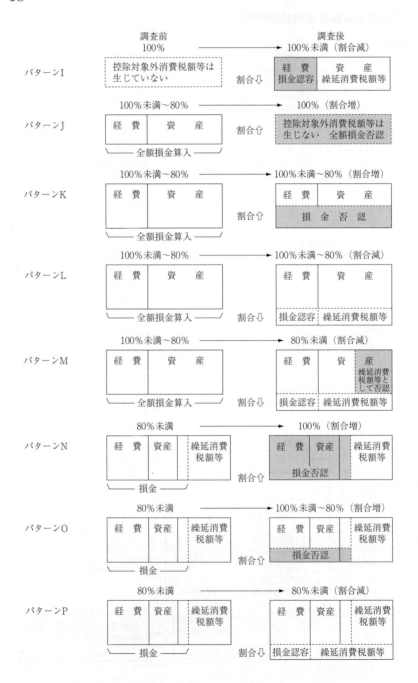

6 当 期 の 処 理

　消費税等の経理処理を税抜きで行っている場合で，税務調査等で法人税の是否認に伴う消費税等の是否認が生じたときは，消費税等の修正申告により増加する税額を法人税の修正申告書の別表五(一)で未払消費税等として計上することになります。

　そして，消費税等の修正申告書を提出し増加税額を納付した事業年度で，法人税の修正申告書の別表五(一)に記載してある未払消費税等を消去することになりますが，この消去の方法については，法人が消費税等の増加税額を損金経理で納付しているか，それとも未払消費税等を取り崩して納付することにより損益に影響させていないかにより，その処理方法が異なり，その態様別の処理は次表のようになります。

処　理　の　態　様		別　表　上　の　処　理
増加税額の処理	仮受・仮払消費税等の期末清算	
(1)　損金経理により納付	仮受・仮払消費税等の期末清算仕訳上，前期の増加税額相当額を期末未払消費税等とし計上（期末の未払消費税等の計上金額が前期増加税額相当額だけ過大となっている。）	損金算入した消費税等の額を留保加算し期末の未払消費税等の過大計上額を別表五（一）で表示します。
(2)　損金経理により納付	仮受・仮払消費税等の期末清算仕訳上，前期の増加税額相当額を雑益として計上（期末の未払消費税等の計上は正しく行われている。）	損金算入した消費税等の額を留保加算するとともに雑益の過大計上を減算し，別表五（一）では，いずれも未払消費税等として当期増及び当期減に表示し，期末残をゼロとします。
(3)　未払消費税等のマイナスとして納付	前期の増加税額を未払消費税等のマイナスで納付した場合には，期末の未払消費税等の計上額は正しく行われていることになる。	別表での加減算は必要ありません。

20

また，前期の是否認に係る事項が当期の確定決算に反映されるものと，まったく反映されないものとがあり，当期の処理が必然的に相違します。そこで，前期否認形態別による当期の一般的な処理方法を示すと次のようになります。

(1) 収益の繰延べ（翌期全額認容分）

　売上げ等の収益が繰り延べられていることにより，前期の収益として修正された事項については，当期ではその収益が公表帳簿で仕訳され，売上げとして計上されるとともに，仮受消費税等の仕訳も行われます。

　そのため，当期において仕訳された仮受消費税等が期末の清算に影響することになり，清算仕訳でその仮受消費税等相当額を期末の未払消費税等として計上した場合には，前期消費税等の修正により増加した税額を納付する時点で未払消費税等の減少として納付すれば損益に影響しないことになります。

【例1・未払消費税等を計上する場合】

① 当期の仕訳　　（借方）現預金　　　　11,000（貸方）売　上　　　　10,000
　　　　　　　　　　　　　　　　　　　　　　　　仮受消費税等　 1,000

② 納付時の仕訳（借方）未払消費税等 1,000（貸方）現預金　　　　　1,000

③ 期末の清算仕訳（借方）仮受消費税等 1,000（貸方）未払消費税等　 1,000

④ 申告調整　　前期計上済みの売上10,000を別表四で減算し，別表五(一)では前期から繰り越した売掛金11,000と未払消費税等△1,000を消去します。

(注)　②の仕訳によるマイナスの未払消費税等が先行計上され，期末に③の仕訳による未払消費税等の仕訳により消去される。

第1章　消費税に係る法人税の経理処理及び調整事項　*21*

《参考》

別表四

区　　　　分	総　　額	処　　　　分		
		留　　保	社　外　流　出	
	①	②	③	
減算	売　上　認　容	10,000	10,000	

別表五（一）　　I　利益積立金額の計算に関する明細書

区　分	期首現在利益積立金額	当期の増減		差引翌期首現在利益積立金額
		減	増	
	①	②	③	④
売　掛　金	11,000	11,000		
未払消費税等	△1,000		1,000	

【例2・仮受消費税等を雑益として計上する場合】

①　当期の仕訳　　（借方）現預金　　　　11,000（貸方）売　上　　　　10,000

　　　　　　　　　　　　　　　　　　　　　　　　　　　仮受消費税等　 1,000

②　納付時の仕訳（借方）租税公課　　　1,000（貸方）現預金　　　　　1,000

③　期末の清算仕訳（借方）仮受消費税等 1,000（貸方）雑　益　　　　　1,000

④　申告調整　　前期計上済みの売上1,000及び雑益計上した1,000を別表四で

　　　　　　　　減算するとともに租税公課で納付した前期の消費税等1,000を

　　　　　　　　別表四で加算し，別表五(一)では前期から繰り越した売掛金

　　　　　　　　11,000と未払消費税等△1,000を消去します。

22

《参考》

別表四

区　　　　分		総　　額	処　　分		
			留　　保	社 外 流 出	
		①	②	③	
加算	損金経理により納付した消費税等	1,000	1,000		
減算	売 上 認 容	10,000	10,000		
	雑 益 認 容	1,000	1,000		

別表五（一）　　Ⅰ　利益積立金額の計算に関する明細書

区　　分	期 首 現 在 利益積立金額	当 期 の 増 減		差引翌期首現在利益 積 立 金 額
		減	増	
	①	②	③	④
売 掛 金	11,000	11,000		
仮受消費税等			1,000	1,000
未払消費税等	△1,000		1,000	

【例3・未払消費税等を計上するが前期分の消費税等を損金として納付した場合】

① 当期の仕訳　（借方）現預金　　　11,000 （貸方）売 上　　　　10,000

　　　　　　　　　　　　　　　　　　　　　　　　　 仮受消費税等　1,000

② 納付時の仕訳（借方）租税公課　　1,000 （貸方）現預金　　　　1,000

③ 期末の清算仕訳（借方）仮受消費税等 1,000 （貸方）未払消費税等　1,000

④ 申告調整　前期計上済みの売上10,000を別表四で減算するとともに租税

　　　　　　公課で納付した前期の消費税等1,000を別表四で加算し，別表

　　　　　　五(一)では前期から繰り越した売掛金11,000と未払消費税等

　　　　　　△1,000を消去するとともに，当期末の未払消費税等の過大額

　　　　　　1,000を計上します。

《参考》

別表四

区　　　分		総　　額	処　　　　　分			
			留　　保		社 外 流 出	
		①	②		③	
加算	損金経理により納付した消費税等	1,000	1,000			
減算	売 上 認 容	10,000	10,000			

別表五（一）　　I　　利益積立金額の計算に関する明細書

区　　分	期 首 現 在利益積立金額	当 期 の 増 減		差 引 翌 期 首 現 在 利 益積　立　金　額
		減	増	
	①	②	③	④
売　　掛　　金	11,000	11,000		
未払消費税等	△1,000		1,000 1,000	1,000

(2)　収益の繰延べ（翌期一部が認容される場合）

　　長期に分割払を受けることとされる収益等について法人が入金時又は収受すべき日の益金として計上しているものが，確定時に一括して益金に計上すべきであるとして修正された事項については，当期ではその収益の一部が公表帳簿で仕訳される場合，あるいは何らの仕訳も生じない場合とがあり，当期において一部が収益として仕訳されるときはその計上される金額に係る仮受消費税等の仕訳が行われます。

　　これにより，当期において仕訳された仮受消費税等が期末の清算に影響することになりますが，その金額では納付する増加税額に満たないことから差額は損金経理により納付するか，期末の未払消費税等を正しい金額に雑損で調整するケースがあります。

　　また，当期において前期否認に係る収益がまったく計上されないときは，前期否認に係る消費税等の増加税額は損金として納付することになります。

24

清算仕訳でその仮受消費税等相当額を期末の未払消費税等として計上する場合には，前期消費税等の修正により増加した税額を納付する時点で未払消費税等の減少とすれば，その部分についての損益には影響がないことになります。

【例4・一部仕訳される場合で差額を損金経理により納付する場合】

① 当期の仕訳 （借方）現預金 5,500 （貸方）売 上 5,000

仮受消費税等 500

② 納付時の仕訳 （借方）未払消費税等 500 （貸方）現預金 1,000

租税公課 500

③ 期末の清算仕訳 （借方）仮受消費税等 500 （貸方）未払消費税等 500

④ 申告調整 前期計上済みの売上げのうち当期に計上した5,000を別表四で減算し，租税公課として納付した500を当期の申告調整で損金不算入として別表四で加算します。

(注) ②の仕訳によるマイナスの未払消費税等が先行計上され，期末に③の仕訳による未払消費税等の仕訳により消去される。

《参考》

別表四

区　　　　　分	総　　　額	処　　　分		
		留　　保	社 外 流 出	
	①	②	③	
加算 損金経理により納付した消費税等	500	500		
減算 売 上 認 容	5,000	5,000		

第1章　消費税に係る法人税の経理処理及び調整事項　*25*

別表五（一）　　Ⅰ　利益積立金額の計算に関する明細書

区　　分	期首現在利益積立金額	当期の増減		差引翌期首現在利益積立金額
		減	増	
	①	②	③	④
売　掛　金	11,000	5,500		5,500
未払消費税等	△1,000		500 500	

【例5・一部仕訳される場合で差額を未払消費税等として調整した場合】

① 　当期の仕訳　　（借方）現預金　　　　5,500（貸方）売　上　　　　5,000

　　　　　　　　　　　　　　　　　　　　　　　　　仮受消費税等　　500

② 　納付時の仕訳（借方）未払消費税等 1,000（貸方）現預金　　　　1,000

③ 　期末の清算仕訳（借方）仮受消費税等　500（貸方）未払消費税等　1,000

　　　　　　　　　　　　　　雑　損　　　　500

④ 　申告調整　前期計上済みの売上げのうち当期に計上した5,000を別表四

　　　で減算し，雑損とした500を別表四で加算します。

（注）　②の仕訳によるマイナスの未払消費税等が先行計上され，期末に③の仕訳による未払消費税等の仕訳により消去される。

《参考》

別表四

区　　　　　分	総　　額	処　　分		
		留　　保	社 外 流 出	
	①	②	③	
加算	雑 損 否 認	500	500	
減算	売 上 認 容	5,000	5,000	

26

別表五（一）　Ⅰ　利益積立金額の計算に関する明細書

区　　分	期首現在利益積立金額	当期の増減		差引翌期首現在利益積立金額
		減	増	
	①	②	③	④
売　掛　金	11,000	5,500		5,500
未払消費税等	△1,000		500 500	

【例6・まったく仕訳されない場合】

　当期にまったく仕訳が生じないときは，前期否認に係る増加した消費税等は損金経理で納付せざるを得ませんので，損金経理により納付した消費税等を申告調整で所得金額に加算します。

⑶　費用の繰上げ（翌期にその費用の全額が損金となる場合）

　経費等の費用が繰上計上されていることにより，前期費用として計上した金額が前期の費用とならないとして修正された事項については，当期ではその費用が公表帳簿では何ら仕訳されないことになります。

　この場合には，前期の消費税等の修正により増加した税額を納付するには，損金経理で納付せざるを得なくなりますから，損金処理により納付した前期の消費税等は当期の申告調整で損金不算入として処理しなければなりません。

【例7】

①　当期の仕訳　なし

②　納付時の仕訳（借方）租税公課　　　1,000（貸方）現預金　　　1,000

③　期末の清算仕訳　なし

④　申告調整　　　　前期の否認により別表五(一)に計上されている前払費用を別表四で減算し，租税公課として納付した1,000を損金不算入として別表四で加算します。また，前払費用認容により発生する仮払消費税等は当期の課税仕入れとなりますか

第1章　消費税に係る法人税の経理処理及び調整事項　*27*

ら，仮にこれを確定した決算で未払消費税の額を調整していないときは，別表五(一)で未払消費税等として表示します。

《参考》

別表四

区　　　　分	総　　　額	処　　　　分		
		留　　保	社外流出	
	①	②	③	
加算 損金経理による納付した消費税等	1,000	1,000		
減算 経　費　認　容	10,000	10,000		

別表五（一）　　Ⅰ　利益積立金額の計算に関する明細書

区　　分	期首現在利益積立金額	当期の増減		差引翌期首現在利益積立金額
		減	増	
	①	②	③	④
前 払 費 用	11,000	11,000		
未払消費税等	△1,000		1,000 1,000	1,000

⑷　費用の繰上げ（当期にその費用の全額が損金とならない場合）

　　長期前払費用となるべき金額の全額が前期の費用として繰上計上されていることにより修正された事項については，当期でその費用の一部が費用となる場合又はその全額が翌期以降の費用とされる場合のいずれについても，税務上長期前払費用とされた金額について受入処理は行わないのが通常ですから，その費用については公表帳簿では何ら仕訳されないことになります。

　　この場合は，前期の消費税等の修正により増加した税額を納付するには，損金経理で納付せざるを得なくなりますから，損金処理により納付した前期の消費税等は当期の申告調整で損金不算入として処理しなければなりません。

28

【例8】

① 当期の仕訳　なし

② 納付時の仕訳（借方）租税公課　　　1,000（貸方）現預金　　　1,000

③ 期末の清算仕訳　なし

④ 申告調整　　　前期の否認により別表五(一)に計上されている長期前払費用のうち，当期の費用となる金額を別表四で減算し，租税公課として納付した1,000を別表四で加算します。また，当期に費用となる金額に係る消費税等は当期の課税仕入れに係る消費税として控除しますが，確定した決算でこれを調整していないときは，別表五(一)で未払消費税等として表示します。

《参考》

別表四

区　　　　　分	総　　額	処　　　分		
		留　　保	社　外　流　出	
	①	②	③	
加算 損金経理による納付した消費税等	1,000	1,000		
減算 経　費　認　容	5,000	5,000		

別表五（一）　　Ⅰ　利益積立金額の計算に関する明細書

区　　分	期　首　現　在利益積立金額	当　期　の　増　減		差引翌期首現在利益積　立　金　額
		減	増	
	①	②	③	④
前 払 費 用	11,000	5,500		5,500
未払消費税等	△1,000		500 1,000	500

⑸ **貸倒損失の否認**

　貸倒損失とした貸付金や売掛金について，前期には貸倒れとしての要件が具備されていないとしてその貸倒れが否認された場合に，税務上貸倒損失否認とされた金額について受入処理は行わないのが通常ですから，仮に翌期の貸倒れとなる場合であっても，それについては公表帳簿では何ら仕訳されないことになります。

【例9】

① 　当期の仕訳　なし

② 　納付時の仕訳（借方）租税公課　　　　1,000（貸方）現預金　　　　1,000

③ 　期末の清算仕訳　なし

④ 　申告調整　　　租税公課により納付した1,000を別表四で加算します。

《参考》

別表四

区　　　　分	総　　額	処　　　分		
		留　　保	社外流出	
	①	②	③	
加算 損金経理による納付した消費税等	1,000	1,000		

別表五（一）　Ⅰ　利益積立金額の計算に関する明細書

区　分	期首現在利益積立金額	当期の増減		差引翌期首現在利益積立金額
		減	増	
	①	②	③	④
貸倒否認(売掛金等)	11,000			11,000
未払消費税等	△1,000		1,000	

　そして，貸倒損失否認とされた貸付金や売掛金が貸倒損失として認められる事業年度においては，申告書別表四で減算することにより所得金額は調整されますが，同時に貸倒れに係る消費税額の控除を行うことにより納付すべ

30

き消費税額は減少しますので，期末の仮受・仮払消費税等の清算において未
払消費税等の金額を正しい金額で計上すれば，貸倒れに係る消費税額等に見
合う雑益が計上されます。

　仮に，期末の仮受・仮払消費税等の清算において未払消費税等の金額を貸
倒れに係る消費税額の控除を考慮しないで算出しているとすれば，未払消費
税等が貸倒れに係る消費税額等に見合う金額だけ過大に計上されていること
になりますので，これを別表五(一)で否認することにより別表四では雑益計
上もれとして所得への加算が生じます。

【例10・貸倒れ事業年度で雑益を計上する場合】

① 　期末の清算　（借方）仮受消費税等 ×××　　（貸方）　仮払消費税等 ×××

　　　　　　　　　　　　　　　　　　　　　　　　　　　　未払消費税等 ×××

　　　　　　　　　　　　　　　　　　　　　　　　　　　　雑　　益　　　××

② 　申告調整　不要

【例11・貸倒れ事業年度で雑益を計上しない場合】

① 　期末の清算　（借方）仮受消費税等 ×××　　（貸方）　仮払消費税等 ×××

　　　　　　　　　　　　　　　　　　　　　　　　　　　　未払消費税等 ×××

② 　申告調整　未払消費税等の過大計上額を別表四で加算します。

第2章

収益・費用

1 収益・費用の帰属の概要

　法人税法は，継続企業が各事業年度内に稼得した利益（所得）に対して税を課すものですから，期間損益計算は最も重要な問題となります。

　収益・費用の帰属事業年度が恣意的に歪められると租税負担の公平に著しい弊害が生じることになるからです。

　収益・費用の帰属時期については税務が独自にその基準を定めているものもありますが，基本的には企業会計上の計算を尊重し，それを基礎としていることは周知の事実です。

　企業会計原則第二損益計算書原則の三で売上高の計上基準が示され，それによれば「売上高は，実現主義の原則に従い，商品等の販売又は役務の給付によって実現したものに限る。ただし，長期の未完成請負工事等については，合理的に収益を見積もり，これを当期の損益計算に計上することができる。」とされています。

　これによれば基本的に商品等を相手方に引き渡し，売上債権が確定した時をもって収益を認識するということになると考えますが，各企業における実際の取扱いについては出荷基準，検収基準，検針日基準など一定の日を継続的に適用することにより対応しています。

　平成30年3月30日に企業会計基準委員会から「収益認識に関する会計基準」が公表され，基本的にこの収益認識基準に従った収益計上が求められることとなりました（収益認識に関する会計基準の強制適用は2021年（令和3年）4月1日以後開始事業年度とされています。）。

　この収益認識に関する会計基準では，取引価格の算定に当たって，値引き，リベート，返金，インセンティブ，業績に基づく割増金，ペナルティー等の形態により対価の額が変動する場合などは，その変動部分の金額を見積もり，そ

の部分を控除して収益を認識することとされました。

　しかし，法人税法では取引当事者間の恣意的な意思により，取引価額が不当に歪められることは租税負担公平の原則の観点から好ましいことではありませんので，時価による取引が基本とされていました。

　そこで，法人税法は将来的に生じる可能性がある貸倒れについては貸倒引当金や実際に貸倒れとなった時の貸倒損失での対応とされ，また，返品についても現実に返品があった時に処理するのが相当であるとの考え方により，平成30年度法人税法の改正で法人税法第22条の2の規定が設けられ，同条第4項及び第5項において，資産の販売に係る収益の額は引渡しの時における価額（いわゆる時価）とし，かつ，貸倒れや返品等の可能性がないものとした場合の価額とする旨明確な規定が設けられましたが，値引き，値増し，割戻しその他の事実により変動する可能性がある部分の金額がある場合には，一定の要件の下それら変動する部分の金額を収益の額から減額又は増額して処理することが認められました（法基通2－1－1の11）。

　また，各事業年度における費用の額は収益と同様に発生主義により計上することになり，たとえ支払がされていない費用であっても未払費用として計上し，費用収益対応の原則に基づき，それを損金として処理するものと，その損金計上時期を翌期以降に繰り越すものとを区分しなければなりません。

　消費税においても，資産の譲渡，資産の貸付け及び役務の提供を行った場合の課税資産の譲渡等の時期は発生主義により，基本的に法人税の収益計上時期と同じになりますが，収益認識基準の適用を受ける法人にあっては売上金額について必ずしも一致しない面が①売上に際して自社ポイントを付与した場合，②割戻しが見込まれる場合，③重要な金融要素がある場合などにおいて生ずることになりますので注意が必要です。

② 収益・費用の計上時期の概要

1 棚卸資産の販売による収益の帰属の時期

《法人税の取扱い》

　収益計上は，個々の契約ごとに計上するのが原則ですが，収益認識に関する会計基準の適用対象となる取引にあっては，複数の契約を組み合わせて単一の履行義務となるものや，一の契約に複数の履行義務が含まれている場合などは履行義務の単位で収益計上することができるとされています（法基通2－1－1）。

　棚卸資産の販売に係る収益の額は，その引渡しがあった日の属する事業年度の益金の額に算入するとされています。この場合の引渡しの日がいつであるかについては，例えば出荷した日，船積みをした日，相手方に着荷した日，相手方が検収した日，相手方において使用収益ができることとなった日など，引き渡す棚卸資産の種類及び性質，販売に係る契約の内容等に応じてその引渡しの日として合理的であると認められる日のうち，法人が継続して収益計上を行うこととしている日によるとされています（法基通2－1－2）。

　この場合，出荷基準や検収基準は通常の動産である棚卸資産について採られる基準であり，土地・建物のような不動産については相手方の使用収益基準を例示しています。また，電気，ガス，水道業については検針日基準も認められています（法基通2－1－4）。

《消費税の取扱い》

　消費税においても，販売用土地等の非課税資産を除き国内において行う棚卸資産の譲渡は課税の対象となりますが，棚卸資産の譲渡の時期は法人税の考え方と同様に，その引渡しのあった日とされています（消基通9－1－1）。

第2章 収益・費用　*35*

そして，棚卸資産の引渡しの日の判定も，例えば，①出荷した日，②相手方が検収した日，③相手方において使用収益ができることとなった日，④検針等により販売量を確認した日など，引き渡す棚卸資産の種類及び性質，販売に係る契約の内容等に応じてその引渡しの日として合理的であると認められる日のうち，事業者が継続して棚卸資産の譲渡を行ったこととしている日によるとされています（消基通9－1－2）。

2　履行義務が一定の期間にわたり充足するものの収益の帰属の時期

《法人税の取扱い》

　法人税法第22条の2第1項において，役務提供については役務提供の日の属する事業年度の益金の額に算入することとされています（法法22の2①）。

　ところで，従来から物の引渡しを要するものは目的物の全部を引き渡した日，物の引渡しを要しない契約については約した役務の全部を完了した日とされていましたが，収益認識に関する会計基準により，履行義務が一定期間にわたり充足されるものについては，履行に着手した日から引渡し等の日（物の引渡しを要する取引にあってはその目的物の全部を完成して相手方に引き渡した日，物の引渡しを要しない取引にあってはその約した役務の全部を完了した日）までの期間において履行義務が充足されていくそれぞれの日が，法人税法第22条の2第1項に規定する役務提供の日に該当することになります（法基通2－1－21の2）。

　これに対して，履行義務が一時点で充足されるものに係る収益計上は，その引渡し等の日（物の引渡しを要する取引にあってはその目的物の全部を完成して相手方に引き渡した日，物の引渡しを要しない取引にあってはその約した役務の全部を完了した日）が役務提供の日に該当しますので，物の引渡しを要する取引にあってはその目的物の全部を完成して相手方に引き渡した日，物の引渡しを要しない取引にあってはその約した役務の全部を完了した日において収

36

益計上することになります（法基通2－1－21の3）。

　ただし，請負に係る収益，不動産の仲介あっせん報酬，運送収入及び賃貸借契約に係る使用料等については，別途法人税における収益計上時期が定められています。

① 履行義務が一定の期間にわたり充足されるものの収益の帰属の時期

　履行義務が一定の期間にわたり充足されるものとは，次のいずれかを満たすものがこれに該当します（法基通2－1－21の4）。

イ　取引における義務を履行するにつれて，相手方が便益を享受すること

　この取引の例としては，清掃の請負，運送の請負，警備の請負，経理処理の請負などが挙げられます。

ロ　取引における義務を履行することにより，資産が生じ，又は資産の価値が増加し，その資産が生じ，又は資産の価値が増加するにつれて，相手方がその資産を支配すること

　この取引の例としては，顧客の有する土地でする建設請負が挙げられます。

ハ　取引における義務を履行することにより，別の用途に転用することができない資産が生じること及び取引における義務の履行を完了した部分について，対価の額を収受する強制力のある権利を有していることのいずれもの要件を満たすもの

　この取引の例としては，ソフトウエアの制作，建築工事請負，造船請負，コンサルティング業務の請負などが該当します。

　そして，各事業年度における収益計上額の算定に当たっては，その役務提供において通常得べき対価の額に履行義務の充足に係る進捗度を乗じて計算することになりますが，この進捗度とは，役務提供に係る総原価に占める既に要した原価の割合など進捗の度合いを示す合理的と認められるものに基づいて計算した割合をいいます（法基通2－1－21の6）。

第2章 収益・費用　*37*

　ただし，清掃や警備の請負のように日常的又は反復的なサービスについては契約期間に占める経過期間の占める割合とすることも合理的とされています。

　なお，履行義務が一定の期間にわたり充足されるものであっても，履行に着手した後の初期段階において進捗度を合理的に見積もることができない場合もあると思いますが，この場合にはその初期段階においては収益計上をしないことも認められます。

② 履行義務が一時点で充足されるものの収益の帰属の時期

　履行義務が一定の期間にわたり充足されるもの以外のもの（履行義務が一時点で充足されるもの）については，引渡し等の日（物の引渡しを要する取引にあってはその目的物の全部を完成して相手方に引き渡した日，物の引渡しを要しない取引にあってはその約した役務の全部を完了した日）において収益の額に算入します（法基通2－1－21の3）。

③ 請負に係る収益の帰属の時期

　請負（工事進行基準の適用を受けるものを除く。）による収益の額は，上記①及び②にかかわらず，原則として引渡し等の日（物の引渡しを要する取引にあってはその目的物の全部を完成して相手方に引き渡した日，物の引渡しを要しない取引にあってはその約した役務の全部を完了した日）の属する事業年度の益金の額に算入することとされています（法基通2－1－21の7）。

　ただし，収益認識に関する会計基準との関係から，請負が法人税基本通達2－1－21の4(1)から(3)のいずれかを満たすものは履行義務が一定期間にわたって充足されるものであるから，履行に着手した日から引渡しの日までの各事業年度において，法人税基本通達2－1－21の5に準じて算定される金額を益金の額に算入している場合にはその処理が認められるとされています（法基通2－1－21の7）。

請負契約で一般的なのが建設工事ですが，建設工事であっても労務者を派遣

38

する請負契約であれば物の引渡しがありませんから，請け負った役務の全部を完了した日（作業を結了した日）の収益として計上し，原材料持ちで行った工事の場合には，それを完成して相手方に引き渡した日（相手方の受入場所へ搬入した日，相手方が検収を完了した日，相手方において使用収益ができることとなった日など，引き渡す建設工事の種類及び性質，契約の内容等に応じてその引渡しの日として合理的であると認められる日のうち，法人が継続して収益計上を行うこととしている日）に収益として計上することになります（法基通2－1－21の8）。

そして，費用収益対応の原則から，その事業年度の収益として計上すべき請負工事に係る原価の額について，その事業年度の末日までに確定していない部分があるときは，その事業年度末日の現況により適正に見積もることとされています（法基通2－2－1）。

④　不動産の仲介あっせん報酬の帰属の時期

　土地，建物等の売買，交換又は賃貸借（売買等）の仲介又はあっせんをしたことによる報酬の額は，原則として，売買等に係る契約の効力が発生した日の収益とします。ただし，売買等の仲介又はあっせんは，履行義務が一定の期間にわたり充足されるものに該当するため，上記①による収益計上を行うことのできます。また，売買等の仲介あっせんに係る契約は請負にも該当するため，上記③によることもできます。

　なお，過去から取引慣行として認められていた取引完了時（同日前に実際に収受した金額があるときはその収受した日）における収益計上も継続適用を条件として認められることとされています（法基通2－1－21の9）。

⑤　運送収入に係る収益の帰属の時期

　運送収入に係る収益は，原則として役務の提供を完了した日の収益とすることとされていますが，乗車券等については発売日基準，船舶・航空機の貨物又は乗客運賃については出発日基準，一の航海（通常要する期間がおおむ

ね4月以内である場合）については航海完了日基準，運送業における交互計算又は共同計算における運賃や滞船料については確定日基準によることも認められます（法基通2－1－21の11）。

⑥　賃貸借契約に基づく使用料等の帰属の時期

　　賃貸借契約に基づく使用料等の計上は，原則として①に掲げる履行義務が一定期間にわたり充足されるものにより行うことになります。土地や建物等の賃貸借契約における使用料は毎月定額での賃貸借が一般的であり，このような場合の進捗度は経過期間となるため，毎事業年度定額での収益計上となります。

　　なお，賃貸借契約に基づいて支払いを受ける使用料等の額（前受けに係る額を除きます。）については，従前からの取扱いである契約又は慣習によりその支払いを受けるべき日における収益計上も認められています（法基通2－1－29）。

《消費税の取扱い》

　消費税においても国内において行う請負は役務の提供として課税となり，その譲渡等の時期は原則として，物の引渡しを要する請負契約にあってはその目的物の全部を完成して相手方に引き渡した日，物の引渡しを要しない請負契約にあってはその約した役務の全部を完了した日とするとされています（消基通9－1－5）。

　不動産の仲介あっせんに係る譲渡等の時期については，原則として売買等に係る契約の効力が発生した日とし，契約における取引の完了した日（同日前に実際に収受した金額があるときはその収受した日）の収益計上も認められています（消基通9－1－10）。

　運送収入に係る譲渡等の時期については，原則として役務の提供を完了した日となりますが，乗車券等については発売日，船舶・航空機の貨物又は乗客運

40

賃については積地を出発した日，一の航海（通常要する期間がおおむね4月以内である場合）については航海完了日，運送業における交互計算又は共同計算における運賃や滞船料又は早出料についてはその額が確定した日とすることも認められています（消基通9－1－12）。

賃貸借契約に基づいて支払を受ける使用料等の額（前受けに係る額を除きます。）は，契約又は慣習によりその支払を受けるべき日とされています（消基通9－1－20）。

このように，基本的には法人税の収益計上時期と消費税の資産の譲渡等の時期とは同じとなっていますが，収益認識に関する会計基準の適用により履行義務が一定期間にわたり充足されるものについて，その進捗度により法人税の収益計上時期とした場合には消費税の資産の譲渡等の時期はこれとは異なりますので，別途消費税で認められている役務提供の完了日等により譲渡等の時期を判定しなければなりませんので注意が必要です。

なお，法人税において，請負工事に係る原価の額のうちその事業年度の末日までに確定していない部分があり，その事業年度末日の現況により適正に見積もったものについて，その課税期間の末日までに現実に課税仕入れを行っているものについては，その適正に見積もった対価の額が課税仕入れとなりますが，法人税法上認められる原価であっても，その課税期間の末日までに実際に引渡し等を受けていない部分については課税仕入れとなりません（消基通11－4－5）。ただし，元請業者が工事等の出来高について検収を行っている場合には，その出来高検収書に記載された金額を検収を行った日の課税仕入れとすることができます（消基通11－6－6）。

3　変動対価

　収益認識に関する会計基準では，資産の販売に係る契約において，値引き，リベート，返金，インセンティブ，業績に基づく割増金，ペナルティー等又は返品権付の販売等がある場合若しくは対価の回収が見込まれないことにより対価の額が変動するものを変動対価として，契約に基づく対価の額(販売価額)から値引き等による対価の変動の影響がある金額を控除して売上を計上することとされています。

　法人税においては，売上値引き・割戻しなどは基本的に値引き・割戻しの額が確定した時の損金としていました（旧法基通２－２－16）。

　法人税法第22条の２の規定により資産等の譲渡等の対価の額として収益の額に算入する金額は，その資産等の引渡しの時における通常得べき対価の額とされ，値引き・割戻しが客観的に見積もられたものであるときは，それを控除した後の金額も通常得べき対価の額といえることから，下記のとおり一定の要件を満たすものは資産等の引渡し等事業年度において収益から控除して売上高を計上することが認められました（法基通２－１－１の11）。

　これによれば，資産の販売等に係る契約の対価について，値引き，値増し，割戻しその他の事実により変動する可能性がある部分の金額（変動対価）がある場合において，次の①から③の全てを満たすときは，②により算定される変動対価につき資産の引渡し等の事業年度の確定した決算において収益の額を減額し，又は増額して経理した金額（引渡し等事業年度の確定申告書に当該収益の額に係る益金算入額を減額し，又は増額させる金額の申告の記載がある場合の当該金額を含み，変動対価に関する不確実性が解消されないものに限ります。）は，引渡し等事業年度の引渡し時の価額等の算定に反映するものとします。

①　値引き等の事実の内容及び値引き等の事実が生ずることにより契約の対価

の額から減額若しくは増額をする可能性のある金額又はその金額の算定基準（客観的なものに限ります。）が，その契約若しくは法人の取引慣行若しくは公表した方針等により相手方に明らかにされていること又はその事業年度終了の日において内部的に決定されていること。

② 過去における実績を基礎とする等合理的な方法のうち法人が継続して適用している方法により①の減額若しくは増額をする可能性又は算定基準の基礎数値が見積もられ，その見積りに基づき収益の額を減額し，又は増額することとなる変動対価が算定されていること。

③ ①を明らかにする書類及び②の算定の根拠となる書類が保存されていること。

《消費税の取扱い》

売上割戻し等を変動対価として売上高から控除したとしても，消費税における課税資産の譲渡等の対価の額は対価として収受し，収受すべき金額であることから，売上値引き等を控除する前の金額となり，売上割戻し等は別途売上対価の返還として処理することになります。ただし，売上対価の返還等の時期が課税売上計上と同一課税期間であれば，納付すべき消費税額に影響はありません。

しかし，基本的には課税売上の対価と割戻し等の対価の返還等は個別に集計しないと正しい計算が困難となると思われますので，法人税と消費税の調整が必要と考えます。

4　自己発行ポイント

従前資産の販売等に際してポイントを付与した場合には，その付与したポイントの将来引換見込額は引当金として処理することとされていました。

収益認識に関する会計基準では，資産の販売や役務の提供に付随して付与さ

第2章 収 益・費 用 *43*

れるポイント又はクーポンその他これらに類するものは，資産の販売等に際して顧客にオプションを付与したものと認識します。資産の販売等の収益は資産の引渡しの時に，ポイントは利用された時点で収益をそれぞれ認識することになるため，ポイントの付与時に契約負債を認識することになります。

　法人税においても，一定の要件を満たすものは継続適用を条件として収益認識に関する会計基準と同様にポイントに対応する対価を前受処理（契約負債等）できることとされました。

　それによれば，資産の販売等に伴いいわゆるポイント又はクーポンその他これらに類するもの（ポイント等）で，将来の資産の販売等に際して，相手方からの呈示があった場合には，その呈示のあった単位数等と交換に，その将来の資産の販売等に係る資産又は役務について，値引きして，又は無償により，販売若しくは譲渡又は提供をすることとなるものをその法人が自ら発行（自己発行ポイント等）し不特定多数の相手方に付与する場合において，次の①から④の全てに該当するときは，継続適用を条件として，自己発行ポイント等について当初の資産の販売等とは別の取引に係る収入の一部又は全部の前受けとすることができるとされています（法基通2－1－1の7）。

①　その付与した自己発行ポイント等が資産の販売等の契約を締結しなければ相手方が受け取れない重要な権利を与えるものであること

②　その付与した自己発行ポイント等が発行年度ごとに区分して管理されていること

③　法人がその付与した自己発行ポイント等に関する権利につきその有効期限を経過したこと，規約その他の契約で定める違反事項に相手方が抵触したことその他の法人の責に帰さないやむを得ない事情があること以外の理由により一方的に失わせることができないことが規約その他の契約において明らかにされていること

④　付与した自己発行ポイント等の呈示があった場合に値引き等をする金額が

明らかにされており，かつ，将来の資産の販売等に際して，たとえ1ポイント又は1枚のクーポンの呈示があっても値引き等をすることとされていること，又は付与した自己発行ポイント等がポイント発行法人以外の者が運営するポイント等又は自ら運営する他の自己発行ポイント等で，たとえ1ポイント又は1枚のクーポンの呈示があっても値引き等をすることとされているものと所定の交換比率により交換できることとされていること

そして，前受処理したポイントについては，原則としてポイントが使用されたときに収益として計上します（法基通2－1－39の3）。

ただし，未使用のポイントで付与日から10年経過したものは，その10年が経過した日の属する事業年度の収益とします。

ただし，付与日から10年が経過した日前に次の①から③に掲げる事実があるときは，次に掲げる事実が生じた日において収益計上することとされています。

① 自己発行ポイント等をその付与した事業年度ごとに区分して管理していない場合又は管理しなくなったとき

② 自己発行ポイント等の有効期限が到来した場合

③ 法人が継続して収益計上を行うこととしている基準に達した場合

《消費税の取扱い》

課税資産の譲渡等に伴いポイントを付与したとしても，課税資産の譲渡等の対価の額は対価として収受し，収受すべき金額であることから，ポイントに対応する契約負債を控除した金額を課税売上に係る対価の額として処理することはできません。

そのため，法人税の売上高と消費税の課税売上高とは不一致となりますので，消費税の課税売上高の集計においては一定の調整を加えなければなりません。

5 商品券等の発行に係る収益の帰属の時期

《法人税の取扱い》

　法人が商品券，ビール券等の商品の引渡し又は役務の提供を約した証券等（商品券等）を発行しその対価を受領した場合におけるその対価の額は，その商品の引渡し等のあった日の事業年度の収益の額とするのが原則となります。なお，商品券等を発行した法人の店舗に限らず，提携している他社の店舗でも商品の引換えが可能であるとき又は商品券等の発行業者と利用可能店舗とが別の法人又は個人である場合（店舗で商品引換券等と引換えに商品の引渡し等をした他の業者に対して，発行法人が商品引換券等と引換えにする金銭の支払をする場合）には，その支払をした日の事業年度の収益とします。この場合，未引換え商品券等については，原則として発行日から10年が経過した日に益金の額に算入することとされています。

　ただし，発行日から10年が経過した日前に次の①から③に掲げる事実があるときは，次に掲げる事実が生じた日において収益計上することとされています（法基通2－1－39）。

① 発行した商品券等を発行事業年度ごとに区分して管理していない場合又は管理しなくなったとき（商品券等の記号番号等により個別に発行日及び引換日等の管理がされていないものは発行日に収益計上することになります。なお，一般的にはないと考えますが，当初個別管理していたものについてその後管理しないこととした場合には，その管理しないこととした日に未引換え商品券等の残額を一括収益計上することになります。）

② 商品券等の有効期限が到来した場合（商品券等に有効期限の定めがある場合においてその有効期限が到来したときは，その到来した日に収益計上することになります。）

③ 法人が継続して収益計上を行うこととしている基準に達した場合（この取

46

扱いは，改正前の原則である発行時の収益計上，収益認識基準に従った未引換え部分の収益計上，又は，その法人の過去のデータ等から，発行日から5年経過したものについてはその後引換えがないなど，発行日から10年前の一定の時をもって未引換え商品券を収益計上することとしているときなどにおいては，継続適用を条件としてその法人の処理がそのまま認められることになります。）

未引換え商品券等を発行日から10年経過した日の前において収益として計上する場合の，その収益の額に計上する金額の計算については合理的な方法によることとされ，その合理的な方法として収益認識に関する会計基準の考え方が認められています（法基通2−1−39の2）。

なお，この場合には期末の引換え未済商品券に係る商品等の引換えに要する費用の額を見積計上することが認められます（法基通2−2−11）。

《消費税の取扱い》

消費税においては商品券の発行は資産の譲渡等に該当しないことから不課税となり，商品券に基づき課税資産を引き渡したときに課税資産の譲渡等があったものとなります（消基通9−1−22）。

そのため，法人税における収益計上時期を発行時としている場合であっても，消費税の課税売上げの計上時期は引換えを行った時となりますが，事業者が自己の店舗のみで使用可能な商品券を発行した場合において，その商品券の発行時に売上計上する処理を行っている場合には，その売上計上時期に継続して資産の譲渡等があったものとして処理することも認められます。

この場合，その商品券等によって引換可能な商品が飲食料品以外の課税資産のみである場合にはこの取扱いが可能ですが，飲食料品とそれ以外の課税資産との双方の引換えが生じるような場合においては，実際に引き渡したものが飲食料品の譲渡に該当するものであれば税率8％，それに該当しないものであれ

ば税率10%となり，引換えの実態に応じて個々に処理しないとなりませんので，原則どおり，引渡しの時の課税売上として処理せざるを得ないでしょう。

6 補償金等の帰属の時期

《法人税の取扱い》

法人が他の者から営業補償金，経費補償金等の名目で支払を受けた金額については，その金額が将来の逸失利益又は経費の発生等その支払を受けた事業年度後の各事業年度において生ずることが見込まれる費用又は損失の発生の補塡に充てることを目的とするものであっても，その支払を受けた日の収益として計上することになります（法基通2-1-40）。

《消費税の取扱い》

消費税においては，営業補償金や経費補償金は逸失利益又は経費の補塡として支払を受けるものであり資産の譲渡等の対価に該当しないことから，課税の対象とはなりません。しかし，土地等以外の資産に係る対価補償金は，資産の譲渡の対価として課税の対象となります（消基通5-2-10）。

7 補 助 金 等

《法人税の取扱い》

補助金や給付金の支給を受ける場合のその収益の計上時期は，原則として，その給付が確定した事業年度の収益として計上することになります。

そのため，支給の決定があった日を含む事業年度の収益として計上すればよいことになります。

ただし，補助金等であっても，その給付原因が経費の補塡を目的としているものについては，その給付原因となった事実があった日（例えば，休業手当，賃金，職業訓練費等の経費を補塡するために雇用保険法，雇用対策法，障害者

48

の雇用の促進等に対する法律等の法令の規定等に基づき交付を受ける給付金等については，その給付の原因となった休業，就業，職業訓練等の事実があった日）の属する事業年度の収益として計上しなければなりません。

　これは，補助金等の給付が法人の経費補塡を目的としているものについては，費用・収益対応の原則により計上することとし，それ以外のものについては確定基準により収益計上するとの考え方によります（法基通2－1－42）。

《消費税の取扱い》

　法人が国又は地方公共団体等から受ける奨励金若しくは助成金等又は補助金等に係る予算の執行の適正化に関する法律第2条第1項に掲げる補助金等のように，特定の政策目的の実現を図るための給付金は，資産の譲渡等に係る対価に該当しません。

　また，雇用保険法の規定による雇用調整助成金，雇用対策法の規定による職業転換給付金又は障害者の雇用の促進等に関する法律の規定による身体障害者等能力開発助成金のように，その給付原因となる休業手当，賃金，職業訓練費等の経費の支出に当たり，あらかじめこれらの雇用調整助成金等による補塡を前提として所定の手続をとり，その手続のもとにこれらの経費の支出がされることになるものであっても，これらの雇用調整助成金等は資産の譲渡等の対価に該当しません（消基通5－2－15）。

8　損害賠償金等の帰属の時期

《法人税の取扱い》

　法人が支払を受ける損害賠償金の額は，原則としてその支払を受けるべきことが確定した日の収益となりますが，法人がその損害賠償金の額について実際に支払を受けた日の収益としている場合には，それも認められます（法基通2－1－43）。

第2章 収益・費用 *49*

《消費税の取扱い》

消費税においては，心身又は資産につき加えられた損害の発生に伴い受ける損害賠償金は，資産の譲渡等の対価に該当しません。しかし，次に掲げる損害賠償金のように，その実質が資産の譲渡等の対価に該当すると認められるものは資産の譲渡等の対価に該当します（消基通5-2-5）。

① 損害を受けた棚卸資産等が加害者等その損害賠償金を支払う者に引き渡される場合で，その棚卸資産等がそのまま又は軽微な修理を加えることにより使用できるとき

② 無体財産権の侵害を受けた場合に加害者から無体財産権の権利者が収受する損害賠償金

③ 不動産等の明渡しの遅滞により加害者から賃貸人が収受する損害賠償金（基本的に資産の貸付けに係る対価に該当し住宅であれば非課税，住宅以外であれば課税となります。）

9 返金不要の支払の帰属の時期

《法人税の取扱い》

工業所有権等の実施権の設定に伴う一時金，ノウハウの設定契約に伴う一時金やスポーツクラブ・レジャークラブの入会金など，中途解約のいかんにかかわらず返金が不要な支払を受ける場合には，その支払を受けた金額は原則としてその取引の開始の日の収益に計上します。ただし，将来の特定の期間における役務の提供ごとに，対価の額と役務提供との対応関係が明白なものについては，継続適用を条件として支払を受けた金額を前受けとした上で，その特定の期間の経過に応じて収益の額とすることが認められます（法基通2-1-40の2）。

また，資産の賃貸借契約等に基づいて保証金，敷金等として受け入れた金額（当初から返金が不要なものは2-1-40の2の定めによりますので，この取

50

扱いから除かれます。）であっても，期間の経過その他契約期間満了前における一定の事由により返還しないこととなる部分の金額は，その変換しないこととなった日の集計となります（法基通2-1-41）。

《消費税の取扱い》

　工業所有権等の譲渡又は実施権の設定は，その譲渡又は設定に関する契約の効力発生日に行われたものとなります（消基通9-1-15）。また，ノウハウの頭金や一時金はそのノウハウの開示が完了した日にお資産の譲渡が行われたものとなります（消基通9-1-16）。さらに，資産の賃貸借契約に基づき支払を受ける保証金，敷金等として受け入れた金額のうち，契約期間の経過又は契約期間満了前における一定の事由により返還しないこととなる部分の金額は，その変換しないこととなった日に資産の譲渡等があったものとなります（消基通9-1-23）。そのため，通常であれば法人税における収益計上時期と資産の譲渡等の時期とは同じになりますが，法人税の取扱いにおけるただし書の適用を受ける部分の金額は，消費税の資産の譲渡等の時期と異なることになるため，別途調整が必要となります。

③　事例の解説と具体的修正の方法

事例1　機械装置の販売に伴い据付工事を行った場合

　当社は機械装置の製造販売を営んでいますが，顧客に機械装置を販売した場合には，当社の子会社にその据付けを請け負わせています。

　前期末に顧客との間で機械装置を27,500,000円（税込み）にて販売契約を締結し，顧客の指定場所へ機械装置を搬入し引渡しを完了しましたが，期末までに子会社が据付工事を完了していなかったことから，当該機械を

棚卸資産に計上（税抜きで18,000,000円，税込みで19,800,000円）したまま
で売上げに計上していませんでした。

　なお，顧客との契約においては機械装置の代金が27,000,000円とされて
いるだけで，特に機械の代金と据付工事代金とを区分していません。

　税務調査において，機械は前期末までに相手方に引き渡されているので
前期の収益として計上すべきであるとの指摘を受けましたが，当社として
は子会社へ支払うこととなる据付工事の外注代金の額も確定していません
でした。この場合であっても修正申告をしなければならないのでしょうか。
なお，当期において据付工事代金は385,000円（税込み）で確定していま
す。

解　説

　機械装置の販売は棚卸資産の販売であり，据付工事は役務の提供ですから，
それらの契約が個々に行われている場合又はそれらの契約が一体であっても
個々の契約金額が合理的に区分されているときは，それぞれの契約又は区分さ
れたところの金額により棚卸資産の販売部分の収益は引渡基準により，据付工
事の収益は作業完成引渡基準等により，それぞれの収益計上時期を判断するこ
とになります。

　ところで，これらの契約が一体としてなされているときで，棚卸資産の販売
による収益の額と据付工事による役務の提供の収益の額とが区分されていない
場合に，それぞれを区分して収益計上時期を考えるかどうかが問題となります。

　収益認識に関する会計基準を適用した，履行義務の識別により一の契約であ
って機械装置等の販売と据付工事とが別個の財又はサービスと区分して識別す
ることができる場合には，法人税基本通達２－１－１のただし書(2)の定めによ
り，機械装置等の販売は引渡し等の日に，据付工事は履行義務が一定の期間に
わたるものか一時点で充足されるものかの判定を行い，その判定に従い収益計

上することになります。

　また，収益認識に関する会計基準の適用をしない又は法人税基本通達2－1－1のただし書(2)に該当しない場合であっても，据付工事が相当の規模であり，また，その据付工事に係る対価の額を契約その他見積書などにより合理的に区分することができるときは，機械装置の販売は引渡基準により，据付工事は作業完成引渡基準により収益計上することが認められています（法基通2－1－1の2）。

　しかし，据付工事が相当の規模でない場合，言い換えれば据付工事が附帯サービスのような場合でそれぞれの金額を合理的に区分できないときは，又は収益認識に関する会計基準（法基通2－1－1ただし書(2)の部分）の適用を受けない場合には，契約単位である据付工事を含む全体の販売代金について機械装置の引渡し等の日の収益としないとなりません（法基通2－1－1本文）。

　したがって，事例の場合には機械装置の販売代金と据付工事代金が区分されておらず，かつ，据付工事そのものが相当の規模となるとは認められないこと，また，収益認識に関する会計基準に従った履行義務の識別をしているものでもないことから，機械装置の引渡しによりその収益計上時期を判定することになり，前期において既に機械装置の引渡しが完了していますので，前期に販売代金等の全額を収益として計上することになります。

　そして，当該機械装置については前期末の棚卸資産に計上されているとのことですから，当該棚卸資産に計上されている金額を販売原価として損金の額に算入します。

　また，子会社が行う据付工事については前事業年度末までに完成していませんが，売上げを計上するに当たって当該原価の額については費用収益対応の原則により，その金額を適正に見積もって損金の額に算入することになります（法基通2－2－1）。

第2章 収 益・費 用 *53*

具体的修正の方法

《法人税の修正》

⑴ 税抜経理の場合

　当該機械装置の販売契約に基づく税抜対価の額25,000,000円を売上計上もれとし，その機械の棚卸計上額及び据付工事費用の税抜見積額とを原価として損金の額に算入します。

　なお，据付工事費用については調査時点で既にその額が確定していますので，その確定した金額を損金とすることが認められるでしょう。ただし，据付工事は前事業年度末では未了となっていますので消費税における課税仕入れの時期は当期となりますから，前期においては消費税等を除いた税抜きの金額だけを未払外注費として処理し，当期において消費税等の部分を仮払消費税等として仕訳することになります。

　この場合の修正を仕訳で示すと次のようになります。

（借方）売掛金	27,500,000円	（貸方）売　上	25,000,000円
		仮受消費税等	2,500,000円
原価認容	18,000,000円	棚卸資産	18,000,000円
外注費	350,000円	未払金	350,000円
仮受消費税等	2,000,000円	未払消費税等	2,000,000円

　そして，修正申告における別表四及び別表五(一)の記載は次のようになります。

54

別表四

区　　　分	総　　額	処　　分	
		留　　保	社 外 流 出
	①	②	③
加算　売上計上もれ	25,000,000	25,000,000	
減算　原 価 認 容	18,000,000	18,000,000	
外 注 費 認 容	350,000	350,000	

別表五（一）

区　　分	期 首 現 在 利益積立金額	当 期 の 増 減		翌 期 首 利 益 積 立 金 額	
		減	増		
	①	②	③	④	
売 掛 金			27,500,000		27,500,000
棚 卸 資 産			△18,000,000	△	18,000,000
仮受消費税等		△ 2,500,000	△ 2,500,000		
未払消費税等			△ 2,500,000	△	2,500,000
未 払 金			△ 350,000	△	350,000

(注)　税抜経理の場合には，修正により新たに生じた仮受消費税等を消去（当期の減に表示）して，消費税及び地方消費税の修正申告により増加する税額を別表五(一)で未払消費税等として表示します。なお，この場合に差額が生じたときはそれを雑益又は雑損とします。

▷当期の受入処理◁

当期においては次の仕訳が確定した決算上行われていることになります。

（借方）売掛金	27,500,000円	（貸方）売　上	25,000,000円
		仮受消費税等	2,500,000円
原価認容	18,000,000円	棚卸資産	18,000,000円
外注費	350,000円	現預金	385,000円
仮払消費税等	35,000円		

したがって，前期の修正申告において計上した売上げを当期では減算し，その対応原価として認容した金額を加算する必要があります。そして，税抜経理の場合には別表四で加減算する金額と別表五(一)の加減算の金額とがそれらに

係る消費税等相当額だけ相違しますが，この金額は前期から繰り越した未払消費税等の消去として別表五(一)で処理することになり，当期での別表四及び別表五(一)の受入処理は次のようになります。

なお，外注費に係る仮払消費税等は当期の課税仕入れとなるものですから，上記仕訳のとおり適正に処理されていれば別表上の受入れ等の処理は不要です。

また，前期の消費税及び地方消費税の修正により増加した税額を当期において損金経理によって納付したか，また，期末の仮受・仮払消費税等の清算仕訳により未払消費税等の計上額がどうなっているかにより，消費税相当額の処理が異なり，その態様別の処理はＰ19の6「当期の処理」のとおり次表のようになりますが，売上計上もれのように，否認に係る損益が翌期に公表決算において仕訳されているものについては次表の(3)の態様により処理しているものとして別表上の処理を行います。

処 理 の 態 様		別 表 上 の 処 理
増加税額の処理	仮受・仮払消費税等の期末清算	
(1) 損金経理により納付	仮受・仮払消費税等の期末清算仕訳上，前期の増加税額相当額を期末未払消費税等として計上（期末の未払消費税等の計上金額が前期増加税額相当額だけ過大となっている。）	損金算入した消費税等の額を留保加算し期末の未払消費税等の過大計上額を別表五(一)で表示します。
(2) 損金経理により納付	仮受・仮払消費税等の期末清算仕訳上，前期の増加税額相当額を雑益として計上（期末の未払消費税等の計上は正しく行われている。）	損金算入した消費税等の額を留保加算するとともに雑益の過大計上を減算し，別表五(一)ではいずれも未払消費税等として当期増及び当期減に表示し，期末残をゼロとします。
(3) 未払消費税等のマイナスとして納付	前期の増加税額を未払消費税等のマイナスで納付した場合には，期末の未払消費税等の計上額は正しく行われていることになる。	別表での加減算は必要ありません。

56

別表四

区　　　分	総　　額	処　　分	
		留　　保	社外流出
	①	②	③
加算　原価否認	18,000,000	18,000,000	
加算　外注費否認	350,000	350,000	
減算　売上過大計上	25,000,000	25,000,000	

別表五（一）

区　　　分	期首現在利益積立金額	当期の増減		翌期首利益積立金額
		減	増	
	①	②	③	④
売掛金	27,500,000	27,500,000		
棚卸資産	△ 18,000,000	△18,000,000		
未払消費税等	△ 2,500,000	△ 2,500,000		
未払金	△ 350,000	△ 350,000		

(2)　税込経理の場合

　当該機械装置の販売契約に基づく税込売上代金27,500,000円を売上計上もれとし，当該機械の棚卸計上額及び据付工事費の税込計上額とを原価として損金とする修正申告を行うことになります。また，その課税売上げに係る消費税及び地方消費税の修正申告を行うことになりますが，消費税及び地方消費税の修正による増加税額は，修正申告書を提出した日を含む事業年度の損金として処理しますので，修正事業年度の費用とはならず，この場合の修正を仕訳で示すと次のようになります。

（借方）売掛金　　　27,500,000円　　（貸方）売　上　　　27,500,000円

　　　　原価認容　　19,800,000円　　　　　　棚卸資産　　19,800,000円

　　　　外注費　　　　385,000円　　　　　　未払金　　　　385,000円

　そして，修正申告における別表四及び別表五(一)の記載は次のようになりま

す。

別表四

区　　　分	総　　額	処　　分	
		留　　保	社外流出
	①	②	③
加算　売上計上もれ	27,500,000	27,500,000	
減算　原価認容	19,800,000	19,800,000	
減算　外注費認容	385,000	385,000	

別表五（一）

区　　分	期首現在利益積立金額	当期の増減		翌期首利益積立金額
		減	増	
	①	②	③	④
売　掛　金			27,500,000	27,500,000
棚卸資産			△19,800,000	△19,800,000
未　払　金			△　385,000	△　385,000

▷当期の受入処理◁

　当期においては次の仕訳が確定した決算上行われていることになります。

（借方）売掛金　　　27,500,000円　　（貸方）売　上　　　27,500,000円

　　　　原価認容　　19,800,000円　　　　　　棚卸資産　　19,800,000円

　　　　外注費　　　　385,000円　　　　　　現預金　　　　385,000円

　したがって，前期の修正申告において計上した売上げを当期では減算し，その対応原価として認容した金額を加算する必要があります。そして，税込経理の場合には前期の消費税及び地方消費税の修正申告で増加した税額について当期の確定決算上損金として処理されていればそれでよいことになりますから，消費税等に係る別表上の修正は不要となり，当期での別表四及び別表五(一)の受入処理は次のようになります。

別表四

区　　　　　　分	総　　　　額	処　　　　　分		
		留　　　保	社　外　流　出	
		①	②	③
加算 原　価　否　認	19,800,000	19,800,000		
外　注　費　否　認	385,000	385,000		
減算 売上過大計上	27,500,000	27,500,000		

別表五（一）

区　　分	期首現在利益積立金額	当期の増減		翌　期　首　利　益積　立　金　額
		減	増	
	①	②	③	④
売　掛　金	27,500,000	27,500,000		
棚卸資産	△ 19,800,000	△19,800,000		
未　払　金	△　　385,000	△　　385,000		

《消費税等の修正》

⑴ 旧消費税法施行規則第22条第1項の適用がある場合

　売上代金を収受するときに税抜売上金額25,000,000円と消費税及び地方消費税2,500,000円とを区分して受領しているときは，その区分したところの消費税等相当額2,500,000円に100分の78を乗じた1,950,000円を課税標準額に対する消費税額とし確定申告における消費税額に加算して消費税及び地方消費税の修正申告を行うことになります。

⑵ 旧消費税法施行規則第22条第1項の適用がない場合

　旧消費税法施行規則第22条第1項の適用がない場合には，確定申告における税込みの課税売上高と修正する税込課税売上高27,500,000円を合計した金額に110分の100を乗じた金額の千円未満を切り捨てた金額を消費税の課税標準額とし，それに7.8％を乗じた金額を課税標準額に対する消費税額として再計算し

第2章 収益・費用 *59*

ます。

▷当期の処理◁

　帳簿上当期の課税売上げとなっている27,500,000円（税込み）は前期の売上げとして修正されていますので，当期の課税売上高を集計するときにその金額を除いて計算することになります。

　また，外注費に係る消費税等は当期の課税仕入れとなるものですから，確定決算上の仕訳に基づき当期の課税仕入れとして処理することになります。

事例2　工事代金が確定していない場合の見積り

　当社は内装工事業を営んでいますが，Ａ建設会社から請け負ったマンションの内装工事を完了して引き渡したところ，マンションを購入した顧客から内装の一部を変更したいとの申し出があり，その変更部分の追加工事をＡ建設会社から再度請け負いました。追加工事は前期に完了しましたが，Ａ建設会社との間で当該追加工事の請負金額の取決めがなされていなかったため，追加工事部分の収益は前期に計上していませんでした。

　税務調査において，追加工事は前期に完成引渡しがなされているから，前期の収益として計上すべきであると指摘を受けました。

　なお，当期においてＡ建設会社との間で追加工事代金は660,000円（税込み）と決定したことから，当該金額を売上げに計上し，その原価で前期に未成工事支出金（税抜きで400,000円，税込みで440,000円）としていた金額を損金に計上しています。

　また，当社は未成工事に係る課税仕入れは，原則どおり課税仕入れ等をした日の仕入税額に含めています。

60

解　説

　工事代金が確定していない場合であっても，その事業年度において完成引渡しされているときはその工事金額を適正に見積もった上で収益に計上しなければなりません（法基通 2 - 1 - 1 の 10）。

　事例においては，追加工事については前期において既に完成し引き渡されていますので，前期の売上げに計上する必要があります。

　そして，前事業年度の末日における現況で適正に見積もったところの売上金額を売上計上もれとして修正し，仮に当期に確定した売上金額と見積もったところの売上金額とが異なる場合には，その差額を当期の損益として処理します。

　なお，事例の場合，貴社が前事業年度末日の現況で適正に見積もった工事代金を証明できれば，それにより修正申告を行うことになりますが，それが困難なときは調査時点で既に確定している工事代金により修正するのが一般的でしょう。

　そして，前期末において未成工事支出金に計上されていた金額を原価として認容します。

　また，消費税においても資産の譲渡等を行った日の属する課税期間の末日までにその対価の額が確定していないときは，同日の現況によりその金額を適正に見積もることとされており，この取扱いは法人税の処理と同様となりますので，法人税で売上計上もれとする金額を課税資産の譲渡等の対価の額として処理することになります（消基通 10 - 1 - 20）。

具体的修正の方法

《法人税の修正》

(1)　税抜経理の場合

　前期末における合理的な見積金額を調査時点で証明できないときは，当期に確定した売上金額を売上計上もれとして修正申告することになりますので，税

第2章 収益・費用　*61*

抜きの売上金額600,000円を所得金額に加算することになります。また，貴社が前期末において未成工事支出金に計上していた金額400,000円を原価として損金の額に算入します。

　この場合の修正を仕訳で示すと次のようになります。

（借方）売掛金　　　　　660,000円　　（貸方）売　上　　　　　600,000円

　　　　　　　　　　　　　　　　　　　　　　仮受消費税等　　　60,000円

　　　　原価認容　　　　400,000円　　　　　未成工事支出金　400,000円

　　　　仮受消費税等　　60,000円　　　　　未払消費税等　　　60,000円

　そして，修正申告における別表四及び別表五(一)の記載は次のようになります。

別表四

区　　　　分	総　　　額	処　　　　分		
		留　　保	社　外　流　出	
	①	②	③	
加算　売上計上もれ	600,000	600,000		
減算　原　価　認　容	400,000	400,000		

別表五（一）

区　　分	期首現在利益積立金	当期の増減		翌期首利益積立金額
		減	増	
	①	②	③	④
売　　掛　　金			660,000	660,000
仮受消費税等		△　60,000	△　60,000	
未払消費税等			△　60,000	△　60,000
未成工事支出金			△　400,000	△　400,000

▷当期の処理◁

　当期においては次の仕訳が確定した決算上行われていることになります。

62

(借方) 売掛金	660,000円	(貸方) 売　上	600,000円
		仮受消費税等	60,000円
原価認容	400,000円	未成工事支出金	400,000円

　したがって，前期の修正申告において計上した売上げを当期では減算し，そ
の対応原価として認容した金額を加算する必要があります。そして，税抜経理
の場合には別表四で加減算する金額と別表五(一)の加減算の金額とがそれらに
係る消費税等相当額だけ相違しますが，この金額は前期から繰り越した未払消
費税等を消去する処理を行うことになり，当期での別表四及び別表五(一)の受
入処理は次のようになります。

別表四

区　　　　　分	総　　　額	処　　　　分		
		留　　保	社 外 流 出	
		①	②	③
加算 原 価 否 認	400,000	400,000		
減算 売 上 過 大 計 上	600,000	600,000		

別表五（一）

区　　分	期 首 現 在 利益積立金額	当 期 の 増 減		翌 期 首 利 益 積 立 金 額
		減	増	
	①	②	③	④
売 掛 金	660,000	660,000		
未払消費税等	△　60,000	△　60,000		
未成工事支出金	△　400,000	△　400,000		

(2)　税込経理の場合

　前期末における合理的な見積金額を調査時点で証明できないときは，当期に
確定した売上金額を売上計上もれとして修正申告することになりますので，税
込みの売上金額660,000円を所得金額に加算することになります。また，貴社
が前期末において未成工事支出金に計上していた税込金額440,000円を原価と

して損金の額に算入します。

　なお，売上計上もれに対する消費税及び地方消費税の納付税額については消費税及び地方消費税の修正申告書を提出した日の損金として処理しますので，前期の損益には影響させません。

　この場合の修正を仕訳で示すと次のようになります。

（借方）売掛金　　　　660,000円　　（貸方）売　上　　　　　660,000円
　　　　原価認容　　　440,000円　　　　　　未成工事支出金　440,000円

　そして，修正申告における別表四及び別表五(一)の記載は次のようになります。

別表四

区　　　分	総　　額	処　　　分		
		留　　保	社 外 流 出	
		①	②	③
加算	売 上 計 上 も れ	660,000	660,000	
減算	原 価 認 容	440,000	440,000	

別表五（一）

区　分	期 首 現 在利益積立金額	当 期 の 増 減		翌 期 首 利 益積 立 金 額
		減	増	
	①	②	③	④
売　掛　金			660,000	660,000
未成工事支出金			△　440,000	△　440,000

▷**当期の処理**◁

　当期においては次の仕訳が確定した決算上行われていることになります。

（借方）売掛金　　　　660,000円　　（貸方）売　上　　　　　660,000円
　　　　原価認容　　　440,000円　　　　　　未成工事支出金　440,000円

　したがって，前期の修正申告において計上した売上げを当期では減算し，その対応原価として認容した金額を加算する必要があります。そして，税込経理の場合には前期の消費税及び地方消費税の修正申告で増加した税額について当

64

期の確定決算上損金として処理されていればそれでよいことになりますから，消費税等に係る別表上の修正は不要となり，当期での別表四及び別表五（一）の受入処理は次のようになります。

別表四

区　　　　　分	総　　　額	処　　　分		
		留　　　保	社　外　流　出	
	①	②	③	
加算	原　価　否　認	440,000	440,000	
減算	売上過大計上	660,000	660,000	

別表五（一）

区　　分	期　首　現　在 利益積立金額	当　期　の　増　減		翌　期　首　利　益 積　立　金　額
		減	増	
	①	②	③	④
売　掛　金	660,000	660,000		
未成工事支出金	△　440,000	△　440,000		

《消費税等の修正》

(1)　旧消費税法施行規則第22条第1項の適用がある場合

　売上代金を収受するときに税抜売上金額600,000円と消費税及び地方消費税60,000円とを区分して受領しているときは，その区分したところの消費税等相当額60,000円に100分の78を乗じた46,800円を課税標準額に対する消費税額とし確定申告における消費税額に加算して消費税及び地方消費税の修正申告を行うことになります。

(2)　旧消費税法施行規則第22条第1項の適用がない場合

　旧消費税法施行規則第22条第1項の適用がない場合には，確定申告における税込みの課税売上高と修正する税込課税売上660,000円を合計した金額に110分

第2章 収益・費用 *65*

の100を乗じた金額の千円未満の端数を切り捨てた金額を消費税の課税標準額とし，それに7.8％を乗じた金額を課税標準額に対する消費税額とします。

(3) 未成工事支出金に係る課税仕入れの時期

未成工事支出金に含まれる課税仕入れについても，原材料の引渡しを受け，又は役務の提供を受けた時の課税仕入れとなりますが，法人が継続的に未成工事支出金に係る課税仕入れについてその工事が完成し引渡しをした日（売上計上日）に一括して仕入税額控除の対象とすることも認められています（消基通11-3-5）。

事例の場合は，原則どおり課税仕入れ等を行った時の仕入税額として処理が行われていることから，原価認容に係る仕入税額の修正はありません。

▷当期の処理◁

帳簿上当期の課税売上げとなっている660,000円（税込み）は前期の課税売上げとして修正されていますので，当期の課税売上高を集計するときにその金額を除いて計算することになります。

事例3　商品券の発行代金の収益計上時期

当社はスーパーマーケットを営んでいますが，前期において当社の店舗で利用できる商品券を作成し発行しました。そして，商品券の発行時点ではその代金を前受金とし，顧客が当社の店舗で利用したときに売上げに振替処理することとして処理していました。

税務調査において，発行した商品券には有効期限が定められ，前期にその有効期限が到来したものが2,310,000円あることから，これが収益計上もれとなっている旨の指摘を受けましたが，修正申告しなければならないのでしょうか。

解説

　商品券やプリペイドカードを発行した場合のその発行代金については，原則として商品券と引換えに商品の引渡し等のあった日の事業年度の収益の額とすることとされています。

　ただし，発行日から10年を経過した日に未引換えの商品券がある場合には，その未引換えの商品券については益金の額に算入することとされています。

　ただし，商品券に有効期限があり，発行日から10年が経過した日前に有効期限が到来した場合には，有効期限を到来した日に未引換えの商品券を一括して収益の額に算入することになります。

　なお，商品券を商品との引換前に収益計上した場合には，招来の引換費用を見積もり計上することが認められています（法基通2－2－11）が，本事例においては有効期限が到来したことにより収益計上するのであって，将来における引換義務はありませんので，引換費用を見積もる必要はありません。

　消費税においては商品券の発行は不課税とされています（消基通6－4－5）ので，発行時点では課税売上げとはならず，現実に課税商品を引き渡したときに課税売上げとして処理することになります（消基通9－1－22）。しかし，法人が自己の店舗のみで利用できる商品券を発行し，その商品券について法人税の収益計上時期において資産の譲渡等があったものとして処理している場合には，その処理も認められていますが，法人税基本通達2－2－11により見積原価とした金額は課税仕入れに該当しませんから仕入税額控除の対象とはならず，実際に商品等を仕入れた時の課税仕入れとして処理します。

　本事例は，商品券の有効期限が到来したことにより収益計上するもので，消費税は不課税となりますから，消費税の修正は必要ありません。

第2章 収益・費用　*67*

具体的修正の方法

《法人税の修正》

　貴社は商品券を引換時の収益としていましたが，前期末において有効期限が到来したものがあり，それが収益計上漏れとなっています。

　この場合の修正を仕訳で示すと次のようになります。

（借方）前受金　　　　2,310,000円　　（貸方）売　上　　　　2,310,000円

別表四

区　　　　分	総　　　額	処　　　　分	
		留　　　保	社 外 流 出
	①	②	③
加算 売 上 計 上 も れ	2,310,000	2,310,000	

別表五（一）

区　分	期 首 現 在 利益積立金額	当 期 の 増 減		翌 期 首 利 益 積 立 金 額
		減	増	
	①	②	③	④
前　受　金			2,310,000	2,310,000

▷当期の処理◁

　前期の修正申告で売上計上もれとした有効期限が到来した商品券について，当期会計上収益として次の仕訳により雑益計上した場合には，別表五(一)で繰り越した前受金の額を減算認容する必要がありますので，次の申告調整を行うことになります。

（借方）前受金　　　　2,310,000円　　（貸方）雑　益　　　　2,310,000円

別表四

区　　　分	総　　額	処　　分		
		留　　保	社　外　流　出	
	①	②	③	
当期利益又は当期欠損の額	×××	×××	配当	
			その他	
減算　雑　益　認　容	2,310,000	2,310,000		

別表五（一）　　　　　Ⅰ　利益積立金額の計算に関する明細書

区　　分	期首現在利益積立金額	当期の増減		差引翌期首現在利益積立金額
		減	増	
	①	②	③	④
前　受　金	2,310,000	2,310,000		

事例4　補償金の収益計上

　当社は食品の小売業を営んでいますが，ビルの一区画を賃借して出店していた店舗のビルの所有者が建替えを行うこととし，新築ビルが完成するまでの間一時立退きをすることになりました。

　立退きに当たって，ビルの所有者から営業補償金として12,000,000円を受領しましたが，前事業年度末までに立退きしていなかったため当該金額を前受金として処理していました。

　税務調査において，当該営業補償金は前期の収益に計上すべきとの指摘を受けましたが，修正申告しなければならないでしょうか。

解　説

　将来の逸失利益に対する補償金を一括して受領した場合に，その計算根拠となる期間に配分して収益計上するという考え方もあるでしょうが，税務においてはこのような補償金であってもそれを受領した時点でその金額については確

第2章 収　益・費　用　*69*

定した収益とみること，また，将来に繰り延べる理由がなく，仮に将来におけ
る費用・損失との対応関係があったとしても，その将来発生する可能性がある
費用・損失は引当金で対応すべきものとなるでしょう。

　このような理由から，営業補償金，経費補償金などの名目で支払を受けた金
額は，その支払を受けた日において収益計上することとされています（法基通
2－1－40）。

　事例の場合，将来の営業補償金を前期に受領したとのことですが，上記理由
から前期の収益として計上すべきものとなりますので，修正申告をしなければ
なりません。

　ただし，収用等により交付を受ける補償金等については，一部仮勘定として
経理することができることとされています（措置通64(3)－15，64(3)－16）。

　なお，消費税においては事例の営業補償金や経費補償金など，逸失利益を補
塡するための補償金は不課税となりますから消費税の修正は生じません。

具体的修正の方法

《法人税の修正》

　事例の場合の修正を仕訳で示すと次のようになります。なお，消費税の課税
対象外取引ですから，税抜経理及び税込経理とも同じとなります。

（借方）前受金　　　　12,000,000円　　　（貸方）補償金収入　　12,000,000円

　そして，修正申告における別表四及び別表五(一)の記載は次のようになりま
す。

別表四

区　　　　　分	総　　　額	処　　　分		
		留　　保	社 外 流 出	
	①	②	③	
加算　補償金収入計上もれ	12,000,000	12,000,000		

別表五（一）

区　　分	期 首 現 在 利益積立金額	当期の増減		翌 期 首 利 益 積 立 金 額
		減	増	
	①	②	③	④
前　受　金			12,000,000	12,000,000

▷**当期の処理**◁

　貴社が前期に前受金処理した補償金の全額を当期に収益に振替処理している
ときは前期の修正申告で加算した金額の全額を別表四で減算することになりま
すので，この場合の別表四及び別表五(一)の記載は次のようになります。

別表四

区　　　　　分	総　　　額	処　　　分		
		留　　　保	社 外 流 出	
	①	②	③	
減算	補償金収入過大	12,000,000	12,000,000		

別表五（一）

区　　分	期 首 現 在 利益積立金額	当期の増減		翌 期 首 利 益 積 立 金 額
		減	増	
	①	②	③	④
前　受　金	12,000,000	12,000,000		

事例5　　**自社発行ポイントがある場合**

　当社は顧客に対して，販売金額の5％相当額をポイントとして付与して
います。

　付与されたポイントは，次回の購入時以降に顧客が提示したポイント数
1ポイントにつき1円で値引きをすることとしています。

　当社発行のポイントカードの裏面には規約の記載があり，1ポイントか
ら利用可能であること，有効期限はないこととされています。

第2章 収益・費用 71

前期末に2,300,000ポイントが未使用であったため，ポイント債務として2,300,000円が計上されていました。

税務調査により，1ポイント1円で利用できるとしても，ポイント債務の金額は単純に1ポイント1円として計上することにはならず，対価として受領した金額を販売商品とポイントとの時価に基づき按分して計算しなければなりませんので，ポイント債務の金額が過大となっている旨の指摘を受けました。

解説

《法人税の修正》

収益認識に関する会計基準により，商品の販売時にポイントを付与した場合で，商品の販売とポイントの付与とがそれぞれ別個の履行義務と識別されるときはポイントについては契約債務として処理することとされています。

法人税においても，自己発行ポイントを付与した場合で次の要件の全てを満たす場合には，継続適用を条件としてポイントについては資産の販売とは別の取引に係る収益の前受けとすることができることとされています（法基通2－1－1の7）。

①　その付与した自己発行ポイント等が当初資産の販売等の契約を締結しなければ相手方が受け取れない重要な権利を与えるものであること

②　その付与した自己発行ポイント等が発行年度ごとに区分して管理されていること

③　法人がその付与した自己発行ポイント等に関する権利につきその有効期限を経過したこと，規約その他の契約で定める違反事項に相手方が抵触したことその他の当該法人の責に帰さないやむを得ない事情があること以外の理由により一方的に失わせることができないことが規約その他の契約において明らかにされていること

④　次のいずれかの要件を満たすこと。

　イ　その付与した自己発行ポイント等の呈示があった場合に値引き等をする
　　金額が明らかにされており，かつ，将来の資産の販売等に際して，たとえ
　　1ポイント又は1枚のクーポンの呈示があっても値引き等をすることとさ
　　れていること

　ロ　その付与した自己発行ポイント等が当該法人以外の者が運営するポイン
　　ト等又は自ら運営する他の自己発行ポイント等で，イに該当するものと所
　　定の交換比率により交換できることとされていること

　貴社のポイントは，規約から上記要件の全てを満たすものであると考えられ
ますので，ポイントに係る部分の収益は前受けとして処理することが認められ
ます。

　ただし，同通達の注書きで，「自己発行ポイント等の付与について別の取引
に係る収入の一部又は全部の前受けとする場合には，当初資産の販売等に際し
て支払を受ける対価の額を，当初資産の販売等に係る引渡し時の価額等（その
販売若しくは譲渡をした資産の引渡しの時における価額又はその提供をした役
務につき通常得べき対価の額に相当する金額をいう。）と，自己発行ポイント
等に係るポイント等相当額とに合理的に割り振る」とされています。

　例えば，10,000円の商品を販売し500ポイントを付与した場合に，貴社は次
のような仕訳をしていたものと思われます。

（借方）現　金	11,000円	（貸方）売　上	9,500円
		契約債務	500円
		仮受消費税	1,000円

　しかし，商品の時価が10,000円，ポイントの時価が500円（1ポイント1
円）で，対価として10,000円（別途消費税等相当額を1,000円）受け取ったとし
た場合には，次の計算により受け取った10,000円を商品とポイントの時価比率
により按分する必要があり，正しい仕訳は次のようになります。

第2章 収益・費用 *73*

$$10{,}000円 \times \frac{\overset{(商品時価)}{10{,}000円}}{\underset{(商品時価)}{10{,}000円} + \underset{(ポイント時価)}{500円}} \overset{(商品売上)}{\fallingdotseq 9{,}524円}$$

$$\overset{(商品売上)}{10{,}000円} - \overset{(ポイント対価)}{9{,}524円} = 476円$$

【正しい仕訳】

（借方）現　金　　　　　11,000円　　　（貸方）売　上　　　　　9,524円

契約債務　　　　　476円

借受消費税　　　1,000円

　事例においては期末2,300,000ポイントに対して同額の2,300,000円の契約債務を計上していたとのことですから，2,300,000ポイントが売上高の5％相当であるとすれば売上として収受した金額は46,000,000円（2,300,000円÷0.05）であり，これに基づき商品とポイントの比率で案分すると，次のように期末の契約債務の額は2,190,476円となります。

　そうすると期末の契約債務の計上額が109,524円過大となりますので，これを修正する必要があります。

　この契約債務の過大計上額は，商品の売上金額が過少となっていることに基因しますので，別表四では収益（売上）計上漏れとして加算することになるでしょう。

　なお，収益認識に関する会計基準におけるポイントの取扱いは，消費税は売上時には対価として受領した金額を課税売上げとし，ポイント利用時に売上対価の返還として処理しなければなりません。そのため，確定申告において契約債務の額を課税売上高から減額していないときは法人税における契約債務の計上額に誤りがあったとしても消費税の計算は影響しませんので，修正は法人税のみとなります。

$$46,000,000円 \times \frac{46,000,000円}{46,000,000円 + 2,300,000円} \fallingdotseq \overset{(商品売上)}{43,809,524円}$$

$$46,000,000円 - 43,809,524円 = \overset{(ポイント対価)}{2,190,476円} \rightarrow 契約債務の額$$

$$2,300,000円 - 2,190,476円 = \overset{(契約債務の過大計上額)}{109,524円}$$

別表四

区　　　　　分	総　　　額	処　　　　　分		
		留　　　保	社　外　流　出	
	①	②	③	
当期利益又は当期欠損の額	×××	×××	配当	
			その他	
加算　収 益 計 上 漏 れ	109,524	109,524		

別表五（一）　　　　　Ⅰ　利益積立金額の計算に関する明細書

区　　分	期 首 現 在 利益積立金額	当 期 の 増 減		差 引 翌 期 首 現 在 利 益 積 立 金 額
		減	増	
	①	②	③	④
契 約 債 務			109,524	109,524

▷当期の受入処理◁

　前期の修正申告で加算した契約債務の額を会計上受け入れ，当期における期末の契約債務の金額について正しく按分して計上したとすれば，受け入れた金額を別表四で減算し，別表五(一)の残高を消去する処理をします。

受入仕訳

（借方）契約債務　　　109,524円　　（貸方）雑　益　　　　109,524円

第2章 収 益・費 用　*75*

別表四

区　　　　分	総　　額	処　　　　分		
		留　　保	社 外 流 出	
	①	②	③	
当期利益又は当期欠損の額	×××	×××	配当	
			その他	
減算　雑　益　認　容	109,524	109,524		

別表五（一）　　　　　　Ⅰ 利益積立金額の計算に関する明細書

区　　分	期 首 現 在 利益積立金額	当 期 の 増 減		差 引 翌 期 首 現 在 利 益 積 立 金 額
		減	増	
	①	②	③	④
契 約 債 務	109,524	109,524		

事例6　従業員の横領金の処理

　当社は小売業を営んでいますが，税務調査において当社の従業員が売上代金の一部を横領している事実が判明しました。

　前事業年度の売上計上もれ額（横領金）は税込みで858,000円であったことから当該金額を従業員に対して求償することとしました。

　この場合，その売上げに見合う原価については既に損金の額に算入されていましたが，横領金を売上計上もれとして修正申告しなければならないでしょうか。

解　説

　法人が棚卸資産を売却しその売上代金を従業員が横領した場合，棚卸資産の販売行為は法人に帰属することになりますので，その売上げが計上されていないとすれば，売上計上もれとして修正せざるを得ません。

そして，売上代金（現金）を従業員が横領したことにより法人が受けた損害は損害賠償請求権として別途認識することになります。

貴社は従業員に対して横領額を求償するとのことですから，売上げに計上されていなかった金額は貴社の売上げとして修正する必要があり，その相手勘定を横領した従業員への損害賠償請求権（又は未収金）として処理します。ただし，横領等が発覚した時点で横領した従業員等に損害賠償請求を行っても明らかに回収が見込めないような場合には，あえて損害賠償請求権を計上しないことも認められます。

消費税においては，課税資産の譲渡を行った者は法人となりますから，貴社における課税売上げとして消費税及び地方消費税の修正も必要になります。

なお，従業員が棚卸資産を横領し個人的に販売したような場合には，貴社において課税資産を譲渡したことにはなりませんから，この場合には消費税及び地方消費税の修正は生じません。

具体的修正の方法

《法人税の修正》

(1) 税抜経理の場合

従業員が売上代金を横領したことにより計上されていなかった税抜きの売上代金780,000円を売上計上もれとし，その税込みの売上代金を従業員に対する損害賠償請求権として，修正を仕訳で示せば次のようになります。

（借方）損害賠償請求権　858,000円　　（貸方）売　上　　　　　780,000円
　　　　（未収金）
　　　　　　　　　　　　　　　　　　　　仮受消費税等　　　78,000円

　　　　仮受消費税等　78,000円　　　　　未払消費税等　　　78,000円

そして，修正申告における別表四及び別表五(一)の記載は次のようになります。

第2章 収 益・費 用 *77*

別表四

区 分	総 額	処　分	
		留 保	社 外 流 出
	①	②	③
減算 売上計上もれ	780,000	780,000	

別表五（一）

区 分	期首現在利益積立金額	当期の増減		翌期首利益積立金額
		減	増	
	①	②	③	④
損害賠償請求権			858,000	858,000
仮受消費税等		△ 78,000	△ 78,000	
未払消費税等			△ 78,000	△ 78,000

▷**当期の処理**◁

　過年度遡及会計（会計上の変更及び誤謬の訂正に関する会計基準）を適用して，次の仕訳により繰越利益を858,000円増加した場合には，当期の別表五（一）の期首利益積立金額の記載について，前期から繰り越してきた損害賠償請求権の表示を行わず，繰越利益の額を過年度遡及会計により修正された会計上の金額に修正します。

（借方）未収金　　　　　858,000円　　　（貸方）繰越利益　　　　　858,000円

78

過年度遡及会計の適用がないとした場合の別表五(一)の表示

区　分	期首現在利益積立金額	当期の増減		差引翌期首現在利益積立金額
		減	増	
	①	②	③	④
損害賠償請求権	858,000			
繰越利益	×××			

損害賠償請求権とした科目を
繰越利益に修正する。

過年度遡及会計の適用がされた場合の別表五(一)の表示

区　分	期首現在利益積立金額	当期の増減		差引翌期首現在利益積立金額
		減	増	
	①	②	③	④
繰越利益	858,000			

　なお，中小企業で過年度遡及会計を適用していない場合で，前期の売上計上もれ額の780,000円を前期損益修正益として確定決算において計上した場合又は横領した従業員から当該横領金額の858,000円の返還を受け，その税抜金額を雑益として計上した場合には，当期の申告調整において前期計上した金額を減算処理しますが，当期において上記の益金計上の処理が何ら行われていないときは，当期の申告調整も必要ありません。

⑵　税込経理の場合

　従業員が売上代金を横領したことにより計上されていなかった税込みの売上代金858,000円を売上計上もれとし，同額を従業員に対する損害賠償請求権として，修正を仕訳で示せば次のようになります。なお，消費税及び地方消費税の修正申告による納付すべき税額は修正申告書を提出した日の損金となりますので，前期の損益には影響しません。

（借方）損害賠償請求権　858,000円　　（貸方）売　上　　　　　　858,000円
　　　　（未収金）

　そして，修正申告における別表四及び別表五(一)の記載は次のようになります。

別表四

区　　　　分	総　　　額	処　　　　　分	
		留　　　保	社 外 流 出
		①	②	③
加算　売 上 計 上 も れ	858,000	858,000	

別表五（一）

区　　分	期 首 現 在 利益積立金額	当 期 の 増 減		翌 期 首 利 益 積 立 金 額
		減	増	
	①	②	③	④
損害賠償請求権			858,000	858,000

▷当期の処理◁

　過年度遡及会計を適用して，次の仕訳により繰越利益を858,000円増加した場合には，当期の別表五(一)の期首利益積立金額の記載について，前期から繰り越してきた損害賠償請求権の表示を行わず，繰越利益の額を過年度遡及会計により修正された会計上の金額に修正します。

（借方）未収金　　　　　858,000円　　（貸方）繰越利益　　　　　858,000円

80

過年度遡及会計の適用がないとした場合の別表五(一)の表示

区　　分	期　首　現　在 利益積立金額	当期の増減		差引翌期首現在利益 積　立　金　額
		減	増	
	①	②	③	④
損害賠償請求権	858,000			
繰　越　利　益	×××			

損害賠償請求権とした科目を
繰越利益に修正する。

過年度遡及会計の適用がされた場合の別表五(一)の表示

区　　分	期　首　現　在 利益積立金額	当期の増減		差引翌期首現在利益 積　立　金　額
		減	増	
	①	②	③	④
繰　越　利　益	858,000			

　なお，中小企業で過年度遡及会計を適用していない場合で，前期の売上計上
もれ額の858,000円を前期損益修正益として確定決算において計上した場合又
は横領した従業員から当該横領金額の858,000円の返還を受け，それを雑益と
して計上した場合には，当期の申告調整において前期計上した金額を減算処理
しますが，当期において上記の益金計上の処理が何ら行われていないときは，
当期の申告調整も必要ありません。

《消費税等の修正》

⑴　旧消費税法施行規則第22条第１項の適用がある場合

　売上代金を収受するときに税抜売上金額780,000円と消費税及び地方消費税
78,000円とを区分して受領しているときは，その区分したところの消費税等相
当額78,000円に100分の78を乗じた60,840円を課税標準額に対する消費税額とし
て確定申告における消費税額に加算して消費税及び地方消費税の修正申告を行

うことになります。

⑵　旧消費税法施行規則第22条第1項の適用がない場合

　旧消費税法施行規則第22条第1項の適用がない場合には，確定申告における税込みの課税売上高と修正する税込課税売上858,000円を合計した金額に110分の100を乗じた金額の千円未満の端数を切り捨てた金額を消費税の課税標準額とし，それに7.8％を乗じた金額を課税標準額に対する消費税額とします。

▷当期の処理◁

　過年度遡及会計を適用せず当期において前期の売上計上もれ額を前期損益修正益として計上した場合又は従業員から損害額の弁済があり，その金額を雑益として計上した場合のいずれも，その前期損益修正益又は雑益は課税売上げとはなりませんので，当期における消費税等の修正は不要です。

　なお，過年度遡及会計を適用した場合には，繰越利益が変更されるのみで，損益には影響していませんので，特に課税売上高を調整する必要は生じません。

第3章

資産の低廉譲渡等

1 法人税における収益の概念

　企業会計における収益計上認識は，企業会計原則（損益計算書原則）で実現主義の原則に従い行うこととされているとともに，具体的には平成30年3月30日に企業会計基準委員会が公表した「収益認識に関する会計基準」によることとされました（収益認識に関する会計基準の強制適用は令和3年4月1日以後開始事業年度とされています。）。

　しかし，法人税法では取引当事者間の恣意的な意思により，取引価額が不当に歪められることは租税負担公平の原則の観点から好ましいことではありませんので，時価による取引が基本とされていました。

　また，収益認識に関する会計基準では，取引価額の算定に当たっては値引き，割戻し回収不能，返品等の取引の対価に変動性がある金額が含まれている場合には，その変動部分の金額を見積もり，その部分を控除して収益を認識することとされました。

　ところで，法人税法は将来的に生じる可能性がある貸倒れについては貸倒引当金や実際に貸倒れとなった時の貸倒損失での対応とされ，また，返品についても現実に返品があった時に処理するのが相当であるとの考え方により，平成30年度改正で法人税法に第22条の2の規定が設けられ，同条第4項及び第5項において，資産の販売に係る収益の額は引渡しの時における価額（いわゆる時価）とし，かつ，貸倒れや返品等の可能性がないものとした場合の価額とする旨明確な規定が設けられました。

2 法人税における益金の額

　益金の額に算入すべき金額は，法人税法第22条第2項において，別段の定め

のあるものを除き，①資産の販売による収益の額，②有償又は無償による資産の譲渡に係る収益の額，③有償又は無償による役務の提供に係る収益の額，④無償による資産の譲受けに係る収益の額，⑤その他の取引で資本等取引以外のものに係る収益の額とされています。

　法人が資産を贈与した場合には，無償による資産の譲渡となりますが，この場合にはその贈与した時におけるその資産の時価で収益が実現したと認識し，その実現した金額を贈与したものとして，時価による収益は益金の額に，同額を寄附金として損金の額に算入することになります。

　これに対して資産を無償で譲り受けた場合には時価で取得したこととされ，その取引において何らの対価の支払を行わなかったことに対して受贈益が認定され，これが益金の額となります。ただし，広告宣伝用資産の贈与を受けた場合の受贈益については法人税基本通達4－2－1で別途定められています。

　また，資産を時価よりも低い価額で譲渡した場合（低廉譲渡）及び資産を時価よりも低い価額で譲り受けた場合（低廉譲受け）には，原則として譲渡価額又は譲受価額とその時における資産の時価との差額について上記と同様に収益が実現したものとされます（法法22の2④，⑤）。

　なお，資産の低廉譲渡においては，時価との差額は資産を譲渡した者においては寄附金，資産を取得した者においては受贈益となります。しかし，当事者間では時価売買を念頭にした取引であったが，その時価の算定を誤ったために税務調査で指摘されたとすれば，その指摘されたところの時価に売買価額を修正することもあり得ますので，当事者間の合意によりその売買価額を修正した場合には，その修正による差額を未収入金又は未払金として経理処理することになります。

③ 消費税における課税標準

1 法人の役員に対する資産の無償又は低廉譲渡

　消費税は対価を得て行う資産の譲渡等を課税の対象としていることから，原則として無償の取引は課税の対象とはならず，法人税等において低廉譲渡であることをもって時価との差額が更正の対象となったとしても実際に授受した対価の額が課税の対象となります。

　しかし，個人事業者が事業用資産を家事消費し又は使用した場合や法人がその役員に資産を贈与した場合には，対価を得て行った資産の譲渡とみなされ，その譲渡の時における資産の時価を課税標準として消費税が課税されます（消法4④，28②）。

　また，法人がその役員に資産を譲渡した場合において，その対価の額が譲渡時における時価より著しく低いときは，その時の時価が課税標準とされます（消法28①）。

　この場合の「その対価の額が譲渡時における時価より著しく低いとき」とは，原則として譲渡対価の額が資産の時価の50％に相当する金額に満たない場合をいいますが，法人が役員に棚卸資産を譲渡したときは，その譲渡対価の額がその棚卸資産の課税仕入れの金額以上で，かつ，通常他に販売する価額のおおむね50％以上であるときは，著しく低いときに該当しないこととされています（消基通10-1-2）。

2 法人の使用人や子会社等に対する資産の無償又は低廉譲渡

　消費税は対価を得て行う資産の譲渡等を課税の対象としていることから，法人が使用人や子会社等に対して資産を無償又は低廉で譲渡し，そのことをもっ

第3章　資産の低廉譲渡等　　*87*

て時価との差額が従業員に対する経済的利益や子会社等に対する寄附金とされた場合であっても，実際に授受した対価の額が課税の対象となります。

　ただし，法人税調査の指摘に伴い子会社等との間で譲渡対価の額を修正したときは，修正後の譲渡対価の額が消費税の課税標準となりますので，この場合には消費税の修正が必要になります。

4　事例の解説と具体的修正の方法

事例7　対価の額を修正した場合

　当社は前期に完全支配関係のない子会社A社に対して，当社が保有していた土地・建物（土地の帳簿価額52,000,000円，建物の帳簿価額18,000,000円）を土地100,000,000円，建物25,300,000円（税込み）で譲渡しましたが，それらの時価は土地150,000,000円，建物33,000,000円（税込み）であるので，譲渡対価と時価との差額は寄附金に該当するとの指摘を受けました。

　当社としては適正な時価で譲渡する予定でしたので，子会社との間で譲渡対価の額を修正し，調査により指摘された時価との差額を追加で受領することとしたいと考えています。

解　説

　貴社が子会社A社に譲渡した土地・建物の譲渡対価の額が時価よりも低い場合は，原則として譲渡対価と時価との差額は子会社に対する寄附金となりますが，貴社と子会社との間で譲渡対価の額を修正することとし譲渡契約をやり直すか覚書により譲渡対価の額を時価に修正した場合には，時価と譲渡対価の額との差額を未収金として処理することになります。

　貴社は調査の指摘に伴い，子会社との間で譲渡対価を修正するとのことです

88

から，建物の譲渡対価の額の修正により授受される金額は消費税等の課税の対象となり，消費税及び地方消費税の修正も必要となります。

具体的修正の方法

《法人税の修正》

(1) 税抜経理の場合

消費税等の経理処理を税抜きで行っている場合には，資産の時価を税抜きで算出した金額と税抜譲渡対価との差額が固定資産譲渡益計上もれとなります。

なお，土地の譲渡は非課税ですから建物部分について税抜きの処理を行うことになります。

貴社は子会社Ａ社への譲渡時に次の仕訳を行っていたものと思われます。

（借方）現預金	125,300,000円	（貸方）土　地	52,000,000円
		建　物	18,000,000円
		仮受消費税等	2,300,000円
		固定資産譲渡益	53,000,000円

(注) 仮受消費税等の金額は，$25,300,000円 \times \dfrac{10}{110} = 2,300,000円$

そして，税務調査での指摘により譲渡価額を時価に修正するとのことですから，修正後の仕訳を示すと次のようになります。

（借方）現預金	125,300,000円	（貸方）土　地	52,000,000円
未収金	57,700,000円	建　物	18,000,000円
		仮受消費税等	3,000,000円
		固定資産譲渡益	110,000,000円

(注) 仮受消費税等の金額は，$33,000,000円 \times \dfrac{10}{110} = 3,000,000円$

その結果，修正による仕訳は上記仕訳の差額部分となり次のようになります。

（借方）未収金	57,700,000円	（貸方）仮受消費税等	700,000円

第3章　資産の低廉譲渡等　*89*

固定資産譲渡益 57,000,000円

　そして，修正申告における別表四及び別表五(一)の記載は次のようになります。

別表四

区　　　　　分	総　　　額	処　　　　分		
		留　　保	社　外　流　出	
		①	②	③
加算　固定資産譲渡益計上もれ	57,000,000	57,000,000		

別表五（一）

区　　分	期　首　現　在利益積立金額	当　期　の　増　減		翌　期　首　利　益積　立　金　額
		減	増	
	①	②	③	④
未　　収　　金			57,700,000	57,700,000
仮受消費税等		△　700,000	△　700,000	
未払消費税等			△　700,000	△　　　700,000

　なお，譲渡資産の時価と譲渡対価の額との差額を寄附金として修正申告する場合には，資産の税抜時価と税抜譲渡対価との差額57,000,000円を前期の支出寄附金の額に加算し，寄附金の損金不算入額を算出した上で当該損金不算入額を所得金額に加算することになります。

　(注)　寄附金となる金額の算出は次の算式のとおりです。

$$\left(150{,}000{,}000円 + 33{,}000{,}000円 \times \frac{100}{110}\right) - \left(100{,}000{,}000円 + 25{,}300{,}000円 \times \frac{100}{110}\right)$$
$$= 57{,}000{,}000円$$

　そして，寄附金として処理した場合には，後述の《消費税等の修正》で記載するとおり，課税資産と非課税資産の一括譲渡として，その対価の額の検討が必要となります。

▷**当期の処理**◁

　当期において子会社から譲渡対価の修正額57,700,000円を受領したときに，

90

次の仕訳を行います。

（借方）現預金　　　　57,700,000円　　（貸方）固定資産譲渡益　57,000,000円

　　　　　　　　　　　　　　　　　　　　　　仮受消費税等　　　700,000円

　　そして，前期の修正申告で既に上記固定資産譲渡益は益金の額として申告済みであることから，当期の申告調整で当該譲渡益を認容することになり，当期の別表四及び別表五（一）の記載は次のようになります。また，前期の消費税及び地方消費税の修正申告において増加した税額を納付する時点で，

　（借方）未払消費税等　　700,000円　　（貸方）現預金　　　　　　700,000円

として仕訳を行い，当期末の仮受・仮払消費税等の清算において正しい未払消費税等の額を計上していれば，消費税等に係る申告調整は不要です。

別表四

区　　　　　分	総　　額	処　　分		
		留　　保	社 外 流 出	
	①	②	③	
減算 固定資産譲渡益過大	57,000,000	57,000,000		

別表五（一）

区　　分	期 首 現 在利益積立金額	当 期 の 増 減		翌 期 首 利 益積 立 金 額
		減	増	
	①	②	③	④
未 収 金	57,700,000	57,700,000		
未払消費税等	△　700,000	△　700,000		

⑵　税込経理の場合

　　消費税等の経理処理を税込みで行っている場合には，資産の時価を税込みで算出した金額と税込譲渡対価との差額が固定資産譲渡益計上もれとなります。

　　貴社は子会社Ａ社への譲渡時に次の仕訳を行っていたものと思われます。

　（借方）現預金　　　125,300,000円　　（貸方）土　　地　　　　52,000,000円

第3章　資産の低廉譲渡等　*91*

建　物　　18,000,000円

固定資産譲渡益　55,300,000円

　そして，調査での指摘により譲渡価額を時価に修正するとのことですから，修正後の仕訳を示すと次のようになります。

（借方）現預金　　125,300,000円　　（貸方）土　地　　52,000,000円

　　　　未収金　　 57,700,000円　　　　　　建　物　　18,000,000円

　　　　　　　　　　　　　　　　　　　固定資産譲渡益　113,000,000円

　その結果，修正による仕訳は上記仕訳の差額部分となり次のようになります。

（借方）未収金　　 57,700,000円　　（貸方）固定資産譲渡益　57,700,000円

　そして，修正申告における別表四及び別表五（一）の記載は次のようになります。

別表四

区　　　　　分		総　　額	処　　　　　分		
			留　　保	社　外　流　出	
		①	②	③	
加算	固定資産譲渡益計上もれ	57,700,000	57,700,000		

別表五（一）

区　　分	期 首 現 在 利益積立金額	当 期 の 増 減		翌 期 首 利 益 積 立 金 額
		減	増	
	①	②	③	④
未　収　金			57,700,000	57,700,000

　なお，譲渡資産の時価と譲渡対価の額との差額を寄附金として修正申告する場合には，資産の税込時価と税込譲渡対価との差額57,700,000円を前期の支出寄附金の額に加算し，寄附金の損金不算入額を算出した上で当該損金不算入額を所得金額に加算することになります。

▷**当期の処理**◁

　当期において子会社から譲渡対価の修正額57,700,000円を受領したときに，

92

次の仕訳を行います。

（借方）現預金　　　57,700,000円　　　（貸方）固定資産譲渡益　57,700,000円

　そして，前期の修正申告で既に上記固定資産譲渡益は益金の額として申告済みであることから，当期の申告調整で当該譲渡益を認容することになり，当期の別表四及び別表五(一)の記載は次のようになります。なお，前期の消費税及び地方消費税の修正申告により増加した税額は確定決算上当期の損金として処理していればそれでよいことになります。

別表四

区　　　　　分	総　　　額	処　　分		
		留　　保	社 外 流 出	
	①	②	③	
減算　固定資産譲渡益計上もれ	57,700,000	57,700,000		

別表五（一）

区　　分	期 首 現 在 利益積立金額	当期の増減		翌 期 首 利 益 積 立 金 額
		減	増	
	①	②	③	④
未　収　金	57,700,000	57,700,000		

《消費税等の修正》

　消費税は対価を得て行う資産の譲渡等が課税の対象となりますから，法人税等において低廉譲渡であるとして時価との差額が寄附金とされた場合には，実際に授受した対価の額に異動がなく原則として消費税等の修正は不要です。

　ただし，課税資産と非課税資産を一括で譲渡した場合には，それらの譲渡対価の額が合理的に区分されていなければなりません。

　仮に事例の場合に時価との差額を寄附金として処理するときは，建物の課税標準額は譲渡対価の合計額125,300,000円に土地・建物の税込時価に占める建物時価の割合を乗じた金額に110分の100を乗じて算出した金額が合理的な金額となります。契約に基づく税抜建物対価の額23,000,000円は合理的に区分されて

いるとはいえず，下記の算式による20,532,894円を建物の課税標準として消費税額を再計算します。

$$\underset{\text{(譲渡対価の合計額)}}{125,300,000\text{円}} \times \frac{\underset{\text{(税込建物時価)}}{33,000,000\text{円}}}{\underset{\text{(税込時価総額)}}{183,000,000\text{円}}} = \underset{\text{(税込建物価額)}}{22,595,081\text{円}}$$

$$\underset{\text{(税込建物価額)}}{22,595,081\text{円}} \times \frac{100}{110} = \underset{\text{(建物の課税標準額)}}{20,540,982\text{円}}$$

しかし，事例のように当事者間で対価の額を時価に修正した場合には，その修正したところの対価の額が消費税の課税標準となります。

そのため，確定申告における建物の譲渡対価25,300,000円と修正後の譲渡対価33,000,000円（いずれも税込み）との差額を課税売上げ計上もれとして修正することになり，消費税及び地方消費税の修正申告により消費税の増加税額546,000円及び地方消費税の増加税額154,000円の合計700,000円を納付することになります。

なお，土地・建物の譲渡対価が57,000,000円増加したことに伴い，課税売上割合を再計算（分子の金額に建物の税抜譲渡対価の増額を，分母の金額に建物の税抜譲渡対価の増額と土地の譲渡対価の増額をそれぞれ加算）することになりますが，事例においては，課税売上割合の変動による仕入れに係る消費税額の控除額の異動については省略しています。

▷当期の処理◁

当期において子会社から受領する譲渡対価の修正額のうち建物部分の金額については，前期の修正申告で既に課税売上げとして処理していますので，当期の課税売上げとはなりません。

事例8　高価買入れの場合

当社は前期に完全支配関係のない子会社Ｂ社からＣ社株式を50,000,000円で取得しましたが，Ｃ社の株式の時価は25,000,000円であり，有価証券

94

の高価買入れであるから，時価との差額はB社に対する寄附金であるとの
指摘を受けました。

解　説

　貴社が子会社B社から譲り受けたC社株式の譲受対価の額が高額であるとき
は，原則として時価と譲受対価との差額は子会社に対する寄附金に該当します
ので，時価と譲受対価の額との差額を有価証券の帳簿価額から減額し，その金
額を寄附金として認容し，寄附金の損金不算入額を算出して当該損金不算入額
を所得金額に加算します。

　なお，譲受対価の額が高額であるとの指摘によりB社との間で譲受対価の額
を時価に修正することとした場合には，譲受対価の額と修正後の金額との差額
について有価証券の帳簿価額を減額し相手勘定を未収金として処理します。

　消費税においては有価証券の譲受けは非課税ですから，時価との差額を未収
金として処理したとしても消費税への影響はありません。また，課税資産の高
価買入れや低廉譲渡で対価の額を修正しない場合（差額が寄附金や賞与と認定
された場合）にも，原則として消費税への影響はありませんが，役員に対して
著しく低い価額で資産を譲渡したときは時価で譲渡があったものとみなされま
す。

具体的修正の方法

《法人税の修正》

　事例の場合の譲受資産は消費税が非課税となる有価証券ですから，税抜経
理及び税込経理とも同じとなり，当該有価証券の時価25,000,000円と譲受対価
50,000,000円との差額25,000,000円が高価買入れの金額となります。この金額に
ついて有価証券の帳簿価額を減額し，それを子会社に対する寄附金として処理
することになりますので，この場合の修正を仕訳で示すと次のようになります。

　（借方）寄附金　　　　25,000,000円　　（貸方）有価証券　　　　25,000,000円

第3章　資産の低廉譲渡等　*95*

　そして，寄附金となる差額の25,000,000円を前期の支出寄附金の額に加算して寄附金の損金不算入額を算出し，当該損金不算入額を所得金額に加算します。したがって，別表四及び別表五(一)の記載は次のようになります。

　なお，確定申告において受取配当等の益金不算入（法法23）の適用を受けている場合には，受取配当等の金額から控除する負債利子額の計算における株式の帳簿価額が異動することになりますが，株式の帳簿価額が減額されたときは受取配当等から控除する負債利子の額が減少することになり，その結果益金不算入額が増加することになります。そのため，寄附金の損金不算入を修正する際に受取配当等の益金不算入額も併せて修正します。その結果所得金額が減額となる場合には，更正の請求を行うことになります。

別表四

区　　　　分		総　　額	処　　　　分		
			留　保	社 外 流 出	
		①	②	③	
減算	受取配当等の益金不算入額	×××		※	×××
	寄 附 金 認 容	25,000,000	25,000,000		
寄附金の損金不算入額		×××××			×××××

別表五（一）

区　　分	期 首 現 在 利益積立金額	当期の増減		翌　期　首　利　益 積　立　金　額
		減	増	
	①	②	③	④
有 価 証 券			△25,000,000	△　　　 25,000,000

　なお，B社との間で譲渡対価の額を時価に修正することとし，貴社が既に支払っている金額のうち時価を超える部分の金額25,000,000円の返還を受けることとした場合には，貴社の貸借対照表に計上されている有価証券を25,000,000円減額し，未収金を同額計上することになりますが，所得金額に影響がないため，調査による指摘がこれだけであるときは修正申告の対象とはなりませんの

96

で，当期に次の修正仕訳を行っておけばよいことになります。

（借方）未収金　　　25,000,000円　　（貸方）有価証券　　　25,000,000円

　ただし，前期の調査において上記以外の指摘があり，修正申告を行うときは別表五(一)において未収金の増加と有価証券の減額を次のように表示します。

別表五（一）

区　分	期首現在利益積立金額	当期の増減		翌期首利益積立金額
		減	増	
	①	②	③	④
未　収　金			25,000,000	25,000,000
有価証券			△25,000,000	△　　25,000,000

▷当期の処理◁

　有価証券の高価買入価額25,000,000円を寄附金として処理した場合には，当期において有価証券の帳簿価額25,000,000円を減額することになりますが，当期において次の仕訳を行った場合には，寄附金は前期で既に損金として認容されていますので，その金額を所得金額に加算し別表五(一)に記載されている有価証券のマイナス金額を消去します。

（借方）寄附金　　　25,000,000円　　（貸方）有価証券　　　25,000,000円

　この場合の別表四及び別表五(一)の記載は次のようになります。

別表四

区　　　　分	総　　　額	処　　分	
		留　　保	社外流出
	①	②	③
加算　寄附金認容	25,000,000	25,000,000	

第3章　資産の低廉譲渡等　　*97*

別表五（一）

区　　分	期首現在 利益積立金額	当期の増減		翌　期　首　利　益 積　　立　　金　　額
		減	増	
	①	②	③	④
有価証券	△ 25,000,000	△25,000,000		

　また，子会社から高価買入価額25,000,000円の返還を受けることとした場合には，当期において次の仕訳を行います。

（借方）未収金　　　　25,000,000円　　　（貸方）有価証券　　　25,000,000円

　そして，子会社から実際に返還を受けた場合には次のとおり仕訳します。

（借方）現預金　　　　25,000,000円　　　（貸方）未収金　　　　25,000,000円

　上記仕訳を行ったときは当期において申告調整は必要ありません。

　ただし，前期に他の修正事項があり別表五(一)に未収金の増加と有価証券の減額を表示している場合には，当期に行った上記仕訳により有価証券の帳簿価額が正しく修正されたことから申告調整において別表五(一)に記載されているそれらの金額を消去することになりますので，当期の別表五(一)は次のように記載します。

別表五（一）

区　　分	期首現在 利益積立金額	当期の増減		翌　期　首　利　益 積　　立　　金　　額
		減	増	
	①	②	③	④
未　収　金	25,000,000	25,000,000		
有 価 証 券	△ 25,000,000	△25,000,000		

事例9　　**役員に対する低廉譲渡の場合**

　当社は前期に当社の役員Dに対して当社製品（通常他に販売する場合の税込価額220,000円及び仕入単価154,000円）を110,000円（税込み）で販売

98

> していたところ，著しく低い価額での販売であるから，通常他に販売する
> 価額との差額は役員給与に該当するとの指摘を受けました。

解　説

　貴社が役員Ｄに譲渡した棚卸資産の通常の販売価額は220,000円で仕入価額
は154,000円ですから，これを110,000円で譲渡した場合には通常の販売価額と
の差額が役員に対する経済的利益の供与となり，役員給与となります。

　また，消費税においても，仕入価額以上，かつ，通常の販売価額の50％以上
であれば，実際の譲渡対価の額が課税標準となりますが，事例の場合，仕入価
額未満での譲渡ですので，通常他に販売する価額との差額を課税売上げ計上も
れとして修正することになります（消基通10－1－2）。

具体的修正の方法

《法人税の修正》

(1)　税抜経理の場合

　消費税等の経理処理を税抜きで行っている場合には，資産の価額を税抜きで
算出した金額（200,000円）と税抜譲渡対価（100,000円）との差額を売上計上
もれとし，その差額に対応する消費税等相当額を仮受消費税等として，その合
計額がいったん未収金となります。そして，未収金を受領しないことから，当
該未収金に相当する金額が役員に対する給与となり，これらの修正を仕訳で示
すと次のようになります。

（借方）未収金	110,000円	（貸方）売　上	100,000円
		仮受消費税等	10,000円
役員給与	110,000円	未収金	110,000円

これを別表四及び別表五(一)で記載すると次のようになります。

別表四

区　　　　　分	総　　額	処	分
		留　　保	社　外　流　出
	①	②	③
加算　売上計上もれ	100,000	100,000	
役員給与の損金不算入額	110,000		その他　110,000
減算　役員給与認容	110,000	110,000	

別表五（一）

区　分	期首現在利益積立金額	当期の増減		翌期首利益積立金額
		減	増	
	①	②	③	④
未　収　金		110,000	110,000	
仮受消費税等		△　10,000	△　10,000	
未払消費税等			△　10,000	△　10,000

　ただし，別表四で加算するときに，次のように所得金額への加算は税抜きの売上計上もれ額100,000円とし，留保の金額として仮受消費税等の額をマイナスで記載し，流出の欄には110,000円（100,000円－△10,000円）を給与として記載して処理することもできます。

　そして，別表五(一)には別表四で留保とした仮受消費税等の額を当期の増の欄に記載し，その期末清算による振替処理を当期の減の欄で表示し，その相手勘定が未払消費税等となります。この場合の記載例は次のようになります。

別表四

区　　　分	総　　額	処	分
		留　　保	社　外　流　出
	①	②	③
加算　売上計上もれ	100,000	△　10,000	給与　110,000

100

別表五（一）

区　　分	期首現在利益積立金額	当期の増減		翌期首利益積立金額
		減	増	
	①	②	③	④
仮受消費税等		△　　10,000	△　　10,000	
未払消費税等			△　　10,000	△　　　　10,000

　　法人税の修正に併せて役員Ｄに対して役員給与とされた金額110,000円に対する源泉所得税を納付し，当該源泉所得税については役員Ｄから受領することになります。

▷当期の処理◁

　　当期においては，消費税及び地方消費税の修正による増加税額を納付することになりますが，当該増加税額は本来であれば役員Ｄから受領すべきところ，それを受領しなかったため役員給与として既に処理されています。そのため，納付税額は損金経理により納付しなければなりません。税抜経理を行っているときは損金経理した消費税等の金額は損金不算入として処理することから，前期の消費税及び地方消費税の修正による税額10,000円を損金経理で納付した場合の別表四及び別表五(一)の記載は次のようになります。

別表四

区　　　　　分	総　　　額	処　　　　分		
		留　　保	社外流出	
	①	②	③	
加算	損金の額に算入した消費税等	10,000	10,000	

別表五（一）

区　　分	期首現在利益積立金額	当期の増減		翌期首利益積立金額
		減	増	
	①	②	③	④
未払消費税等	△　　10,000	△　　10,000		

⑵ 税込経理の場合

消費税等の経理処理を税込みで行っている場合には，資産の価額を税込みで算出した金額と税込譲渡対価との差額を売上計上もれとし，その金額を役員に対する給与として処理しますので修正を仕訳で示すと次のようになります。

（借方）未収金　　　　110,000円　　（貸方）売　上　　　　　110,000円

　　　　役員給与　　　110,000円　　　　　　未収金　　　　　110,000円

そして，別表四及び別表五（一）の記載は次のようになります。

別表四

区　　　　分	総　　　額	処　　　　　　分		
		留　　　保	社 外 流 出	
	①	②	③	
加算　売 上 計 上 も れ	110,000	110,000		
役員給与の損金不算入額	110,000		その他	110,000
減算　役 員 給 与 認 容	110,000	110,000		

別表五（一）

区　　　分	期 首 現 在 利益積立金額	当 期 の 増 減		翌 期 首 利 益 積 立 金 額
		減	増	
	①	②	③	④
未 収 金		110,000	110,000	

なお，上記別表四による加減算の処理を省略して一般的に次により行っている場合が多いようです。

102

別表四

区　　　　　分	総　　　額	処　　　　　分	
		留　　保	社　外　流　出
	①	②	③
加算　売上計上もれ	110,000		役員給与　　110,000

　法人税の修正に併せて役員Dに対して役員給与とされた金額110,000円に対する源泉所得税を納付し，当該源泉所得税については役員Dから受領することになります。

▷当期の処理◁

　当期においては前期の消費税及び地方消費税の修正による増加税額を納付するときに損金として処理されていれば何らの申告調整は必要ありません。

《消費税等の修正》

　役員に対する棚卸資産の譲渡でその対価の額が仕入価額以上，かつ，通常の販売価額の50％以上であれば，実際の譲渡対価の額が課税標準となりますが，事例の場合，仕入価額未満での譲渡となっていますので，通常他に販売する価額との差額を課税売上計上もれとして修正することになります。通常他に販売する価額220,000円と役員Dに対する販売価額110,000円との差額110,000円を確定申告における税込課税売上高に加算した金額に110分の100を乗じた金額の千円未満の端数を切り捨てた金額を消費税の課税標準額とし，それに7.8％を乗じた金額を課税標準額に対する消費税額として再計算します。

第4章

売上割戻し・仕入割戻し

① 値引き・割戻しの概要

　企業会計上売上高の表示は売上値引及び戻り高を控除した後のネット売上高を基本としていますが，売上値引及び戻り高を売上高の控除科目とすることも認められていました（平成30年6月8日改正前の財務諸表等規則72）。

　しかし，収益認識に関する会計基準（収益認識基準）が公表されたことを受けて，平成30年に財務諸表等規則が改正され，同規則第72条では「売上高は，売上高を示す名称を付した科目をもって掲記しなければならない」とされ，売上値引きなどについては収益認識に関する会計基準の規定に基づき，収益の額から直接控除し返金債務などの勘定科目により処理することになります。

　収益認識基準では，値引きなどの変動対価が含まれる場合には，その値引きなどの変動部分の金額を見積もり，売上高から控除して売上高を計上することとされています（収益認識基準50項，54項）。

　法人税法においては，資産の販売に係る対価の額は引渡しの時における時価とされ，貸倒れや返品等については売上高からの控除は認められていません（法法22の2④，⑤）。ただし，収益認識基準の公表を受けて平成30年5月30日付の法人税基本通達の改正では，値引き，値増し，割戻し等については確実性の高いものに限って売上高から控除（値増しについては増額）することが認められています（法基通2-1-1の11）。なお，この取扱いは収益認識基準の適用を受けることを前提とした取扱いであることから，収益認識基準の適用を受けない法人にあっては売上割戻しの金額については相手方にその通知をした事業年度においてその値引き等の金額を収益の額から減額することとされています（法基通2-1-1の12）。

　また，商品仕入高の表示も売上高の表示と同様に，原則として仕入値引や戻し高を控除したネット仕入高を表示することとされていますが，仕入値引，戻

し高等の項目により仕入高からの控除科目とすることも認められています（財務諸表等規則79）。

② 割戻し等の計上時期等の概要

《法人税の取扱い》

(1) 売上割戻し等の変動要素がある場合

　法人が資産の販売等に係る対価の額が，値引き，割戻し等（値引き等）により変動する可能性がある部分の金額（変動対価）がある場合で，次に掲げる要件の全てを満たすときは，資産の引渡し事業年度においてその値引き等の金額を売上対価の額から控除するとされています（法基通2-1-1の11）。

① 　値引き等の事実の内容及び当該値引き等の事実が生ずることにより契約の対価の額から減額をする可能性のある金額又はその金額の算定基準（客観的なものに限る。）が，当該契約若しくは法人の取引慣行若しくは公表した方針等により相手方に明らかにされていること又は当該事業年度終了の日において内部的に決定されていること

② 　過去における実績を基礎とする等合理的な方法のうち法人が継続して適用している方法により，①の減額をする可能性又は算定基準の基礎数値が見積もられ，その見積もりに基づき収益の額を減額することとなる変動対価が算定されていること

③ 　①を明らかにする書類及び②の算定の根拠となる書類が保存されていること

(2) 売上割戻しの計上時期

　販売した棚卸資産に係る売上割戻しについて，上記(1)の取扱いを適用しない

106

ときは，売上割戻しについて相手方に通知又は支払をした日の属する事業年度の収益の額から減額するとされています（法基通2-1-1の12）。つまり，上記(1)の要件を満たしているが収益認識基準の適用を受けない場合や，上記(1)の要件を満たさない割戻し等については，相手方に通知をした日又は支払った日において売上高を減額することとされています。

なお，売上高を減額しないで営業外損益として処理しても特段問題となるものではありません。

(3)　一定期間支払わない売上割戻しの計上時期

法人が売上割戻しの金額につき相手方との契約等によって特約店契約の解約，災害の発生等特別な事実が生じるときまで又は5年を超える一定の期間が経過するまで相手方名義の保証金等として預ることとしているため，相手方がその利益の全部又は一部を実質的に享受することができないと認められる場合には，それを現実に支払うまで又は相手方がその利益を実質的に享受することができることとなるまでは損金として処理することはできません（法基通2-1-1の13）。

この場合の「相手方がその利益を実質的に享受すること」とは，①相手方との契約等に基づいてその売上割戻しの金額に通常の金利を付けるとともに，その金利相当額については現実に支払っているか，又は相手方の請求があれば支払うこととしていること，②相手方との契約等に基づいてその保証金等に代えて有価証券その他の財産を提供することができることとしていること，③保証金等として預かっている金額が売上割戻しの金額のおおむね50％以下であること，④相手方との契約等に基づいてその売上割戻しの金額を相手先名義の預金又は有価証券として保管していることがこれに該当します（法基通2-1-1の14）。

(4)　仕入割戻しの計上時期

　法人が購入した棚卸資産に係る仕入割戻しの計上の時期は，次の区分に応じて次のようになります（法基通2－5－1）。

①　仕入割戻しの算定基準が購入価額又は購入数量によっており，かつ，その算定基準が契約その他の方法により明示されているものは，棚卸資産を購入した日の属する事業年度の仕入割戻しとして計上します。

②　①以外の仕入割戻しについてはその割戻しの金額の通知を受けた日の属する事業年度の仕入割戻しとして計上します。

(5)　一定期間支払を受けない仕入割戻しの計上時期

　上記(3)に該当する売上割戻しを受ける側の仕入割戻しについては，現実に支払を受けた日（買掛金等へ充当された場合にはその日）又は実質的にその利益を享受することとなった場合には，その享受することとなった日の仕入割戻しとして処理します（法基通2－5－2）。

　この場合の「実質的にその利益を享受すること」とは，①相手方との契約等に基づいてその仕入割戻しの金額に通常の金利が付されるとともに，その金利相当額については現実に支払を受けているか又は請求を行えば支払われること，②相手方との契約等に基づいてその保証金等に代えて有価証券その他の財産を提供することができることとされていること，③保証金等として預けている金額が仕入割戻しの金額のおおむね50％以下であること，④相手方との契約等に基づいてその仕入割戻しの金額が自社名義の預金又は有価証券として保管されていることがこれに該当します。

(6)　仕入割戻しの仕訳方法

　仕入値引や仕入割戻しとして受ける金額は，総仕入高から控除することによ

108

り製造原価のマイナス要因として処理することとされていますが，法人が本来計上すべき仕入割戻しを計上していなかった場合（計上すべき事業年度で仕入高から控除していなかった場合）には，その仕入割戻しについては単純に益金の額に算入することとし，仕入高からの控除（棚卸資産の取得価額の修正）は認められません（法基通2-5-3）。

《消費税の取扱い》

⑴　売上値引・割戻しに係る消費税の処理

　課税資産の譲渡等につき，返品を受け，又は値引若しくは割戻しをしたことにより，課税資産の譲渡等の税込価額の全部又は一部の返還又は当該課税資産の譲渡等の税込価額に係る売掛金その他の債権の額の全部若しくは一部の減額をした場合には，これら売上げに係る対価の返還等を行った日の属する課税期間の課税標準額に対する消費税額から対価の返還等に係る消費税額（税込対価の返還額に110分の7.8を乗じた金額）の合計額を控除することとされています（消法38）。

　この場合の売上割戻しの時期については，次に掲げる区分に応じ，次に掲げる日に売上割戻しを行ったものとすることとされています（消基通14-1-9）。

①　その算定基準が販売価額又は販売数量によっており，かつ，その算定基準が契約その他の方法により相手方に明示されている売上割戻しである場合には，課税資産の譲渡等をした日となります。ただし，事業者が継続して売上割戻しの金額の通知又は支払をした日に売上割戻しを行ったこととしている場合には，これも認められます。

②　①に該当しない売上割戻しである場合には，その売上割戻しの金額の通知又は支払をした日となります。ただし，各課税期間終了の日までに，その課税資産の譲渡等の対価の額について売上割戻しを支払うこと及びその売上割

第4章　売上割戻し・仕入割戻し　*109*

戻しの算定基準が内部的に決定されている場合において，事業者がその基準により計算した金額をその課税期間において未払金として計上するとともに確定申告書の提出期限までに相手方に通知したときは，継続適用を条件にその課税期間において行った売上割戻しとして認めらます。

また，法人税基本通達2－1－1の13の定めにあるような一定期間支払わない売上割戻しについては，原則として現実に支払を行った日の売上割戻しとなりますが，法人税基本通達2－1－1の14の定めにあるように「相手方がその利益を実質的に享受する」ことができるようになった場合には，その享受できることとなった日に売上割戻しを行ったものとして取り扱うこととされています（消基通14－1－10）。

なお，法人が損益計算書等において売上値引や割戻しについて売上金額から直接控除した後の金額を売上高として継続的に処理している場合には，当該値引きや割戻しを控除した後の金額の税抜対価の額を課税標準額として処理することも認められています（消基通14－1－8）。

(2)　仕入値引・割戻しに係る消費税の処理

課税仕入れにつき，返品をし，又は値引若しくは割戻しを受けたことにより，課税仕入れに係る支払対価の額の全部若しくは一部の返還又は当該課税仕入れに係る支払対価の額に係る買掛金その他の債務の額の全部又は一部の減額を受けた場合には，その対価の返還等に係る消費税額を対価の返還等を受けた日の属する課税期間における課税仕入れ等の税額の合計額から控除することとされています（消法32）。

なお，対価の返還等に係る消費税額として課税仕入れに係る消費税額から控除する金額は，仕入控除税額の計算方法により異なり，次のようになります。

仕 入 税 額 控 除 の 計 算			対価の返還等に係る消費税額の算出
仕入れに係る消費税額が全額控除できる場合			返還を受けた税込対価の額に110分の7.8を乗じた金額
仕入に係る消費税額の全額が控除できない場合	個別対応方式の場合	課税売上対応の課税仕入れに係る対価の返還	返還を受けた税込対価の額に110分の7.8を乗じた金額
		共通対応の課税仕入れに係る対価の返還	返還を受けた税込対価の額に110分の7.8を乗じた金額にその返還を受けた課税期間の課税売上割合を乗じた金額
		非課税売上げ対応の課税仕入れに係る対価の返還	控除しない
	一括比例配分方式の場合		返還を受けた税込対価の額に110分の7.8を乗じた金額にその返還を受けた課税期間の課税売上割合を乗じた金額

　この場合の仕入割戻しの計上時期については，法人税の仕入割戻しの計上時期（上記(4)又は(5)）と同一です（消基通12-1-10，12-1-11）。

　なお，法人が損益計算書等において仕入値引や割戻しについて課税仕入れの金額から仕入値引や割戻しの金額を直接控除する経理処理を継続して行っている場合には，当該値引や割戻しを控除した後の金額を課税仕入れの金額とすることも認められています（消基通12-1-12）。

③　事例の解説と具体的修正の方法

事例10　変動対価の要件を満たさない売上割戻し

　当社は3月決算の法人ですが，前期は売上が好調であったため，社長から大口取引先に対して次のとおり売上割戻しを行うように指示がありましたので，前期の確定決算においてその売上割戻し額について売上高を減額し未払金に計上しました。

第4章　売上割戻し・仕入割戻し　*111*

大口取引先	売上割戻し額（総額）	消費税等相当額（10%）
A　　社	1,320,000円	120,000円
B　　社	935,000円	85,000円
C　　社	363,000円	33,000円
合　　計	2,618,000円	238,000円

　税務調査において，貴社は法人税基本通達2－1－1の11（変動対価）に基づき，売上計上事業年度において売上割戻相当額を売上高から減額する処理をしていますが，売上割戻しの算定根拠は単に好調であったため社長の裁量により決定されたものであり，過去の実績を基礎としたものではないので法人税基本通達2－1－1の11（変動対価）の適用はなく，法人税基本通達2－1－1の12により売上割戻しの金額を通知又は支払をした日の事業年度の損金とすべきであって前期の損金とはならないとの指摘を受けました。

解　説

　収益計上に関する会計基準では，割戻し等の変動対価がある場合には，その変動部分を売上高から減額することとされています。法人税でも，一定の要件を満たす割戻しについては企業会計と同様に売上を計上した事業年度において売上高から減額することが認められます。

　ただし，法人税においては算定基準が客観的なものであり，合理的な方法により継続的に算定された金額であることが要件とされています（法基通2－1－1の11(1)及び(2)）。

　貴社は得意先との間で割戻しの算定基準が事前に明らかとなっているものではなく，また，毎期継続して一定の割戻しを行っているなどの実績もありません。そして，前期が好調であったため社長の一存で割戻しを行うことが決定されたことから，このような割戻しは法人税基本通達2－1－1の11の適用はなく，法人税基本通達2－1－1の12により割戻しの額を取引先に通知又は支払

112

をした日の事業年度の損金となりますので，割戻しとして計上した金額を全額損金不算入とする必要があります。

具体的修正の方法

《法人税の修正》

(1) 税抜経理の場合

貴社は前期の確定した決算において，次の仕訳により売上割戻しを計上しているものと思われます。

（借方）売上割戻し　　　　2,380,000円　　　（貸方）未払金　2,618,000円

　　　　仮受消費税等　　　　238,000円

> **(注)**　売上割戻しに係る消費税等の金額は，課税売上げに係る仮受消費税等の減少を意味しますから，仮払消費税等として処理せず仮受消費税等のマイナス勘定で処理します。また，仕入割戻しに係る消費税等の金額は課税仕入れに係る仮払消費税等の減少を意味しますから，仮受消費税等として処理せず仮払消費税等のマイナスとして処理します。

しかし，売上割戻しの金額が前期の損金として認められません。

また，消費税の修正による増加税額が185,600円及び地方消費税の修正による増加税額が52,300円の合計237,900円であるとすれば，仮受・仮払消費税等の計算で雑益が次のとおり100円生じます。

（借方）仮受消費税等　　　238,000円　　　（貸方）未払消費税等　　　237,900円

　　　　　　　　　　　　　　　　　　　　　　　　雑　　益　　　　　　　100円

> **(注)**　消費税等の増加税額
>
> $$2,618,000円 \times \frac{7.8}{110} = 185,640円 \rightarrow 185,600円\ （100円未満切捨て）$$
>
> 地方消費税の増加税額
>
> $$185,600円 \times \frac{22}{78} = 52,348円 \rightarrow 52,300円\ （100円未満切捨て）$$

したがって，修正申告における別表四及び別表五(一)の記載は次のようになります。

第4章　売上割戻し・仕入割戻し　　*113*

別表四

区　　　　　分	総　　　額	処　　　　分		
		留　　保	社 外 流 出
	①	②	③
加算　売上割戻しの過大計上額	2,380,000	2,380,000	
雑　　　　益	100	100	

別表五（一）

区　　分	期 首 現 在 利益積立金額	当 期 の 増 減		翌 期 首 利 益 積 立 金 額
		減	増	
	①	②	③	④
未 払 金			2,618,000	2,618,000
仮受消費税等		△　238,000	△　238,000	
未払消費税等			△　237,900	△　237,900

▷**当期の処理**◁

　仮に当期において取引先への通知又は支払がされていれば，当期の損金となりますので，前期において未払金否認とした金額を別表四で減算して損金の額に算入します。

　また，前期の消費税及び地方消費税の修正による増加税額237,900円を仮払税金（借方）として納付し，185,640円（2,618,000円 × $\frac{7.8}{110}$）を当期の売上対価の返還に係る消費税額として当期の未払消費税等を正しく計算した上で，それに基づき仮受・仮払消費税等の清算（仮払税金とした前期の増加税額237,900円も同時に清算）を行った場合には，別表五(一)で前期から繰り越した未払金の減算に係る仮受消費税等のマイナスが238,000円発生しますので，それと別表五(一)で繰り越している未払消費税等237,900円との差額100円を申告調整で雑損として減算します。以上の処理の別表四及び別表五(一)の記載は次のようになります。

114

別表四

区　　　　分	総　　　額	処　　分	
		留　　保	社 外 流 出
	①	②	③
減算 売上割戻しの過大計上額認容	2,380,000	2,380,000	
雑　　　　損	100	100	

別表五（一）

区　　分	期 首 現 在利益積立金額	当期の増減		翌 期 首 利 益積 立 金 額
		減	増	
	①	②	③	④
未　払　金	2,618,000	2,618,000		
仮払消費税等		△　238,000	△　238,000	
未払消費税等	△　237,900	△　237,900		

⑵　税込経理の場合

　貴社は前期の確定した決算において，次の仕訳により売上割戻しを計上しているものと思われます。

（借方）売上割戻し　　2,618,000円　　　（貸方）未払金　　　　　　2,618,000円

　しかし，売上割戻しの金額が前期の損金として認められません。

　そのため，修正申告における別表四及び別表五（一）の記載は次のようになります。

別表四

区　　　　分	総　　　額	処　　分	
		留　　保	社 外 流 出
	①	②	③
加算 売上割戻しの過大計上額	2,618,000	2,618,000	

第4章　売上割戻し・仕入割戻し　　*115*

別表五（一）

区　　分	期首現在利益積立金額	当期の増減		翌期首利益積立金額
		減	増	
	①	②	③	④
未　払　金			2,618,000	2,618,000

▷当期の処理◁

　仮に当期において取引先への通知又は支払がされていれば，当期の損金となりますので，前期において未払金否認とした金額を別表四で減算して損金の額に算入します。

　なお，前期の消費税及び地方消費税の修正申告により増加した消費税等の額は損金経理で納付していればそれでよいことになりますので，当期の別表四及び別表五(一)の記載は次のようになります。

別表四

区　　　　分	総　　　額	処　　　分		
		留　　保	社外流出	
	①	②	③	
減算 売上割戻しの過大計上額認容	2,618,000	2,618,000		

別表五（一）

区　　分	期首現在利益積立金額	当期の増減		翌期首利益積立金額
		減	増	
	①	②	③	④
未　払　金	2,618,000	2,618,000		

《消費税等の修正》

　貴社の前課税期間におけるA社に対する売上対価の返還等に係る消費税額を185,640円〔2,618,000円×$\frac{7.8}{110}$〕として申告していますが，その金額が前期の売上対価の返還等に該当しませんので，その額を修正し，消費税及び地方消費税

116

の修正申告を行うことになります。

▷当期の処理◁

　仮に当期において取引先への通知又は支払がされていれば，185,640円 $\left[2,618,000円 \times \dfrac{7.8}{110}\right]$ を売上対価の返還等に係る消費税額として消費税の計算をします。

　なお，当期において他の売上割戻し等があるときは，その税込対価の額に2,618,000円を加えた合計額に110分の7.8を乗じて当期の売上対価の返還等に係る消費税額を算出します。

事例11　事前の取決めがない場合の売上割戻し

　当社は前期予想以上に好況であったことから，大口取引先に対して売上割戻しを行うこととしましたが，決算利益が確定した後に取引先各社に対する割戻金額を最終的に確定することとしました。決算に当たって割戻率を１％で見込んだところで売上割戻し5,724,000円を未払金として損金処理しました。

　税務調査において，売上割戻しが事業年度終了の日までに決定されていないため，前期の損金とはならないとの指摘を受けました。

解　説

　売上割戻しの算定基準が事前に定められていないときは，原則として，売上割戻しの通知をした日又は支払をした日に当該売上割戻しの金額が損金となります。ただし，事業年度終了の日までにその販売した棚卸資産について割戻しを支払うこと及びその割戻しの算定基準が内部的に決定されている場合において，法人税基本通達２－１－１の11(2)及び(3)の要件を満たせば，棚卸資産を販売した事業年度における計上が認められます。

第4章　売上割戻し・仕入割戻し　*117*

　貴社においては売上割戻しを行うことを決定したのは決算利益が確定した後，いい換えれば今期になってからですから，貴社が計上した売上割戻し5,724,000円（税込み）は前期の損金とはなりません。

【 具体的修正の方法 】

《法人税の修正》

(1)　税抜経理の場合

　貴社は前期の確定した決算において次の仕訳により売上割戻しを計上しているものと思われます。

（借方）売上割戻し　　　5,300,000円　　（貸方）未払金　　　　　　5,830,000円

　　　　仮受消費税等　　　530,000円

　そのため，修正を仕訳で示すと次のようになります。

（借方）未払金　　　　　5,830,000円　　（貸方）売上割戻し　　　5,300,000円

　　　　　　　　　　　　　　　　　　　　　　　　仮受消費税等　　　530,000円

　そして，修正申告における別表四及び別表五(一)の記載は次のようになります。

別表四

区　　　　分	総　　額	処　　　　分		
		留　　保	社外流出	
	①	②	③	
加算 売上割戻しの過大計上額	5,300,000	5,300,000		

別表五（一）

区　　分	期首現在利益積立金額	当期の増減		翌期首利益積立金額
		減	増	
	①	②	③	④
未　払　金			5,830,000	5,830,000
仮受消費税等		△　530,000	△　530,000	
未払消費税等			△　530,000	△　530,000

▷当期の処理◁

仮に当期において，前期計上した売上割戻しと同額を支払っている場合には，その支払時の仕訳は次により行います。

（借方）未払金　　　　　5,830,000円　　　（貸方）現預金　　　　　5,830,000円
　　　　　　　　　　　　　　　　　　　　　　　　　　（又は売掛金）

そして，前期の消費税及び地方消費税の修正による増加税額530,000円を仮払税金（借方）として納付し，前期否認された売上対価の返還に係る消費税額を当期の消費税の計算に含めて未払消費税額等を正しく算出した上で，期末の仮受・仮払消費税等の清算（仮払税金とした前期の増加税額530,000円も同時に清算）を行ったときは，前期の修正申告で加算した売上割戻しの金額を当期の申告調整でそのまま減算することになり，別表四及び別表五(一)の記載は次のようになります。

別表四

区　　　　分	総　　　額	処　　　　分		
		留　　　保	社 外 流 出	
	①	②	③	
減算　売上割戻しの過大計上額認容	5,300,000	5,300,000		

第4章　売上割戻し・仕入割戻し　　*119*

別表五（一）

区　　分	期首現在利益積立金額	当期の増減		翌期首利益積立金額
		減	増	
	①	②	③	④
未　払　金	5,830,000	5,830,000		
未払消費税等	△　　530,000	△　　530,000		

　なお，前期に計上した売上割戻しの額と異なる金額が実際に支払われているときは，前期計上額との差額は確定決算上当期の損益として処理することになります。

⑵　税込経理の場合

　貴社は前期の確定した決算において次の仕訳により売上割戻しを計上しているものと思われます。

　（借方）売上割戻し　　　5,830,000円　　　（貸方）未払金　　　　　　　5,830,000円

　そのため，修正を仕訳で示すと次のようになります。

　（借方）未払金　　　　　5,830,000円　　　（貸方）売上割戻し　　　　　5,830,000円

　そして，修正申告における別表四及び別表五(一)の記載は次のようになります。

別表四

区　　　　分	総　　額	処　　　　分		
		留　　保	社　外　流　出	
	①	②	③	
加算	売上割戻しの過大計上額	5,830,000	5,830,000		

120

別表五（一）

区　分	期首現在 利益積立金額	当期の増減		翌　期　首　利　益 積　立　金　額
		減	増	
	①	②	③	④
未　払　金			5,830,000	5,830,000

▷当期の処理◁

　仮に当期において，前期計上した売上割戻しと同額を支払っている場合には，その支払時の仕訳は次により行います。

（借方）未払金　　　　5,830,000円　　　（貸方）現預金　　　　5,830,000円
　　　　　　　　　　　　　　　　　　　　　　（又は売掛金）

　そして，前期の消費税及び地方消費税の修正申告により増加した消費税等の額を損金経理で納付していれば，前期の修正申告で加算した売上割戻しの金額を当期の申告調整でそのまま減算することになり，別表四及び別表五（一）の記載は次のようになります。

別表四

区　　　　　分		総　　　額	処　　　　　分		
			留　　　保	社　外　流　出	
		①	②	③	
減算	売上割戻しの 過大計上額認容	5,830,000	5,830,000		

別表五（一）

区　分	期首現在 利益積立金額	当期の増減		翌　期　首　利　益 積　立　金　額
		減	増	
	①	②	③	④
未　払　金	5,830,000	5,830,000		

　なお，前期に計上した売上割戻しの額と異なる金額が実際に支払われているときは，前期計上額との差額は確定決算上当期の損益として処理することにな

ります。

《消費税等の修正》

　貴社は前課税期間において売上対価の返還等に係る消費税額を413,400円（5,830,000円 $\times \dfrac{7.8}{110}$）として申告していると思われますが，これがないものとしたところで消費税及び地方消費税の修正申告を行うことになります。

▷当期の処理◁

　当期において前期計上した売上割戻しと同額を支払っている場合には，前期否認された売上対価の返還等に係る消費税額413,400円（5,830,000円 $\times \dfrac{7.8}{110}$）を当期の売上対価の返還等に係る消費税額として消費税及び地方消費税の計算を行います。

　なお，当期における割戻しの金額が異なるときは，現実に支払った金額の110分の7.8を，また，当期において他の売上割戻しがあるときは，それらを含めた税込対価の総額に110分の7.8を乗じて当期の売上対価の返還等に係る消費税額を算出します。

事例12　契約等により事前の取決めがある場合の仕入割戻し

　当社はB社の販売代理店となり，B社から仕入れている乙商品については1個当たり55円の仕入割戻しを受けることが事前の取決めで確定していましたが，前期に係る仕入割戻しの金額1,023,000円（55円×18,600個）の計上を失念していました。

　税務調査において，事前の契約等で割戻しの金額が確定しているから，前期の仕入割戻しとして計上すべきであるとの指摘を受けました。

解 説

　仕入割戻しの算定基準が購入価額又は購入数量によっており，かつ，その算定基準が事前に定められているときは，棚卸資産を購入した日の属する事業年度の仕入割戻しとして計上しなければなりません。この場合には，仕入先から棚卸資産を購入した時点で仕入割戻しの額を算出することができますので，その事業年度に仕入れた数量や金額を基に事前に定められている算定基準により仕入割戻しを計上することとされています。

　なお，仕入割戻しの経理処理として営業外収入とする場合と，原価のマイナスとする方法とがあり，法人がいずれかの経理処理を継続して適用していればよいことになりますが，法人が確定した決算上計上しなかった仕入割戻しについては雑益計上が強制され，原価のマイナス（棚卸資産の取得価額の修正）とすることは認められません。

具体的修正の方法

《法人税の修正》

(1) 税抜経理の場合

　貴社が受け取ることになる仕入割戻しの税込価額は1,023,000円ですから，これを税抜きにした930,000円（1,023,000円 $\times \dfrac{100}{110}$）を前期の所得金額に加算することになり，修正を仕訳で示すと次のようになります。

（借方）未収金　　　　　1,023,000円　　（貸方）雑収入　　　　　　　930,000円

　　　　　　　　　　　　　　　　　　　　　　仮払消費税等　　　　 93,000円

　また，消費税の修正による増加税額が72,500円及び地方消費税の修正による増加税額が20,400円の合計92,900円であるとすれば，仮受・仮払消費税等の清算で雑益が次の仕訳のとおり100円生じます。

（借方）仮払消費税等　　 93,000円　　（貸方）未払消費税等　　　 92,900円

　　　　　　　　　　　　　　　　　　　　　　雑　益　　　　　　　　 100円

第4章　売上割戻し・仕入割戻し　　*123*

　以上の結果，修正申告における別表四及び別表五(一)の記載は次のようになります。

別表四

区　　　　分	総　　額	処　　　　　分	
		留　　保	社 外 流 出
	①	②	③
加算　雑収入計上もれ	930,000	930,000	
雑　　　　益	100	100	

別表五（一）

区　　分	期 首 現 在利益積立金額	当 期 の 増 減		翌 期 首 利 益積 立 金 額
		減	増	
	①	②	③	④
未 　収 　金			930,000	930,000
仮受消費税等		△　92,900	△　92,900	
未払消費税等			△　92,900	△　92,900

▷当期の処理◁

　当期において貴社は，前期計上もれとされた仕入割戻しを収益に計上し，次の仕訳を行っているものと思われます。

（借方）現預金	1,023,000円	（貸方）仕入割戻し	930,000円
（又は買掛金）		仮払消費税等	93,000円

　そのため，前期修正申告で加算した金額を申告調整で減算することになります。また，前期の消費税及び地方消費税の修正による増加税額92,900円を仮払税金として納付し，当期の仕入対価の返還に係る消費税額を正しく計算（仮払税金とした前期の増加税額92,900円も同時に清算）した上で，期末仮受・仮払消費税等の清算を正しく行ったとしても，別表五(一)で前期から繰り越した未収金に係る仮払消費税等93,000円と未払消費税等92,900円との差額100円を雑損として減算することになります。

124

ただし，前期計上もれであった仕入割戻しが，当期の仕入金額から控除されているとすれば，当期の棚卸資産の期末評価額が異なる場合がありますので，前期計上もれとされた仕入割戻しの金額を棚卸資産の取得価額から減額しないところで，正しい期末の棚卸資産の金額を計算して修正する必要があります。

そして，前期の修正申告で否認した仕入割戻しに係る当期の申告調整について，別表四及び別表五（一）の記載は次のようになります。

別表四

区　　　　分	総　　額	処　　　分		
		留　　保	社　外　流　出	
	①	②	③	
減算	仕入割戻しの計上額認容	930,000	930,000	
	雑　　　　損	100	100	

別表五（一）

区　　分	期首現在利益積立金額	当期の増減		翌期首利益積立金額
		減	増	
	①	②	③	④
未　収　金	1,023,000	1,023,000		
仮払消費税等		△　92,900	△　92,900	
未払消費税等	△　92,900	△　92,900		

（注） 仕入割戻しの金額を仕入金額から控除している場合の期末棚卸額の修正は省略します。

⑴　税込経理の場合

貴社が受け取ることになる仕入割戻しの税込価額は1,004,400円ですから，これを前期の所得金額に加算することになり，修正を仕訳で示すと次のようになります。

（借方）未収金　　　　　1,023,000円　　（貸方）雑収入　　　　　1,023,000円

そして，修正申告における別表四及び別表五（一）の記載は次のようになりま

第4章　売上割戻し・仕入割戻し　*125*

す。

別表四

区　　　　　分	総　　　額	処　　　　　分		社 外 流 出
		留　　　保		
	①	②		③
加算　雑収入計上もれ	1,023,000	1,023,000		

別表五（一）

区　　分	期 首 現 在 利益積立金額	当 期 の 増 減		翌 期 首 利 益 積 立 金 額
		減	増	
	①	②	③	④
未　収　金			1,023,000	1,023,000

▷当期の処理◁

　当期において貴社は，前期計上もれとされた仕入割戻しを収益に計上し，次の仕訳を行っているものと思われます。

（借方）現預金　　　　　1,023,000円　　　（貸方）仕入割戻し　　　1,023,000円
　　　　（又は買掛金）

　そのため，前期修正申告で加算した金額を申告調整で減算することになります。なお，前期の消費税及び地方消費税の修正による増加税額は損金として納付していればそれでよいことになります。

　ただし，前期計上もれであった仕入割戻しが，当期の仕入金額から控除されているとすれば，当期の棚卸資産の期末評価額が異なる場合がありますので，前期計上もれとされた仕入割戻しの金額を棚卸資産の取得価額から減額しないところで，正しい期末の棚卸資産の金額を計算し修正する必要があります。

　そして，前期の修正申告で否認した仕入割戻しに係る当期の申告調整について，別表四及び別表五（一）の記載は次のようになります。

126

別表四

区　　　　分	総　　　額	処　　　分		
		留　　保	社 外 流 出	
	①	②	③	
減算　仕入割戻しの計上額認容	1,023,000	1,023,000		

別表五（一）

区　　分	期 首 現 在 利益積立金額	当 期 の 増 減		翌 期 首 利 益 積 立 金 額
		減	増	
	①	②	③	④
未　収　金	1,023,000	1,023,000		

(注) 仕入割戻しの金額を仕入金額から控除している場合の期末棚卸額の修正は省略します。

《消費税等の修正》

　貴社の前課税期間において1,023,000円（税込み）の仕入対価の返還があったものとして，それに係る消費税額を課税仕入れ等の税額から控除して消費税額の再計算を行います。また，これに伴い地方消費税の修正も必要になります。

▷当期の処理◁

　当期においては，前期否認された1,023,000円（税込み）の仕入割戻しが帳簿上計上されていますが，既に前期の修正申告で処理していますので，それがないものとしたところで消費税及び地方消費税の計算を行います。

事例13　支払通知を受けた場合の仕入割戻し

　当社は3月決算の法人ですが，仕入先であるC社から前期の仕入割戻し1,320,000円を支払う旨の通知を4月20日に経理担当が受領しましたので，その日に経理処理を行いました。

　しかし，C社が発行した割戻しの通知書の発行日は3月25日となっており，社内で確認を行ったところ，営業担当が3月中に受領したにもかかわ

第4章　売上割戻し・仕入割戻し　　*127*

らず，期末棚卸業務等に忙殺され経理担当に回付するのを失念していたとのことでした。

　税務調査において，Ｃ社からの仕入割戻しは前期にその支払通知を受け取っているから，前期の益金として計上すべきであるとの指摘を受けました。

解　説

　仕入割戻しの算定基準等が事前に定められていないときは，仕入割戻しの通知を受けた日の属する事業年度に計上しなければならないこととされています。

　貴社は前期にＣ社からの仕入割戻しの通知を受け取っていますので，当該通知に記載された金額は前期の仕入割戻しとして計上しなければならなかったことになります。なお，仕入割戻しの経理処理として営業外収入とする場合と，原価のマイナスとする方法とがあり，法人がいずれかの経理処理を継続して適用していればよいことになりますが，法人が確定した決算上計上しなかった仕入割戻しについては雑益計上が強制され，原価のマイナス（棚卸資産の取得価額の修正）とすることは認められません。

具体的修正の方法

《法人税の修正》

(1)　税抜経理の場合

　貴社が受け取ることになる仕入割戻しの税込み額は1,320,000円ですから，これを税抜きにした1,200,000円を前期の所得金額に加算することになり，修正を仕訳で示すと次のようになります。

（借方）未収金　　　　　1,320,000円　　（貸方）雑収入　　　　　　1,200,000円

　　　　　　　　　　　　　　　　　　　　　　　仮払消費税等　　　　120,000円

　そして，修正申告における別表四及び別表五(一)の記載は次のようになりま

128

す。

別表四

区　　　分	総　　額	処　　　分	
		留　　保	社 外 流 出
	①	②	③
加算　雑収入計上もれ	1,200,000	1,200,000	

別表五（一）

区　　分	期 首 現 在 利益積立金額	当 期 の 増 減		翌 期 首 利 益 積 立 金 額
		減	増	
	①	②	③	④
未　収　金			1,320,000	1,320,000
仮払消費税等		△　120,000	△　120,000	
未払消費税等			△　120,000	△　　120,000

▷当期の処理◁

当期において，貴社は次の仕訳を行っているものと思われます。

（借方）現預金　　　　　1,320,000円　　　（貸方）仕入割戻し　　　1,200,000円
　　　　（又は買掛金）　　　　　　　　　　　　　　仮払消費税等　　　120,000円

　そのため，前期修正申告で加算した金額を申告調整で減算することになります。また，前期の消費税及び地方消費税の修正による増加税額120,000円を仮払税金として納付し，当期の帳簿上計上されている仕入割戻しをないものとして消費税及び地方消費税額を算出し，期末の仮受・仮払消費税等の清算（仮払税金とした前期の増加税額120,000円も同時に清算）を正しく行っていれば仮受・仮払消費税等に係る修正は必要ありません。

　ただし，前期計上もれであった仕入割戻しが，当期の仕入金額から控除されているとすれば，当期の棚卸資産の期末評価額が異なる場合がありますので，前期計上もれとされた仕入割戻しの金額を棚卸資産の取得価額から減額しないところで，正しい期末の棚卸資産の金額を計算して修正する必要があります。

そして，前期の修正申告で否認した仕入割戻しに係る当期の申告調整につい
て，別表四及び別表五(一)の記載は次のようになります。

別表四

区　　　　分		総　　額	処　　分	
			留　　保	社　外　流　出
		①	②	③
減算	仕入割戻しの計上額認容	1,200,000	1,200,000	

別表五（一）

区　分	期首現在利益積立金額	当期の増減		翌期首利益積立金額
		減	増	
	①	②	③	④
未　収　金	1,320,000	1,320,000		
仮払消費税等		△ 120,000	△ 120,000	
未払消費税等	△ 120,000	△ 120,000		

(注) 仕入割戻しの金額を仕入金額から控除している場合の期末棚卸額の修正は省略します。

(2) 税込経理の場合

貴社が受け取ることになる仕入割戻しの税込価額は1,320,000円ですから，これを前期の所得金額に加算することになり，修正を仕訳で示すと次のようになります。

（借方）未収金　　　　　1,320,000円　　（貸方）雑収入　　　　　1,320,000円

そして，修正申告における別表四及び別表五(一)の記載は次のようになります。

別表四

区　　　　分		総　　額	処　　分	
			留　　保	社　外　流　出
		①	②	③
加算	雑収入計上もれ	1,320,000	1,320,000	

別表五（一）

区　　分	期首現在 利益積立金額	当期の増減		翌　期　首　利　益 積　立　金　額
		減	増	
	①	②	③	④
未　収　金			1,320,000	1,320,000

▷当期の処理◁

当期において，貴社は次の仕訳を行っているものと思われます。

（借方）現預金　　　　　1,320,000円　　（貸方）仕入割戻し　　　1,320,000円
　　　　（又は買掛金）

そのため，前期修正申告で加算した金額を申告調整で減算することになります。また，前期の消費税及び地方消費税の修正により増加した税額は損金として納付していればそれでよいことになります。

ただし，前期計上もれであった仕入割戻しが，当期の仕入金額から控除されているとすれば，当期の棚卸資産の期末評価額が異なる場合がありますので，前期計上もれとされた仕入割戻しの金額を棚卸資産の取得価額から減額しないところで，正しい期末の棚卸資産の金額を計算し修正する必要があります。

そして，前期の修正申告で否認した仕入割戻しに係る当期の申告調整について，別表四及び別表五(一)の記載は次のようになります。

別表四

区　　　　　分		総　　額	処　　　　分		
			留　　保	社外流出	
		①	②	③	
減算	仕入割戻しの計上額認容	1,320,000	1,320,000		

別表五（一）

区　分	期首現在利益積立金額	当期の増減		翌　期　首　利　益積　立　金　額
		減	増	
	①	②	③	④
未　収　金	1,320,000	1,320,000		

(注)　仕入割戻しの金額を仕入金額から控除している場合の期末棚卸額の修正は省略します。

《消費税等の修正》

　貴社の前課税期間において1,320,000円（税込み）の仕入対価の返還があったものとして，それに係る消費税額を課税仕入れ等の税額から控除して消費税額の再計算を行います。また，これに伴い地方消費税の修正も必要になります。

▷**当期の処理**◁

　当期においては，前期否認された1,320,000円（税込み）の仕入割戻しが帳簿上計上されていますが，既に前期の修正申告で処理していますので，それがないものとしたところで消費税及び地方消費税の計算を行います。

第5章

減価償却資産の取得価額・償却開始時期

1 減価償却資産の概要

　法人税において減価償却資産とは，建物及びその附属設備，構築物，機械及び装置，船舶，航空機，車両及び運搬具，工具，器具及び備品，鉱業権，漁業権，ダム使用権，水利権，特許権，実用新案権，意匠権，商標権，営業権，ソフトウエアなどの無形固定資産，牛，馬，豚などの生物をいうこととされています（法法2二十三，法令13）。

　なお，時の経過により減価しない固定資産（土地等，電話加入権，著作権，書画骨とう等）については，減価償却が認められません（法基通7－1－1，7－1－2）。

　そして，これらの減価償却資産の償却方法は，資産の種類ごとに次に掲げる方法によることになります。なお，償却方法が2以上あるものについては法人が選定している方法によりますが，法人が償却方法を選定しなかった場合には，鉱業用減価償却資産及び鉱業権については旧生産高比例法又は生産高比例法が，その他の資産については旧定率法又は定率法が法定償却方法として定められています（法令48，48の2，53）。

減価償却資産の種類		償　却　方　法
建　物 （鉱業用のもの及び リース資産を除く）	平成10年3月31日以前に取得したもの	旧定額法又は旧定率法
	平成10年4月1日以後平成19年3月31日以前に取得したもの	旧定額法
	平成19年4月1日以後取得したもの	定額法
建物附属設備 構築物 機械及び装置 船舶 航空機 車両及び運搬具 工具，器具及び備品	平成19年3月31日以前に取得したもの	旧定額法又は旧定率法
	平成19年4月1日以後取得したもの	定額法又は定率法

鉱業用減価償却資産（鉱業権，国外リース資産を除く）	平成19年3月31日以前に取得したもの	旧定額法，旧定率法又は旧生産高比例法
	平成19年4月1日以後取得したもの	定額法，定率法又は生産高比例法
無形固定資産（鉱業権，営業権を除く）生物	平成19年3月31日以前に取得したもの	旧定額法
	平成19年4月1日以後取得したもの	定額法
鉱業権	平成19年3月31日以前に取得したもの	旧定額法又は旧生産高比例法
	平成19年4月1日以後取得したもの	定額法又は生産高比例法
営業権	平成10年3月31日以前に取得したもの	任意償却
	平成10年4月1日以後平成19年3月31日以前に取得したもの	旧定額法
	平成19年4月1日以後取得したもの	定額法
国外リース資産	平成10年10月1日以後平成20年3月31日以前に締結された改正前リース契約によるもの	旧国外リース期間定額法
リース資産	平成20年4月1日以後締結された所有権移転外リース取引に係る契約によるもの	リース期間定額法

2 減価償却資産の取得価額

減価償却の基礎となる資産の取得価額の概要は次のようになります。

(1) 購入した減価償却資産

資産の購入の代価（引取運賃，荷役費，運送保険料，購入手数料，関税その他当該資産の購入のために要した費用がある場合には，その費用の額を加算した金額）にその資産を事業の用に供するために直接要した費用の額を加算した金額となります（法令54①一）。

(2) 自己の建設，製作又は製造に係る減価償却資産

当該資産の建設等のために要した原材料費，労務費及び経費の額にその資産を事業の用に供するために直接要した費用の額を加算した金額となります（法令54①二）。

(3) 適格組織再編成により移転を受けた減価償却資産

① 適格合併又は適格現物分配（適格現物分配にあっては，残余財産の全部の分配に限る。）により移転を受けた減価償却資産については，被合併法人又は現物分配法人が当該適格合併の日の前日又は当該残余財産の確定の日の属する事業年度において当該資産の償却限度額の計算の基礎とすべき取得価額に合併法人又は被現物分配法人が当該資産を事業の用に供するために直接要した費用の額を加算した金額となります（法令54①五イ）。

② 適格分割，適格現物出資又は適格現物分配（適格現物分配にあっては，残余財産の全部の分配を除く。）により移転を受けた減価償却資産については，分割法人，現物出資法人又は現物分配法人が適格分割，適格現物出資又は適格現物分配の日の前日を事業年度終了の日とした場合に当該事業年度においてその資産の償却限度額の計算の基礎とすべき取得価額に分割承継法人，被現物出資法人又は被現物分配法人が当該資産を事業の用に供するために直接要した費用の額を加算した金額となります（法令54①五ロ）。

(4) その他の方法により取得した減価償却資産

法人税法施行令第54条第1項第1号から第5号に規定する方法以外の方法により取得した減価償却資産については，その取得の時における当該資産の取得のために通常要する価額（時価）に，当該資産を事業の用に供するために直接要した費用の額を加算した金額となります（法令54①六）。

なお，減価償却資産の取得に関連して支出した不動産取得税，自動車取得税，特別土地保有税のうち土地の取得に対して課されるもの，新増設に係る事業所税，登録免許税その他登記又は登録のために要する費用や建物の建設等のために行った調査，測量，設計，基礎工事等でその建設計画を変更したために不要となったもの及びいったん締結した固定資産の取得に関する契約を解除して他の固定資産を取得することとした場合に支出する違約金の額については，取得価額に算入しないことができます（法基通7－3－3の2）。

固定資産を取得するために借り入れた借入金の利子の額は，たとえその固定資産の使用開始前の期間に係るものであっても，資産の取得価額に算入しないことができます（法基通7－3－1の2）。

また，割賦販売契約（延払条件付譲渡契約を含む。）によって購入した固定資産の取得価額には，契約において購入代価と割賦期間分の利息及び売手側の代金回収のための費用等に相当する金額とが明らかに区分されている場合の利息及び費用相当額を含めないことができます（法基通7－3－2）。

③ 減価償却費の損金算入

減価償却費の損金算入は，その減価償却資産の取得原価をその使用期間にわたって適正に費用配分することにあり，会社法でも，償却すべき資産については，事業年度末において相当の償却をしなければならないとされています（会社計算規則5②）。また，資産の取得原価は，資産の種類に応じた費用配分の原則によって，各事業年度に配分しなければならないとされています（企業会計原則注解第三，5）。

企業会計上，減価償却の記帳方法としては直接法と間接法があり，直接法は借方に減価償却費を計上するとともに貸方に資産科目を記載して資産の取得価額を直接減額する方法で，一方，間接法は減価償却資産の帳簿価額はそのまま

に減価償却累計額を貸方に設けて借方に減価償却費を計上する方法です。

法人税法においては，減価償却費の損金算入は損金経理を要件とし，かつ，企業の恣意性を排除する意味から，資産の耐用年数や償却方法等，減価償却の計算に関する事項はすべて法令の定めるところによることとされています（法法31）。

減価償却費の損金算入が資産の取得原価をその使用期間にわたり適正に費用配分することからすれば，現に事業の用に供されていないものは，減価償却が認められません（法令13）。

そのため，建設中の資産，取得後まだ事業の用に供していない資産，稼働休止資産等は減価償却できないことになります。

ただし，稼働休止資産であっても，その休止期間中必要な維持補修が行われており，いつでも稼働し得る状態にある資産については減価償却することができます（法基通7－1－3）。

また，建設中の資産について建設仮勘定等として経理されているものであっても，その一部について完成したものがあり，その完成した部分を事業の用に供しているときは，仮にそれが建設仮勘定として表示されている場合であっても，その部分は減価償却することができます（法基通7－1－4）。

なお，減価償却資産の使用可能期間が1年未満であるもの又は取得価額が10万円未満であるものについては，その減価償却資産を事業の用に供した日の属する事業年度において，損金経理を要件としてその取得価額を一括して損金の額に算入することが認められています（法令133）。

また，取得価額が20万円未満の減価償却資産について，それを事業の用に供した場合に，その全部又は特定の一部を一括したもの（一括償却資産という。）を事業の用に供した年度から3年で均等償却することができます（法令133の2）。

(注) 適格合併，適格分割，適格現物出資又は適格現物分配により，被合併法人，分割法人，現物出資法人又は現物分配法人（被合併法人等）から引継ぎを受けた一括償却資産については，被合併法人等の取得価額に基づき償却限度額を計算します。

この場合の，10万円未満の資産と10万円以上20万円未満の資産の損金算入に関する主な選択方法は，次のようになります。

		一括損金算入	3年均等償却	法定耐用年数で償却
ケース1	10万円未満の資産	○全部		
	10万円以上20万円未満の資産		○全部	
ケース2	10万円未満の資産	○全部		
	10万円以上20万円未満の資産		○一部	○一部
ケース3	10万円未満の資産	○一部	○一部	
	10万円以上20万円未満の資産		○全部	
ケース4	10万円未満の資産	○一部	○一部	
	10万円以上20万円未満の資産		○一部	○一部
ケース5	10万円未満の資産		○全部	
	10万円以上20万円未満の資産		○全部	
ケース6	10万円未満の資産		○全部	
	10万円以上20万円未満の資産		○一部	○一部

この場合，取得価額が10万円未満又は20万円未満であるかどうかの判定は，消費税等について税抜経理を採用している場合にはその税抜きの価額で，税込経理を採用している場合にはその税込みの価額で判定することとされています（平成元年3月1日付「消費税の施行に伴う法人税の取扱いについて」通達）。

(注) 青色申告書を提出する中小企業者等が，平成18年4月1日から令和2年3月31日までの間に取得等し，かつ，事業の用に供した減価償却資産で，その取得価額が30万円未満のもの（取得価額の合計額が年間300万円を限度とします。）については，その事業の用に供した事業年度に全額損金算入できる特例が設けられています（措置法67の5）。

4 事例の解説と具体的修正の方法

事例14 土地・建物一括購入の場合の区分

当社は3月決算の法人ですが，前年の10月に土地・建物を191,500,000円で購入しました。

当該売買契約書には土地120,000,000円，建物65,000,000円及び消費税等6,500,000円との記載がありましたが，当社で独自に土地・建物の時価算定を行ったところ，土地98,000,000円及び建物93,500,000円（税込み）となりましたので，それを帳簿価額として建物に係る中古資産の残存耐用年数の見積りの簡便法により耐用年数35年，償却方法定額法により減価償却費を計上していたところ，税務調査において，売買契約書で記載されたところの金額は合理的な区分に基づくものであると認められるから，建物に係る減価償却費が過大である旨の指摘を受けました。

解 説

土地は非減価償却資産ですから減価償却できませんが，建物は減価償却資産となり，取得し，事業の用に供したときは減価償却することができます。

そして，土地・建物を一括取得した場合には，その取得価額を土地の取得価額と建物の取得価額とに合理的に区分しなければなりません。

ところで，貴社が締結した売買契約書には，土地の価額と建物の価額とが区分して記載され，かつ，その区分された価額が合理的と認められるときは，それらの価額に基づき売手と買手が合意したところで売買が成立したものと認められます。このような場合にはその契約書に記載された土地・建物の金額を取得価額として帳簿に記載することになります。

第5章　減価償却資産の取得価額・償却開始時期　*141*

ただし，契約書等で区分された金額が取得の時における土地・建物のそれぞれの時価を反映していない場合には，合理的な方法により土地・建物に区分することになります。

具体的修正の方法

《法人税の修正》

(1) 税抜経理の場合

貴社は確定した決算において次の仕訳を行っているものと思われます。

（借方）土　地　　　　98,000,000円　　（貸方）現預金　　　　191,500,000円

　　　　建　物　　　　85,000,000円

　　　　仮払消費税等　8,500,000円

(注) 仮払消費税等8,500,000円は93,500,000円$\times\dfrac{10}{110}$により算出しています。

そして，建物に係る減価償却費を次の計算により算出し，損金の額に算入していたものと思われます。

$$\underset{\text{(償却計算の基礎となる金額)}}{85,000,000\text{円}} \times (0.029 \times \underset{\text{(月数按分)}}{\dfrac{6}{12}}) = \underset{\text{(減価償却費)}}{1,232,500\text{円}}$$

しかし，売買契約書に記載された土地・建物の価額はその時の時価と認められますから，当該契約書に記載された金額を，それぞれの取得価額としなければならないとの指摘があったとすれば，本来は次の仕訳を行わなければならなかったことになります。

（借方）土　地　　　　120,000,000円　　（貸方）現預金　　　　191,500,000円

　　　　建　物　　　　65,000,000円

　　　　仮払消費税等　6,500,000円

そして，建物に係る減価償却費の償却限度額を正しいところで算出すると，次のようになります。

$$\underset{\text{(償却計算の基礎となる金額)}}{65,000,000\text{円}} \times (0.029 \times \underset{\text{(月数按分)}}{\dfrac{6}{12}}) = \underset{\text{(償却限度額)}}{942,500\text{円}}$$

142

したがって，確定決算における仕訳と正当な仕訳との差額を修正することになりますが，修正を仕訳で示すと次のようになります。

（借方）土　地　　　　22,000,000円　　　（貸方）建　物　　　　　20,000,000円

　　　　　　　　　　　　　　　　　　　　　　　　仮払消費税等　 2,000,000円

　　　　　減価償却超過額　290,000円　　　　　　減価償却費　　　 290,000円

　　　　　仮払消費税等　 2,000,000円　　　　　　未払消費税等　 2,000,000円

　そのため，修正申告における別表四及び別表五(一)の記載は次のようになります。

別表四

区　　　　分	総　　額	処　　　分	
		留　　保	社　外　流　出
		①	②	③
加算	減価償却の償却超過額	7	290,000	290,000	

別表五（一）

区　　分	期首現在利益積立金額	当期の増減		翌期首利益積立金額
		減	増	
	①	②	③	④
土　　　　地			22,000,000	22,000,000
建　　　　物			△20,000,000	△　20,000,000
減価償却超過額			290,000	290,000
仮払消費税等		△ 2,000,000	△ 2,000,000	
未払消費税等			△ 2,000,000	△　2,000,000

(注)　別表四で所得金額に加算した減価償却費の否認額を別表五(一)で表記するときは，当該減価償却費の否認額が償却費として損金経理したもの（法基通7－5－1）に該当し，そのうち償却限度額を超える部分であるときは「減価償却超過額」として表示します。この場合には翌期において償却不足があるときは，その範囲において減価償却超過額の認容が生じます。これに対して，減価償却費の否認額が償却費として損金経理したものに該当しないとき（資産の取得価額の計上もれなど）は「個々の資産科目」を表示します。この場合には，翌期において法人がその金額を公表決算上資産として受け入れした上で減価償却費を損金経理するか，又は減価償却額の計算に関する明細書（別表十六(一)又は

十六(二))において資産の計上もれの金額を記載した上で申告調整を行わない
と，その金額は償却費として損金経理した金額とはなりません（法基通7－5
－2）。

▷当期の処理◁

　当期において受入処理を行わない場合には，当期の減価償却費の計算を税務
上の建物価額65,000,000円を基礎として行わないと，当期においても償却超過
額を申告調整しなければならないことになります（翌期以降においても同様の
申告調整が必要）。また，受入処理を行わない場合には，前期の消費税及び地
方消費税の修正申告により増加した税額は損金経理により納付することになり
ますので，当該損金とした納付税額を損金不算入として所得金額に加算します。

　なお，過年度遡及会計（会計上の変更及び誤謬の訂正に関する会計基準）を
適用した場合には，次の仕訳が生ずると考えます。

（借方）土　地　　　　22,000,000円　　（貸方）建　物　　　　19,710,000円

　　　　　　　　　　　　　　　　　　　　　仮払消費税等　　2,000,000円

　　　　　　　　　　　　　　　　　　　　　繰越利益　　　　　290,000円

　この過年度遡及会計による仕訳によって，土地・建物が修正申告後の金額に
修正されたことになります。そのため，前期の別表五(一)の期末利益積立金で
表示していた土地・建物の金額は引き継がず，減価償却超過額の金額を繰越利
益として表示することにより対応します。

144

別表五(一)　　　　Ⅰ　利益積立金額の計算に関する明細書

区　　分	期首現在利益積立金額	当期の増減		差引翌期首現在利益積立金額
		減	増	
	①	②	③	④
土　　　地	22,000,000			
建　　　物	△ 20,000,000			
減価償却超過額	290,000			
未払消費税	△ 2,000,000			

土地・建物の帳簿価額が修正申告後の金額に修正されたことから，別表五(一)の金額の表示をなくします。

別表五(一)　　　　Ⅰ　利益積立金額の計算に関する明細書

区　　分	期首現在利益積立金額	当期の増減		差引翌期首現在利益積立金額
		減	増	
	①	②	③	④
未払消費税	△ 2,000,000			
繰越利益	290,000			

　中小企業が過年度遡及会計の適用をせず土地・建物の帳簿価額を正しいところに修正した場合には，次のとおり受入仕訳による前期損益修正益を当期の申告調整で減算し，別表五(一)の残額を償却します。この場合には，当期に仮払消費税等の否認額が計上され，これを取り崩して（又は未払消費税等に振り替えた上で）前期の消費税等の追徴税額を納付したときは別表四での加算は不要となり，この場合の別表四及び別表五(一)の記載は次のようになります。

　（借方）土　　地　　　　22,000,000円　　　（貸方）建　　物　　　　20,000,000円

　　　　　　　　　　　　　　　　　　　　　　　　　　　仮払消費税等　　2,000,000円

第5章　減価償却資産の取得価額・償却開始時期　　*145*

建　物　　　290,000円　　　　　　前期損益修正益　290,000円

別表四

区　　　　　分	総　　額	処　　　　分		
		留　　保	社 外 流 出	
		①	②	③
減算　減価償却超過額の当期認容額　12	290,000	290,000		

別表五（一）

区　　分	期 首 現 在 利益積立金額	当 期 の 増 減		翌 期 首 利 益 積 立 金 額
		減	増	
	①	②	③	④
土　　　地	22,000,000	22,000,000		
建　　　物	△ 20,000,000	△20,000,000		
減価償却超過額	290,000	290,000		
未払消費税等	△ 2,000,000	△ 2,000,000		

　また，前期の消費税等の追徴税額を損金経理により納付し当期に計上した仮払消費税等の否認額を期末の仮受・仮払消費税等の清算仕訳で清算し，期末の未払消費税等を正しく算出すると仮払消費税等の否認額に相当する金額が雑益として生じることになり，この場合には，損金経理した消費税等の金額を申告調整で加算し，雑益を認容することになります。

⑵　税込経理の場合

　貴社は確定した決算において次の仕訳を行っているものと思われます。

（借方）土　　　地　　　　98,000,000円　　　（貸方）現預金　　　　191,500,000円

　　　　建　　　物　　　　93,500,000円

　そして，建物に係る減価償却費を次の計算により算出し，損金の額に算入していたものと思われます。

$$\underset{\text{(償却計算の基礎となる金額)}}{93,500,000円} \times \underset{\text{(償却率)}}{(0.029} \times \overset{\text{(月数按分)}}{\frac{6}{12}}) = \underset{\text{(減価償却費)}}{1,355,749円}$$

146

しかし，売買契約書に記載された土地・建物の価額はその時の時価と認められますから，当該契約書に記載された金額を，それぞれの取得価額としなければならないとの指摘があったとすれば，本来は次の仕訳を行わなければならなかったことになります。

（借方）土　地　　　120,000,000円　　　（貸方）現預金　　　　191,500,000円

　　　　建　物　　　 71,500,000円

そして，建物に係る減価償却費を正しいところで算出すると，次のようになります。

$$\underset{\text{(償却計算の基礎となる金額)}}{71,500,000円} \times (\underset{\text{(償却率)}}{0.029} \times \overset{\text{(月数按分)}}{\frac{6}{12}}) = \underset{\text{(減価償却費)}}{1,036,749円}$$

したがって，確定決算における仕訳と正当な仕訳との差額を修正することになりますが，修正を仕訳で示すと次のようになります。

（借方）土　地　　　22,000,000円　　　（貸方）建　物　　　22,000,000円

　　　　減価償却超過額　321,000円　　　　　　減価償却費　　　321,000円

そのため，修正申告における別表四及び別表五(一)の記載は次のようになります。

別表四

区　　　　　分		総　　額	処　　　　分		
			留　　保	社　外　流　出	
		①	②	③	
加算	減価償却の償却超過額	7	321,000	321,000		

第5章　減価償却資産の取得価額・償却開始時期　　*147*

別表五（一）

区　　分	期首現在利益積立金額	当期の増減		翌期首利益積立金額
		減	増	
	①	②	③	④
土　　地			22,000,000	22,000,000
建　　物			△22,000,000	△　22,000,000
減価償却超過額			321,000	321,000

▷**当期の処理**◁

　当期において受入処理を行わない場合には，当期の減価償却費の計算を税務上の建物の取得価額71,500,000円を基礎として行わないと，当期においても償却超過額を申告調整しなければならないことになります。

　なお，前期の消費税及び地方消費税の修正申告において増加した消費税等は当期の損金としていれば問題ありません。

　ところで，過年度遡及会計（会計上の変更及び誤謬の訂正に関する会計基準）を適用した場合には，次の仕訳が生ずると考えます。

（借方）土　地　　　22,000,000円　　（貸方）建　物　　　22,000,000円

　　　　　　　　　　　　　　　　　　　繰越利益　　　321,000円

　この過年度遡及会計による仕訳によって，土地・建物が修正申告後の金額に修正されたことになります。そのため，前期の別表五(一)の期末利益積立金で表示していた土地・建物の金額は引き継がず，減価償却超過額の金額を繰越利益として表示することにより対応します。

別表五(一)　　　Ⅰ　利益積立金額の計算に関する明細書

区　分	期首現在利益積立金額	当期の増減		差引翌期首現在利益積立金額
		減	増	
	①	②	③	④
土　　地	22,000,000			
建　　物	△ 22,000,000			
減価償却超過額	321,000			

土地・建物の帳簿価額が修正申告後の金額に修正されたことから，別表五(一)の金額の表示をなくします。

別表五(一)　　　Ⅰ　利益積立金額の計算に関する明細書

区　分	期首現在利益積立金額	当期の増減		差引翌期首現在利益積立金額
		減	増	
	①	②	③	④
繰越利益	321,000			

　中小企業が過年度遡及会計の適用をせず，土地・建物の帳簿価額を正しいところに修正した場合には，次のとおり受入仕訳による前期損益修正益を当期の申告調整で減算し別表五(一)の残額を消去します。

（借方）土　　地　　　22,000,000円　　　（貸方）建　　物　　　22,000,000円

　　　　建　　物　　　　 321,000円　　　　　　前期損益修正益　 321,000円

別表四

区　分	総　額	処　分		
		留　保	社　外　流　出	
	①	②	③	
減算	減価償却超過額の当期認容額	12	321,000	321,000	

第5章　減価償却資産の取得価額・償却開始時期　　*149*

別表五（一）

区　　分	期首現在利益積立金額	当期の増減		翌期首利益積立金額
		減	増	
	①	②	③	④
土　　地	22,000,000	22,000,000		
建　　物	△ 22,000,000	△22,000,000		
減価償却超過額	321,000	321,000		

《消費税の修正》

建物の取得対価を過大に計上し，それに基づき納付すべき消費税等の金額を算出していますので，正しい建物の取得対価により仕入れに係る消費税額を再計算したところで，消費税及び地方消費税の修正を行うことになります。

事例の場合には，修正申告により納付すべき消費税額1,560,000円及び納付すべき地方消費税額440,000円が生じることになります。

［事例15］　事業の用に供していない減価償却資産

当社は3月決算の法人ですが，前期に機械装置をメーカーから24,840,000円（税込み）で据付工事費込みで取得する契約を締結しました。

そして，前期の3月末には据付工事が完了していたことから，24,840,000円を機械装置の取得価額として経理し，当該機械の耐用年数を10年，定率法による償却率0.200により減価償却費を損金の額に算入していたところ，税務調査において，当該機械装置について前期末までに引渡しは完了しているものの事業の用に供した事実がないから，前期に計上した減価償却費は損金の額に算入されないとの指摘を受けました。

解　説

減価償却の開始の時期は，減価償却資産を取得し事業の用に供した時となり

150

ます。この場合の事業の用に供したかどうかは，その資産の性質，購入時の引渡しの条件，その資産の置かれている状態などによって個別に判断することになりますが，通常はその資産の本来の用途等に従い現実に使用を開始した時となり，機械装置については試作品の製造を兼ねて試運転や製品の製造運転を開始した時となります。

　貴社は，メーカーから引渡しを受けた機械装置について，前期末までに当該機械装置を使用して試作品の製造や営業運転を行っていないことから，前期において当該機械装置を事業の用に供したとは認められず，当該機械装置について減価償却を行うことはできません。

具体的修正の方法

《法人税の修正》

(1)　税抜経理の場合

　貴社は，前期において次のとおり383,333円を減価償却費として損金の額に算入しているものと思われます。

（借方）減価償却費　　　383,333円　　　（貸方）機械装置　　　　383,333円

　(注)　減価償却限度額の計算は次の算式のとおりです。

$$\underset{(取得価額)}{23,000,000円} \times \underset{(償却率)}{0.200} \times \underset{(月数按分)}{\frac{1}{12}} = \underset{(償却限度額)}{383,333円}$$

　そして，当該機械装置については，前期末までに事業の用に供していないことから，修正を仕訳で示すと次のようになります。

（借方）減価償却超過額　383,333円　　　（貸方）減価償却費　　　383,333円

　そのため，修正申告における別表四及び別表五(一)は次のようになります。

第5章　減価償却資産の取得価額・償却開始時期　　*151*

別表四

区　　　分		総　　　額	処　　　分		
			留　　　保	社 外 流 出	
		①	②	③	
加算	減価償却の償却超過額　7	383,333	383,333		

別表五（一）

区　　分	期 首 現 在利益積立金額	当 期 の 増 減		翌 期 首 利 益積 立 金 額
		減	増	
	①	②	③	④
減価償却超過額			383,333	383,333

▷当期の処理◁

　当期の4月に機械装置を事業の用に供した場合の償却限度額は次のようになります。

$$\underset{\text{(取得価額)}}{23,000,000円} \times \underset{\text{(償却率)}}{0.200} \times \underset{\text{(月数按分)}}{\frac{12}{12}} = \underset{\text{(償却限度額)}}{4,600,000円}$$

　ところで，前期の償却超過額を受け入れないで当期の減価償却費の計算を帳簿上の機械装置の金額22,616,667円（23,000,000円－383,333円）を基に行うと，償却不足額76,667円が生じますので，その金額を申告調整により減算することになります。

$$\underset{\text{(帳簿価額)}}{22,616,667円} \times \underset{\text{(償却率)}}{0.200} \times \underset{\text{(月数按分)}}{\frac{12}{12}} = \underset{\text{(会社計算における償却限度額)}}{4,523,333円}$$

$$\underset{\text{(税務上の償却限度額)}}{4,600,000円} - \underset{\text{(会社計算における償却限度額)}}{4,523,333円} = \underset{\text{(償却不足額)}}{76,667円}$$

　この場合の別表四及び別表五(一)は次のようになります。

152

別表四

区　　　　分		総　　額	処　　　　　分		
			留　　保	社 外 流 出	
		①	②	③	
減算	減価償却超過額の 当 期 認 容 額　12	76,667	76,667		

別表五（一）

区　　分	期 首 現 在 利益積立金額	当期の増減		翌 期 首 利 益 積 立 金 額
		減	増	
	①	②	③	④
減価償却超過額	383,333	76,667		306,666

　なお，過年度遡及会計（会計上の変更及び誤謬の訂正に関する会計基準）を適用した場合には，次の仕訳が生ずると考えます。

（借方）機械装置　383,333円　　（貸方）繰越利益　383,333円

　この過年度遡及会計による仕訳によって，機械装置が修正申告後の金額に修正されたことになります。そのため，前期の別表五(一)の期末利益積立金で表示していた減価償却超過額の金額を繰越利益として表示することにより対応します。

第5章　減価償却資産の取得価額・償却開始時期　　*153*

別表五(一)　　　　Ⅰ　利益積立金額の計算に関する明細書

区　　分	期首現在利益積立金額	当期の増減		差引翌期首現在利益積立金額
		減	増	
	①	②	③	④
減価償却超過額	383,333			

機械装置の帳簿価額が修正申告後の金額に修正されたことから，別表五(一)の金額の表示を減価償却超過額から繰越利益へと変更します。

別表五(一)　　　　Ⅰ　利益積立金額の計算に関する明細書

区　　分	期首現在利益積立金額	当期の増減		差引翌期首現在利益積立金額
		減	増	
	①	②	③	④
繰越利益	383,333			

　中小企業が過年度遡及会計の適用をせず前期の償却超過額（383,333円）を前期損益修正益として受け入れた上で当期の減価償却費を税務上の正しい金額（4,600,000円）で損金の額に算入した場合には，前期否認された償却超過額の全額を当期の所得金額から減算することになりますので，この場合の別表四及び別表五(一)の記載は次のようになります。

別表四

区　　分			総　　額	処　　　　分		
				留　　保	社外流出	
			①	②	③	
減算	前期損益修正益認容	12	383,333	383,333		

別表五（一）

区　　分	期首現在 利益積立金額	当期の増減		翌期首利益 積立金額
		減	増	
	①	②	③	④
減価償却超過額	383,333	383,333		

(2)　税込経理の場合

　貴社は，前期において次のとおり421,666円を減価償却費として損金の額に算入しているものと思われます。

　（借方）減価償却費　　　421,666円　　　（貸方）機械装置　　　　　421,666円

$$\underset{\text{(取得価額)}}{25,300,000円} \times \underset{\text{(償却率)}}{0.200} \times \underset{\text{(月数按分)}}{\frac{1}{12}} = \underset{\text{(償却限度額)}}{421,666円}$$

　そして，当該機械装置については，前期末までに事業の用に供していないことから，修正を仕訳で示すと次のようになります。

　（借方）減価償却超過額　421,666円　　　（貸方）減価償却費　　　　421,666円

　そのため，修正申告における別表四及び別表五(一)は次のようになります。

別表四

区　　　　　分		総　　　額	処　　　　分		
			留　　保	社　外　流　出	
		①	②	③	
加算	減価償却の償却超過額	7	421,666	421,666		

別表五（一）

区　　分	期首現在 利益積立金額	当期の増減		翌期首利益 積立金額
		減	増	
	①	②	③	④
減価償却超過額			421,666	421,666

第5章　減価償却資産の取得価額・償却開始時期　*155*

▷当期の処理◁

　当期の4月に機械装置を事業の用に供した場合の償却限度額は次のようになります。

$$\underset{(取得価額)}{25,300,000円} \times \underset{(償却率)}{0.200} \times \underset{(月数按分)}{\frac{12}{12}} = \underset{(償却限度額)}{5,060,000円}$$

　ところで，前期の償却超過額を受け入れないで当期の減価償却費の計算を帳簿上の機械装置の金額24,878,334円（25,300,000円−421,666円）を基に行うと，償却不足額84,334円が生じますので，その金額を申告調整により減算することになります。

$$\underset{(帳簿価額)}{24,878,334円} \times \underset{(償却率)}{0.200} \times \underset{(月数按分)}{\frac{12}{12}} = \underset{(会社計算における償却限度額)}{4,975,666円}$$

$$\underset{(税務上の償却限度額)}{5,060,000円} - \underset{(会社計算における償却限度額)}{4,975,666円} = \underset{(償却不足額)}{84,334円}$$

　この場合の別表四及び別表五(一)は次のようになります。

別表四

区　　　　　分			総　　額	処　　分	
				留　　保	社 外 流 出
			①	②	③
減算	減価償却超過額の当期認容額	12	84,334	84,334	

別表五（一）

区　分	期 首 現 在 利益積立金額	当期の増減		翌 期 首 利 益 積 立 金 額
		減	増	
	①	②	③	④
減価償却超過額	421,666	84,334		337,332

　なお，過年度遡及会計（会計上の変更及び誤謬の訂正に関する会計基準）を適用した場合には，次の仕訳が生ずると考えます。

　（借方）機械装置　421,666円　　（貸方）繰越利益　421,666円

この過年度遡及会計による仕訳によって，機械装置が修正申告後の金額に修正されたことになります。そのため，前期の別表五(一)の期末利益積立金で表示していた減価償却超過額の金額を繰越利益として表示することにより対応します。

別表五(一)　　　Ⅰ　利益積立金額の計算に関する明細書

区　　分	期首現在利益積立金額	当期の増減		差引翌期首現在利益積立金額
		減	増	
	①	②	③	④
減価償却超過額	421,666			

機械装置の帳簿価額が修正申告後の金額に修正されたことから，別表五(一)の金額の表示を減価償却超過額から繰越利益へと変更します。

別表五(一)　　　Ⅰ　利益積立金額の計算に関する明細書

区　　分	期首現在利益積立金額	当期の増減		差引翌期首現在利益積立金額
		減	増	
	①	②	③	④
繰越利益	421,666			

　中小企業が過年度遡及会計の適用をせず前期の償却超過額（421,666円）を前期損益修正益として受け入れた上で当期の減価償却費を税務上の正しい金額（5,060,000円）で損金の額に算入した場合には，前期否認された償却超過額の全額を当期の所得金額から減算することになりますので，この場合の別表四及び別表五(一)の記載は次のようになります。

別表四

区　　　　分		総　　　額	処　　分	
			留　　保	社 外 流 出
		①	②	③
減算	前期損益修正益認容　12	421,666	421,666	

別表五（一）

区　分	期 首 現 在 利益積立金額	当 期 の 増 減		翌 期 首 利 益 積 立 金 額
		減	増	
	①	②	③	④
減価償却超過額	421,666	421,666		

《消費税の修正》

　当該機械装置は前期に引渡しを受けていることから前期の課税仕入れ等に含まれ，消費税等に係る修正は必要ありません。

第6章

資産の評価損

1 資産の評価損益の概要

　法人税法では，資産の評価益の計上について①会社更生法又は金融機関等の更生手続の特例等に関する法律の規定による更生計画認可の決定に伴いこれらの法律の規定に従って行う評価換え，②再生計画認可の決定があったことその他これに準ずる一定の事実が生じた場合に行う資産の評定による評価益の計上，③保険会社が保険業法第112条（株式の評価の特例）の規定に基づいて行う株式の評価換えを除いて認めていません（法法25，法令24）。

　これに対して資産の評価損についても基本的に取得原価主義を採用する観点から，原則としてこれを認めていません（法法33①）。

　しかし，①法人の資産が災害による著しい損傷その他特定の事実が生じたこと，②会社更生法又は金融機関等の更生手続の特例等に関する法律の規定に従って行う評価換え，③再生計画認可の決定があったことその他これに準ずる一定の事実が生じた場合に行う資産の評定による評価損の計上により，資産の価額がその帳簿価額を下回ることとなったときは，時価までの評価損の計上を認めています（法法33②③④，法令68）。

2 資産の評価損の税務上の取扱い

《法人税の取扱い》

　法人の資産が災害による著しい損傷その他特別な事実が生じたことにより，資産の価額がその帳簿価額を下回ることとなったときは，時価までの評価損の計上を認めていますが，評価損が認められる特別の事実等についてはおおむね次のとおりです。

　なお，固定資産の減損に係る会計基準の適用による減損損失は，将来キャッ

第6章 資産の評価損　*161*

シュフローとの関係により認識することとされていますが，これは税務におけ
る資産について評価損が計上できる要件を満たしませんから，会計上の減損損
失は税務上損金不算入にならざるを得ないと考えます。

(1) 棚卸資産の評価損

　棚卸資産について評価損を計上することができる特別の事実とは，①棚卸資
産が災害により著しく損傷したこと，②棚卸資産が著しく陳腐化したこと，③
①又は②に準ずる特別の事実が生じたこととされています（法令68①一）。

　そして，②の棚卸資産が著しく陳腐化したとは，棚卸資産そのものには物質
的な欠陥がないにもかかわらず経済的な環境の変化に伴ってその価値が著しく
減少し，その価額が今後回復しないと認められる状態にあることをいいますか
ら，例えば，季節商品で売れ残ったものについて今後通常の価額では販売す
ることができないことが既往の実績その他の事情に照らし明らかである場合や，
型式，性能，品質等が著しく異なる新製品が発売されたことにより，今後通常
の方法により販売することができなくなった場合がこれに該当します（法基通
9-1-4）。

　また，③の①又は②に準ずる特別の事実とは，破損，型崩れ，たなざらし，
品質変化等により通常の方法によって販売することができないようになったこ
とが含まれます（法基通9-1-5）。

　なお，物価変動，過剰生産，建値の変更等の事情により棚卸資産の単価が低
下しただけでは，特別な事実が生じたことにはなりませんから，評価損の計上
はできません（法基通9-1-6）。

　棚卸資産について評価損が計上できる特別の事実があるときは，その棚卸資
産の帳簿価額を時価まで評価換えすることができますが，この場合の時価とは，
その特別な事実が生じた事業年度終了の時において，その資産が使用収益され
るものとしてその時において譲渡される場合に通常付される価額によることと

されています（法基通9－1－3）。

　また，時価の算定に当たっては消費税の経理処理を税抜きで行っている法人にあっては税抜時価，税込みで行っている法人にあっては税込時価によることとなります。

(2)　有価証券の評価損

　有価証券について評価損を計上することができる特別の事実とは，①上場有価証券等については，その価額が著しく低下したこと，②上場有価証券等以外の有価証券については，その有価証券を発行する法人の資産状態が著しく悪化したため，その価額が著しく低下したこと，③②に準ずる特別の事実が生じたこととされています（法令68①二）。

　上記適用に当たって，上場有価証券等とは，取引所売買有価証券，店頭売買有価証券，取引所売買有価証券及び店頭売買有価証券以外の有価証券で価格公表者によって公表された売買の価格又は気配相場の価格があるものとされています。ただし，法人の特殊関係株主等が発行済株式等の20％以上を有する場合におけるその特殊関係株主等が有する株式等（企業支配株式等）は上場有価証券等から除かれています。

　そして，上記の①及び②で規定する「有価証券の価額が著しく低下したこと」とは，事業年度終了の時における有価証券の価額がその時の帳簿価額のおおむね50％相当額を下回ることとなり，かつ，近い将来その価額の回復が見込まれないことをいうこととされています（法基通9－1－7，9－1－11）。

　なお，有価証券の時価の回復可能性の判断は，過去の市場価格の推移，発行法人の業況等も踏まえて，事業年度終了の時に行うこととされています。

　有価証券について評価損が計上できる特別の事実があるときは，その有価証券の帳簿価額を時価まで評価換えすることができますが，この場合の時価とは，有価証券の区分に応じて次のようになります。

第6章　資産の評価損　*163*

イ　上場有価証券等については，法人税法施行令第119条の13第1号から第3号まで及びこれらの規定に係る法人税基本通達2－3－30から2－3－34までにより定められている価額（市場価格）によります。ただし，上場有価証券等であっても，その保有目的が売買目的有価証券に該当しないもの（売買目的外有価証券）については，期末前1月間の市場価格の平均額によることも認められます（法基通9－1－8）。

ロ　上場有価証券等以外の株式のうち，①売買実例があるものは，評価損を計上しようとする事業年度終了の日前6月間において売買の行われたもののうち適正と認められるものの価額，②公開途上にある株式で，株式の上場に際して株式の公募又は売出しが行われるものは，金融商品取引所の内規によって行われる入札により決定される入札後の公募等の価格等を参酌して通常取引されると認められる価額，③売買実例のないものでその株式を発行する法人と事業の種類，規模，収益の状況等が類似する他の法人の株式の価額があるものは，その価額に比準して推定した価額，④①から③までに該当しないものは，評価損を計上しようとする事業年度終了の日又は同日に最も近い日におけるその株式の発行法人の事業年度終了の時における1株当たりの純資産価額等を参酌して通常取引されると認められる価額によることになります（法基通9－1－13）。

　なお，上場有価証券等以外の株式で，上記①及び②に該当しないものについては，財産評価基本通達の178から189－7まで《取引相場のない株式の評価》の例により算定した価額（法人税基本通達に定める一定の条件により算定した価額）によっているときは，課税上弊害がない限りそれも認められます（法基通9－1－14）。

ハ　企業支配株式等については，その株式の通常の価額に企業支配の対価の額（株式の取得価額のうちその株式の通常の価額を超える部分の金額）を加算した金額とされています（法基通9－1－15）。

(3) 固定資産の評価損

　固定資産について評価損を計上することができる特別の事実とは，①固定資産が災害により著しく損傷したこと，②固定資産が1年以上にわたり遊休状態にあること，③固定資産がその本来の用途に使用することができないため他の用途に使用されたこと，④固定資産の所在する場所の状況が著しく変化したこと，⑤①から④までに準ずる特別の事実が生じたこととされています（法令68①三）。

　また，土地について借地権又は地役権の設定により他人に土地等を使用させた場合で，賃借人から権利金又はその他の一時金を収受するとともに長期間にわたって土地を使用させることとしたため，その土地の価額が50％以下となったときは法人税法施行令第138条第1項の規定により土地の帳簿価額の一部損金算入が認められていますが，借地権又は地役権の価額の割合が50％に満たないときであっても，賃貸後における土地の価額がその土地の帳簿価額を下回ることとなったときは，評価損を計上することができます（法基通9－1－18）。

　なお，固定資産について過度の使用又は修理の不十分等により固定資産が著しく損耗している場合，固定資産について償却を行わなかったため償却不足額が生じている場合や，固定資産の取得価額がその取得の時における事情等により同種の資産の価額に比して高い場合，また，機械及び装置が製造方法の急速な進歩等により旧式化している場合には，評価損を計上できる特別な事実が生じたことにはなりません（法基通9－1－17）。

　固定資産について評価損が計上できる特別の事実があるときは，その固定資産の帳簿価額を時価まで評価換えすることができます。

　この場合の時価とは，その特別な事実が生じた事業年度終了の時において，その資産が使用収益されるものとしてその時において譲渡される場合の通常付される価額によることになります（法基通9－1－3）が，減価償却資産につ

いては，その再取得価額を基礎としてその取得の時から評価損を計上する事業年度終了の時まで旧定率法（定率法による未償却残額の方が旧定率法による未償却残額よりも適切に時価を反映するものである場合には，定率法によることも可）により償却を行ったものとした場合に計算される未償却残額に相当する金額を時価としているときはそれも認められます（法基通 9 - 1 - 19）。

　また，時価の算定に当たっては，消費税の経理処理を税抜きで行っている法人にあっては税抜価格，税込みで行っている法人にあっては税込価格によることとなります。

(4)　評価損否認金等がある資産に係る評価損の申告減算

　過年度に企業会計において計上した評価損の金額が，税務上認められないとして別表四で所得に加算した金額がある場合において，その後の事業年度でその資産について評価損の要件が満たされたときに，評価損は損金経理が要件とされていることから，あらためて損金経理を行わなければならないのかとの疑問があるものと思われます。

　しかしながら，企業会計上いったん計上した評価損の金額をあらためて資産の価額に戻し入れる処理を行うことは，みせかけの利益を計上することになり適正な会計処理とはいえません。

　そこで，評価損否認金等のある資産について，その後の事業年度で税務上評価損が計上できる要件が満たされた場合には，別表五(一)の利益積立金額の計算に関する明細書に計上されている評価損否認額は，企業会計上すでに過年度で損金経理が行われたものであることから，その資産の期末の時価と帳簿価額との差額と別表五(一)に計上されたその資産に係る評価損否認額とのいずれか少ない金額については，申告調整で減算（別表四で減算）した場合には，損金経理したものとして取り扱われます（法基通 9 - 1 - 2）。

　したがって，例えば過年度に帳簿価額200の有価証券について時価が105であ

166

ることから95の評価損の計上を行ったが，税務上評価損の要件を満たさないとして自己否認した場合に，当期にその有価証券の期末時価が70となり，近い将来株価の回復も見込めないことから税務上評価損の計上が可能となった場合には，過年度に評価損として計上した95はあらためて損金経理を行わずに申告書別表四で減算処理することにより評価損として認められます。なお，期末の時価まで評価減しようとするときは，期末時価70と会計上の帳簿価額105との差額35は当然にその事業年度で損金経理しないと評価損として認められません。

《消費税の取扱い》

資産の評価損は消費税の課税の対象外ですから，資産について評価損を計上したとしてもそれに係る消費税の処理は生じません。したがって，法人税において評価損の否認が生じたとしても消費税の修正は必要ありません。

③ 事例の解説と具体的修正の方法

事例16 棚卸資産の評価損

当社は電気製品の製造を業としていますが，前期にＡ商品のモデルチェンジを行い新型を発売しました。これにより旧型の売れ残り商品（帳簿単価32,000円，在庫数量1,300個）については今後通常の方法により販売できないとの判断から１個当たりの時価を1,000円として40,300,000円の評価損を計上しました。

税務調査において，Ａ商品はその後16,000円で出荷されている事実があるので評価損を計上する場合の時価は16,000円とすべきではないかとの指摘を受けました。

第6章 資産の評価損　*167*

解　説

　A商品のモデルチェンジにより，同商品の旧型の売行きが落ちることになると思われますが，モデルチェンジしただけでは陳腐化したことには該当しません。ただし，モデルチェンジにより旧商品が今後通常の方法では販売することができず，価額を引き下げて販売せざるを得ない状況にあるのであれば，評価損を計上できる事実が生じていることになります。

　貴社の場合，A商品のモデルチェンジにより旧型は価額を引き下げて販売せざるを得ない状況にあることは税務調査においても認められたものと思われます。

　次に，評価損を行う場合の時価は通常他に販売する場合の価額となります。貴社は1個当たりの時価を1,000円として評価損を計算したとのことですが，その後同商品が16,000円で販売されている事実があれば，時価の算定に誤りがあったということになります。

具体的修正の方法

《法人税の修正》

　貴社のA商品の評価損前の帳簿価額は41,600,000円（32,000円×1,300個），評価損の金額は40,300,000円（（32,000円－1,000円）×1,300個）となっていますが，調査による評価損の額は20,800,000円（（32,000円－16,000円）×1,300個）となり，19,500,000円が評価損否認として前期の所得金額に加算しなければならず，修正を仕訳で示すと次のようになります。

（借方）棚卸資産　　　19,500,000円　　　（貸方）評価損過大　　19,500,000円

　そして，修正申告における別表四及び別表五(一)の記載は次のようになります。

　なお，評価損の否認は消費税の課税の対象外ですから，税抜経理及び税込経理とも同様となります。

別表四

区　　　　　分	総　　額	処　　分		
		留　　保	社 外 流 出	
	①	②	③	
加算 評 価 損 過 大	19,500,000	19,500,000		

別表五（一）

区　分	期 首 現 在 利益積立金額	当 期 の 増 減		翌 期 首 利 益 積 立 金 額
		減	増	
	①	②	③	④
棚 卸 資 産			19,500,000	19,500,000

▷当期の処理◁

　資産の評価損が税務上否認された場合には一般的に会計上の受入処理は行いません。

　しかし，中小法人においては税務と会計とを一致させる観点から受入処理を行うことも考えられますので，仮に当期において，前期否認された評価損の金額を次の仕訳により受け入れた場合には，前期加算した評価損の金額を申告調整で全額認容することになり，この場合の別表四及び別表五（一）の記載は次のようになります。

（借方）棚卸資産　　　19,500,000円　　（貸方）雑　　　益　　　19,500,000円

別表四

区　　　　　分	総　　額	処　　分		
		留　　保	社 外 流 出	
	①	②	③	
減算 雑 益 認 容	19,500,000	19,500,000		

別表五（一）

区　　分	期首現在利益積立金額	当期の増減		翌期首利益積立金額
		減	増	
	①	②	③	④
棚 卸 資 産	19,500,000	19,500,000		

　　しかし，前期の否認額の受入れを行わずに，例えば，当期において前期在庫であった旧商品1,300個のうち500個が16,000円（税抜経理の場合はその税抜きの金額，税込経理はその税込みの金額とする。）で販売されているとすれば，販売時に次の仕訳が行われているものと思われます。

（借方）現預金　　　　　8,000,000円　　（貸方）売　上　　　　　8,000,000円

　　　　原　価　　　　　　500,000円　　　　　　棚卸資産　　　　　500,000円

　　しかし，税務上の棚卸資産の価額は１個当たり16,000円に修正されていますので，貴社の決算上の１個当たりの単価1,000円との差額について販売原価が過少に計上されていることになり，この販売原価の過少額7,500,000円（15,000円×500個）を当期の所得金額から減額しなければなりませんので，この場合の別表四及び別表五(一)の記載は次のようになります。

別表四

区　　　　分	総　　額	処　　分		
		留　　保	社 外 流 出	
	①	②	③	
減算 原 価 認 容	7,500,000	7,500,000		

別表五（一）

区　　分	期首現在利益積立金額	当期の増減		翌期首利益積立金額
		減	増	
	①	②	③	④
棚 卸 資 産	19,500,000	7,500,000		12,000,000

170

事例17　有価証券の評価損

当社の子会社であるＢ社は欠損が続いていたことから，前期に増資を行い，その全額を当社が引き受けましたが，その後前期末までの間においても業績の好転が見込まれず，前期においてＢ社株式の評価損を50,000,000円計上しました。

税務調査において，「貴社は前期にＢ社に対して増資を行っていることから，増資後相当期間を経過した後でなければＢ社株式の評価損は認められない」との指摘を受けました。

解　説

有価証券について評価損を計上できる特別の事実については，前記[2]「資産の評価損の税務上の取扱い」で掲げましたが，通常の株主であれば行わないような赤字子会社の増資払込みを親会社が行う場合があり，このような状況下において払込金を税務上どうとらえるかや増資後の子会社株式について評価損の計上ができるかどうかの疑義がありました。

過去においては，赤字会社への増資払込みは経済性を無視した不合理な行為であり，一般投資家ならば決して行わないであろうことから，一種の贈与行為の変形にほかならないとする考え方や，赤字会社への増資払込みは企業支配の対価とする考え方もありましたが，現在では，赤字子会社への増資払込みもやむを得ない事情があるものとして認めることとするが，増資払込みは子会社の業況回復を期待してのものであるから，増資払込直後における評価損はこれを認めないこととしています。

このことから，親会社等が赤字子会社等への増資払込みに応じた場合に，その増資直後においてなお債務超過の状態が解消していないとしても，その増資直後における評価損は認めないこととされています。ただし，その増資から相

第6章 資産の評価損　*171*

当期間（1年ないし2年）を経過した後において改めて評価損を計上できる事実が生じている場合には，評価損を計上することができることとされています（法基通9－1－12）。

　なお，増資後相当期間を経過した後において評価損が計上できる要件としては，増資による純資産価額の増加部分がゼロ又はマイナスとなり，増資直前の純資産価額を下回った場合で，その後の回復が認められないときがこれに該当します。

> **《参考》** 平成14年5月に名古屋高裁金沢支部において，債務超過の100％子会社に1株当たり額面金額をはるかに超える金額で増資払込に応じた親会社に対して，額面超過部分の増資払込金額を寄附金とした更正処分が維持される判決が下されていますので，事案によっては赤字子会社に対する増資払込のすべてが，必ずしも資本等取引とならないケースも想定されます。

具体的修正の方法

《法人税の修正》

　貴社が計上した評価損の全額が前期の損金とならないとのことですから，これを所得金額に加算することになり，修正申告における別表四及び別表五(一)の記載は次のようになります。

　なお，評価損の否認は消費税の課税の対象外ですから，税抜経理及び税込経理とも同様になります。

別表四

区　　　　分	総　　　額	処　　　　　分	
		留　　保	社 外 流 出
	①	②	③
加算　評 価 損 否 認	50,000,000	50,000,000	

別表五（一）

区　　分	期首現在利益積立金額	当期の増減		翌期首利益積立金額
		減	増	
	①	②	③	④
有価証券			50,000,000	50,000,000

▷当期の処理◁

資産の評価損が税務上否認された場合には一般的に会計上の受入処理は行いません。

しかし，中小法人においては税務と会計とを一致させる観点から受入処理を行うことも考えられますので，仮に当期において前期否認された評価損の全額を次の仕訳により受け入れた場合には，前期否認された金額の全額を申告調整で認容することになり，この場合の別表四及び別表五（一）の記載は次のようになります。

（借方）有価証券　　　50,000,000円　　　（貸方）雑　　益　　　50,000,000円

別表四

区　　　　分	総　　額	処　　　　分		
		留　　保	社外流出	
	①	②	③	
減算　雑　益　認　容	50,000,000	50,000,000		

別表五（一）

区　　分	期首現在利益積立金額	当期の増減		翌期首利益積立金額
		減	増	
	①	②	③	④
有価証券	50,000,000	50,000,000		

なお，受入れを行わないときは，当該有価証券について評価損が計上できる事実が生じるまで又は当該有価証券を譲渡するまでは，特に申告調整の必要はありません。

第6章 資産の評価損　*173*

事例18　ゴルフ会員権の評価損

　当社は取引先等の接待目的でSゴルフ場の会員権（預託金方式）を保有していましたが，近年は取引先等をゴルフに接待することも少なくなり，ほとんど利用していない状況です。また，Sゴルフ場の会員権の取得価額は25,000,000円でしたが現在の価額は12,000,000円まで下落しています。

　そこで，前期に当該ゴルフ会員権の評価損を13,000,000円計上したところ，税務調査においてSゴルフ場には倒産等の事実はなく当該会員権の評価損は認められない旨の指摘がありました。

解　説

　ゴルフ会員権であっても株式であることが会員の要件となっている株式型の会員権の評価損は有価証券の評価損の要件により判定することになります。しかし，預託金方式のゴルフ会員権の預託金部分については一種の寄託債権ですから，貸倒引当金の対象債権とすることはできませんが，ゴルフ場の経営不振や閉鎖等により預託金の返還請求を行ったときは，当該預託金の返還請求権が金銭債権となり，これについて回収不能見込額があるときは個別評価による貸倒引当金への繰入れ又は返還請求権の回収不能が確定した時の貸倒損失として処理することになります。しかし，会員権の相場が下落したことや，自らの都合で利用しなくなっただけでは評価損を計上できる事実が生じたとはいえません。そして預託金方式のゴルフ会員権は預託金部分とゴルフ場でプレーできる権利（施設利用権）とが複合した一体不可分の資産であることから，そのゴルフ場においてプレーができる状況にある限りにおいては通常評価損を計上することはできないものと考えられます（法基通9－7－12）。

具体的修正の方法

《法人税の修正》

貴社が計上した評価損の全額が前期の損金とならないとのことですから，これを所得金額に加算し，修正申告における別表四及び別表五（一）の記載は次のようになります。

なお，評価損の否認は消費税の課税の対象外ですから，税抜経理及び税込経理とも同様となります。

別表四

区　　　　　分	総　　　額	処　　　　　分		
		留　　　保	社　外　流　出	
	①	②	③	
加算 評 価 損 否 認	13,000,000	13,000,000		

別表五（一）

区　　分	期 首 現 在 利益積立金額	当 期 の 増 減		翌 期 首 利 益 積 立 金 額
		減	増	
	①	②	③	④
会 員 権			13,000,000	13,000,000

▷当期の処理◁

資産の評価損が税務上否認された場合には一般的に会計上の受入処理は行いません。

しかし，中小法人においては税務と会計とを一致させる観点から受入処理を行うことも考えられますので，仮に当期において前期否認された評価損の全額を次の仕訳により受け入れた場合には，前期否認された金額の全額を認容することになり，この場合の別表四及び別表五（一）の記載は次のようになります。

（借方）会員権　　　13,000,000円　　（貸方）雑　　　益　　　13,000,000円

第6章 資産の評価損　*175*

別表四

区　　　分	総　　額	処　　分	
		留　　保	社 外 流 出
	①	②	③
減算　雑　益　認　容	13,000,000	13,000,000	

別表五（一）

区　　分	期 首 現 在 利益積立金額	当 期 の 増 減		翌 期 首 利 益 積 立 金 額
		減	増	
	①	②	③	④
会　員　権	13,000,000	13,000,000		

　なお，受入処理を行わない場合には，その会員権を譲渡等するまで会員権の評価損否認額を別表五(一)に記載したままとなります。

事例19　土地の評価損

　当社は平成△△年に本社ビルを新築する予定で土地を購入しましたが，その後の景気低迷によりその土地は現在まで更地のままとなっています。

　今後当分の間ビル建設に着手する予定もたたず，また，土地の価額が著しく下落したことから，土地を期末の時価まで評価換えし，45,000,000円の評価損を前期に計上しました。

　税務調査において，土地について評価損を計上する事実はないから，評価損は認められないとの指摘を受けました。

解説

　土地（固定資産）について評価損を計上できる事実とは，災害による著しい損傷，あるいは当該固定資産が所在する場所の著しい状況の変化が要件となっていますが，単にその時価が下落しただけでは評価損を計上することはできま

176

せん。

また，固定資産がやむを得ない事情によりその取得の時から1年以上事業の用に供されないため，当該固定資産の価額が低下したと認められる場合には評価損ができるとされています（法基通9－1－16）が，これは事業の用に供するのが遅れるためにその固定資産について物質的又は経済的損耗が生じることにより価額が低下することを予定していますから減価償却資産について定められた規定であるといえ，土地について仮に事業の用に供することが遅れたとしても，そのことをもって土地が損耗することはありません。

したがって，ビル建設を予定して取得した土地について，当分の間ビル建設に着工しないことが明らかであったとしても，その土地について評価損を計上することはできません。

具体的修正の方法

《法人税の修正》

貴社が計上した評価損の全額が前期の損金とはなりませんから，これを所得金額に加算し，修正申告における別表四及び別表五(一)の記載は次のようになります。

なお，評価損の否認は消費税の課税の対象外ですから，税抜経理及び税込経理とも同様になります。

別表四

区　　　　　分	総　　　額	処　　　　分	
		留　　保	社 外 流 出
	①	②	③
加算　評 価 損 否 認	45,000,000	45,000,000	

別表五（一）

区　　　分	期首現在利益積立金額	当期の増減		翌期首利益積立金額
		減	増	
	①	②	③	④
土　　　地			45,000,000	45,000,000

▷当期の処理◁

　資産の評価損が税務上否認された場合には一般的に会計上の受入処理は行いません。

　しかし，中小法人においては税務と会計とを一致させる観点から受入処理を行うことも考えられますので，仮に当期において前期否認された評価損の全額を次の仕訳により受け入れた場合には，前期否認された金額の全額を認容することになり，この場合の別表四及び別表五（一）の記載は次のようになります。

　（借方）土　地　　　45,000,000円　　　（貸方）雑　　益　　　45,000,000円

別表四

区　　　　　分	総　　　額	処　　　分		
		留　　保	社　外　流　出	
	①	②	③	
減算　雑　益　認　容	45,000,000	45,000,000		

別表五（一）

区　　　分	期首現在利益積立金額	当期の増減		翌期首利益積立金額
		減	増	
	①	②	③	④
土　　　地	45,000,000	45,000,000		

　なお，受入処理を行わない場合には，その土地を譲渡等するまで土地の評価損否認額を別表五（一）に記載したままとなります。

第7章

役員給与・退職給与

$\boxed{1}$　法人の役員の概要

　従業員が法人との雇用契約に基づき役務を提供するのに対し，役員は法人の株主に経営を委任されている立場にいますので，役員給与や賞与並びに退職給与は株主総会の決議に基づき支給されることになります。

　法人税法上役員とは，法人の取締役，執行役，会計参与，監査役，理事，監事及び清算人並びにこれら以外の者で次のいずれかに該当する者をいいます（法法2十五，法令7，71①五）。

(1)　法人の使用人（職制上使用人としての地位のみを有する者に限る。）以外の者でその法人の経営に従事しているもの

(2)　同族会社の使用人のうち，その法人が同族会社であることの判定の基礎となった株主グループに属する特定の者でその法人の経営に従事しているもの

$\boxed{2}$　役員給与・退職給与等に係る税務上の取扱い

《法人税の取扱い》

(1)　役員給与の損金不算入

　役員に対して支給した給与・賞与については，次の定期同額給与，事前確定届出給与及び利益連動給与のいずれかの要件を満たすものは損金の額に算入されますが，それ以外ものについては損金の額に算入されません（法法34①）。

　なお，この規定の対象となる役員給与には，退職給与で業績連動給与に該当しないもの及び使用人兼務役員の使用人部分の給与は除かれます。

① 定期同額給与

　支給時期が1月以下の一定の期間ごとである定期給与でその事業年度の各支給時期における支給額が同額であるものは、定期同額給与として損金の額に算入されます。ただし、定期給与で、次に掲げる改定がされた場合におけるその事業年度開始の日又は給与改定前の最後の支給時期の翌日から給与改定後の最初の支給時期の前日又はその事業年度終了の日までの間の各支給時期における支給額が同額であるものも定期同額給与となります（法法34①一）。

(注)1 「その支給時期が1月以下の一定の期間ごと」である給与とは、あらかじめ定められた支給基準（慣習によるものを含みます。）に基づいて、毎日、毎週、毎月のように月以下の期間を単位として規則的に反復又は継続して支給されるものをいいますから、例えば、非常勤役員に対し年俸又は事業年度の期間俸を年1回又は年2回所定の時期に支給するようなものは、たとえその支給額が各月ごとの一定の金額を基礎として算定されているものであっても、定期同額給与には該当しません（法基通9－2－12）。そのため、非常勤役員に対し年俸又は事業年度の期間俸を年1回又は年2回所定の時期に支給するようなものは事前確定届出給与として届出を行うことで対応することになりますが、同族会社に該当しない法人が定期給与を支給しない役員に対して、例えば年俸等の形態で支給する給与については事前の届出は不要とされています。

　2　支給期における支給額から、控除される所得税や地方税の額、社会保険料の額その他これらに類するものの額の合計額を控除した後の金額（いわゆる税引手取金額）が同額である場合には、定期同額給与とみなすこととされています。

イ　その事業年度開始の日の属する会計期間開始の日から3月（法人税法第75条の2第1項の規定により確定申告書の提出期限の延長が認められている法人にあっては、指定に係る月数に2を加えた月数）を経過する日（3月経過日等）までにされた定期給与の額の改定。ただし、3月経過日等後に継続して毎年所定の時期に定期給与の改定がされることについて特別の事情があると認められる場合には、その改定の時期までにされた定期給与の改定（法令69①一イ）

(注)　「3月経過日等後にされることについて特別の事情があると認められる場合とは」、例えば、法人の役員給与の額がその親会社の役員給与の額を参酌

して決定されるなどの常況にあるため，その親会社の定時株主総会の終了後でなければその法人の役員の定期給与の額の決定に係る決議ができない等の事情により定期給与の額の改定が3月経過日等後にされる場合をいいます（法基通9－2－12の2）。

ロ　その事業年度において役員の職制上の地位の変更，その役員の職務の内容の重大な変更その他これらに類するやむを得ない事情（臨時改定事由）によりされた定期給与の額の改定（イに掲げる改定を除きます。）（法令69①一ロ）

(注)　「役員の職制上の地位（定款等の規定又は総会若しくは取締役会の決議等により付与されたもの）の変更，その役員の職務の内容の重大な変更その他これらに類するやむを得ない事情」とは，例えば，定時株主総会後，次の定時株主総会までの間において社長が退任したことに伴い臨時株主総会の決議により副社長が社長に就任する場合や，合併に伴いその役員の職務の内容が大幅に変更される場合がこれに該当します（法基通9－2－12の3）。

なお，企業が法令違反により行政処分を受けた場合に，その社会的責任に対して一定期間役員給与の減額処分を行う場合がありますが，その減額が企業秩序を維持して円滑な企業運営を図るため，あるいは法人の社会的評価への悪影響を避けるためにやむを得ず行われるのであって，かつ，その処分の内容が役員の行為に照らして社会通念上相当であるときは，減額された期間においても引き続き同額の定期給与の支給があったものとされますから，このような場合における減額が行われたときは損金不算入となる金額は生じません。

ハ　その事業年度において法人の経営の状況が著しく悪化したことその他これに類する理由（業績悪化改定事由）によりされた定期給与の額の改定（その定期給与の額を減額した改定に限り，イ及びロに掲げる改定を除きます。）（法令69①一ハ）

(注)　「経営の状況が著しく悪化したことその他これに類する理由」とは，経営

第 7 章　役員給与・退職給与　*183*

状況が著しく悪化したことなどやむを得ず役員給与を減額せざるを得ない事情があることをいいますから，例えば経営状況の悪化により従業員の賞与を一律カットせざるを得ないような状況となった場合はこれに該当しますが，法人の一時的な資金繰りの都合や単に業績目標値に達しなかったことなどはこれには含まれません（法基通 9 - 2 - 13）。

　　ただし，経営状況の悪化に伴い，第三者である利害関係者（株主，債権者，取引先等）との関係上，役員給与の額を減額せざるを得ない事情が生じたために行った役員給与の減額は，基本的に業績悪化改定事由に該当するものと考えられますので，減額前及び減額後それぞれが定期同額給与に該当することになるでしょう（20年12月役員給与に関するＱ＆Ａ）。

ニ　継続的に供与される経済的な利益のうち，その供与される利益の額が毎月おおむね一定であるもの（法令69①二）

　　例えば次に掲げるものがこれに該当します（法基通 9 - 2 - 11）。

i　役員等に対して物品その他の資産を贈与した場合におけるその資産の価額に相当する金額，役員等に対して資産を低い価額で譲渡した場合におけるその資産の価額と譲渡価額との差額に相当する金額又は役員等に対して無償又は低い対価で社宅家賃及び貸付金利以外の用役の提供をした場合における通常その用役の対価として収入すべき金額と実際に収入した対価の額との差額に相当する金額でその額が毎月おおむね一定しているもの

ii　社宅家賃に係る経済的利益又は金銭の貸付けによる金利の経済的利益の金額（その額が毎月著しく変動するものを除く。）

iii　渡切交際費等の金額で毎月定額により支給されるもの

iv　役員等の個人的費用を法人が負担した場合の金額で毎月負担する住宅の光熱費，家事使用人給料等（その額が毎月著しく変動するものを除く。）

v　役員が会員となっている団体等の入会金や会費及び役員等を被保険者とする生命保険料の金額で経常的に負担するもの

　　役員賠償責任保険の保険料を会社が負担した場合に，基本契約の保険

料は役人に対する経済的利益とはされませんが株主代表訴訟担保特約の保険料は役員に対して経済的利益の供与があったものとされます。ところで，この特約保険料は年払いで法人が毎月負担するものではありませんが毎年経常的に負担するものであることからこの通達の範囲に含まれ定期同額給与として取り扱われるものと考えます。

② 事前確定届出給与

役員の職務につき所定の時期に，確定した額の金銭又は確定した数の株式若しくは新株予約権若しくは確定した額の金銭債権に係る第54条第1項（譲渡制限付株式を対価とする費用の帰属事業年度の特例）に規定する特定譲渡制限付株式若しくは第54条の2第1項（新株予約権を対価とする費用の帰属事業年度の特例等）に規定する特定新株予約権を交付する旨の定めに基づいて支給する給与（定期同額給与及び業績連動給与のいずれにも該当しないもの）で納税地の所轄税務署長にその定めの内容に関する届出書を提出期限までに提出した給与は，事前確定届出給与として損金の額に算入されます。ただし，同族会社に該当しない法人が定期給与を支給しない役員に対して，例えば年俸等として金銭で支給する給与については事前の届出は不要とされています。また，株主総会等の決議の日から1月以内に支給される譲渡制限付株式や新株予約権についても届出は不要とされています。なお，株式については上場株式が新株予約権についてはその行使により上場株式が交付される新株予約権であることが要件とされています（法法34①二）。

(注) 同族会社に該当するかどうかの判定は，給与の支給についての定めをした日の現況によりますが，新設法人にあっては，その設立の日の現況によります（法令69⑥）。

　イ　事前確定給与の届出期限

　　事前確定届出給与の所轄税務署長への届出期限は，下記iに掲げる日（ただし，下記iiに規定する臨時改定事由が生じた場合のその役員の事前

確定届出給与に関する届出については，次のi又はiiのいずれか遅い日）までに行うこととされています（法令69④）。また，税務署長への届出は，事前確定届出給与に関する届出書並びに付表に必要事項を記載して行います。

i　株主総会，社員総会又はこれらに準ずるものの決議により事前確定届出給与の支給についての定めをした場合に，その決議をした日（その決議をした日がその役員が職務の執行を開始する日後である場合には，その職務の執行を開始する日）から1月を経過する日

(注)　職務の執行を開始する日とは，その役員がいつから就任するかなど個々の事情によりますが，例えば，定時株主総会において役員に選任されその日に就任した者及び定時株主総会の開催日に現に役員である者が引き続き役員に再任された場合はその定時株主総会の開催日が職務の執行を開始した日となります（法基通9－2－16）。

　ただし，その経過する日がその事業年度開始の日から4月（法人税法第75条の2第1項の規定により，確定申告書の提出期限の延長が認められている法人にあっては，その指定に係る月数に3を加えた月数）を経過する日（4月経過日等）後である場合には4月経過日等とし，新設法人にあってはその設立の日以後2月を経過する日とされます。

ii　臨時改定事由（臨時改定事由により臨時改定事由に係る役員の職務につき事前確定届出給与の定めをした場合（当該役員の当該臨時改定事由が生ずる直前の職務につき事前確定届出給与の定めがあった場合を除きます。）におけるその臨時改定事由に限ります。）が生じた日から1月を経過する日

ロ　変更届出の提出期限

　既に事前確定届出給与に関する届出書又は事前確定届出給与に関する変更届出書による届出を行っている法人がその届出に係る定めの内容を変更する場合において，その変更が次のi又はiiに掲げる事由に基因するもの

であるとき（iiに掲げる事由に基因する変更にあっては，その定めに基づく給与の額を減額し，又は交付する株式若しくは新株予約権の数を減少させるものであるときに限ります。）は，その変更後の事前確定届出給与の内容に関する届出は，i又はiiに掲げる事由の区分に応じそれらに定める日までに，事前確定届出給与に関する変更届出書及び付表に必要事項を記載して行います（法令69⑤）。

i 臨時改定事由 その臨時改定事由が生じた日から1月を経過する日

ii 業績悪化改定事由 その業績悪化改定事由によりその定めの内容の変更に関する株主総会等の決議をした日から1月を経過する日

ただし，変更決議をした日以後最初に到来する給与の支給日がその変更決議日以後1月以前にある場合には，その支給の日の前日

事前確定届出給与とは，所定の時期に確定した額の金銭等を支給する旨の定めに基づいて支給される給与ですから，所轄税務署長へ届け出た支給額と実際の支給額が異なるときは，原則として，その支給額の全額が損金不算入となります（法基通9－2－14）。

③ 業績連動給与

法人（同族会社にあっては，同族会社以外の法人との間にその法人による完全支配関係があるものに限ります。）がその業務執行役員に対して支給する業績連動給与（金銭以外の資産が交付されるものにあっては，適格株式又は適格新株予約権が交付されるものに限ります。）で，次に掲げる要件を満たすものは損金の額に算入されます。なお，業務執行役員が複数いる場合には全ての業務執行役員に対して業績連動給与を支給することが要件とされています（法法34①三，法令69⑯，⑲）。

イ 交付される金銭の額若しくは株式若しくは新株予約権の数又は交付され

第7章 役員給与・退職給与　*187*

る新株予約権の数のうち無償で取得され，若しくは消滅する数の算定方法
が，①その給与に係る職務を執行する期間の開始の日（職務執行期間開始
日）以後に終了する事業年度の利益の状況を示す指標，②職務執行期間開
始日の属する事業年度開始の日以後の所定の期間若しくは職務執行期間開
始日以後の所定の日における株式の市場価格の状況を示す指標又は③職務
執行期間開始日以後に終了する事業年度の売上高の状況を示す指標を基礎
とした客観的なもの（次に掲げる要件を満たすものに限る。）であること

i　金銭による給与にあっては確定した額を，株式又は新株予約権による
　給与にあっては確定した数を，それぞれ限度としているものであり，か
　つ，他の業務執行役員に対して支給する業績連動給与に係る算定方法と
　同様のものであること

ii　職務執行期間開始日の属する会計期間開始の日から3月（法人税法第
　75条の2第1項の規定により確定申告書の提出期限の延長が認められて
　いる法人にあっては，その指定に係る月数に2を加えた月数）を経過す
　る日までに，報酬委員会が決定，株主総会の決議による決定，報酬委員
　会に対する諮問その他の手続を経た取締役会の決議による決定又はこれ
　らの手続に準ずる手続など適正な手続を経ていること

iii　その内容が，iiの適正な手続の終了の日以後遅滞なく，有価証券報告
　書（四半期報告書，半期報告書，臨時報告書を含みます。）に記載され
　ている方法により開示（金融商品取引所の業務規程等に基づいて行う開
　示を含みます。）されていること

ロ　次に掲げる要件を満たすものであること

i　次に掲げる給与の区分に応じ，次に掲げる日の翌日から1月を経過す
　る日までに業績連動給与が交付されること。

　A　金銭による給与の場合には，算定の基礎とした利益の状況を示す指
　　標等の数値が確定した日（基本的に株主総会により決算書類の承認を

受けた日）。

B　株式又は新株予約権による給与である場合には，株式又は新株予約
権の数の算定の基礎とした業績連動指標の数値が確定した日。

C　特定新株予約権又は承継新株予約権に係る給与で，無償で取得され，
又は消滅する新株予約権の数が役務の提供期間以外の事由により変動
するものについては，報酬委員会等の適正な手続きの終了の日。

ⅱ　損金経理をしていること（損金経理により役員給与引当金等として繰
り入れた金額を取り崩す方法による経理も含みます。）

(注)1　業務執行役員とは，①取締役会設置会社の代表取締役及び取締役会の決議
によって取締役会設置会社の業務を執行する取締役として選任された取締役
（会社法363①），②会社法に規定する執行役（会社法418），③①又は②に
掲げる役員に準ずる役員をいいます（法令69⑨）。したがって，社外取締役，
監査役や会計参与はこれに該当しません（法基通9−2−17）。
　2　利益の状況を示す指標等には，配当の額やキャッシュフローは含まれませ
ん。そのため，経常利益の〇％に相当する金額を限度とするという記載はこ
れに該当しません（法基通9−2−17の2）。
　3　上記イのⅰの確定した額又は確定した数とは，支給する金銭の額や株式の
数の上限が具体的な金額又は数をもって定められているものをいいます（法
基通9−2−18）。
　4　上記イのⅲの開示とは，業務執行役員の全てについてその業務執行役員ご
と（算定方法が同様となる業務執行役員についてはまとめての開示も可能）
に，①算定の基礎となる業績連動指標，②確定した額又は確定した数，③客
観的な算定方法を開示することになります（法基通9−2−19）。

⑵　**役員退職給与**

役員の退職に基因して支出される金銭その他の経済的利益等は退職給与とさ
れます。従前は，役員退職給与を税務上損金の額に算入するためには確定した
決算において損金経理をすることが要件とされていましたが，平成18年度税制
改正により損金経理要件がなくなりましたので，基本的に損金となりますが不
相当に高額な部分の金額は損金不算入とされます。

その後，平成29年度税制改正により，業績連動給与の見直しがされたことを
契機として，業績を基礎として算定される役員給与の支給方法が各年度ごとか

又は退職を起因として支給するかにより不整合となっているなどの問題があったためこれを見直すこととし，支給額が業績に連動する退職給与については業績連動給与の損金算入要件を満たざないものについては損金の額に算入しないこととされました。なお，功績倍率法（役員の退職の直前に支給した給与の額を基礎とし，その役員の業務に従事した期間及び役員の職責に応じた倍率を乗ずる方法により支給する金額が算定される方法）に基づいて支給する退職給与は業績連動給与には該当しません（法基通9－2－27の2）。

① 役員退職給与の損金算入時期

退職した役員に対する退職給与の額の損金算入の時期は，原則として，株主総会の決議等によりその額が具体的に確定した日の属する事業年度となります。ただし，法人がその退職給与の額を支払った日の属する事業年度においてその支払った額につき損金経理をした場合には，それが認められます（法基通9－2－28）。

② 役員の分掌変更による退職給与

法人が役員の分掌変更又は改選による再任等に際しその役員に対し退職給与として支給した給与（未払計上したものは含まれません。）については，その支給が，例えば次に掲げるような事実があったことによるものであるなど，その分掌変更等によりその役員としての地位又は職務の内容が激変し，実質的に退職したと同様の事情にあると認められることによるものである場合には，退職給与として取り扱うことができることとされています（法基通9－2－32）。

イ　常勤役員が非常勤役員（常時勤務していないものであっても代表権を有する者及び代表権は有しないが実質的にその法人の経営上主要な地位を占めていると認められる者は除かれます。）になったこと

ロ　取締役が監査役（監査役でありながら実質的にその法人の経営上主要な地位を占めていると認められる者及びその法人の株主等で使用人兼務役員

190

　（法令71①五）とされない役員を除きます。）になったこと

ハ　分掌変更等の後におけるその役員（その分掌変更等の後においてもその
　法人の経営上主要な地位を占めていると認められる者は除かれます。）の
　給与が激減（おおむね50％以上の減少）したこと

③　被合併法人の役員に対する退職給与

　合併に際し退職した被合併法人の役員に支給する退職給与の額が合併承認
総会等において確定されない場合において，被合併法人が退職給与として支
給すべき金額を合理的に計算し，被合併法人の最後事業年度において未払
金として損金経理したときは，その処理が認められます（法基通 9 - 2 -33）。
この取扱いは，被合併法人の役員であると同時に合併法人の役員を兼ねてい
る者又は被合併法人の役員から合併法人の役員となった者に対し，合併によ
り支給する退職給与についても同様に取り扱われます（法基通 9 - 2 -34）。

④　法人の解散により清算人となった旧役員へ支給する退職給与

　法人が解散した場合には，会社法第478条の規定により定款で定める者又
は株式総会の決議によって選任された者がいない場合には取締役が清算人と
なることとされています。

　中小法人の多くは，代表取締役がそのまま清算人となって清算事務を行う
のが一般的でしょう。

　法人税法第 2 条第15号の規定によれば，法人の役員とは取締役，執行役，
会計参与，監査役，理事，監事及び清算人とされていることから，取締役が
清算人となった場合にはその法人の役員としての地位が継続されているため，
取締役の退任による退職金の支払ができないのではないかとの疑問が生じま
す。

　しかし、所得税基本通達30− 2 (6)によれば，解散後引き続き役員又は使用
人として清算事務に従事する者に対して，その解散前の勤務期間に係る退職
手当等として支払われる給与は所得税法上退職給与として取り扱われている

ことから，法人税法上も退職給与として取り扱うこととされています。

　なお，法人税基本通達9－2－32の定めと同様に実際に支給した場合に限り損金算入され，未払金としての計上は損金不算入になると考えます。

⑤　業務執行役員となった者への退職金の打ち切り支給

　執行役員制度を採用する法人が増えています。この執行役員とは会社法でその身分等が明確にされたものではなく，米国で採用された制度を日本の企業が組織の機構として取り入れたものです。会社と執行役員との契約は基本的に委任となっているものが多いようですが，取締役として登記されたものではありませんから会社法上の役員には該当しません。

　そしてこの執行役員は，会社法の役員と従業員の中間に位置し，取締役が行う業務執行の補佐的な役割を担っているようです。

　執行役員制度を導入すると使用人から執行役員へ昇格する者と，取締役を退任して執行役員となる者が出てきます。

　取締役を退任して執行役員に就任した場合には，会社法上の役員を退任することから役員の退職であってこれに対して退職金を支給することには問題がありませんが，使用人から執行役員に昇格した場合に退職といえるかどうかの問題がありました。従前は使用人から執行役員に昇格した者に対して退職金名目の金銭が支払われた場合には，その所得区分は退職金に該当せず賞与になると解されていましたが，平成19年6月27日付の所得税基本通達の一部改正で，一定の要件の下退職金に該当することとされました（所基通30－2の2）。

　それによれば，執行役員に就任した者に対しその就任前の勤続期間に係る退職手当等として一時に支払われる給与（当該給与が支払われた後に支払われる退職手当等の計算上当該給与の計算の基礎となった勤続期間を一切加味しない条件の下に支払われるものに限る。）のうち，例えば，次のいずれにも該当する執行役員制度の下で支払われるものは，退職手当等に該当すると

192

されています。

(1)　執行役員との契約は，委任契約又はこれに類するもの（雇用契約又はこれに類するものは含まない。）であり，かつ，執行役員退任後の使用人としての再雇用が保障されているものではないこと

(2)　執行役員に対する報酬，福利厚生，服務規律等は役員に準じたものであり，執行役員は，その任務に反する行為又は執行役員に関する規程に反する行為により使用者に生じた損害について賠償する責任を負うこと

> **(注)**　上記例示以外の執行役員制度の下で支払われるものであっても，個々の事例の内容から判断して，使用人から執行役員への就任につき，勤務関係の性質，内容，労働条件等において重大な変動があって，形式的には継続している勤務関係が実質的には単なる従前の勤務関係の延長とはみられないなどの特別の事実関係があると認められる場合には，退職手当等に該当することに留意して下さい。

(3)　過大な役員給与の損金不算入

　内国法人が役員に対して支給する給与のうち，不相当に高額な部分など次に掲げるものは損金の額に算入されません（法法34②，法令70）。

①　役員給与（定期同額給与，事前確定給与及び業績連動給与に該当しないもの及び不正経理により支出した役員給与として損金の額に算入されないものを除きます。）のうち次のイ（実質基準による判定）又はロ（形式基準による判定）のいずれか多い金額

　イ　役員給与の額（使用人兼務役員の使用人分の給与等が含まれます（法基通9－2－21））が，役員の職務の内容，その法人の収益及びその使用人に対する給与の支給の状況，その法人と同種の事業を営む法人でその事業規模が類似するものの役員に対する給与の支給の状況等に照らし，役員の職務に対する対価として相当であると認められる金額を超える場合におけるその超える部分の金額

　ロ　定款の規定又は株主総会，社員総会若しくはこれらに準ずるものの決議

により役員に対する給与として支給することができる金銭の額の限度額若しくは算定方法又は金銭以外の資産の内容を定めている法人が，各事業年度においてその役員に対して支給した給与の額の合計額がその事業年度に係る限度額及び算定方法により算定された金額並びに支給対象資産の支給の時における価額に相当する金額の合計額を超える場合におけるその超える部分の金額

　なお，使用人兼務役員に対する支給限度額について，使用人部分を除いたところで役員給与の支給限度額を定めている場合には，使用人の職務に対する報酬として相当と認められる部分の金額を除いて判定します（法基通9－2－22）。

② 退職した役員に支給した退職給与（業績連動給与に該当するものを除きます。）の額が，その役員の法人の業務に従事した期間，その退職の事情，その法人と同種の事業を営む法人でその事業規模が類似するものの役員に対する退職給与の支給の状況等に照らし，その退職した役員に対する退職給与として相当であると認められる金額を超える場合におけるその超える部分の金額

③ 使用人兼務役員の使用人としての職務に対する賞与で，他の使用人に対する賞与の支給時期と異なる時期に支給したものの額

(4)　不正経理により支出した役員給与の損金不算入

　法人が，事実を隠ぺいし，又は仮装して経理をすることによりその役員に対して支給する給与の額（債務の免除による経済的利益の額を含みます。）は，損金の額に算入されません（法法34③）。

　したがって，例えば，法人が収入除外や架空経費の計上により捻出した資金を役員が個人的に消費等している場合において，仮にその額が毎月同額となっているとしても，定期同額給与として損金の額に算入されることなく損金不算

194

入となります。

⑸　**使用人兼務役員に対する給与**

　役員（社長，理事長など一定の役員は除かれます。）のうち，部長，課長その他法人の使用人としての職制上の地位を有し，かつ，常時使用人としての職務に従事する者に対する給与の額でその使用人としての職務の対価の額として相当のものは損金の額に算入されます（法法34①⑤，法令71）。

　なお，次に掲げる役員は，使用人兼務役員には該当しません。

①　代表取締役，代表執行役，代表理事及び清算人

②　副社長，専務，常務その他これらに準ずる職制上の地位を有する役員

③　合名会社，合資会社及び合同会社の業務を執行する社員

④　委員会設置会社の取締役，会計参与及び監査役並びに監事

⑤　①から④に掲げるもののほか，同族会社の役員のうち次に掲げる要件のすべてを満たしている者

　イ　会社の株主グループにつきその所有割合が最も大きいものから順次その順位を付し，その第一順位の株主グループ（同順位の株主グループが二以上ある場合には，そのすべての株主グループ。）の所有割合を算定し，又はこれに順次第二順位及び第三順位の株主グループの所有割合を加算した場合において，その役員が次に掲げる株主グループのいずれかに属していること

　　ⅰ　第一順位の株主グループの所有割合が50%を超える場合における当該株主グループ

　　ⅱ　第一順位及び第二順位の株主グループの所有割合を合計した場合にその所有割合がはじめて50%を超えるときにおけるこれらの株主グループ

　　ⅲ　第一順位から第三順位までの株主グループの所有割合を合計した場合にその所有割合がはじめて50%を超えるときにおけるこれらの株主グル

第7章　役員給与・退職給与　*195*

　　　ープ

　ロ　その役員の属する株主グループの会社に係る所有割合が10%を超えてい

　　　ること

　ハ　その役員（その配偶者及びこれらの者の所有割合が50%を超える場合に

　　　おける他の会社を含みます。）の会社に係る所有割合が5%を超えている

　　　こと

(6)　親会社使用人が子会社役員として出向した場合の役員給与

　出向者が出向先法人において役員となっている場合に，次の①及び②のいず

れにも該当するときは，出向先法人が支出するその出向役員に係る給与負担金

の支出を出向先法人における出向役員に対する給与の支給として，法人税法第

34条《役員給与の損金不算入》の規定が適用されます（法基通9－2－46）。

　①　当該役員に係る給与負担金の額につき当該役員に対する給与として出向

　　　先法人の株主総会，社員総会又はこれらに準ずるものの決議がされている

　　　こと

　②　出向契約等において当該出向者に係る出向期間及び給与負担金の額があ

　　　らかじめ定められていること

　この場合，給与負担金の額が定期同額であれば損金算入となります。

　また，出向元法人の賞与支給時期に併せて賞与相当額を給与負担金として支

払う場合で，その額が出向契約書等で事前に決まっているときは，出向先法人

が事前確定届出給与としての届出を行うことにより損金の額に算入されます。

(7) 株式報酬

① 譲渡制限付株式の交付

　法人が役務提供の対価として役員や従業員に生ずる債権の給付と引換えに譲渡制限付株式が交付されたときは，その譲渡制限付株式について給与等課税額が生ずることが確定した日（譲渡制限が解除されていなくても，法人により無償で取得される可能性がなくなった日）において役務の提供を受けたものとされます（法法54①）。

　そして，役員に対する譲渡制限付株式については，事前確定届出給与の要件を満たすことにより損金の額に算入されます。

② ストックオプションに関する法人税の取扱い

　法人が役務提供の対価として役員や従業員に新株予約権を無償で付与した場合に，その役員又は従業員がその新株予約権を行使したときに所得税法の規定により給与等課税事由が生じた時は，その新株予約権の発行時の時価に相当する金額を，権利行使がされた日を含む事業年度において法人の費用として損金算入することとされています（法法54の2①）。

　役員や従業員がストックオプションの行使により所得税法の規定により給与等課税事由が生じた時とは，法人が使用人や役員に新株予約権を無償で交付し，その新株予約権の行使が非適格のストックオプションに該当する場合がこれに当たります。

　この場合，個人の給与所得等は行使時の株式の価格と払込み金額との差額が給与所得として課税されますが，法人の費用として損金処理が認められる金額は付与時のストックオプションの価値ということになります。

　なお，法人の役員に対するストックオプションが法人の費用となったとしても，事前確定届出給与又は業績連動給与のいずれかの要件を満たさないと

きは法人税法第34条の規定により損金不算入の役員給与に該当することになります。

したがって，適格ストックオプションの場合には，権利行使をした使用人や役員は取得した株式を譲渡した場合に譲渡所得としての課税を受けることとされているため，法人においては損金として処理する金額は生じません。

⑻　執行役員の取扱い

業務執行に専念する執行役員は，役員という名称を使っているものの会社法上の役員ではないことから，法人の経営に従事していない限り，税法上のみなし役員には該当しないことになります。

そのため，通常執行役員に対する賞与は従業員と同様に損金の額に算入されます。

《消費税の取扱い》

消費税においては，所得税法第28条第1項《給与所得》に規定する給与等を対価とする役務の提供は，課税の対象外（不課税）とされていますので，法人税法上役員給与や役員退職給与について否認があったとしても消費税の計算には原則として影響しません。

ただし，法人がその役員に対して資産を贈与又は低廉譲渡した場合に，時価との差額が役員給与又は退職給与とされることがありますが，この場合には，役員給与又は退職給与とされた額が資産の譲渡に係る対価とみなされ，修正を行う必要がある場合があります。

③　退職給付会計に係る退職給付引当金の処理

平成12年4月1日以後開始する事業年度から退職給付に係る会計処理が適用

198

されることになりましたが，平成14年度税制改正において退職給与引当金の制度が廃止されたことから，退職給付会計に係る税務上の取扱いの基本的な考え方は次のようになります。

(1) 退職給付会計における退職給付引当金を増加させる費用項目（通勤費用，利息費用，過去勤務債務の費用処理額，退職給付債務に係る数理計算上の差異の費用処理額及び会計基準変更時差異の費用処理額の合計）は，その全額を損金不算入として，申告調整する必要があります。

(2) 退職給付信託に係る取扱い

　　退職給付信託を設定した場合には，拠出した信託財産に見合う退職給付引当金を取り崩すことになります。

　　ところで，退職給付信託は受益者が特定されていないことから，法人税法上は当該信託の設定に伴い拠出された信託財産は，委託者である法人が自ら保有しているものとみなされ，信託の設定時に拠出財産の譲渡はなかったものとして取り扱われ，信託財産の運用から生じた利子・配当等は委託者である法人の収益として計上することになります。

　　また，信託勘定から支払われた退職一時金等の支給額は委託者である法人が自ら支出した退職金として処理しなければなりません。

　　しかしながら，企業会計上は信託の設定に伴い拠出された財産は譲渡として処理し，譲渡損益が計上されること，信託財産の運用から生じた利子・配当等及び信託財産から拠出された退職一時金等はなんら経理されないことから，企業会計と税務との調整が必要となります。

　　そのため，法人税の確定申告に当たっては「明細書」を添付し，その明細書において税務上の退職給付引当金残高と貸借対照表上純額表示されている退職給付引当金との関係を明らかにすることとされています。

　　また，退職給付信託の設定に伴い会計上生じた資産の譲渡損益，信託財産の運用から生じた利子・配当等の収益及び信託財産から拠出された退職一時

第7章　役員給与・退職給与　　*199*

金等を申告調整により加減算しなければなりません。

④　事例の解説と具体的修正の方法

事例20　過大役員給与

当社では2年前の株主総会で，役員給与の支給額の総額について1億円とすることとし，各人ごとの支給限度額は取締役会で決定する旨の決議を行っています。

そして，取締役会で各人ごとの支給限度額を次表のように定めていましたが，前期においては各取締役に次表のとおりの給与を支給していました。

税務調査において，各人ごとに定めた支給限度額を超える部分は過大給与であるから損金の額に算入されないとの指摘を受けました。

当社としては全役員に対する支給総額が株主総会で決議された総額を超えていないので問題ないと考えていましたが，損金不算入となるのでしょうか。

取締役名	支給限度額	支給額	取締役名	支給限度額	支給額
代表取締役	20,000,000	18,000,000	A取締役	12,000,000	13,500,000
専務取締役	17,000,000	16,000,000	B取締役	12,000,000	13,000,000
常務取締役	15,000,000	15,000,000	C取締役	10,000,000	10,500,000

解説

役員に対する給与は，定期同額給与，事前確定届出給与，利益連動給与のいずれかの要件を満たせば，原則として損金の額に算入されますが，不相当に高額な部分は損金不算入とされます。

この場合の不相当に高額かどうかの判定については，前述②の**(3)**のとおり，

200

イ実質基準とロ形式基準とがありますが，貴社は株主総会で役員給与の総額を定め，各人ごとの支給限度額については取締役会で定めています。この場合には，貴社が取締役会で定めた各人ごとの支給限度額を超える金額を支給していれば，その超える部分の金額は形式的に過大役員給与として取り扱われることになります。

　そのため，各人ごとにみると代表取締役，専務取締役及び常務取締役は支給限度額以下の金額が支給されていますので問題とはなりませんが，Ａ取締役，Ｂ取締役及びＣ取締役は取締役会で決定した各人ごとの支給限度額を超えていますので，超えた部分の金額は過大役員給与として損金不算入となります。

具体的修正の方法

《法人税の修正》

　Ａ取締役，Ｂ取締役及びＣ取締役について，次のとおり各人ごとの支給限度額を超える部分の金額3,000,000円が過大役員給与として損金不算入となり所得金額に加算することになります。

取締役名	支給限度額	支　給　額	過大部分の金額
Ａ取締役	12,000,000円	13,500,000円	1,500,000円
Ｂ取締役	12,000,000円	13,000,000円	1,000,000円
Ｃ取締役	10,000,000円	10,500,000円	500,000円
損金不算入となる金額の合計			3,000,000円

　上記役員給与の過大に係る修正は消費税の課税の対象外ですから，税抜経理及び税込経理とも同様となり，修正申告における別表四の記載は次のとおりです。また，当期における申告調整事項はありません。

第7章　役員給与・退職給与　　*201*

別表四

区　　　　　分	総　　　額	処　　　　分		
		留　　保	社 外 流 出	
	①	②	③	
加算　役員給与の損金不算入額	3,000,000		その他	3,000,000

事例21　役員給与の増額

　　当社は3月決算の法人ですが，9月の中間決算を行ったところ予想以上に業績が好調であり，11月末に臨時の株主総会を開催し役員給与の増額を決議し，12月分以降の各月給与の額を増額後の金額により支給しました。

　　税務調査において，増額改定した時期が6月までででないこと，11月に改定する特別の事情は認められないことから，改定により増額した部分の金額18,000,000円は損金不算入となる旨の指摘を受けました。

解　説

　役員給与について，前述②の(1)①イ又はロによる改定による増額は認められますが，貴社が行った増額決議は業績好調であったためであり，臨時株主総会の決議による増額支給したことについて定期同額給与として認める相当の理由はありません。そのため，増額決議により上乗せされた部分について損金不算入として取り扱われることになり，18,000,000円は損金の額に算入されないことになります。

具体的修正の方法

《法人税の修正》

　貴社の場合，4月から11月までは定期同額給与としての支給要件を満たしていたものと思われます。しかし，11月の臨時株主総会により役員給与の増額改

定を行い12月分から増額支給しています。この増額支給が臨時改定事由による改定に該当しないことになります。ただし，4月から11月までの支給は定期同額給与の要件を満たしていることから，仮に11月の増額改定がなかったとしたら12月から翌年3月までも11月以前と同様に定期同額給与の要件を満たしているものと思われます。そのため，11月に増額決議により12月以降増額した部分の金額18,000,000円を損金不算入として処理することになります。

								増額部分 18,000,000			
4月	5月	6月	7月	8月	9月	10月	11月	12月	1月	2月	3月
	定期同額給与として損金算入										

損金不算入となる →

そのため，当該金額を別表四で加算しなければならないことになります。

なお，役員給与は消費税の課税の対象外ですから，税抜経理及び税込経理とも同様となり，修正申告における別表四の記載は次のとおりとなります。また，当期における申告調整事項はありません。

別表四

区　　　　分		総　　　額	処　　　　　分			
			留　　保		社 外 流 出	
		①	②		③	
加算	役員給与の損金不算入額	18,000,000			その他	18,000,000

事例22　個人的費用が役員給与となる場合

当社は同族会社です。前期に代表取締役の長男（当社には勤務していません。）が結婚し，披露宴を開催しましたが，その披露宴の招待者に法人の取引先等の役員が多数含まれていたことから，披露宴の費用6,160,000円を当社が負担し損金としていました。

第7章　役員給与・退職給与　　*203*

税務調査で，披露宴の費用は個人的なものであるから法人の費用とはならず，代表取締役に対する給与であるとの指摘を受けました。

解　説

　法人の役員等が死亡したときに，社葬としてその費用を法人が負担することがありますが，これは死亡した役員等の生前の功労に対するはなむけとして行うもので，その規模等が社会通念上相当と認められるときは，それに要した費用は法人の損金として認められます。しかし，結婚式及びその披露宴は個人的な行事です。確かに代表者の長男が結婚するに当たって代表者の知人（取引関係先等の役員）が数多く参加することになると思われますが，披露宴に参加する人たちも各会社の役員等の肩書は有しているとしても個人として披露宴に出席するのが通常であり，披露宴費用を法人が負担する合理的な理由はないものと考えられます。

　そのため，結婚式やその披露宴の費用はその本人（この場合は代表者の長男）が負担すべきものです。これを法人が負担したときで結婚した本人が法人の役員や使用人であるときは，その結婚した本人に対する給与となります。

　ところで，事例の場合は，代表者の長男は法人との雇用関係等がないとのことですから，法人の役員や使用人以外の者に対する金銭の贈与であれば寄附金となりますが，披露宴費用を法人が負担することとした理由は「代表者の長男」ということに起因していますので，代表者に対する給与となります。

具体的修正の方法

《法人税の修正》

(1)　税抜経理の場合

　貴社は披露宴費用の支出に当たり，次の仕訳を行っているものと思われます。

（借方）費　用　　　　5,600,000円　　（貸方）現預金　　　　6,160,000円

仮払消費税等　　　560,000円

　しかし，当該費用は代表者の個人的費用を法人が負担したものですから，代表者に対する役員給与となり，この役員給与は定期同額給与の要件を満たしませんから損金不算入となり，修正を仕訳で示すと次のようになります。

（借方）役員給与　　　6,160,000円　　　（貸方）費　用　　　　5,600,000円
　　　　　　　　　　　　　　　　　　　　　　　　仮払消費税等　　　560,000円

　したがって，貴社が費用として損金の額に算入した5,600,000円と仮払消費税等560,000円との合計額6,160,000円が代表者に対する損金不算入となる給与となり，修正申告における別表四及び別表五(一)の記載は次のようになります。

別表四

区　　　　　分	総　　額	処　　分			
		留　　保	社　外　流　出		
		①	②	③	
加算 役員給与の損金不算入額	5,600,000	△　　560,000	給与	6,160,000	

別表五（一）

区　　分	期首現在利益積立金額	当期の増減		翌期首利益積立金額
		減	増	
	①	②	③	④
仮払消費税等		△　560,000	△　560,000	
未払消費税等			△　560,000	△　560,000

▷当期の処理◁

　役員給与としての加算事項は社外流出ですから，当期の申告調整には何ら影響しませんが，税抜経理に伴う未払消費税等の処理が当期において必要となります。

　前期の消費税及び地方消費税の修正申告により増加した税額は，当期の仮受・仮払消費税等に影響するものではありませんから，損金経理で納付することになります。そして，当期に損金とした消費税及び地方消費税を申告調整で

第7章　役員給与・退職給与　　*205*

加算し前期から繰り越した未払消費税等を消去することになりますので，当期の別表四及び別表五（一）の記載は次のようになります。

別表四

区　　　　分	総　　　額	処　　　　分		
		留　　保	社 外 流 出	
	①	②	③	
加算　損金の額に算入した　消 費 税 等	560,000	560,000		

別表五（一）

区　　分	期 首 現 在利益積立金額	当 期 の 増 減		翌 期 首 利 益積 立 金 額
		減	増	
	①	②	③	④
未払消費税等	△　　560,000	△　　560,000		

(2)　税込経理の場合

　貴社は披露宴費用の支出に当たり，次の仕訳を行っているものと思われます。

（借方）費　用　　　　　6,160,000円　　　（貸方）現預金　　　　　　6,160,000円

　しかし，当該費用は代表者の個人的費用を法人が負担したものですから，代表者に対する役員給与となり，この役員給与は定期同額給与の要件を満たしませんから損金不算入となります。修正を仕訳で示すと次のようになります。

（借方）役員給与　　　　6,160,000円　　　（貸方）費　用　　　　　　6,160,000円

　そのため，修正申告における別表四の記載は次のようになります。

別表四

区　　　　分	総　　　額	処　　　　分		
		留　　保	社 外 流 出	
	①	②	③	
加算　役員給与の損金不算入額	6,160,000		その他	6,160,000

▷**当期の処理**◁

当期においては，前期の消費税及び地方消費税の修正申告により増加した税額を損金として納付していればそれでよいことになりますので，申告調整の必要はありません。

《**消費税の修正**》

法人の役員や使用人が個人的に負担すべき費用を法人が負担し，それが法人の課税仕入れとされている場合には，それは法人の課税仕入れとはなりませんから，確定申告で貴社の課税仕入れとした税込対価の額6,160,000円を除いたところで課税仕入れ等の税額を再計算し，消費税及び地方消費税の修正を行うことになります。

［ 事例23 ］ **代物弁済による退職金の支給**

当社は前期の定期株主総会で退職役員の退職金を30,000,000円とする支給決議を行い，次の仕訳を行っていました。

（借方）退職金　30,000,000円　（貸方）未払退職金　30,000,000円

しかし，資金繰りの都合が付かないことから，当社が保有する土地・建物を退職金の支給に代えて退職役員に支給しました。

当該土地・建物の帳簿価額は土地20,000,000円，建物10,000,000円でしたので次の仕訳を行いました。

（借方）未払退職金　30,000,000円　（貸方）土地　20,000,000円

建物　10,000,000円

税務調査において，土地・建物の時価は62,300,000円（土地37,000,000円，建物25,300,000円（税込み））であるから，譲渡益を計上する必要がある旨の指摘を受けました。

第7章　役員給与・退職給与　*207*

解　説

　役員退職給与を現物で支給する場合がありますが，株主総会で現物支給を決議するときは支給する現物の時価を的確に算定し，その資産の時価をもって支給額を決議する必要があります。

　また，役員退職金を現金支給として決議した後において資金繰り等の都合により会社資産を現物で支給（代物弁済）する場合には，現物で支給される資産は時価により譲渡され，その譲渡に伴う債権と未払の役員退職金の債務とが相殺されることになります。

　そのため，事例の場合は，いったん現金支給で決議された未払退職金が事後において代物弁済により債務が消滅したことになります。そして，代物弁済であっても資産の譲渡に代わりはありませんから時価で行われる必要があります。

　貴社は退職金の未払金と代物弁済資産の帳簿価額とを振替仕訳していますので，資産の時価により譲渡があったものとして処理しなければならないことになります。

具体的修正の方法

《法人税の修正》

(1)　税抜経理の場合

　貴社が譲渡した建物の時価は税込みで25,300,000円ですから，その税抜価額は23,000,000円（25,300,000円 $\times \frac{100}{110}$）となり，建物に係る仮受消費税等とすべき金額は2,300,000円（25,300,000円－23,000,000円）となりますので，譲渡に係る仕訳を示すと次のようになります。

（借方）未収金	62,300,000円	（貸方）土　地	20,000,000円
		建　物	10,000,000円
		固定資産譲渡益	30,000,000円
		仮受消費税等	2,300,000円

208

　次に，上記仕訳による未収金62,300,000円と未払退職金30,000,000円とを相殺することになりますが，相殺されない未収金32,300,000円が残ることになります。

　そして，相殺されなかった未収金32,300,000円を退職役員から回収すれば問題はありませんが，回収しないとすれば当該未収金は役員退職金の追加払いとなり，株主総会で決議された金額は30,000,000円でしたので，追加払いの退職金32,300,000円部分は過大退職金として損金の額に算入されないことになります。

　貴社は確定した決算で次の仕訳を行っています。

（借方）未払退職金　　30,000,000円　　（貸方）土　　地　　　20,000,000円

　　　　　　　　　　　　　　　　　　　　　　　建　　物　　　10,000,000円

　そのため，確定決算における仕訳と上記譲渡に係る仕訳との差額が修正における仕訳となりますが，借方は未収金を役員退職金に振り替えることになりますから，修正を仕訳で示すと次のようになります。

（借方）役員退職金　　32,300,000円　　（貸方）固定資産譲渡益　30,000,000円

　　　　　　　　　　　　　　　　　　　　　　　仮受消費税等　　2,300,000円

　固定資産譲渡益が計上もれとなっていますのでこれを別表四で加算しますが，その相手勘定である役員退職金は損金不算入となりますので，それを社外流出として処理します。なお，所得加算の固定資産譲渡益と社外流出の役員退職金との差額である仮受消費税等2,300,000円を留保でマイナス表示することになり，修正における別表四及び別表五(一)の記載は次のようになります。

別表四

区　　　　分		総　　額	処　　　分		社　外　流　出
			留　　保		
		①	②		③
加算	譲渡益計上もれ	30,148,148	△　1,851,852	退職金	32,300,000

別表五（一）

区　　分	期 首 現 在 利益積立金額	当 期 の 増 減		翌 期 首 利 益 積 立 金 額
		減	増	
	①	②	③	④
仮受消費税等		△　2,300,000	△　2,300,000	
未払消費税等			△　2,300,000	△　　　2,300,000

　また，代物弁済とした土地については37,000,000円で譲渡したことになりますので，土地重課の規定の適用があるときは土地譲渡益を算出した上で，譲渡利益が生じていればこれも併せて修正することになります（1998年（平成10年）1月1日から2020年（令和2年）3月31日までの土地の譲渡については，土地重課の規定が停止されている。措置法62の3⑮，63⑧）。

　なお，役員退職金が32,300,000円増加しますので，退職金に係る源泉徴収税額（復興特別所得税を含みます。）を再計算し，追加徴収税額が生じた場合には退職役員から徴収して納付することになります。

▷当期の処理◁

　前期の譲渡益計上もれは役員退職金として社外流出ですので，それに係る当期の申告調整事項はありませんが，当期においては消費税等の修正による増加税額1,851,800円を損金経理で納付することになりますから，当該損金経理で納付した消費税額等1,851,800円を申告調整で所得に加算し，前期から繰り越した未払消費税等の金額を消去しますので，別表四及び別表五(一)は次のようになります。

別表四

区　　　　分	総　　　額	処　　　　分		
		留　　保	社 外 流 出	
	①	②	③	
加算　損金不算入の消費税等	2,300,000	2,300,000		

別表五（一）

区　分	期首現在利益積立金額	当期の増減		翌期首利益積立金額
		減	増	
	①	②	③	④
未払消費税等	△　2,300,000	△　2,300,000		

(2)　税込経理の場合

　貴社が譲渡した土地・建物の時価は税込みで62,300,000円ですから，譲渡に係る仕訳を示すと次のようになります。

　（借方）未収金　　　　62,300,000円　　（貸方）土　　地　　　20,000,000円

　　　　　　　　　　　　　　　　　　　　　　　　建　　物　　　10,000,000円

　　　　　　　　　　　　　　　　　　　　　　　　固定資産譲渡益　32,300,000円

　次に，上記仕訳による未収金62,300,000円と未払退職金30,000,000円とを相殺することになりますが，相殺されない未収金32,300,000円が残ることになります。

　そして，相殺されない未収金32,300,000円を退職役員から回収すれば問題はありませんが，回収しないとすれば当該未収金は役員退職金の追加払いとなり，株主総会で決議された金額は30,000,000円でしたので，追加払いの退職金32,300,000円部分は損金の額に算入されないことになります。

　貴社は確定した決算で次の仕訳を行っています。

　（借方）未払退職金　　30,000,000円　　（貸方）土　　地　　　20,000,000円

　　　　　　　　　　　　　　　　　　　　　　　　建　　物　　　10,000,000円

　そのため，確定決算における仕訳と上記譲渡に係る仕訳との差額が修正における仕訳となりますが，借方は未収金を役員退職金に振り替えることになりますから，修正を仕訳で示すと次のようになります。

　（借方）役員退職金　　32,300,000円　　（貸方）固定資産譲渡益　32,300,000円

そして，上記固定資産譲渡益が計上もれとなっていますので，これを別表四で加算しますが，相手勘定である役員退職金は損金不算入となりますので社外流出として処理することになり，修正申告における別表四の記載は次のようになります。

別表四

区　　　　　分	総　　　額	処　　　　分		
		留　　　保	社 外 流 出	
		①	②	③
加算　譲渡益計上もれ	32,300,000		退職金	32,300,000

また，代物弁済とした土地については37,000,000円で譲渡したことになりますので，土地重課の規定の適用があるときは土地譲渡益を算出した上で，譲渡利益が生じていればこれも併せて修正することになります（1998年（平成10年）1月1日から2020年（令和2年）3月31日までの土地の譲渡については，土地重課の規定が停止されている。措置法62の3⑮，63⑧）。

なお，役員退職金が32,300,000円増加しますので退職金に係る源泉徴収税額（復興特別所得税を含みます。）を再計算し，追加徴収税額が生じた場合には退職役員から徴収して納付することになります。

▷**当期の処理**◁

前期の譲渡益計上もれは社外流出ですので，それに係る当期の申告調整事項はありません。また，消費税等の修正による増加税額を損金経理で納付していればそれでよいことになりますので，申告調整の必要はありません。

《消費税の修正》

退職金を現物で支給することとした場合の資産の引渡しは不課税となりますが，代物弁済により資産を引き渡した場合には資産の譲渡に該当し消費税の課税の対象となります。

そして，事例の場合には，役員に対して資産を著しく低い価額で譲渡した場

合に該当しますので，課税標準額は譲渡資産の時価となります。

　また，確定申告において建物の譲渡に係る消費税を計算していませんので，建物の税込時価を消費税の確定申告における税込課税売上高に加算し，それに110分の100を乗じた金額の千円未満を切り捨てた金額が消費税の課税標準額となり，これに7.8％を乗じた金額を課税標準額に係る消費税として再計算します。また，地方消費税の修正も同時に必要となります。

第8章

子会社再建又は整理の
損失負担金等

1 損失負担金等の概要

　バブル経済の崩壊やその後の景気低迷を要因として，業績不振の子会社等を抱える企業が多いことと思われますが，親子会社間であってもそれぞれの企業が独立した法人格を有する限りにおいては，親会社であるといっても株主有限責任の範囲で子会社等に対する損失を負担し，また子会社等に対する売掛金や貸付金等の金銭債権については，それが貸倒損失となる場合に，その貸倒れとなる金銭債権を損失として認識すればよく，原則としてそれ以上の損失負担を行う理由はありません。

　しかし，子会社等が業績不振に陥り多大な損失を抱えているときに，親会社が株主有限責任を楯に責任を放棄することが社会的にも許されないといった状況も多々あることから，子会社の解散，営業譲渡や再建に当たり子会社が有する債務を引受け，子会社に対する債権の放棄その他の損失の負担をした場合に，それが今後より大きな損失が生ずることを回避するためにやむを得ず行ったもので，かつ，それが社会通念上も妥当であると認められるときは，その損失負担等により供与する経済的利益の額は，寄附金の額に該当しないものとされています。

2 子会社整理や再建支援に伴う損失負担等

(1) 子会社整理の損失負担

　子会社といえども法人格を別にする法人であり，子会社等が業績不振に陥り多大な損失を抱え倒産しても親会社としてはその株主としての責任（有限責任）があるだけで，それ以上の損失負担や利益援助を行う理由は原則としてあ

りません。

しかし，子会社等の解散，経営権の譲渡等に伴い，その子会社等のために債務の引受けその他の損失負担又は債権放棄等をした場合において，その損失負担等をしなければ今後より大きな損失を蒙ることになることが社会通念上明らかであると認められるためやむを得ずその損失負担等をするに至った等そのことについて相当な理由があると認められるときは，その損失負担等により供与する経済的利益の額は，寄附金の額に該当しないものとされています（法基通9－4－1）。

なお，この場合の子会社等には，資本関係を有する関係会社のほか，取引関係，人的関係，資金関係等において事業関連性を有する者が含まれます。

⑵　子会社再建の損失負担

⑴のとおり，親会社としては子会社の株主としての責任（有限責任）があるだけで，それ以上の損失負担や利益援助を行う理由は原則としてありません。

しかし，子会社等が業績不振に陥り多大な損失を抱えているときに，親会社が子会社の倒産を防止するため，再建策を策定しその一環として金利の減免，債権放棄，資金贈与や経費負担を行う場合があり，これによる経済的利益の供与について，一概に寄附金に該当しないケースも見受けられました。

そこで，法人が倒産の危機にある子会社等に対して金銭の無償若しくは通常の利率よりも低い利率での貸付け又は債権放棄等（無利息貸付け等）をした場合において，その無利息貸付け等が例えば業績不振の子会社等の倒産を防止するためにやむを得ず行われるもので合理的な再建計画に基づくものである等その無利息貸付け等をしたことについて相当な理由があると認められるときは，その無利息貸付け等により供与する経済的利益の額は，寄附金の額に該当しないものとされています（法基通9－4－2）。

なお，この場合の合理的な再建計画かどうかについては，支援額の合理性，

216

支援者による再建管理の有無，支援者の範囲の相当性及び支援割合の合理性等について，個々の事例に応じ，総合的に判断することになりますが，例えば，利害の対立する複数の支援者の合意により策定されたものと認められる再建計画は，原則として，合理的なものとして取り扱われます。

ところで，子会社等に対する金利の減免は，業績不振の子会社等の倒産防止のために合理的な再建計画に基づくものであることが要件とされていますが，子会社が有する不良債権の時価の算定が困難であるなど再建計画の策定に時間を要する等，その再建計画が策定される前に緊急に融資を行わなければならない場合もあるでしょう。

そこで，再建計画策定前に行う融資については，現に進行中である子会社の再建計画の骨子が明らかにされ，子会社等の再建計画が現実に進行中であることが確認できる状況となっている場合で，その貸付けが倒産防止のため緊急に行う必要があると認められるときは，その貸付金に係る金利を無利息又は低利で行ったとしても，最終的に策定された再建計画が合理的なものであると認められた場合には，先行して行われた金利の減免は寄附金とはならないと考えます。

③ デット・エクイティ・スワップに関する取扱い

債務超過等債務の弁済が困難な法人に対して，その法人に対する再建支援策の一環として債務の株式化（デット・エクイティ・スワップ）を行う場合があります。

債務の株式化の時点で対象債権の時価に見合う金額を債務者は出資として受け入れ，当該出資として受け入れた金額と消滅した金銭債権との差額は実質的に債権の放棄（債務者側の受贈益等利益積立金を構成する。）となりますが，債務の株式化に応じた債権者は，当該債務者である株式発行法人の業績が順調

第8章　子会社再建又は整理の損失負担金等　　*217*

に推移したときは，取得した株式のキャピタルゲインを享受できる利点があります。

　債務の株式化とは，債権者の有する債権を現物出資し，債権の時価に相当する株式を取得することから現物出資となります。そのため，債務の株式化に応じた債権者と株式発行法人との間に適格現物出資の要件が満たされれば，債権の帳簿価額を取得した株式の取得価額としますが，適格要件が満たされなければ，取得した株式の取得価額はその時点の時価となります。

　また，債務の株式化が非適格の現物出資となるときに，債務の株式化に応じた債権者は，消滅した債権の帳簿価額と取得した株式の取得価額との差額を損金として処理できるかどうかの問題があります。

　これについては，合理的な再建計画等の定めるところにより行われた債務の株式化については，金銭債権を譲渡しその対価として債務者発行の株式を時価により取得したものとして，金銭債権の譲渡損を認めることとされています（法基通2－3－14）。なお，現物出資が法人税法第2条第12号の14に規定する適格現物出資の要件を満たすものであるときは，法令の規定に基づき債権の簿価譲渡とされることから，債務の株式化が適格現物出資の要件を満たすとき（基本的に100％グループ法人間での現物出資が対象と思われる。）は，債権の簿価譲渡とされ取得した株式の取得価額は消滅（現物出資）した債権の帳簿価額となります。

　デッド・エクイティ・スワップは，債務者が債務超過等に陥り債権の弁済が困難か相当長期にわたるような状況に陥っている場合に，その債務者の再建を目的とする再建計画の一手法として行われるものであると考えられることから，債権の時価と取得株式の時価とが著しく異なるなど，合理的な再建計画に基づかない過剰支援と認められるような場合には寄附金と認定されるケースも想定されます。

　なお，平成14年10月9日付企業会計基準委員会の実務対応報告第6号（最終

218

改正平成20年3月10日）の「デッド・エクイティ・スワップの実行時における
債権者側の会計処理に関する実務上の取扱い」では，いわゆる「疑似DES」で
も実質的に金銭出資と債権の回収が一体と考えられる場合には現物出資（デッ
ト・エクイティ・スワップ）による場合と同様な会計処理を行うとされていま
すが，税務においては行為計算と認められる場合を除き債権回収と金銭出資と
いう法的効果に従った処理を行うことになると考えます。

4 事例の解説と具体的修正の方法

事例24　金利免除が寄附金となる場合

当社の子会社Ａ社は設立2期目です。

設立時に当社が年2.8％の金利で100,000,000円を運転資金として貸し付
けていましたが設立以来赤字経営が続いたため，前期に受け取るべき金利
を免除することとし，前期分の未収利息の計上を行っていません。

税務調査において，Ａ社は倒産等の危機に瀕していないから金利を免除
する合理的な理由はなく，免除した利息2,800,000円は寄附金となる旨の指
摘を受けました。

解　説

子会社等に対して金銭の無償又は通常の利率よりも低い利率での貸付けをし
た場合において，その無利息貸付けが例えば業績不振の子会社等の倒産を防止
するためにやむを得ず行われるもので合理的な再建計画に基づくものである等
その無利息貸付けをしたことについて相当な理由があると認められるときは，
その無利息貸付けにより供与する経済的利益の額は，寄附金の額に該当しない
こととされています。

第8章　子会社再建又は整理の損失負担金等　　*219*

　貴社の場合，A社は設立以来赤字であるとのことですが，事業開始後間もなく，いまだ事業が軌道に乗っていないものと思われ，今後順調に進めば債務超過の状態が解消できることになると考えられますので，単に債務超過の状態だけで倒産の危機に瀕しているとは認められません。

　そのため，子会社に対する無利息又は低利貸付けは認められないことになります。

具体的修正の方法

《法人税の修正》

　税務調査の指摘によれば，貴社はA社から受領すべき金利を相当な理由がなく免除したとのことですから，本来受け取るべき利息2,800,000円を贈与したとして，当該金額を寄附金として処理することになり，修正を仕訳で示せば次のようになります。

（借方）未収金　　　　2,800,000円　　（貸方）受取利息　　　2,800,000円

　　　　寄附金　　　　2,800,000円　　　　　　未収金　　　　2,800,000円

　そして，2,800,000円を当期の支出寄附金として寄附金の損金不算入額を所得金額に加算することになり，別表四及び別表五(一)の記載は次のようになります。

　なお，加算・減算の処理を省略する場合もあります。

別表四

区　　　　　分	総　　額	処　　　　分		
		留　　保	社 外 流 出	
	①	②	③	
加算　受取利息計上もれ	2,800,000	2,800,000		
減算　寄 附 金 認 容	2,800,000	2,800,000		
寄附金の損金不算入額	×××××		×××××	

別表五（一）

区　　　分	期首現在利益積立金額	当期の増減		翌期首利益積立金額
		減	増	
	①	②	③	④
未　収　金		2,800,000	2,800,000	

　また，免除した利息が寄附金とされた場合には，翌期の受入処理は必要ありません。

　なお，寄附をした法人（貴社）と寄附を受けた法人（A社）との間に法人による完全支配関係があるときは，寄附金の全額が損金不算入（法法37②）となり，寄附を受けた法人における受贈益はその全額が益金不算入（法法25の2①）となります。また，寄附をした法人の株主である法人や寄附を受けた法人の株主である法人にあっては寄附修正（法令9①七，119の3⑥，119の4①）により株式の帳簿価額を付け替えます。

《消費税の修正》

　貸付利息を免除した場合には，当該貸付けに係る対価を受領していませんので，寄附金となる2,800,000円は貴社の非課税売上げとはなりませんので，消費税及び地方消費税に係る修正は必要ありません。

事例25　債務の肩代わりが寄附金となる場合

　当社の親会社B社は子会社C社を有していましたが，5年前からC社が経営不振に陥り再建の見通しが立たないことから解散することになりました。

　C社の解散に当たり，同社の銀行借入金50,000,000円について親会社B社が債務保証を行っていたことから，本来であれば親会社B社が肩代わりすべきでしたが親会社B社も経営状態が思わしくないため，業績が好調な

当社がその債務の弁済を行い，それを子会社等の整理のための損失として処理しました。

　税務調査において，Ｃ社の解散に当たり当社が損失を負担する合理的な理由がないことから，当社が負担した銀行借入金50,000,000円はＣ社に対する寄附金に該当するとの指摘を受けました。

解 説

　子会社等の解散，営業譲渡等に伴い子会社等のために債務の引受けその他の損失負担又は債権放棄等をした場合において，その損失負担等をしなければ今後より大きな損失を蒙ることになることが社会通念上明らかであると認められるためやむを得ずその損失負担等をするに至った等そのことについて相当な理由があると認められるときは，その損失負担等により供与する経済的利益の額は，寄附金の額に該当しないとされています（法基通9－4－1）。

　この場合の子会社等とは，単に資本系列にある親子関係にとどまらず，取引関係，人的関係，資金関係その他持株関係以外において密接な関係を有する他の法人も含まれますが，あくまでも損失の負担や債権等を放棄しなければ今後より大きな損失を蒙ることが社会通念上明らかである関係にあるものがこれに該当しますので，関係会社間で本来負担すべき者があるにもかかわらずそれ以外の者が本来負担すべき者に代わって負担した場合には寄附金となります。

具体的修正の方法

《法人税の修正》

　貴社はＣ社の銀行借入金の返済に当たり次の仕訳を行っているものと思われます。

（借方）特別損失　　　50,000,000円　　　（貸方）現預金　　　　　　50,000,000円

　そして，税務調査の指摘によれば，仮にＣ社が債務超過となり銀行借入金の返済不能となったときに親会社であるＢ社がこれを返済する理由はあったとし

ても貴社が返済する理由はなく，これを貴社が代わって返済したのは単に貴社の業績が好調で資金的な余裕があったためと認められることから，貴社がC社の銀行借入金を負担しなければならない合理的な理由はなく寄附金となります。

そして，貴社の負担額をいったんC社に対する求償権として認識した上で，それを免除したことが寄附金となり，修正を仕訳で示せば次のようになります。

| （借方）求償権 | 50,000,000円 | （貸方）特別損失 | 50,000,000円 |
| 寄附金 | 50,000,000円 | 求償権 | 50,000,000円 |

そして，貴社は50,000,000円を当期の支出寄附金として寄附金の損金不算入額を所得金額に加算することになり，別表四の記載は次のようになります。なお，加算・減算の処理を省略する場合もあります。

また，事例の場合に，貴社がB社に代わって銀行に弁済することとし，B社との間で金銭消費貸借契約を締結した上で，銀行弁済額をB社に対する貸付金とするなどの処理を行っていれば問題は生じなかったものと思われます。

なお，本来B社が負担すべき資金をB社に代わって貴社が負担したとしてB社に対する寄附金との見方があるかと思いますが，本件についてはB社が債務保証を行っていることからB社が負担することに対しては相当の理由があるということであって，必ずB社が負担しなければならないものではありません。そのため，本来の債務者であるC社に対する寄附とするのが相当と考えます。

別表四

区　　　　分		総　　額	処　　　　分	
			留　　保	社 外 流 出
		①	②	③
加算	特 別 損 失 否 認	50,000,000	50,000,000	
減算	寄 附 金 認 容	50,000,000	50,000,000	
寄附金の損金不算入額		×××××		×××××

別表五（一）

区　　分	期首現在利益積立金額	当期の増減		翌期首利益積立金額
		減	増	
	①	②	③	④
求　償　権		50,000,000	50,000,000	

　これに対してＣ社は貴社が負担してくれた銀行借入金の返済（求償権）が受贈益となり，修正を仕訳で示せば次のようになります。

（借方）借入金　　　　50,000,000円　　（貸方）受贈益　　　　　50,000,000円

　この場合，貴社の求償権の免除（銀行借入金の返済）がＣ社の解散の日前に行われていれば，上記受贈益は所得金額を構成しますが，Ｃ社に受贈益の金額以上の繰越欠損金があれば繰越欠損金の控除を行うことにより課税所得は生じないことになります。

　なお，寄附をした法人（貴社）と寄附を受けた法人（Ｃ社）との間に法人による完全支配関係があるときは，寄附金の全額が損金不算入（法法37②）となり，寄附を受けた法人における受贈益はその全額が益金不算入（法法25の2①）となります。また，寄附をした法人の株主である法人や寄附を受けた法人の株主である法人にあっては寄附修正（法令9①七，119の3⑥，119の4①）により株式の帳簿価額を付け替えます。

《消費税の修正》

　整理損失の負担は消費税の課税取引ではありませんから，これが寄附金として否認されたとしても消費税の修正は生じません。

事例26　損失負担金が寄附金となる場合

　当社の子会社Ｄ社は自らの資金運用を株取引や不動産取引で行っていたため大幅な累積欠損金を有しています。

D社は当社グループにおける重要な地位を有する子会社であることから，D社を再建することとしました。

前期にD社が有する累積欠損金の50％に当たる85,000,000円を損失負担金として，金銭で当社がD社に支出したところ，税務調査において，損失負担金は合理的な再建計画に基づくものではないから寄附金に該当するとの指摘を受けました。

解 説

子会社に対する損失の負担又は債権の放棄が，子会社等の倒産を防止するためにやむを得ず行われるもので合理的な再建計画に基づくものである等，その損失の負担や債権を放棄することについて相当な理由があると認められるときは，寄附金に該当しないものと考えます。

しかし，合理的な再建計画に基づかない損失負担や債権放棄は寄附金となります。

貴社はD社の累積欠損金の穴埋めとして85,000,000円を損失負担金として支出したとのことですが，合理的な再建計画も行われていないことから，単に当面の運転資金を贈与したのと同様のものと思われますので，D社に対する負担金は寄附金に該当することになるでしょう。

具体的修正の方法

《法人税の修正》

貴社は前期において次の仕訳を行っているものと思われます。

（借方）特別損失　　　85,000,000円　　（貸方）現預金　　　　　85,000,000円

そして税務調査の指摘によれば，貴社はD社に合理的な理由なく85,000,000円を贈与したとのことですから，その贈与した金額85,000,000円は寄附金として処理することになり，修正を仕訳で示せば次のようになります。

（借方）寄附金　　　　85,000,000円　　（貸方）特別損失　　　85,000,000円

第8章　子会社再建又は整理の損失負担金等　*225*

　そして，85,000,000円を当期の支出寄附金として寄附金の損金不算入額を所得金額に加算することになり，別表四の記載は次のようになります。なお，特別損失否認の加算と寄附金認容の減算の処理を省略する場合もあります。

別表四

区　　　　　分	総　　　額	処　　　　　分		
		留　　　保	社 外 流 出	
	①	②	③	
加算　特 別 損 失 否 認	85,000,000		85,000,000	
減算　寄 附 金 認 容	85,000,000		85,000,000	
寄附金の損金不算入額	××××		××××	

　また，当期の受入処理はありません。

　この場合，寄附をした法人（貴社）と寄附を受けた法人（D社）との間に法人による完全支配関係があるときは，寄附金の全額が損金不算入（法法37②）となり，寄附を受けた法人における受贈益はその全額が益金不算入（法法25の2①）となります。さらに，寄附をした法人の株主である法人や寄附を受けた法人の株主である法人にあっては寄附修正（法令9①七，119の3⑥，119の4①）により株式の帳簿価額を付け替えます。

《消費税の修正》

　整理損失の負担は消費税の課税取引ではありませんから，これが寄附金として否認されたとしても消費税の修正は生じません。

第9章

福利厚生費

1 福利厚生費と経済的利益の供与について

　法人が事業活動によって利益を獲得できるのは，それに従事する従業員の功績の結果であり，従業員が勤労意欲を起こせる職場環境にあれば自然と法人の利益も拡大するとの概念から，従業員のための福利厚生制度を充実する法人が多いようです。

　福利厚生における各種制度は法人が従業員に対して行う経済的利益の供与であることに相違ありませんが，一方でこれらすべての福利厚生を経済的利益の供与として所得税を課税することが相当かどうかの問題があるでしょう。

　そこで，所得税においては通常行われている福利厚生の範囲における一定の経済的利益については課税の対象としないこととし，法人税においてもそれを損金として認容しています。

《法人税の取扱い》

　福利厚生費として支出された金額が，仮に所得税の取扱いにおいて経済的利益の供与として課税の対象となったとしても，法人税においては給与として従業員に対するものはその全額（特殊関係使用人に対するもので不相当に高額な部分を除く。）が，原則として，法人税の所得計算には影響しません。ただし，経済的利益の供与の額が特殊関係使用人に対する過大給与に該当するもの又は役員に対する経済的利益の供与で，継続的に供与される経済的利益のうち，その供与される利益の額が毎月おおむね一定であるもの，事前確定届出給与，利益連動給与に該当しないものは損金の額に算入されませんから，この場合には，その損金不算入額に相当する金額だけ所得金額が増額することになります。

第9章 福利厚生費　*229*

《所得税の取扱い》

通常企業が行う福利厚生にはおおむね次のようなものがあり、それらに係る経済的利益についての課税上の取扱いはおおむね次のとおりです。

(1) 社宅の貸与

① 使用人に対する社宅の貸与

法人が、使用人に対して無償又は低額の賃貸料で住宅等を貸与することにより使用人が受ける経済的利益については、次の算式により計算した賃貸料相当額とその使用人から徴している賃貸料との差額が給与所得となります（所令84の2，所基通36-41，36-45）。

ただし、使用人から徴している賃貸料が次の算式による賃貸料相当額の50％以上である場合には、算式による賃貸料相当額と使用人から徴している賃貸料との差額については課税されません（所基通36-47）。

$$賃貸料相当額（月額）＝\frac{その年度の家屋}{課\ 税\ 標\ 準\ 額}の固定資産税の×0.2\%＋12円$$

$$×\frac{その家屋の総床面積（㎡）}{3.3㎡}＋\frac{その年度の敷地の固定}{資産税の課税標準額}×0.22\%$$

② 役員に対する社宅の貸与

法人が、役員に対して無償又は低額の賃貸料で住宅等を貸与することにより役員が受ける経済的利益については、原則として次のとおり取り扱われます（所令84の2，所基通36-40）。

イ　法人所有の社宅等を貸与している場合

次の算式による賃貸料相当額以上の金額を当該役員から徴している場合には、経済的利益に対する課税はされません（所基通36-40）。

$$
\text{賃貸料相当額(月額)} = \left\{
\begin{array}{l}
\text{その年度の建物} \\
\text{の固定資産税の} \times 12\% \\
\text{課　税　標　準　額}
\end{array}
\left(
\begin{array}{l}
\text{耐用年数が} \\
\text{30年を超える　10\%} \\
\text{建物については}
\end{array}
\right)
\right.
$$

$$
\left.
+ \begin{array}{l}
\text{その年度の敷地の固定} \\
\text{資産税の課税標準額}
\end{array} \times 6\%
\right\} \times \frac{1}{12}
$$

ロ　他から借り受けた住宅等を貸与している場合

　　法人が他から借り受けた住宅等を役員に貸与している場合でも，基本的に上記イの算式により計算した金額を当該役員から徴している場合には経済的利益に対する課税はありません。ただし，法人が支払う賃借料の50％相当額が，上記イにより計算した金額を超えている場合には，法人が支払う賃借料の50％相当額を徴収しないと経済的利益に対する課税が生じます。（所基通36−40）。

ハ　小規模住宅を貸与している場合

　　役員に貸与している建物の耐用年数が30年以下で床面積が132㎡（耐用年数が30年を超える建物については99㎡）以下である場合には，上記イ及びロにかかわらず，使用人に対する社宅の貸与の場合の算式により計算した賃貸料相当額以上の金額を当該役員から徴している場合には，経済的利益に対する課税はされません（所基通36−41）。

ニ　豪華社宅を貸与した場合

　　一般に貸与されている住宅等に設置されていないプール等のような設備若しくは施設又は役員個人の嗜好等を著しく反映した設備若しくは施設を有する住宅等については，家屋の床面積が240㎡以下であっても，社会通念上一般に貸与されている住宅等には該当しないものとして，その住宅等の実勢相場の価格により評価した金額を当該役員から徴していないと給与課税の問題が生じます。なお，床面積が240㎡を超える社宅の場合には，その社宅の取得価額，支払賃貸料の額，内外装その他の設備の状況等を総合勘案して，社会通念上一般に貸与されている社宅かどうかを判定します。

⑵　金銭の貸付け

　法人が従業員や役員に対して金銭を無利息又は低利で貸し付けた場合には，通常の利率により計算した利息の額と実際に収受した利息との差額は経済的利益として課税の対象となりますが，次のような場合には，その経済的利益について課税しなくて差し支えないこととされています（所基通36－15⑶，36－28）。

①　災害，疾病等により臨時的に多額な生活資金を要することとなった役員又は使用人に対してその資金に充てるために貸し付けた金額については，その返済に要する期間として合理的と認められる期間内にその役員又は使用人が受ける経済的利益

②　役員又は使用人に貸し付けた金額につき，使用者における借入金の平均調達金利（例えば，当該使用者が貸付けを行った日の前年中又は前事業年度中における借入金の平均残高に占める当該前年中又は前事業年度中に支払うべき利息の額の割合など合理的に計算された利率をいう。）など合理的と認められる貸付利率を定め，これにより利息を徴している場合に生じる経済的利益

③　上記①及び②の貸付金以外の貸付金に係る経済的利益の額の合計額が年5,000円以下のもの

⑶　食　事　代

　法人が支給する食事について，その支給を受ける使用人等がその食事代金の2分の1以上を負担していれば，その経済的利益はないものとされ，原則として課税されません。ただし，使用人が受ける経済的利益が月額3,500円を超える場合には，法人が負担した全額が給与所得として課税されます（所基通36－38の2）。

⑷　自社製品の値引販売

　法人が棚卸資産を役員や使用人に値引販売した場合の経済的利益については，次の全てに該当する場合には課税しなくて差し支えないこととされています（所基通36－23）。

①　値引販売の価額が法人の取得価額以上で，かつ，通常他に販売する価額のおおむね70％以上であること

②　値引率が役員や使用人の全部について一律に，又は役員や使用人の地位，勤続年数等に応じて全体として合理的なバランスが保たれる範囲内の格差により定められていること

③　値引販売をする商品等の数量が一般の消費者が家事のために通常消費すると認められる程度のものであること

⑸　レクリエーション費用

　法人が役員又は使用人のレクリエーションのために社会通念上一般的に行われていると認められる会食，旅行，演芸会，運動会等の行事の費用を負担することにより，その行事に参加した役員又は使用人が受ける経済的利益については原則として課税しなくて差し支えないこととされています（所基通36－30）。

　ただし，自己の都合により行事に参加しなかった者に対して金銭を支給する場合には，参加者及び不参加者を問わず経済的利益が課税の対象となります。

　また，役員だけを対象として行われるものも課税の対象となります。

⑹　永年勤続者に対する記念品等

　永年にわたり勤務した役員又は使用人の表彰に当たり，その記念として旅行，観劇等に招待し又は記念品を支給することによりその役員又は使用人が受ける経済的利益については，次のいずれにも該当するときは課税しなくて差し支え

ありません（所基通36-21）。

① その経済的利益の額がその役員又は使用人の勤続年数等に照らして，社会通念上相当であると認められること

② その表彰が，おおむね10年以上勤務した人を対象とし，かつ，2回以上表彰を受ける人についてはおおむね5年以上の間隔をおいて行われるものであること

《消費税の取扱い》

法人が役員や従業員の福利厚生として支出する金額が，法人の課税仕入れとなるかどうかはおおむね次のとおりです。

(1) 社 宅 の 貸 与

消費税法上住宅の貸付けは非課税とされていますから，従業員等に対して社宅を有償で貸与した場合の対価の額は非課税売上げとなります。また，他から従業員に社宅として貸与する条件で借り上げた社宅の借上料は非課税仕入れとなりますから，仕入税額控除の対象とはなりません。

(2) 食 事 の 支 給

自社の社員食堂にて有償で食事の提供を行った場合には，原材料の購入費及び外部の業者に社員食堂の業務を委託した場合の委託費は法人の課税仕入れ，従業員から収受する負担金（食事代）は課税売上げとなります。

また，弁当等を購入して支給した場合の弁当の購入費も法人の課税仕入れとなります。なお，食事代金の補助として従業員等へ金銭を支給した場合は課税仕入れとはなりません。

これらの場合，食事の提供に係る経済的利益が所得税法上給与として課税された場合であっても同様です。

(3) 慰 安 旅 行

　法人が行った国内慰安旅行に係る課税仕入れとなる費用については，仮にそれが給与課税されたとしても法人の課税仕入れとなります。ただし，旅行に参加しなかった者に対して現金を支給した場合のその現金支給部分は課税仕入れとはなりません。

(4) 記 念 品 の 贈 呈

　法人の創立記念や従業員の永年勤続記念に課税資産を購入して贈与した場合の当該課税資産の購入費用は法人の課税仕入れとなります。なお，永年勤続記念として旅行券等の物品切手を贈与する場合があります。物品切手の購入は非課税，購入した物品切手を従業員に贈与した場合は不課税ですが，永年勤続記念として旅行券等の物品切手を贈与した場合に従業員がその旅行券等を使用したことを法人が確認している場合には，法人自らがその物品切手を引換給付したものとして，法人の課税仕入れとして取り扱うことができます。

　また，役員に対して資産を無償で贈与した場合には，原則としてみなし譲渡の規定が適用されますが，役員に対する記念品の贈与で，福利厚生の一環として従業員と同一の基準により行われ，法人税法上も損金と認められるとき（給与等とならないとき）は，みなし譲渡の規定の適用はありません。

(5) 値 引 販 売

　従業員に対する値引販売を行ったときは実際に授受する対価の額が課税売上げとなります。しかし，役員に対する値引販売でその対価の額が著しく低い場合には，通常販売価額との差額が課税売上げとみなされます。

第9章 福 利 厚 生 費　*235*

(6)　サークル活動の助成金

　従業員で組織されるサークルの活動費用に充てるため，法人が助成金を支出する場合がありますが，法人がサークルにおけるその助成金の費途について帳簿及び領収書等を保存し明らかにしている場合には，その助成金から支出された課税仕入れとなる金額については，法人の課税仕入れとすることができます。

(7)　祝金，餞別等

　従業員の結婚や出産に当たり社内規程で定められた祝金を現金で支給した場合には，その祝金は課税仕入れとはなりませんが，課税資産を購入して贈与した場合のその資産の購入費用は，法人の課税仕入れとなります。

② 　事例の解説と具体的修正の方法

事例27　　値引販売に係る否認事例

　当社は税抜経理を行っていますが，前期に役員及び従業員に当社製品を値引販売していました。税務調査においてその対価の額が著しく低額であるとして通常販売価額との差額が，経済的利益として源泉所得税が徴収もれとなっている旨の指摘を受けました。

　また，役員に対する値引販売による経済的利益の供与は継続的に供与されたものではないので，損金不算入の役員給与に該当するとのことです。

　この場合の修正はどのようになりますか。なお，値引販売の価額及び当社における通常販売価額は次のとおりです。

　値引販売価額　110,000円（税込み）

　通常販売価額　250,000円（税抜き）

236

商品原価　　　　150,000円（税抜き）

具体的修正の方法

《法人税の修正》

　法人税においては，従業員に対する経済的利益が給与とされたとしても損金となりますから，法人所得には影響しません。しかし，役員に対する経済的利益が定期同額給与に該当しないときは損金不算入となります。

　貴社は，前期に貴社製品を値引販売したときに次の仕訳を行っているものと思われます。

（借方）現預金　　　　　　110,000円　　（貸方）棚卸商品　　　　　150,000円

　　　　福利厚生費　　　　 50,000円　　　　　　仮受消費税等　　　　10,000円

　しかし，貴社が値引販売により役員や従業員から受け取った対価の額は貴社の製品の原価の額を下回っていますから，貴社が通常販売する金額250,000円（税抜き）と実際の販売価額100,000円（税抜き）との差額が役員や従業員に対する給与（所基通36-39）となり，修正を仕訳で示すと次のようになります。

(1)　役員に対する場合

（借方）給　与　　　　　　165,000円　　（貸方）譲渡益　　　　　　100,000円

　　　　　　　　　　　　　　　　　　　　　　　　福利厚生費　　　　 50,000円

　　　　　　　　　　　　　　　　　　　　　　　　仮受消費税等　　　 15,000円

(2)　従業員の場合

（借方）給　与　　　　　　150,000円　　（貸方）譲渡益　　　　　　100,000円

　　　　　　　　　　　　　　　　　　　　　　　　福利厚生費　　　　 50,000円

　(注)　役員の場合には消費税のみなし譲渡の規定により，仮受消費税等を計上することになります。

　そして，この場合の別表四及び別表五(一)の記載は次のとおりとなります。

第9章 福 利 厚 生 費　*237*

(1)　役員に対する場合

別表四

区　　　　　　分	総　　額	処　　　分		
		留　　保	社 外 流 出	
	①	②	③	
加算 譲渡益計上もれ 福利厚生費否認	100,000 50,000	△　15,000	給与	165,000

別表五（一）

区　　分	期 首 現 在 利益積立金額	当 期 の 増 減		翌 期 首 利 益 積 立 金 額
		減	増	
	①	②	③	④
仮受消費税等		△　15,000	△　15,000	
未払消費税等			△　15,000	△　15,000

(2)　従業員の場合

別表四

区　　　　　　分	総　　額	処　　　分		
		留　　保	社 外 流 出	
	①	②	③	
加算 譲渡益計上もれ 福利厚生費否認	100,000 50,000		給与	150,000
給 与 認 容	150,000		給与	150,000

(注)　従業員に対する経済的利益が給与課税される場合には，別表四での加算・減算処理を行わないのが一般的です。

▷**当期の処理**◁

　役員に対する場合は，別表五(一)に未払消費税等が計上され，これを当期において損金経理により納付することになりますので，損金経理された消費税等15,000円を損金不算入として別表四で加算し，別表五(一)の未払消費税等の繰越額を消去します。

　従業員に対する場合は，当期の処理は必要ありません。

《源泉所得税の修正》

　値引販売等により経済的利益の額が役員や従業員の給与となるときの源泉徴収の対象となる給与の額は，消費税等の金額を含んだところで計算します。

　そのため，貴社の通常の税込販売価額275,000円（250,000円×$\frac{110}{100}$）から，実際の対価として収受した税込価額110,000円を控除した残額165,00円が給与となる金額となり，これに賞与の税率表を適用して求めた税率を乗じて源泉所得税の額（復興特別所得税を含む。）を算出します。

《消費税の修正》

　従業員に対して値引販売しても実際に授受する対価の額が消費税の課税標準となりますから，通常の販売価額との差額が給与とされても消費税における修正は必要ありません。しかし，役員に対する値引販売でその対価の額が著しく低い場合には通常販売価額との差額が課税売上げとみなされます。そのため，上記法人税の修正仕訳の(1)の給与の金額のとおり，通常の販売価額と実際に授受した対価の額との差額165,000円（税込み）が課税売上げの計上もれとして消費税等の修正を行うことになります。

第10章

貸 倒 損 失

1 貸倒損失等の概要

　企業会計上，金銭債権の評価は，その債権金額をもって評価することとし，取立不能見込額があるときは，これを控除することとされています。

　そして，金銭債権について現実に取立不能となった場合には，その取立不能額を貸倒損失として損金処理することとされています。

　これに対して，税務においては金銭債権（預金，貯金，貸付金，売掛金その他の金銭債権）の評価損を認めていません（法法33）。

　現実に取立不能となったときは企業会計と同様に，その取立不能額を貸倒損失として損金処理することとされています。

　この場合の取立不能額とは，法律的にその金銭債権が消滅した場合のその債権金額をいいますから，法律的に消滅していない債権については原則として，貸倒損失として損金の額に算入できません。しかし，法律的には金銭債権は消滅していないが現実的に回収不能と認められる一定の要件を満たす場合には，税務においても貸倒損失としての損金処理（税務上，帳簿貸倒れといいます。）を認めることとし，また，債権額の相当部分について今後回収できないことが明らかな状況に陥った場合には，個別評価金銭債権としての貸倒引当金への繰入れを認めています。

　税務上，貸倒損失としての損金処理は，その要件が発生した日を含む事業年度において適正に処理することが要求されますから，不良債権については各事業年度においてその債務者の状況を的確に把握し適正な処理を行わなければなりません。

2 貸倒損失の判定基準

《法人税の取扱い》

次に掲げる要件に該当するときに，その回収不能額を貸倒損失として処理することができることとされています。この場合，次の(1)の要件に該当するときは，法律的に債権が消滅したことになりますから，損金経理を行うまでもなくその要件に該当した日の損金となります。また，(2)の要件に該当するときは，まだ債権は法律的に消滅していないが実質的に回収不能であることが明らかであることから帳簿貸倒れを認めるもので，(3)の要件に該当するときは一定の形式要件によって貸倒処理を認めようとするものですから，(2)及び(3)についてはいずれも法人が貸倒れと認識した意思表示としての損金経理を要件としています。

(1) 債権の切捨て等の場合の貸倒れ

法人の有する金銭債権が次に掲げる事実に基づいて切り捨てられ又は免除した場合には，その切り捨てられ又は免除した金額は，その切捨て等があった事業年度において損金の額に算入されます（法基通9－6－1）。

イ　更生計画認可の決定又は再生計画認可の決定があった場合において，これらの決定により切り捨てられることとなった部分の金額

ロ　特別清算に係る協定の認可の決定があった場合において，これらの決定により切り捨てられることとなった部分の金額

ハ　法令の規定による整理手続によらない関係者の協議決定で次に掲げるものにより切り捨てられることとなった部分の金額

① 債権者集会の協議決定で合理的な基準により債務者の負債整理を定めているもの

② 行政機関又は金融機関その他の第三者のあっせんによる当事者間の協議により締結された契約でその内容が①に準ずるもの

ニ 債務者の債務超過の状態が相当期間継続し，その金銭債権の弁済を受けることができないと認められる場合において，その債務者に対し書面により明らかにされた債務免除額

(注) 特定調停に基づく債権放棄については，上記②又はニに該当する場合には貸倒れとなり，貸倒れに該当しない場合でもその債権放棄を行うことに経済合理性があるときは寄附金には該当しません。なお，経済合理性を有するか否かは法人税基本通達9－4－1又は9－4－2に基づき検討することになります。

(2)　回収不能額の貸倒れ

　法人の有する金銭債権につき，その債務者の資産状況，支払能力等からみてその全額が回収できないことが明らかとなった場合には，その明らかとなった事業年度において貸倒れとして損金経理により損金の額に算入することができます（法基通9－6－2）。

　この場合，その金銭債権について担保物があるときは，その担保物を処理した後でなければ貸倒損失としての計上はできませんが，担保権が後順位であるなど，その担保物の処分による配当見込額がまったくないことが明らかであるときは，担保物の処分前でも貸倒損失として損金経理することが認められています。

　また，保証債務については現実にそれを履行した後でなければ貸倒れの対象とすることはできません。

(3)　売掛債権について一定期間弁済がない場合の貸倒れ

　債務者について次に掲げる事実が発生した場合には，その債務者に対して有する売掛金，未収請負金その他これらに準ずる債権（売掛債権）について備忘価額を控除した残額を，損金経理により貸倒損失として処理することができま

第10章 貸 倒 損 失　　*243*

す（法基通9－6－3）。

イ　継続的な取引先である債務者との取引を停止した時以後1年以上経過した場合（売掛債権について担保物のある場合を除く。）

ロ　売掛債権を回収するために要する費用の額が，その売掛債権の額を上回る場合において，債務者に対して支払を督促したにもかかわらず弁済がないとき

この取扱いは，商品の販売や役務の提供等の営業活動によって発生した売掛債権を対象とするものですから，貸付金その他これに準ずる債権は含まれません。

《消費税の取扱い》

消費税は資産の譲渡等を課税の対象としていますから金銭債権が貸倒れとなってもそれ自体は資産の譲渡等には該当せず消費税の課税の対象外となります。

しかし，課税資産を譲渡したその対価である売掛金が貸倒れとなった場合には，当初の課税資産の譲渡等に係る対価を得ないで資産を譲渡したことと同じ結果となることから，課税資産の譲渡等に係る売掛金その他の金銭債権について受領することができなくなったときは，その受領することができなくなった日の属する課税期間の課税標準額に対する消費税額から，その受領することができなくなった課税資産の譲渡等の税込価額に係る消費税額を控除することとされています（消法39）。この場合の受領することができなくなった日の判定については法人税に係る貸倒れの判定基準と実質的に同一であり，法人税において貸倒れとなる日を含む消費税の課税期間において貸倒れに係る消費税額の控除を行うことになります（消令59，消規18）。

この規定の適用がある売掛金その他の金銭債権は，その発生原因が課税資産の譲渡等を行ったことによるものだけですから，貸付債権や他の事業者から売掛金等の金銭債権を譲り受けた場合の当該債権については適用がありません。

244

　また，免税事業者であった課税期間において行った課税資産の譲渡等に係る売掛金等が貸倒れとなった場合も適用がありません。

　そして，売掛金等が貸倒れとなったときは，その貸倒金額に対して110分の7.8（軽減税率対象分は108分の6.24，旧税率8％で課税されたものについては108分の6.3，旧税率5％で課税されたものについては105分の4，旧税率3％で課税されたものについては103分の3）を乗じた金額を貸倒れに係る消費税額として課税標準額に対する消費税額から控除することになります。

　なお，課税資産の譲渡等に係る売掛債権等が貸倒れとなった課税期間において貸倒れに係る消費税額の控除の規定（消法39①）の適用を受けた場合において，その後の課税期間に当該貸倒れとした売掛債権等が回収された場合には，その回収された金額に110分の7.8（軽減税率対象分は108分の6.24，旧税率8％で課税されたものについては108分の6.3，旧税率5％で課税されたものについては105分の4，旧税率3％で課税されたものについては103分の3）を乗じた金額を課税資産の譲渡等に係る消費税額とみなして，その回収した課税期間の課税標準額に対する消費税額に加算することとされています（消法39③）。

③　税抜経理における貸倒れの経理処理

　法人が税抜経理を採用している場合において，課税売上げに係る売掛金等が貸倒れとなったときは，その貸倒れに係る対価の額の110分の7.8（軽減税率対象分は108分の6.24，旧税率8％で課税されたものについては108分の6.3，旧税率5％で課税されたものについては105分の4，旧税率3％で課税されたものについては103分の3）に相当する金額が貸倒れに係る消費税額として課税標準額に対する消費税額から控除されることから，貸倒損失についても次のとおり消費税等相当額を区分して仕訳することが考えられます。

第10章　貸　倒　損　失　　*245*

（借方）貸倒損失　　　　　××××　　　（貸方）売掛金　　　　　　××××

　　　　仮払消費税等　　　　×××

（注）　この仕訳を行ったときは，期末の仮受・仮払消費税等の清算仕訳で貸倒れに係る売掛金等の110分の10又は軽減税率対象分は108分の8（旧税率適用分は108分の8，105分の5又は103分の3）に相当する金額の誤差は生じないことになります。

　しかし，税抜経理とは，消費税等の課税取引に係る対価の額を消費税等相当額と当該税抜対価の額とに区分する経理をいいます。そして，売掛金等の貸倒れに当たって消費税において貸倒れに係る消費税額の控除がされるとしても，それは消費税における課税標準額に対する消費税額の調整であって，売掛金等の貸倒れは金銭債権の消滅であることから，それ自体は消費税の課税取引ではありません。

　そのため，売掛金等の貸倒れに当たっては次の仕訳が正しいものと考えます。

（借方）貸倒損失　　　　　××××　　　（貸方）売掛金　　　　　　××××

（注）　この仕訳を行ったときは，期末の仮受・仮払消費税等の清算仕訳で貸倒れに係る売掛金等の110分の10又は軽減税率対象分は108分の8（旧税率適用分は108分の8，105分の5又は103分の3）に相当する金額が雑益として処理されることになります。

　ただし，いずれの仕訳を採用したとしても，期末の仮受・仮払消費税等の清算仕訳を正しく行っていれば，法人所得に影響はありませんが，消費税等相当額を仮受消費税等のマイナスとして仕訳した場合には，貸倒引当金の実績率の計算に当たって，過去3年間の貸倒れとした損益計算書上の貸倒損失を集計するのではなく，貸倒れとなった売掛金等の金額を集計しなければなりませんから注意が必要です。

　なお，事例の税抜経理に当たっては，

（借方）貸倒損失　　　　　××××　　　（貸方）売掛金　　　　　　××××

としての仕訳を行っているものとして，以下の解説を行います。

4 貸倒引当金への繰入れ

《法人税の取扱い》

平成24年4月1日以後開始する事業年度から、下記①から⑧に定める内国法人が期末に有する金銭債権のうち、その一部につき貸倒れその他これに類する事由による損失の見込まれる金銭債権（以下「個別評価金銭債権」という。）と、個別評価金銭債権以外の売掛金、貸付金その他これらに準ずる金銭債権（以下「一括評価金銭債権」という。）とに区分し、個別評価金銭債権については債務者ごとにその債務者から取立て又は弁済の見込みがないと認められる部分の金額を基礎として政令で定めるところにより計算した金額が個別評価金銭債権に係る貸倒引当金の繰入限度額（個別貸倒引当金繰入限度額）に、また、一括評価金銭債権については過去3年間の貸倒実績率を乗じた金額が一括評価金銭債権に係る貸倒引当金の繰入限度額となります。

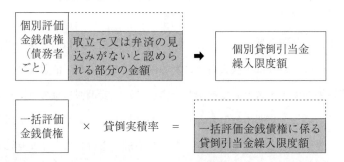

(注)1 個別評価金銭債権に係る貸倒引当金の繰入限度額の計算と一括評価金銭債権に係る貸倒引当金の繰入限度額の計算とは、それぞれ別個に計算することとされています。

そのため、例えば個別評価金銭債権に係る貸倒引当金に繰入限度超過額があり、一括評価金銭債権に係る貸倒引当金の繰入額が繰入限度額に達していない場合であっても、個別評価金銭債権に係る貸倒引当金の繰入限度超過額の金額を一括評価金銭債権に係る貸倒引当金の繰入額として取り扱うことは

第10章 貸倒損失　　*247*

できません（法基通11 − 2 − 1 の 2）。
　2　下記①から⑧に定める法人以外の法人（貸倒引当金の繰入れが認められない法人）でも，平成24年 4 月 1 日から平成27年 3 月31日までに開始する各事業年度においては，改正前の貸倒引当金の繰入限度額について毎期 4 分の 1 ずつ繰入限度額が逓減する経過措置がありました。

　貸倒引当金の繰入れが認められる対象法人と，対象金銭債権は次のとおりです（法52①一〜三，法令96④，⑤）。

適　用　法　人	対象となる金銭債権
①　期末資本金の額が 1 億円以下である普通法人	全ての金銭債権
②　資本又は出資を有しない法人	
③　公益法人等又は協同組合等	
④　人格のない社団等	
⑤　銀行法第 2 条第 1 項に規定する銀行	
⑥　保険業法第 2 条第 2 項に規定する保険会社	
⑦　上記⑤又は⑥に準ずる一定の法人	
⑧　金融に関する取引に係る金銭債権を有する法人	一定の金銭債権

(注)1　⑦の「上記⑤又は⑥に準ずる一定の法人」とは次に掲げる法人です。
　　a　無尽会社
　　b　証券金融会社
　　c　株式会社日本貿易保険
　　d　長期信用銀行
　　e　長期信用銀行持株会社
　　f　銀行持株会社
　　g　貸金業法施行令第 1 条の 2 第 3 号又は第 5 号に掲げるもの（金融庁長官指定の短資会社又はコール資金の貸付けを行う登録投資法人）
　　h　保険持株会社
　　i　少額短期保険業者
　　j　少額短期保険持株会社
　　k　法務大臣の許可を受けた債権回収会社
　　l　株式会社商工組合中央金庫
　　m　株式会社日本政策投資銀行
　　n　株式会社地域経済活性化支援機構
　　o　株式会社東日本大震災事業者再生支援機構
　　p　外国保険会社等及び保険業法の免許特定法人の引き受け社員
　2　⑧の「金融に関する取引に係る金銭債権を有する法人」とその対象となる一定の金銭債権は次のとおりです。

対象となる法人	繰入れの対象となる金銭債権
リース会社	売買があったものとされるリース取引に係る金銭債権
金融商品取引業者	金融商品取引法第28条第1項に掲げる行為に係る金銭債権
質屋である法人	質契約に係る金銭債権
割賦販売法に規定する登録包括信用購入あっせん業者に該当する法人	基礎特定情報として指定信用情報機関に提供される事項である金銭債権
割賦販売法に規定する登録個別信用購入あっせん業者に該当する法人	
銀行の子会社,保険会社の子会社,貯金業務若しくは共済業務を行う農業協同組合の子会社,貯金業務を行う農業協同組合連合会の子会社,信用金庫の子会社,信用金庫連合会の子会社,長期信用銀行の子会社,長期信用銀行持株会社の子会社,労働金庫の子会社,労働金庫連合会の子会社,銀行持株会社の子会社,保険持株会社の子会社,農林中央金庫の子会社,又は株式会社商工組合中央金庫の子会社で金融関連業務を営むもの(規則25の4の2)	商業,工業,サービス業その他の事業を行う者から買い取った金銭債権でその法人の金銭債権の取得又は譲渡に係る業務として買い取ったもの(いわゆるファクタリング業務として買い取った金銭債権)
貸金業者に該当する法人	貸金業法第19条の帳簿に記載された貸付けの契約に係る金銭債権 商業,工業サービス業その他の事業を行う者から買い取った金銭債権
信用保証業を行う法人	保証債務の履行により生じた金銭債権

(1) 個別評価金銭債権に係る貸倒引当金

　期末に有する個別評価金銭債権について,その一部につき貸倒れその他これに類する事由による損失の見込まれる金銭債権の損失の見込額は,個々の金銭債権について損失の見込まれる事由により次のいずれに該当するかを判断し,その損失の見込額はそれぞれの区分に応じて次のようになります(法令96①)。

① 長期たな上げの金銭債権に係る貸倒引当金

　金銭債権が次に掲げる事由に基づいてその弁済を猶予され,又は賦払いに

より弁済される場合における金銭債権のうち，それらの事由が生じた事業年度終了の日の翌日から5年を経過する日までに弁済されることとなっている金額以外の金額（担保権の実行その他によりその取立て又は弁済の見込みがあると認められる部分の金額を除きます。）

イ 更生計画認可の決定

ロ 再生計画認可の決定

ハ 特別清算に係る協定の認可の決定

ニ 法令の規定による整理手続によらない関係者の協議決定で次に掲げるもの

(イ) 債権者集会の協議決定で合理的な基準により債務者の負債整理を定めているもの

(ロ) 行政機関，金融機関その他第三者のあっせんによる当事者間の協議により締結された契約で，その内容が上記(イ)に準ずるもの

② **実質的に回収不能が生じている金銭債権に係る貸倒引当金**

金銭債権（上記①の適用があるもの（上記①の規定による繰入額があるか否かにかかわらず，更生計画認可の決定等があった場合をいいます。③において同じ。）は除きます。）に係る債務者について，債務超過の状態が相当期間継続し，その営む事業に好転の見通しがないこと，災害，経済事情の急変等により多大な損害が生じたことその他の事由が生じていることにより，金銭債権の一部の金額について取立て又は弁済の見込みがないと認められるときにおける，その取立て又は弁済の見込みがないと認められる金額

③ **形式要件が生じた金銭債権に係る貸倒引当金**

金銭債権（上記①の適用があるもの及び②の適用を受けるものは除きます。）の債務者につき次に掲げる事由が生じている場合におけるその金銭債権の額（債務者から受け入れた金額があるため実質的に債権と認められない部分の金額及び担保権の実行，金融機関又は保証機関による保証債務の履

行その他により取立て又は弁済の見込みがあると認められる部分の金額を除く。）の50％に相当する金額

イ　更生手続開始の申立て

ロ　再生手続開始の申立て

ハ　破産手続開始の申立て

ニ　特別清算開始の申立て

ホ　手形交換所（手形交換所のない地域にあっては，その地域において手形交換業務を行う銀行団を含む。）による取引停止処分があったこと

ヘ　電子記録債権法第2条第2項に規定する電子債権記録機関（次に掲げる要件を満たすものに限ります。）による取引停止処分

　(イ)　金融機関の総数の100分の50を超える数の金融機関に業務委託をしていること。

　(ロ)　電子記録債権法第56条に規定する業務規程に，業務委託を受けている金融機関はその取引停止処分を受けた者に対し資金の貸付け（当該金融機関の有する債権を保全するための貸付けを除きます。）をすることができない旨の定めがあること。

④　**外国の公的債権に係る貸倒引当金**

外国の政府，中央銀行又は地方公共団体に対する金銭債権のうち，これらの者の長期にわたる債務の履行遅滞によりその経済的な価値が著しく減少し，かつ，その弁済を受けることが著しく困難であると認められる事由が生じている金銭債権（債務者から受け入れた金額があるため実質的に債権と認められない部分の金額及び保証債務の履行その他により取立て又は弁済の見込みがあると認められる部分の金額を除く。）の50％に相当する金額

(2)　**一括評価金銭債権に係る貸倒引当金**

一括評価金銭債権に係る貸倒引当金の繰入限度額は，事業年度終了の時にお

第10章 貸 倒 損 失　*251*

いて有する一括評価金銭債権の帳簿価額の合計額に貸倒実績率を乗じて算出した金額となります（法令96⑥）。

この場合の貸倒実績率は，その事業年度開始の日前3年以内に開始した各事業年度の売掛債権等に係る貸倒れの額，個別評価金銭債権に係る貸倒引当金（個別評価貸倒引当金）のうち損金の額に算入された金額及び個別評価貸倒引当金の戻入れによる益金算入額（直前の事業年度において個別評価金銭債権に係る貸倒引当金の繰入れにより損金の額に算入されたものに限る。）に基づき次により計算します（算式の割合に小数点以下四位未満の端数があるときはこれを切り上げます。）。

【貸倒実績率の計算】

$$\frac{\dfrac{\left(\begin{array}{c}\text{前3年以内の各事}\\\text{業年度の売掛債権}\\\text{等に係る貸倒れに}\\\text{よる損失の額}\end{array} + \begin{array}{c}\text{前3年以内の各事業年}\\\text{度の売掛債権等に係る}\\\text{個別評価貸倒引当金の}\\\text{損金算入額}\end{array} - \begin{array}{c}\text{前3年以内の各事業年度の}\\\text{売掛債権等に係る個別評価}\\\text{貸倒引当金の戻入れによる}\\\text{益金算入額}\end{array}\right) \times 12}{\text{前3年以内の各事業年度の月数の合計数}}}{\begin{array}{c}\text{前3年以内の各事業年度の一括評価}\\\text{金銭債権の帳簿価額の合計額}\end{array} \div \text{前3年以内の各事業年度の数}}$$

　(注)1　法人が適格合併（吸収合併及び新設合併のいずれも）に係る合併法人であるときは，その事業年度開始の日前3年以内に開始した被合併法人の各事業年度のそれぞれの金額を加えて計算します。

　　2　その事業年度が設立の日の属する事業年度（適格合併による設立を除きます。）であるときは，その事業年度開始の日前3年以内の各事業年度が存在しないため，その事業年度のそれぞれの金額に基づき計算します。

　　3　個別評価貸倒引当金の損金算入額には，適格分割，適格現物出資又は適格現物分配により承継法人に移転する個別評価金銭債権について期中貸倒引当金を繰り入れた場合のその損金算入額を含みます。

　　4　個別評価貸倒引当金の戻入れによる益金算入額には，適格合併により被合併法人から引き継いだ個別評価金銭債権に係る貸倒引当金の戻入れ及び適格分割，適格現物出資又は適格現物分配により期中貸倒引当金の繰入対象とされた個別評価金銭債権に係る貸倒引当金の戻入れにより益金の額に算入された金額を含みます。

①　中小企業等の一括評価金銭債権に係る貸倒引当金の特例

期末の資本金額が1億円以下の普通法人（大法人（資本金5億円以上の法人

等）に発行済株式等の全部を直接・間接に保有されている法人又は100％グループ内の複数の大法人に発行済株式等の全部を直接・間接に保有されている法人及び前3年間の平均所得金額が15億円超の法人（適用除外事業者）を除きます。），資本又は出資を有しない法人，公益法人等又は協同組合等及び人格のない社団等にあっては，上記の一括評価金銭債権に係る貸倒引当金の繰入れ（実績率又は経過措置による繰入率による繰入れ）に代えて，売掛金，貸付金その他これらに類する金銭債権の帳簿価額（債務者から受け入れた金額があるため実質的に債権と認められない部分の金額を除く。）に，法人が営む事業が次に掲げる事業のいずれに該当するかに応じそれぞれ次に定める割合を乗じた金額以下の金額を貸倒引当金として繰り入れることができます（措置法57の9①，措置令33の7）。

法人の営む事業	割　合
卸売及び小売業	1,000分の10
製造業	1,000分の8
金融及び保険業	1,000分の3
割賦販売小売業	1,000分の13
その他の事業	1,000分の6

(注) 公益法人等又は協同組合等は，平成29年3月31日までに開始する各事業年度にあっては繰入限度額を12％増しと，平成29年4月1日から平成31年3月31日までに開始する各事業年度にあっては繰入限度額を10％増しとする特例が設けられていました（平成31年度改正前の措置法57の9③）。

5 貸倒損失の計上が認められなかった場合の個別評価金銭債権に係る貸倒引当金

法人が有する金銭債権が貸倒れの状況にあったか否かの状況判断を誤り，個別評価金銭債権に係る貸倒引当金への繰入れを行うべきところ，貸倒損失として処理したためその貸倒れが否認される場合があります。このケースにおいては，仮に貸倒処理をしなかった場合で個別評価金銭債権に係る貸倒引当金への

第10章 貸 倒 損 失　　*253*

繰入れを行ったであろうと認められる状況にあり，法人から事後的に個別評価金銭債権に係る貸倒引当金の損金算入に関する明細書が提出されたときは，法人がその金銭債権について個別評価金銭債権に係る貸倒引当金への繰入要件が満たされていることを証する書類（疎明資料）を保存している場合に限って，その貸倒損失の額を個別評価金銭債権に係る貸倒引当金への繰入れに係る損金算入額として取り扱われる場合があります（法基通11－2－2）。

《消費税の取扱い》

　貸倒引当金へ繰り入れた金額については，その繰り入れた債権の発生原因が課税資産の譲渡等を行ったことによるものであったとしても，貸倒れとしての消費税額の控除の規定は適用されませんので注意が必要です。

貸倒損失・貸倒引当金のフローチャート

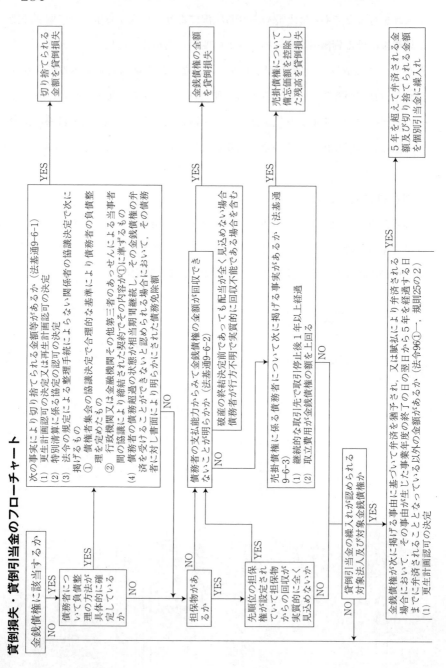

第10章 貸倒損失 255

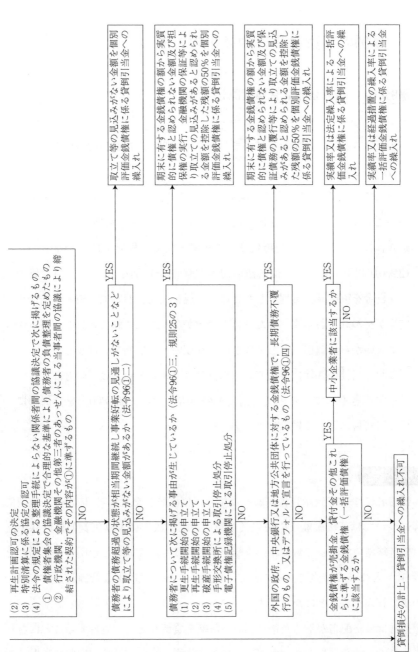

6 事例の解説と具体的修正の方法

事例28　破産債権に係る貸倒れ

当社はA社と取引を行っていましたが，前期にA社が自己破産の申立てを行いました。

そこで，A社の資産状況を検討したところ，当社が有する売掛債権については80％強の回収不能が見込まれたことから，前期において当社がA社に対して有する売掛債権（旧税率8％で課税売上げとしたもの）12,960,000円のうち80％相当額の10,368,000円を貸倒損失として損金処理（売掛金を直接減額処理）したところ，税務調査において，破産終結の決定等が行われておらず，また債権の全額が全く回収されないことが明らかではないから貸倒損失としては認められないとの指摘を受けました。

なお，当社がA社に有している売掛金は課税資産の譲渡等の対価として受領すべきものでしたので，消費税の申告において604,800円を貸倒れに係る消費税額として控除していました。

解　説

債務者について破産宣告があった場合（自己破産を含む。）における破産債権については，破産廃止の決定又は破産終結の決定により実質的に回収不能（破産終結前であっても債権の全額が全く回収されないことが明らかな場合を含む。）となった時点で，その回収不能額を損金経理により貸倒れとして損金の額に算入することになります。

通常は最終配当があった後に回収不能額を貸倒れとして処理することになりますので，破産宣告があっただけでは破産債権について全額が回収できないこ

第10章　貸倒損失　*257*

とが明らかになったとはいえず，貸倒損失の計上はできません。

　したがって，貴社が行った貸倒処理は時期早尚といえるでしょう。

　ところで，破産手続開始の申立てがあった前事業年度においては法人税法施行令第96条第1項第3号に規定する個別評価金銭債権に係る貸倒引当金への繰入要件が具備されています。

　この場合，仮に貸倒損失として処理することが時期尚早であると判断した場合で，貴社が貸倒引当金への繰入れが認められる中小法人等であれば当然に個別評価金銭債権に係る貸倒引当金への繰入れを行っていたと認められ，かつ，貴社がその繰入要件を証する書類を保存している場合には，すみやかに当該貸倒損失計上額を個別評価金銭債権に係る貸倒引当金への繰入額としたところの申告書別表十一（一）を提出したときは，貸倒損失の計上額を貸倒引当金への繰入額とする取扱いが認められる場合もあり，このときは貸倒引当金の繰入限度超過額の計算を行った上でその超過額を所得に加算することになります。

　また，上記要件が具備していないときは，貸倒損失の全額が損金の額に算入されないことになりますから，貴社が損金経理した10,368,000円が全額損金の額に算入されないものとして処理されます。

具体的修正の方法

《法人税の修正》

(1)　税抜経理の場合

　事例の場合，前期に破産手続開始の申立てがあったとのことですから，法人税法施行令第96条第1項第3号に規定する個別評価金銭債権に係る貸倒引当金への繰入要件が具備されていますので，貴社が貸倒引当金の繰入れが認められている中小法人等に該当し，かつ，疎名資料の保存があり，速やかに個別評価金銭債権に係る貸倒引当金の損金算入に関する明細書（別表十一（一））が提出された場合には，貸倒損失の計上額を個別評価金銭債権に係る貸倒引当金への

258

繰入れとして貸倒引当金繰入限度超過額を所得金額に加算することになります。

　貴社は前期に確定した決算において次の仕訳を行っていたものと思われます。

（借方）貸倒損失　　　10,368,000円　　　（貸方）売掛金　　　10,368,000円

　そして，貸倒損失の額が個別評価金銭債権に係る貸倒引当金への繰入額として認められたときは法人税法施行令第96条第1項第3号の規定により，売掛債権の50％相当額（6,480,000円）の繰入れが認められますから，3,888,000円（10,368,000円−6,480,000円）を個別評価金銭債権に係る貸倒引当金の繰入限度超過額として別表四に加算することになります。

　また，消費税等の修正のとおり貸倒れに係る消費税額の控除が認められないことから，税抜経理処理を行っている場合には，消費税等の修正申告における納付すべき税額に相当する金額が仮受・仮払消費税等の期末清算の修正として雑益過大又は雑損認容として生じることになりますので，その金額を所得金額から減算します。

　そのため，修正申告における別表四及び別表五(一)の記載は次のようになります。

別表四

区　　　　分	総　　額	処　　分		
		留　保	社外流出	
		①	②	③
加算 貸倒引当金繰入限度超過額	3,888,000	3,888,000		
減算 雑益過大（又は雑損認容）	768,000	768,000		

別表五（一）

区　　分	期首現在利益積立金額	当期の増減		翌期首利益積立金額
		減	増	
	①	②	③	④
貸倒引当金			3,888,000	3,888,000
未払消費税等			△　768,000	△　768,000

第10章 貸倒損失　*259*

　次に貴社が貸倒引当金の繰入れが認められない大法人等に該当するときは，貸倒損失とした10,368,000円を所得金額に加算します。

　貴社は前期の確定した決算において次の仕訳を行っていたものと思われます。

（借方）貸倒損失　　　10,368,000円　　　（貸方）売掛金　　　　　10,368,000円

　そして，調査における指摘に基づく修正を仕訳で示せば次のようになります。

（借方）売掛金　　　　10,368,000円　　　（貸方）貸倒損失　　　　10,368,000円

　また，消費税の修正のとおり貸倒れに係る消費税額の控除が認められないことから，税抜経理処理を行っている場合には，消費税の修正申告における納付すべき税額に相当する金額が仮受・仮払消費税等の期末清算の修正として雑益過大又は雑損認容として生じることになりますので，その金額を所得金額から減算します。

　そのため，修正申告における別表四及び別表五(一)の記載は次のようになります。

別表四

区　　　　分	総　　　額	処　　　　分	
		留　　保	社 外 流 出
	①	②	③
加算 貸倒損失否認	10,368,000	10,368,000	
減算 雑益過大(又は雑損認容)	768,000	768,000	

別表五 (一)

区　分	期首現在利益積立金額	当期の増減		翌期首利益積立金額
		減	増	
	①	②	③	④
売　掛　金			10,368,000	10,368,000
未払消費税等			△　768,000	△　768,000

▷当期の処理◁

　貸倒損失の計上額を個別評価金銭債権に係る貸倒引当金への繰入額として認

260

められた場合には，当期において貸倒引当金の繰入額を洗替処理した上で，当期において当該金銭債権が貸倒損失となるか個別評価金銭債権に係る貸倒引当金への繰入れを行うかの判断をした上で適正に処理します。

また，貸倒損失の計上額が個別評価金銭債権に係る貸倒引当金への繰入額として認められなかった場合には，当期に破産終結の決定によりA社の回収不能額が確定していれば貸倒損失として処理することになりますが，確定していなければ特に処理は不要です。

また，前期の消費税等の修正申告において貸倒れに係る消費税額の控除が否認され，768,000円の追徴税額を当期に納付していると思われますが，納付税額を損金として経理したときは，その金額を申告調整で加算し，別表五(一)における前期から繰り越した未払消費税等の金額を消去します。この場合の別表四及び別表五(一)の記載は次のようになります。

別表四

区　　　　分	総　　　額	処　　　　分		
		留　　　保	社 外 流 出
	①	②	③
加算 損金の額に算入した消 費 税 額 等	768,000	768,000	

別表五（一）

区　　分	期 首 現 在利益積立金額	当 期 の 増 減		翌 期 首 利 益積 立 金 額
		減	増	
	①	②	③	④
売　掛　金	10,368,000			10,368,000
未払消費税等	△　　768,000	△　　768,000		

なお，前期増加した消費税額等を未払消費税等の取崩しで納付し，かつ，期末未払消費税等を正しく算出すると，仮受・仮払消費税等の期末清算において前期の増加税額相当額の雑損が生じますので，この場合には，当該雑損を別表

第 10 章 貸 倒 損 失　*261*

四で否認（加算）し，別表五(一)の未払消費税等の繰越額を消去します。

⑵　税込経理の場合

　事例の場合，前期に破産手続開始の申立てがあったとのことですから，法人税法施行令第96条第１項第３号に規定する個別評価金銭債権に係る貸倒引当金への繰入要件が具備されていますので，貴社が貸倒引当金の繰入れが認められている中小法人等に該当し，かつ，疎名資料の保存があり，速やかに個別評価金銭債権に係る貸倒引当金の損金算入に関する明細書（別表十一(一)）が提出された場合には，貸倒損失の繰入額を個別評価金銭債権に係る貸倒引当金への繰入れとして貸倒引当金繰入限度超過額を所得金額に加算することになります。

　貴社は，前期の確定した決算において次の仕訳を行っていたものと思われます。

（借方）貸倒損失　　　10,368,000円　　（貸方）売掛金　　　　　　　10,368,000

　そして，貸倒損失の額が個別評価金銭債権に係る貸倒引当金への繰入額として認められたときは法人税法施行令第96条第１項第３号の規定により，売掛債権の50％相当額（6,480,000円）の繰入れが認められますから，3,888,000円（10,368,000円－6,480,000円）を個別評価金銭債権に係る貸倒引当金の繰入限度超過額として別表四に加算することになります。

　そのため，修正申告における別表四及び別表五(一)の記載は次のようになります。

別表四

区　　　　　分	総　　額	処　　分		
		留　　保	社 外 流 出
	①	②	③
加算　貸倒引当金繰入限度超過額	3,888,000	3,888,000		

別表五（一）

区　　分	期首現在 利益積立金額	当期の増減		翌期首利益 積立金額
		減	増	
	①	②	③	④
貸倒引当金			3,888,000	3,888,000

　次に貴社が貸倒引当金の繰入れが認められない大法人等に該当するときは，貸倒損失とした10,368,000円を所得金額に加算します。

　貴社は前期の確定した決算において次の仕訳を行っていたものと思われます。

　（借方）貸倒損失　　　　10,368,000円　　　（貸方）売掛金　　　　　10,368,000円

　調査における指摘に基づく修正を仕訳で示せば次のようになります。

　（借方）売掛金　　　　　10,368,000円　　　（貸方）貸倒損失　　　　10,368,000円

　そして，修正申告における別表四及び別表五(一)の記載は次のようになります。

(注)　貴社が前期において，一括評価金銭債権に係る貸倒引当金を設定している場合で，その繰入限度超過額が生じているときは，貸倒損失が否認された売掛金10,368,000円を一括評価金銭債権の額に加算して，繰入限度額を再計算し，その一部の認容が生じます。

別表四

区　　　分		総　　　額	処　　　　分		
			留　　　保	社外流出	
		①	②	③	
加算	貸倒損失否認	10,368,000	10,368,000		

別表五（一）

区　　分	期首現在 利益積立金額	当期の増減		翌期首利益 積立金額
		減	増	
	①	②	③	④
売　掛　金			10,368,000	10,368,000

第10章　貸　倒　損　失　　*263*

▷当期の処理◁

　貸倒損失の計上額を個別評価金銭債権に係る貸倒引当金への繰入額として認められた場合には，翌期において貸倒引当金の繰入額を洗替処理した上で，当期において当該金銭債権が貸倒損失となるか個別評価金銭債権に係る貸倒引当金への繰入れを行うかの判断をした上で適正に処理します。

　また，貸倒損失の計上額が個別評価金銭債権に係る貸倒引当金への繰入額として認められなかった場合には，当期に破産終結の決定によりＡ社の回収不能額が確定していれば貸倒損失として処理することになりますが，確定していなければ特に処理は不要です。

　また，前期の消費税の修正申告による納付すべき税額を当期の損金として処理していればそれでよいことになりますので，消費税に関する申告調整は不要です。

《消費税の修正》

　貸倒損失としての要件が満たされていないことから，貸倒れに係る消費税額の控除は認められませんので，消費税の確定申告において貸倒れに係る消費税額として控除した604,800円（$10,368,000円 \times \frac{6.3}{108}$）をないものとして消費税の修正申告を行います。その結果，地方消費税が163,200円増加し，消費税及び地方消費税の合計768,000円の納付税額が発生します。

▷当期の処理◁

　貸倒れが確定した課税期間において，売掛金の金額のうち貸倒れとなる金額の110分の7.8（軽減税率対象分は108分の6.24，旧税率８％で課税されたものについては108分の6.3，旧税率５％で課税されたものについては105分の４，旧税率３％で課税されたものについては103分の３）を貸倒れに係る消費税額として控除の対象とします。

264

事例29　停止条件付債務免除における貸倒れ

　当社はB社と取引を行っていましたが，B社が数年前から業績不振に陥ったことから債権者による救済手段を協議していました。

　前期において，各債権者が有する債権の2分の1について今後5年間で返済を受け，返済が完了した時点で残りの2分の1の債権を免除することで債権者集会の協議が決定しました。

　そこで，当社がB社に対して有していた売掛金（旧税率8％で課税売上げとしたもの）17,280,000円の2分の1に当たる8,640,000円を前期に貸倒損失として処理したところ，税務調査において当社のB社に対する債務免除は債権額の2分の1の弁済があって初めてなされるものであるから，前期の貸倒損失としては認められないとの指摘を受けました。

　また，当社がB社に有している売掛金は課税資産の譲渡等の対価として受領すべきものでしたので，消費税の申告において504,000円（8,640,000円×$\frac{6.3}{108}$）を貸倒れに係る消費税額として控除していました。

　なお，当社は貸倒引当金の繰入れが認められる中小法人に該当します。

解　説

　事例における債務免除は，5年間で2分の1の弁済を受け，それが完了した時点で債務免除する約定ですので，停止条件付債務免除となっています。

　したがって，貴社は債権の2分の1の弁済を受けて初めてその残額を債務免除することになりますから，その弁済が完了した時点（5年後）で残額の2分の1を貸倒れとして処理することになります。

　事例の場合は，返済が終了した後において債務免除することとされている金額は法人税法施行令第96条第1項第1号の規定に該当しますから，疎名資料の保存があり，速やかに個別評価金銭債権に係る貸倒引当金の損金算入に関する

第10章　貸　倒　損　失　　*265*

明細書（別表十一（一））が提出された場合には，貸倒損失の繰入額を個別評価金銭債権に係る貸倒引当金への繰入れとして貸倒引当金繰入限度超過額を所得金額に加算することになりますが，この場合には，個別評価金銭債権に係る貸倒引当金の繰入限度超過は生じません。

　なお，上記要件が具備していないときは，貸倒損失の全額が損金の額に算入されないことになりますから，貸倒損失として計上した8,640,000円を損金不算入として処理することになります。

具体的修正の方法

《法人税の修正》

(1)　税抜経理の場合

　事例の場合，貸倒損失の計上額が法人税法施行令第96条第1項第1号の規定による個別評価金銭債権に係る貸倒引当金への繰入れとして認められた場合には，当該金額の否認はありませんが，貸倒れに係る消費税額の控除は認められませんから，消費税及び地方消費税の否認額640,000円による未払消費税等の発生に伴い，雑益過大計上（又は雑損否認）の処理が必要となります。

　そのため，減額更正処理が行われ，この場合の別表四及び別表五の記載は次のようになります。

別表四

区　　　　　分	総　　額	処　　　　　分		
		留　　保	社　外　流　出	
	①	②	③	
減算　雑益過大（又は雑損認容）	640,000	640,000		

別表五（一）

区　分	期首現在利益積立金額	当期の増減		翌期首利益積立金額
		減	増	
	①	②	③	④
未払消費税等			△　640,000	△　　　640,000

　次に貸倒損失の計上額が個別評価金銭債権に係る貸倒引当金への繰入額として認められないときは以下のようになります。

　貴社は前期の確定した決算において次の仕訳を行っているものと思われます。

（借方）貸倒損失　　　8,640,000円　　（貸方）売掛金　　　　　8,640,000円

　そして，上記の貸倒損失は認められませんから，その金額を所得金額に加算する修正申告を行うことになります。

　また，消費税における貸倒れに係る消費税額の控除が認められないことから，税抜経理処理を行っている場合には，消費税等の修正申告における納付すべき税額等に相当する金額が仮受・仮払消費税等の期末清算の修正として雑益過大（又は雑損認容）として生じることになりますので，その金額を所得金額から減算します。

（注）　貴社が前期において，一括評価金銭債権に係る貸倒引当金を設定している場合で，その繰入限度超過額が生じているときは，貸倒損失の否認額8,640,000円を一括評価金銭債権の額に加算して，繰入限度額を再計算しその一部の認容が生じます。

　この場合の修正を仕訳で示すと次のようになります。

（借方）売掛金　　　　8,640,000円　　（貸方）貸倒損失　　　8,640,000円

　　　　雑損（又は雑益）640,000円　　　　　　　未払消費税等　640,000円

　そして，修正申告における別表四及び別表五(一)の記載は次のようになります。

第10章 貸 倒 損 失　　*267*

別表四

区　　　分	総　　　額	処　　　分		
		留　　保	社 外 流 出	
	①	②	③	
加算	貸 倒 損 失 否 認	8,640,000	8,640,000	
減算	雑益過大(又は雑損認容)	640,000	640,000	

別表五（一）

区　　分	期 首 現 在 利益積立金額	当期の増減		翌 期 首 利 益 積 立 金 額
		減	増	
	①	②	③	④
売　掛　金			8,640,000	8,640,000
未払消費税等			△　640,000	△　640,000

▷当期の処理◁

　貸倒損失の計上額が個別評価金銭債権に係る貸倒引当金への繰入額として認められた場合には，当期において貸倒引当金の繰入額を洗替処理した上で，当期においても個別評価金銭債権に係る貸倒引当金の繰入額として処理します。

　また，貸倒損失の計上額が個別評価金銭債権に係る貸倒引当金への繰入額として認められなかった場合には，当期において繰入れのための疎名資料を準備した上で個別評価金銭債権に係る貸倒引当金への繰入れを行うことになります。

　そして，いずれの場合も，前期の消費税等の修正申告において貸倒れに係る消費税額の控除が否認され，640,000円の追徴税額を当期に納付していると思われますが，納付税額を損金として経理したときは，その金額を申告調整で加算し，別表五(一)における前期から繰り越した未払消費税の金額を消去します。この場合の別表四及び別表五(一)の記載は次のようになります。

268

別表四

区　　　　分	総　　額	処　　分		
		留　　保	社 外 流 出	
	①	②	③	
加算 損金の額に算入した消費税額等	640,000	640,000		

別表五（一）

区　分	期 首 現 在 利益積立金額	当 期 の 増 減		翌 期 首 利 益 積 立 金 額
		減	増	
	①	②	③	④
未払消費税等	△　　640,000	△　　640,000		

(2)　税込経理の場合

　事例の場合は，返済が終了した後において債務免除することとされている金額は法人税法施行令第96条第1項第1号の規定に該当しますから，疎名資料の保存があり，速やかに個別評価金銭債権に係る貸倒引当金の損金算入に関する明細書（別表十一（一））が提出された場合には，貸倒損失の繰入額を個別評価金銭債権に係る貸倒引当金への繰入れとして貸倒引当金繰入限度超過額を所得金額に加算することになりますが，この場合には，個別評価金銭債権に係る貸倒引当金の繰入限度超過は生じません。

　そのため，個別評価金銭債権に係る貸倒引当金の損金算入に関する明細書を提出するのみで，修正申告の必要はありません。

　なお，上記要件が具備していないときは，貸倒損失の全額が損金の額に算入されないことになりますから，貸倒損失として計上した8,640,000円を損金不算入として処理することになります。

　貴社は前期の確定した決算において次の仕訳を行っているものと思われます。

（借方）貸倒損失　　　8,640,000円　　（貸方）売掛金　　　　8,640,000円

第10章　貸倒損失　*269*

　そして，上記の貸倒損失は認められませんから，その金額を所得金額に加算する修正申告を行うことになります。

　なお，消費税に関して貸倒れに係る消費税額の控除が認められないことから，消費税等の修正申告において納付すべき税額が発生しますが，これは消費税等の修正申告書を提出した日（当期）の損金として処理しますので，前期の所得金額には影響しません。

　この場合の修正を仕訳で示すと次のようになります。

（借方）売掛金　　　　　8,640,000円　　　（貸方）貸倒損失　　　　　8,640,000円

　そして，修正申告における別表四及び別表五（一）の記載は次のようになります。

(注)　貴社が前期において，一括評価金銭債権に係る貸倒引当金を設定している場合で，その繰入限度超過額が生じているときは，貸倒損失の否認額8,640,000円を一括評価金銭債権の額に加算して，繰入限度額を再計算しその一部の認容が生じます。

別表四

区　　　　分	総　　　額	処　　　　　分		
		留　　　保	社　外　流　出	
	①	②	③	
加算　貸倒損失否認	8,640,000	8,640,000		

別表五（一）

区　　分	期　首　現　在利益積立金額	当　期　の　増　減		翌　期　首　利　益積　立　金　額
		減	増	
	①	②	③	④
売　掛　金			8,640,000	8,640,000

▷**当期の処理**◁

　貸倒損失の計上額が個別評価金銭債権に係る貸倒引当金への繰入額として認められた場合には，当期において貸倒引当金の繰入額を洗替処理した上で，当期においても個別評価金銭債権に係る貸倒引当金の繰入額として処理します。

しかし，貸倒損失の計上額が個別評価金銭債権に係る貸倒引当金への繰入額として認められなかった場合には，当期において繰入れのための疎明資料を準備した上で個別評価金銭債権に係る貸倒引当金への繰入れを行うことになります。

また，前期の消費税等の修正申告による納付すべき税額は当期の損金として処理していればそれでよいことになりますので，消費税等に関する申告調整は不要です。

《消費税の修正》

貸倒損失としての要件が満たされていないことから，貸倒れに係る消費税額の控除は認められませんので，消費税の確定申告において貸倒れに係る消費税額として控除した504,000円（$8,640,000円 \times \dfrac{6.3}{108}$）をないものとして消費税の修正申告を行います。その結果，地方消費税が136,000円増加し，消費税及び地方消費税の合計額640,000円の納付税額が発生します。

▷**当期の処理**◁

B社に対する債権の2分の1が貸倒れとなるのは債権の2分の1の弁済が完了した5年後となりますから，それまでの間は何らの処理は必要ありません。

なお，5年後に債権の2分の1の弁済が完了した時点で残額の2分の1が貸倒れとなりますので，その債権の2分の1の弁済が完了した日を含む課税期間において，免除した売掛債権金額の108分の6.3（504,000円）を貸倒れに係る消費税額として控除します。

事例30　保証債務の履行に伴う貸倒れ

当社は販売代理店を行っていたC社が銀行から借入れを行うに際してその借入金の連帯保証人となっていましたが，C社が倒産したため銀行が当社に対して保証債務の履行を求めてきました。

第10章 貸 倒 損 失　*271*

　　C社の資産状況を検討したところ，土地等の資産はすべて抵当権が設定されていることから，当社が銀行に対して保証債務を履行した場合には，実質貸倒れとなることが明らかです。

　　そこで，前期末において保証債務として銀行に支払うことになる5,370,000円を未払保証債務として計上した上で貸倒処理したところ，税務調査で前期末までに保証債務は履行されていないから貸倒処理は認められないとの指摘を受けました。

解 説

　　保証債務は偶発債務ですから，仮に保証債務を履行することが確実であり，保証債務の履行による求償権を行使してもその回収が困難であることがあらかじめ明らかであるときであっても，現実に保証債務を履行した後でなければ金銭債権との認識ができませんので，その履行後において債務者の資産状況や支払能力等を考慮して貸倒れとなるかどうかを判断しなければなりません。

　　事例の場合には，保証債務は前期末までに履行されていませんので，貸倒処理は認められないことになります。

具体的修正の方法

《法人税の修正》

　　貴社は前期の確定した決算において次の仕訳を行っているものと思われます。

（借方）貸倒損失　　　5,370,000円　　　（貸方）未払保証債務　5,370,000円

　　しかし，前期末までに保証債務は履行されていませんので，当該保証債務については前期の貸倒損失とはなりません。

　　また，保証債務の履行に係る求償権が貸倒れとなっても，消費税における貸倒れに係る消費税額の控除の対象とはなりませんから，税抜経理処理を行っている場合であっても仮受・仮払消費税等の期末清算への影響はありませんから，税抜経理及び税込経理とも同様となります。

したがって，修正を仕訳で示すと次のようになります。

（注） 貴社が前期において，一括評価金銭債権に係る貸倒引当金を設定している場合で，その繰入限度超過額が生じているときであっても，貸倒損失の否認額5,370,000円は一括評価金銭債権の額とはなりませんので，貸倒引当金には影響しません。

（借方）未払保証債務　5,370,000円　　（貸方）貸倒損失　　　　5,370,000円

そして，修正申告における別表四及び別表五（一）の記載は次のようになります。

別表四

区　　　　分	総　　額	処　　　分		
		留　　保	社 外 流 出	
	①	②	③	
加算　貸 倒 損 失 否 認	5,370,000	5,370,000		

別表五（一）

区　　分	期 首 現 在利益積立金額	当期の増減		翌 期 首 利 益積 立 金 額
		減	増	
	①	②	③	④
未払保証債務			5,370,000	5,370,000

▷当期の処理◁

当期において保証債務の履行をしたときは，前期に計上した未払保証債務を取り崩して金銭支出をします。

そして前期計上した貸倒損失については過年度遡及会計の適用などにより戻し入れることは基本的にないと考えます。しかし，中小法人等で税務否認額をいったん会計上も受け入れたうえで処理することとし，Ｃ社に対する求償権を認識するために前期損益修正益を計上することも考えられます。そこで，前期損益修正益として受入れ処理をした場合の仕訳を示せば次のようになるでしょう。

（借方）未払保証債務　5,370,000円　　（貸方）現預金　　　　　5,370,000円

第 10 章　貸　倒　損　失　*273*

求償権	5,370,000円	前期損益修正益	5,370,000円
貸倒損失	5,370,000円	求償権	5,370,000円

上記仕訳により計上された前期損益修正益は，当期の所得金額を構成するものではありませんから，これを当期の申告調整で減算処理することになり，別表四及び別表五(一)の記載は次のようになります。

別表四

区　　　　　分	総　　　　　額	処　　　　分		
		留　　　保	社 外 流 出	
	①	②	③	
減算　前期損益修正益認容	5,370,000	5,370,000		

別表五 （一）

区　　分	期 首 現 在 利益積立金額	当 期 の 増 減		翌 期 首 利 益 積 立 金 額
		減	増	
	①	②	③	④
未払保証債務	5,370,000	5,370,000		

《消費税の修正》

保証債務の履行に係る求償権が貸倒れとなっても，消費税における貸倒れに係る消費税額の控除の対象とはなりませんから，消費税等の修正は生じません。

事例31　貸倒損失が寄附金となる場合

当社は完全支配関係のない子会社Ｄ社に対して貸付金20,000,000円及び売掛金（旧税率８％で課税売上げとしたもの）3,780,000円を有していましたが，子会社が数年前から業績不振に陥ったことから，前期において当該貸付金及び売掛金の全額を免除する旨の通知を子会社に対して行い，当該貸付金等を貸倒損失として処理しました。

また，当社がＤ社に有していた売掛金のうち220,500円（3,780,000円×

$\dfrac{6.3}{108}$）については，消費税の申告においても貸倒れに係る消費税額の控除を行っていました。

　しかし，税務調査において当社が子会社に対する貸付金等の返済を免除したことは寄附金に該当するとの指摘を受け，当社において検討したところ，その全額について回収不能の状況にはなっていないことが判明しました。そこで寄附金として修正申告を行うこととしましたが，どのように処理すればよいでしょうか。

解　説

　金銭債権が法律的に消滅した場合には，その消滅した金銭債権は貸倒れとして処理することになりますが，法人は合理的な経済活動を行う目的から継続して事業を行っていることからすれば，本来回収できたであろう金銭債権の回収を放棄することはあり得ません。

　そのため，本来回収できたであろう債権を免除した場合には，その免除した金額は金銭の贈与として寄附金に該当することになります（法法37⑦）。

　特に子会社等に対する債権の免除や損失の補てんを行った場合，それが親会社等としての社会的責任から，必要不可避なものとして行われた場合には合理的な経済行為として認められるでしょう（法基通9－4－1，9－4－2）が，特に合理的な理由もなく安易に債権を放棄したときは寄附金となります（子会社再建又は整理の損失負担金等については第8章参照）。

具体的修正の方法

《法人税の修正》

(1)　税抜経理の場合

　事例の場合，D社は単に業績不振に陥っているという理由だけで，貴社が貸付金や売掛金を免除しなければならない差し迫った理由も特にないものと思わ

第10章 貸倒損失　*275*

れます。

　そして，貴社はD社に対して貸付金及び売掛金の債務免除通知を行っていますので，その免除した金額は寄附金として取り扱われることになります。

　したがって，貴社がD社に対して行った債務免除額23,780,000円を寄附金として処理することになります。

　貴社は，確定した決算において次の①の仕訳を行っているものと思われ，それによる貸倒損失を寄附金に振替処理する②の修正仕訳を行うことになりますが，貸倒損失も寄附金もいずれも損金となりますので，別表四における加算・減算処理は基本的に省略することになり，債務免除額23,780,000円を前期の支出寄附金の額に含めて寄附金の損金不算入額の計算を行い，その結果生じた損金不算入額を別表四で加算します。

　なお，あえて別表四で加算・減算処理を行うとすれば貸倒損失の金額を加算し，寄附金の金額を減算します。

① （借方）貸倒損失　23,780,000円　　（貸方）貸付金　　　　　20,000,000円

　　　　　　　　　　　　　　　　　　　　　　　売掛金　　　　　　3,780,000円

② （借方）寄附金　　23,780,000円　　（貸方）貸倒損失　　　23,780,000円

　また，消費税における貸倒れに係る消費税額の控除が認められないことから，税抜経理処理を行っている場合には，消費税等の修正申告における納付すべき税額に相当する金額が仮受・仮払消費税等の期末清算の修正として雑益過大（又は雑損認容）として生じることになりますので，その金額を所得金額から減算します。

（借方）雑益（又は雑損）280,000円　　（貸方）未払消費税等　　280,000円

　そして，修正申告における別表四及び別表五(一)の記載は次のようになります。

276

別表四

区　　　　　分	総　　額	処　　分		
		留　　保	社 外 流 出	
	①	②	③	
減算　雑益過大(又は雑損認容)	280,000	280,000		
寄附金の損金不算入額	××××××		××××××	

別表五（一）

区　　分	期 首 現 在 利益積立金額	当 期 の 増 減		翌 期 首 利 益 積 立 金 額
		減	増	
	①	②	③	④
未払消費税等			△ 280,000	△ 280,000

▷当期の処理◁

　前期の否認は寄附金として処理されていますので，それに係る受入処理は必要ありませんが，消費税等の修正による納付税額の処理について申告調整する必要があります。

　貴社が当期において前期の消費税等の修正により増加した税額280,000円を損金経理で納付した場合には，その金額を別表四で加算し，前期から繰り越した別表五(一)の未払消費税等の残額を消去します。この場合の別表四及び別表五(一)の記載は次のとおりです。

別表四

区　　　　　分	総　　額	処　　分		
		留　　保	社 外 流 出	
	①	②	③	
加算　損金の額に算入した 　　　消 費 税 等	280,000	280,000		

第10章　貸倒損失　*277*

別表五（一）

区　分	期首現在利益積立金額	当期の増減		翌期首利益積立金額
		減	増	
	①	②	③	④
未払消費税等	△　280,000	△　280,000		

⑵　税込経理の場合

　事例の場合，D社は単に業績不振に陥っているという理由だけで，貴社が貸付金や売掛金を免除しなければならない差し迫った理由も特にないものと思われます。

　そして，貴社はD社に対して貸付金及び売掛金の債務免除通知を行っていますので，その免除した金額は寄附金として取り扱われることになります。

　したがって，貴社がD社に対して行った債務免除額23,780,000円を寄附金として処理することになります。

　貴社は，確定した決算において次の①の仕訳を行っているものと思われ，それによる貸倒損失を寄附金に振替処理する②の修正仕訳を行うことになりますが，貸倒損失も寄附金もいずれも損金となりますので，別表四における加算・減算処理は基本的に省略することになり，債務免除額23,780,000円を前期の支出寄附金の額に含めて寄附金の損金不算入額の計算を行い，その結果生じた損金不算入額を別表四で加算します。

　なお，あえて別表四で加算・減算処理を行うとすれば貸倒損失の金額を加算し，寄附金の金額を減算します。

① （借方）貸倒損失　　23,780,000円　　（貸方）貸付金　　　　20,000,000円

　　　　　　　　　　　　　　　　　　　　　　　　売掛金　　　　　3,780,000円

② （借方）寄附金　　　23,780,000円　　（貸方）貸倒損失　　23,780,000円

　なお，消費税に関して貸倒れに係る消費税額の控除が認められないことから，

消費税等の修正申告において納付すべき税額が発生しますが，これは消費税等の修正申告書を提出した日（当期）の損金として処理しますので，前期の所得金額には影響しません。

そして，修正申告における別表四の記載は次のようになります。

別表四

区　　　　分	総　　　額	処　　　　　分		
		留　　保	社　外　流　出	
	①	②	③	
寄附金の損金不算入額	××××××			××××××

▷当期の処理◁

前期の否認は寄附金として処理されていますので，それに係る受入れは必要ありません。また，税込経理の場合は，当期において前期の消費税の修正により納付した消費税額を損金経理していればそれでよいことになりますので，当期においては何らの処理も必要ありません。

《消費税の修正》

課税資産の譲渡等に係る売掛金その他の金銭債権が貸倒れとなったときは，貸倒れに係る消費税額の控除の規定の適用がありますが，売掛債権を放棄（免除）したことが寄附金となる場合には，貸倒れに係る消費税額の控除の規定の適用はありません。

そのため，貴社は前期の消費税の確定申告において売掛金の貸倒れに係る消費税相当額220,500円（3,780,000円 × $\frac{6.3}{108}$）を課税標準額に係る消費税額から控除していると思われますので，当該金額について消費税の納付税額また地方消費税額について59,500円の納付税額が増加する修正申告を行うことになります。

第10章 貸 倒 損 失　*279*

事例32　貸倒債権が回収された場合

　　当社が過年度に貸倒れとした売掛債権（旧税率８％で課税売上げとした
　もの）のうち216,000円が当期に回収され，その仕訳を次のとおり行って
　いました。

　　（借方）現　金　216,000円（貸方）雑　益　　216,000円

　　そして，消費税等の申告に当たっては何らの調整も行われないまま申告
　したところ，調査において債権回収された金額に係る消費税額について課
　税標準額に加算されていないので，消費税等の修正を行うよう指摘があり
　ました。

　　この場合，法人税の修正も必要となるでしょうか。

　　なお，過年度に貸倒れとして処理した課税期間において貸倒れに係る消
　費税額の控除を6.8％で行いました。

解　説

　貸倒債権が回収された場合には，それを回収された事業年度で益金（償却債
権取立益又は雑益）の額に加算することになります。

　ところで，貸倒債権の回収は消費税の課税資産の譲渡等に係る対価の額では
ありませんから，税抜経理又は税込経理の場合であっても，貴社が仕訳した方
法により益金の額に算入することになります。

　しかしながら，消費税等の申告においては，貸倒れに係る消費税額の控除の
規定の適用を受けた後にその適用を受けた債権の全部又は一部が回収された場
合には，その回収された金額の110分の7.8（３％で控除したものは103分の３，
５％で控除したものは105分の４，6.3％で控除したものは108分の6.3及び軽減
税率適用分は108分の6.24）は課税資産の譲渡等に係る消費税額とみなして消
費税等の申告を行うこととされていますから，納付すべき消費税等の額がその

280

分増加しますが，当該債権回収は消費税の課税取引ではないので仮受消費税額は発生しないことから，法人税の損益への影響は，期末の仮受・仮払消費税額の清算における処理の問題となります。

具体的修正の方法

《法人税の修正》

⑴　税抜経理の場合

貴社は確定した決算で次の仕訳を行っています。

（借方）現　　金　　　216,000円　　（貸方）雑　　益　　　216,000円

そして，消費税等の申告において貸倒債権の回収に係る消費税額の調整を行っていなかったことから，貸借対照表に計上された未払消費税等の金額は，債権回収額に係る納付すべき消費税額等の16,000円が過少に計上されていたことになります。

そのため，確定申告を正しく行っていれば，消費税等の納付税額16,000円に対して期末の仮受・仮払消費税の清算で次の仕訳が行われていなければならなかったことになります。

（借方）雑　　損　　　16,000円　　（貸方）未払消費税等　　　16,000円

しかし，消費税等の修正に基づく法人税の調整事項は，雑損認容として所得減算となりますので，消費税等の修正申告を行った後速やかに，更正の請求等により法人税の減額更正を税務署長に対してお願いすることになります。

なお，上記修正部分を別表四，別表五(一)で記載すれば，次のようになります。

第10章 貸倒損失　*281*

別表四

区　　　　　分	総　　額	処　　分		
		留　　保	社外流出	
	①	②	③	
加算				
減算　雑　　　　損	16,000	16,000		

別表五（一）

区　　分	期首現在利益積立金額	当期の増減		翌期首利益積立金額
		減	増	
	①	②	③	④
未払消費税等			△　　16,000	△　　　　16,000

▷**当期の処理**◁

　消費税等の修正による税額は基本的に損金経理で納付することになり，当期損金とした消費税等を申告調整で所得金額に加算し，法人税の減額更正を受けた後の別表五(一)の未払消費税等の金額を消去します。

(2)　税込経理の場合

　消費税等の申告において貸倒債権の回収に係る消費税額の調整を行っていなかった場合の法人税への影響は，上記(1)税抜経理の場合で解説したとおり，仮受・仮払消費税等の期末清算の問題であって，税込経理の場合には，消費税等の修正申告を行った事業年度に増加した消費税等の額を損金の額に算入すればよいことになりますから，法人税の調整は必要ありません。

▷**当期の処理**◁

　消費税等の修正申告書を提出した当期において，増加した消費税等の額を損金の額に算入すればよいことになります。

《消費税の修正》

　貸倒れに係る消費税額の控除の規定の適用を４％で受けた後にその適用を受

けた債権の全部又は一部が回収された場合には，その回収された金額の110分の7.8（3％で控除したものは103分の3，4％で控除したものは105分4，6.3％で控除したものは108分の6.3及び軽減税率対象分は108分の6.24）は課税資産の譲渡等に係る消費税額とみなして消費税等の申告を行うこととされています。

　したがって，過年度に貸倒れとして処理を行い貸倒れに係る消費税額の控除を受けていた売掛債権が回収された場合には，その回収された金額を税込対価の額として消費税額の調整を行うこととされています（消法39③）。

　そのため，債権回収額216,000円に108分の6.3を乗じた12,600円の消費税額及び消費税額に63分の17を乗じた3,400円の地方消費税額の合計額である16,000円の消費税額等の修正が必要となります。

第11章

リース取引

1 リース取引の概要と経緯

　多くの資産を保有する企業にあっては，取得資金の調達や信用力の問題，又は償却費が損益に与える影響などの面から，資産を自己保有せずリースとして借り受けるケースが多々見受けられます。

　日本でも昭和50年前後からリース取引が活発に行われるようになりましたが，資産を自己保有する場合とリースとして借り受ける場合とでその資産の利用に関する実質的な経済価値に違いがないにもかかわらず，自己保有の資産に係る減価償却費とリース取引による支払リース料として損金の額に算入される金額に差が発生し課税上の弊害が生じる取引が散見されるなど，リース取引に係る問題が見受けられるようになりました。

　リース取引は物融といわれるように，その実質はリース資産を担保とする資金の融通と考えることができますが，法形式上は賃貸借取引であること，事務処理の煩雑さや課税上の弊害等を考慮して一定のリース取引については通常の賃貸借と同様に取り扱うこととする，いわゆる昭和53年リース通達が発遣されました。その後貸主側で課税上の弊害があるリース取引（いわゆる「レバレッジド・リース取引」）が散見されるようになったことから昭和63年リース通達が発遣されました。その後これらの通達の考え方はそのままに，平成10年度税制改正により政令規定とされました。

　一方，企業会計では，平成5年6月に，賃貸借取引として認められているリース取引にはその経済的実態が物件を売買した場合と同様の状態にあると認められるものが増加しており，その会計処理を見直す必要があるとして「リース取引に係る会計基準に関する意見書」及び「リース取引に関する会計基準」（以下「会計基準」といいます。）が出され，ディスクローズの観点からリース債務（将来支払いが生じるリース料債務）の開示が求められるようになり，

決算書への注記等でその額を明示するなどの対応が図られていましたが，平成19年3月30日に改正されたリース取引に関する会計基準で，ファイナンス・リース取引については通常の売買取引に係る方法に準じて会計処理を行うこととされ，平成20年4月1日以後開始する事業年度から適用されることとされました。

　税務においても，この会計基準の変更を受けて，平成19年度税制改正でファイナンス・リース取引はリース資産の引渡しの時にリース資産の売買があったものとして所得の計算をすることとされ，平成20年4月1日以後締結されるリース契約から適用することとされました。

　なお，平成20年3月31日までに締結されたリース契約に係るリース取引については，従前のとおり賃貸借取引，売買取引又は金融取引となります。

2　リース取引に関する税務上の取扱い

《法人税の取扱い》

　法人がファイナンス・リース取引を行った場合には，そのリース取引の目的となる資産（リース資産）の賃貸人から賃借人への引渡しの時にリース資産の売買があったものとして，賃貸人又は賃借人である法人の各事業年度の所得の金額を計算することとされています（法法64の2①）。

　ただし，リース・バック取引が行われた場合において，資産の種類，売買や賃貸に至るまでの事情その他の状況からして実質的に金銭の貸借であると認められるときは資産の譲渡はなかったものとし，売買代金相当額は金銭の貸付けがあったものとなります（法法64の2②）。

(1)　リース取引の定義

　法人税法で売買があったものとみなされるファイナンス・リース取引とは，

286

資産の賃貸借（所有権が移転しない土地の賃貸借その他の政令で定めるものは除かれます。）で，次の①及び②に掲げる要件に該当するものをいいます（法法64の2③）。

① 賃貸借に係る契約が，賃貸借期間の中途においてその解除をすることができないものであること又はこれに準ずるものであること。

これに準ずるものとは，例えば次に掲げるものをいいます（法基通12の5－1－1）。

イ 資産の賃貸借に係る契約に解約禁止条項がない場合であって，賃借人が契約違反をした場合又は解約をする場合において，賃借人が，当該賃貸借に係る賃貸借期間のうちの未経過期間に対応するリース料の額の合計額のおおむね全部（原則として100分の90以上）を支払うこととされているもの

ロ 資産の賃貸借に係る契約において，当該賃貸借期間中に解約をする場合の条項として次のような条件が付されているもの

(イ) 賃貸借資産（当該賃貸借の目的となる資産をいう。）を更新するための解約で，その解約に伴いより性能の高い機種又はおおむね同一の機種を同一の賃貸人から賃貸を受ける場合は解約金の支払を要しないこと

(ロ) 上記(イ)以外の場合には，未経過期間に対応するリース料の額の合計額（賃貸借資産を処分することができたときは，その処分価額の全部又は一部を控除した額）を解約金とすること

② 賃貸借に係る賃借人がその賃貸借に係る資産からもたらされる経済的な利益を実質的に享受することができ，かつ，その資産の使用に伴って生ずる費用を実質的に負担すべきこととされているものであること

この場合の資産の使用に伴って生ずる費用を実質的に負担すべきものとされているものとは，資産の賃貸借につき，その賃貸借期間（当該資産の賃貸借に係る契約の解除をすることができないものとされている期間に限りま

す。）において賃借人が支払う賃借料の金額の合計額がその資産の取得のために通常要する価額（当該資産を事業の用に供するために要する費用の額を含む。）のおおむね100分の90に相当する金額を超える場合をいいます（法令131の2②）。

この場合，おおむね100分の90の判定に当たって，次の点については次のとおり取り扱うことに留意することとされています（法基通12の5－1－2）。

イ　資産の賃貸借に係る契約等において，賃借人が賃貸借資産を購入する権利を有し，その権利の行使が確実であると認められる場合には，その権利の行使により購入するときの購入価額をリース料の額に加算します。この場合，その契約書等に購入価額についての定めがないときは，残価に相当する金額を購入価額とします。

　　(注)　残価とは，賃貸人におけるリース料の額の算定に当たって賃貸借資産の取得価額及びその取引に係る付随費用（賃貸借資産の取得に要する資金の利子，固定資産税，保険料等その取引に関連して賃貸人が支出する費用をいいます。）の額の合計額からリース料として回収することとしている金額の合計額を控除した残額をいいます。

ロ　資産の賃貸借に係る契約等において，中途解約に伴い賃貸借資産を賃貸人が処分し，未経過期間に対応するリース料の額からその処分価額の全部又は一部を控除した額を賃借人が支払うこととしている場合には，当該全部又は一部に相当する金額を賃借人が支払うこととなる金額に加算します。

税務上のファイナンス・リース取引は，資産の賃貸借から「所有権が移転しない土地の賃貸借その他の政令で定める取引」が除かれていますが，この除かれている取引とは，土地の賃貸借のうち，法人税法施行令第138条（借地権の設定等により地価が著しく低下する場合の土地等の帳簿価額の一部の損金算入）の規定の適用のあるもの及び次に掲げる要件（これらに準ずるものを含みます。）のいずれにも該当しないものとされています（法令131の2①）。

①　土地の賃貸借に係る契約において定められている当該賃貸借の期間の終了

の時又はその賃貸借期間の中途において，土地が無償又は名目的な対価の額で賃借人に譲渡されるものであること

② 土地の賃貸借に係る賃借人に対し，賃貸借期間終了の時又は賃貸借期間の中途においてその土地を著しく有利な価額で買い取る権利が与えられているものであること

また，上記①及び②に準ずるものに該当する土地の賃貸借とは，例えば，次に掲げるものをいいます（法基通12の5－1－3）。

イ 賃貸借期間の終了後，無償と変わらない名目的な賃料によって更新することが賃貸借契約において定められている賃貸借（契約書上そのことが明示されていない賃貸借であって，事実上，当事者間においてそのことが予定されていると認められるものを含みます。）

ロ 賃貸人に対してその賃貸借に係る土地の取得資金の全部又は一部を貸し付けている金融機関等が，賃借人から資金を受け入れ，その資金をして賃借人の賃借料等の債務のうち賃貸人の借入金の元利に対応する部分の引受けをする構造になっている賃貸借（ディフィーザンス（債務引受け）を利用したリース取引）

⑵ リース・バック取引に係る取扱い

ファイナンス・リース取引に該当するリース取引のうちリース・バック取引（所有する資産を賃貸人に譲渡し即座にその物件のリースを受ける取引をいいます。）を行った場合において，資産の種類，売買及び賃貸に至るまでの事情その他の状況に照らし，これら一連の取引が実質的に金銭の貸借であると認められるときは，その資産の売買はなかったものとし，かつ，譲受人から譲渡人に対する金銭の貸付けがあったものとして，譲受人又は譲渡人である内国法人の各事業年度の所得の金額を計算することとされています（法法64の2②）。

一連の取引が実質的に金銭の貸借であると認められるときに該当するかどう

かは，取引当事者の意図，その資産の内容等から，その資産を担保とする金融取引を行うことを目的とするものであるかどうかにより判定します。したがって，例えば，次に掲げるようなものは，金銭の貸借取引には該当しません（法基通12の5－2－1）。

① 譲渡人が資産を購入し，その資産をリース契約により賃借するために譲受人に譲渡する場合において，譲渡人が譲受人に代わり資産を購入することに次に掲げるような相当な理由があり，かつ，その資産につき，立替金，仮払金等の仮勘定で経理し，譲渡人の購入価額により譲受人に譲渡するもの

    イ 多種類の資産を導入する必要があるため，譲渡人において資産を購入した方が事務の効率化が図られること

    ロ 輸入機器のように通関事務等に専門的知識が必要とされること

    ハ 既往の取引状況に照らし，譲渡人が資産を購入した方が安く購入できること

② 法人が事業の用に供している資産について，資産の管理事務の省力化等のために行われるもの

　リース・バック取引が実質的に金銭の貸借であると認められるときにおいて，その資産の売買により譲渡人が譲受人から受け入れた金額は，借入金の額として取り扱い，譲渡人がリース期間（リース契約において定められた賃貸借期間をいう。）中に支払うべきリース料の額の合計額のうちその借入金の額に相当する金額については，借入金の返済をすべき金額（元本返済額）として取り扱います。この場合において，譲渡人が各事業年度に支払うリース料の額に係る元本返済額とそれ以外の金額（利息相当額）との区分は，通常の金融取引における元本と利息の区分計算の方法に準じて合理的にこれを行いますが，譲渡人が当該リース料の額のうちに元本返済額が均等に含まれているものとして処理しているときは，その処理も認められます（法基通12の5－2－2）。

リース・バック取引が実質的に金銭の貸借であると認められるときにおいて，その資産の売買により譲受人が譲渡人に支払う金額は，貸付金の額として取り扱い，譲受人がリース期間中に収受すべきリース料の額の合計額のうちその貸付金の額とした金額に相当する金額については，当該貸付金の返済を受けた金額として取り扱われます。この場合において，譲受人が各事業年度に収受するリース料の額に係る貸付金の返済を受けたものとされる金額（元本返済額に相当する金額）とそれ以外の金額（利息相当額）との区分は，通常の金融取引における元本と利息の区分計算の方法に準じて合理的にこれを行いますが，譲受人が，リース料の額のうち貸付金の返済を受けたものとされる金額が各月のリース料の額に均等に含まれているものとして処理しているとき（貸付金の額をリース期間の月数で除した金額を各月の元本返済相当額とする処理）は，その処理が認められます（法基通12の5－2－3）。

リース取引の概要図

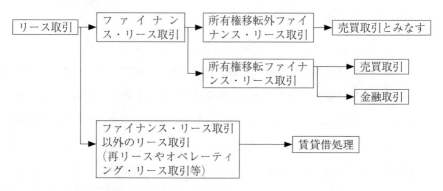

(3) **借手の処理**

① **賃借人が取得したリース資産の減価償却**

売買があったものとされるファイナンス・リース取引により取得したリース資産は，原則としてリース期間定額法により減価償却を行います。

第11章　リース取引　*291*

　リース期間定額法とは，リース資産の取得価額（当該取得価額に残価保証額に相当する金額が含まれている場合には，当該取得価額から当該残価保証額を控除した金額）を当該リース資産のリース期間の月数で除して計算した金額にその事業年度におけるリース期間の月数を乗じて計算した金額を各事業年度の償却限度額とする方法をいいます（法令48の2①六）。

　減価償却費については原則として償却費としての損金経理を要件としています。しかし，リース取引により売買があったものとされたリース資産について，自己の資産としての経理処理をせず賃貸借のまま経理処理をしていた場合には，償却費としての損金経理の要件を満たさないことになりますが，賃借人が賃借料として損金経理をした金額又はリース・バック取引が金融取引とされ実質的に金銭の貸付けがあったものとされた場合の資産につき譲渡人が賃借料として損金経理をした金額は，いずれも償却費として損金経理をした金額に含まれることとされています（法令131の2③）。

　また，法人税法第64条の2第1項の規定により売買とみなされたリース資産について，法人税法施行令第131条の2第3項の規定により賃借料として損金経理した金額が償却費として損金経理したものに含まれるとされた金額については，申告書に償却費の明細書（別表十六(四)）を添付することが省略できます（法令63①）。つまり，リース取引をした場合に借主が賃貸借取引として支払リース料を費用とする経理処理を行っている場合には，原則としてその処理がそのまま認められることになります。

②　リース期間定額法の対象となるリース資産

　リース期間定額法の対象となるリース資産とは，所有権移転外リース取引に係る賃借人が取得したものとされる減価償却資産をいいます（法令48の2⑤四）。そして，この所有権移転外リース取引とは，上記(1)に規定するファイナンス・リース取引のうち，次のイからハまでのいずれかに該当するもの（これらに準

292

ずるものを含みます。）以外のものをいいます（法令48の2⑤五）。

　なお，これらに準ずるものとして所有権移転外ファイナンス・リース取引に該当しないものとは，例えば，リース期間の終了後，無償と変わらない名目的な再リース料によって再リースをすることがリース契約において定められているリース取引（リース契約書上そのことが明示されていないリース取引であって，事実上，当事者間においてそのことが予定されていると認められるものを含みます。），又は賃貸人に対してそのリース取引に係るリース資産の取得資金の全部又は一部を貸し付けている金融機関等が，賃借人から資金を受け入れ，その資金をして賃借人のリース料等の債務のうち賃貸人の借入金の元利に対応する部分の引受けをする構造になっているリース取引（ディフィーザンス（債務引受け）を利用したリース取引）が該当します（法基通7－6の2－1）。

イ　リース期間終了の時又はリース期間の中途において，リース資産が無償又は名目的な対価の額で賃借人に譲渡されるものであること

ロ　賃借人に対し，リース期間終了の時又はリース期間の中途においてリース資産を著しく有利な価額で買い取る権利が与えられているものであること

　　(注)　リース期間終了の時又はリース期間の中途においてリース資産を買い取る権利が与えられているリース取引について，賃借人がそのリース資産を買い取る権利に基づきリース資産を購入する場合の対価の額が，賃貸人において当該リース資産につき耐用年数を基礎として定率法により計算するものとした場合におけるその購入時の未償却残額に相当する金額（未償却残額がリース資産の取得価額の5％相当額を下回る場合には，5％相当額）以上の金額とされている場合は，対価の額が権利行使時の公正な市場価額に比し著しく下回るものでない限り，対価の額は著しく有利な価額に該当しないものとされます（法基通7－6の2－2）。

ハ　リース資産の種類，用途，設置の状況等に照らし，そのリース資産がその使用可能期間中賃借人によってのみ使用されると見込まれるものであること又はリース資産の識別が困難であると認められるものであること

　　(注)1　次に掲げるリース取引は，「その使用可能期間中賃借人によってのみ使用されると見込まれるものに該当することに留意する」とされています（法基通7－6の2－3）。

第11章 リース取引　*293*

① 建物，建物附属設備又は構築物（建設工事等の用に供する簡易建物，広告用の構築物等で移設が比較的容易に行い得るもの又は賃借人におけるそのリース資産と同一種類のリース資産に係る既往のリース取引の状況，リース資産の性質その他の状況からみて，リース期間の終了後にリース資産が賃貸人に返還されることが明らかなものを除きます。）を対象とするリース取引

② 機械装置等で，その主要部分が賃借人における用途，その設置場所の状況等に合わせて特別な仕様により製作されたものであるため，賃貸人がリース資産の返還を受けて再び他に賃貸又は譲渡することが困難であって，その使用可能期間を通じて当該賃借人においてのみ使用されると認められるものを対象とするリース取引

2 次に掲げる機械装置等を対象とするリース取引は，上記**(注)1**②に定めるリース取引には該当しません（法基通7－6の2－4）。

① 一般に配付されているカタログに示された仕様に基づき製作された機械装置等

② その主要部分が一般に配付されているカタログに示された仕様に基づき製作された機械装置等で，その附属部分が特別の仕様を有するもの

③ ①及び②に掲げる機械装置等以外の機械装置等で，改造を要しないで，又は一部改造の上，容易に同業者等において実際に使用することができると認められるもの

3 機械装置等を対象とするリース取引が，リース資産の耐用年数の100分の80に相当する年数（1年未満の端数がある場合には，その端数を切り捨てます。）以上の年数をリース期間とするものである場合は，そのリース取引はその使用可能期間中賃借人によってのみ使用されると見込まれるものには該当しないものとして取り扱うことができます（法基通7－6の2－5）。

4 リース資産の識別が困難であると認められるものかどうかは，賃貸人及び賃借人において，そのリース資産の性質及び使用条件等に適合した合理的な管理方法によりリース資産が特定できるように管理されているかどうかにより判定します（法基通7－6の2－6）。

ニ　リース期間がリース資産の減価償却資産の耐用年数に比して相当短いもの

（賃借人の法人税の負担を著しく軽減することになると認められるものに限ります。）であること

(注)1　「相当短いもの」とは，リース期間がリース資産の耐用年数の100分の70（耐用年数が10年以上のリース資産については，100分の60）に相当する年数（1年未満の端数がある場合には，その端数を切り捨てます。）を下回る期間であるものをいいます（法基通7－6の2－7）。

この場合，一のリース取引において耐用年数の異なる数種の資産を取引の対象としている場合（当該数種の資産について，同一のリース期間を設定している場合に限ります。）において，それぞれの資産につき耐用年数を加重平均した年数（賃借人における取得価額をそれぞれの資産ごとに区分した上で，その金額ウェイトを計算の基礎として算定した年数をいいま

す。）により判定を行っているときは，それが認められます。

　　また，再リースをすることが明らかな場合には，リース期間に再リース
の期間を含めて判定します。
2　賃借人におけるそのリース資産と同一種類のリース資産に係る既往のリ
ース取引の状況，そのリース資産の性質その他の状況からみて，リース期
間の終了後にそのリース資産が賃貸人に返還されることが明らかなリース
取引については，「賃借人の法人税の負担を著しく軽減することになると認
められるもの」には該当しません（法基通7－6の2－8）。

　したがって，所有権移転外リース取引に該当しないリース資産については，
賃借人である法人がそのリース資産と種類を同じくする減価償却資産について
採用している減価償却の方法（定額法や定率法など）によることになります。

③　リース資産の取得価額

　賃借人におけるリース資産の取得価額は，原則としてそのリース期間中に支
払うべきリース料の額の合計額によります。ただし，リース料の額の合計額の
うち利息相当額から成る部分の金額を合理的に区分することができる場合には，
リース料の額の合計額から利息相当額を控除した金額をリース資産の取得価額
とすることができます（法基通7－6の2－9）。この場合，再リース料の額は，
原則として，リース資産の取得価額に算入しませんが，再リースをすることが
明らかな場合には，再リース料の額は，リース資産の取得価額に含めて計算し
ます。また，リース資産を事業の用に供するために賃借人が支出する付随費用
の額は，リース資産の取得価額に含まれます。そして，利息相当額を区分した
場合には，その利息相当額は利息法又は定額法により損金の額に算入します。

④　リース期間終了後に再リースを行った場合

　リース契約において再リース料など再リースに関する規定が定められている
場合であっても，再リースをすることが明らかでない限り再リース料はリース
資産の取得価額に含める必要はないこととされています。この場合，基本リー

ス期間終了後に再リースを行った場合には，再リースはファイナンス・リース
の要件を満たすことはありませんから，再リース期間が売買とされるリース取
引に該当することにはならないでしょう。そうすると，再リース料は通常１年
間の前払いであって短期の前払費用の取扱い（法基通２－２－14）により支払
うべき日の損金の額として処理することができます。

　なお，当初から再リースをすることが明らかな場合には，その明らかな再リー
ス期間に係る再リース料の額をリース資産の取得価額に含めることになりま
す。そして，リース期間定額法による償却期間は基本リース期間に再リース期
間を含めた期間となります（法基通７－６の２－13）。

⑤　リース期間終了後にリース資産を購入した場合

　賃借人がリース期間終了の時にそのリース取引の目的物であった資産を購入
した場合（そのリース取引が前記②のイ，ロに該当するもの又はこれらに準ず
るものを除きます。）には，その購入の直前におけるその資産の取得価額にそ
の購入代価の額を加算した金額を取得価額とし，その資産に係るその後の償却
限度額は，次に掲げる区分に応じ，それぞれ次により計算します（法基通７－
６の２－10）。

イ　購入した資産に係るリース取引が所有権移転リース取引（所有権移転外リー
　ス取引に該当しないリース取引をいう。）であった場合は，引き続きその
　資産について採用している償却の方法により計算します。

ロ　購入した資産に係るリース取引が所有権移転外リース取引であった場合は，
　法人が当該資産と同じ資産の区分である他の減価償却資産（リース資産に該
　当するものを除きます。）について採用している償却の方法に応じ，それぞ
　れ次により計算します。

　(イ)　その採用している償却の方法が定率法である場合　その資産と同じ資産
　　の区分である他の減価償却資産に適用される耐用年数に応ずる償却率，改

定償却率及び保証率により計算します。

㈠　その採用している償却の方法が定額法である場合　その購入の直前にお
けるその資産の帳簿価額にその購入代価の額を加算した金額を取得価額と
みなし，その資産と同じ資産の区分である他の減価償却資産に適用される
耐用年数からその資産に係るリース期間を控除した年数（その年数に１年
未満の端数がある場合には，その端数を切り捨て，その年数が２年に満た
ない場合には，２年とします。）に応ずる償却率により計算します。

　　(注)　事業年度の中途にリース期間が終了する場合のその事業年度の償却限度
額は，リース期間終了の日以前の期間につきリース期間定額法により計算
した金額とリース期間終了の日後の期間につきロにより計算した金額の合
計額によります。

⑥　**リース資産に係る資本的支出**

　リース資産について借手が資本的支出をした場合には，その資本的支出につ
いてリース資産と種類及び耐用年数を同じくする減価償却資産を新たに取得し
たものとして処理することになりますが（法令55①），その資本的支出により
新たに取得した資産はリース資産に該当するものとされ，かつ，リース期間は
資本的支出をしたリース資産の残存リース期間（資本的支出をした日からその
リース資産のリース期間の終了の日までの期間）で償却します。

⑷　**貸手の処理**

① **リース取引の貸主側の取扱い**

　法人がリース取引を行った場合には，そのリース取引の目的となる資産（リ
ース資産）の賃貸人から賃借人への引渡しの時にリース資産の売買があったも
のとして，賃貸人又は賃借人である法人の各事業年度の所得の金額を計算する
こととされていますから，ファイナンス・リース取引に該当する契約に基づき
リース資産を譲渡（リース譲渡）した場合には，原則として，リース資産の引

渡しがあった日において譲渡利益を計上することになりますが，一時の収益とせず収益の額又は費用の額を延払基準の方法により経理した場合には，譲渡益を賦払金割合に応じて収益の額とすることができます（法法63）。

この場合のリース取引は，前記(1)のリース取引の定義に規定するファイナンス・リース取引（法人税法第64条の２第３項の規定の適用があるもの）がこれに該当しますから，所有権移転外リース取引に限らず所有権移転リース取引も対象となります。

なお，リース譲渡に係る収益の額のうち利息相当額は利息法により収益計上することも認められます（法法63①②，法令124①二）。

②　リース期間終了後に賃貸人がリース資産の返還を受けた場合

リース契約は法的には賃貸借の一形態であることから，リース期間が終了した場合にはリース資産は賃貸人に返還されます。しかし，賃貸人がそのリース物件の返還を受けても他に転用することはありませんから，通常は返還を受けてもすぐに廃棄するか，賃借人に処分を依頼してリース取引を終了するのが一般的です。

ただし，再リース契約の定めがあるときでその再リースが行われる場合には，リース資産が賃貸人に返還され直ちに貸付けがされるということになります。そして再リースはファイナンス・リースの要件を満たさないことから税務上賃貸借として処理を行うことになります。そうすると，再リースを行う場合には，当初リース開始時に売却したリース資産を賃貸人が取得することになりますので，その取得価額及び取得したリース資産の耐用年数の問題があります。

イ　リース期間の終了に伴い賃貸人が賃借人からそのリース取引の目的物であった資産の返還を受けた場合には，賃貸人はリース期間終了の時に資産を取得したものとします。この場合の資産の取得価額は，原則として，返還を受けた時の価額（時価）となります（法令54①六）。ただし，リース資産に係る

リース契約に残価保証額の定めがある場合におけるその資産の取得価額は，その残価保証額とします（法基通7－6の2－11）。

(注) 残価保証額とは，リース期間終了の時にリース資産の処分価額がリース取引に係る契約において定められている保証額に満たない場合にその満たない部分の金額を当該リース取引に係る賃借人その他の者がその賃貸人に支払うこととされている場合における当該保証額をいいます。

ロ　リース期間の終了に伴い賃貸人が賃借人からそのリース資産を取得した場合におけるその資産の耐用年数は，次のいずれかの年数によることができることとされています（法基通7－6の2－12）。

　(イ)　当該資産につき適正に見積ったその取得後の使用可能期間の年数

　(ロ)　次の場合の区分に応じそれぞれ次に掲げる年数（その年数に1年未満の端数がある場合は，その端数を切り捨て，その年数が2年に満たない場合には，2年とする。）

　　i　当該資産に係るリース期間が当該資産について定められている耐用年数以上である場合は，当該耐用年数の20％に相当する年数

　　ii　当該資産に係るリース期間が当該資産について定められている耐用年数に満たない場合は，当該耐用年数からリース期間を控除した年数に，当該リース期間の20％に相当する年数を加算した年数

③　リース資産に係る資本的支出

リース資産について貸手が資本的支出をした場合の税務上の取扱いについて明確な規定はありません。また，リース契約において維持管理上の費用負担を貸手が行うこととしているリース契約もありますが，通常発生する修繕等の維持管理費を貸手が負担するリース契約は一般的にはオペレーティング・リース取引に該当し，ファイナンス・リース取引には該当しないケースが多いものと考えます。オペレーティング・リース取引であればリース料は賃貸借と同様に支払時の費用となり，貸手が保有する資産に貸手が行った資本的支出であるこ

とから，通常の資本的支出と同様の処理になります。

　これに対して，リース契約の当初から資本的支出を予定したリース取引はなく，事後的に借手の都合によりファイナンス・リース取引に該当するリース物件に資本的支出を行わざるを得ない状況が生じ，その資本的支出に相当する金額を貸手が負担した場合には，その負担した金額に相当する金額を残存リース期間のリース料の額に上乗せをしてリース料の対価の修正を行うのではないかと考えます。そうすると，リース料の対価の額について増額修正した金額を対価としてその増額修正契約したときに資本的支出部分のリース資産を譲渡したものとして処理するようになるでしょう。

《消費税の取扱い》

　リース取引については，法人税の取扱いとして上記のとおり売買取引，金融取引又は賃貸借取引（再リース部分やオペレーティングリース取引など）のいずれかに該当することとされますが，消費税においても，リース取引が所得税又は法人税の課税所得の計算における取扱いの例により判定することとされています（消基通5－1－9）。

　したがって，リース取引が売買とされた場合には，リース期間中に支払われるリース料の総額が資産の譲渡の対価となります。ただし，消費税法第16条のリース譲渡に係る資産の譲渡等の時期の特例の規定の適用がありますから，リース料の受取りに併せて課税売上げを計上することも認められています。

　また，リース取引が金融取引に該当するときは，リース資産の譲渡代金の支払の時に金銭の貸付けがあったこととして処理することになります。

③ 事例の解説と具体的修正の方法

事例33　リースバック取引が金融取引とされた場合

当社は３月決算の法人ですが，前期の９月に次のとおり中古の機械装置をリース会社に譲渡し，当該機械装置をリースとして借り受けました。

期首帳簿価額	13,500,000円（耐用年数10年：定率法により償却）
譲渡時の帳簿価額	12,150,000円
	（期首帳簿価額との差額1,350,000円は期中の減価償却費）
譲渡価額	19,800,000円（税込み）
リース期間	３年（36か月）
リース料の総額	23,364,000円（税込み）

ところが，税務調査において当該取引は中古資産のリースバック取引に該当しその実質は金融取引であるから，譲渡はなかったものとなる旨の指摘を受けました。

具体的修正の方法

中古資産のリースバック取引が実質的に金融取引と認められるときは，賃借人においては資産を譲渡したとして受領した売買代金がリース会社からの借入金として，リース期間中に支払うことになる総リース料の金額については借入金の元本の返済と支払利息に区分して処理することになります。

この場合，各月の支払リース料の額に係る元本返済額と支払利息との区分は，通常の金融取引における元本と利息の区分計算の方法に準じて合理的に行うことになりますが，賃借人が各月の支払リース料の額のうちに元本返済額が均等に含まれているものとして処理しているときは，その処理は認められます（法基

第11章 リース取引　*301*

通12の5-2-2）。

　なお，リース取引が金融取引とされた場合，取引当事者間における契約はリース契約となっていることからリース料に対して消費税等の8％相当額を授受していますが，金融取引であれば金銭の貸付けとして消費税が非課税とされることから，税務調査で指摘されたことに伴い，消費税の対象外取引として当事者間で契約を修正することも考えられます。本問については当事者間で契約の修正がないものとして以下の処理を解説します。また，事例に係る所得金額の異動については所得金額の減額ですから，この部分だけであれば修正申告書を提出することにはならず減額更正処分の対象となります。

《法人税の修正》

(1)　税抜経理の場合

　貴社は前期に次の仕訳を行っていたものと思われます。

① 　期中の減価償却費の計上

　（借方）減価償却費　　1,350,000円　　　（貸方）機械装置　　　　1,350,000円

② 　売却時の仕訳

　（借方）現預金　　　19,800,000円　　　（貸方）機械装置　　　12,150,000円

　　　　　　　　　　　　　　　　　　　　　　　　仮受消費税等　　1,800,000円

　　　　　　　　　　　　　　　　　　　　　　　　固定資産譲渡益　5,850,000円

③ 　支払リース料の仕訳

　（借方）支払リース料　3,540,000円　　　（貸方）現預金　　　　3,894,000円

　　　　　仮払消費税等　　354,000円

　ところで，税務調査の指摘により②の譲渡がなかったとして，譲渡により受領した金額を借入金の元本として処理することになりますので，この修正を仕訳で示すと次のようになります。

　（借方）機械装置　　　12,150,000円　　　（貸方）借入金　　　19,800,000円

仮受消費税等　1,800,000円

固定資産譲渡益　5,850,000円

　そして，支払リース料を元本の返済額と支払利息とに区分しますが，各月の支払リース料の額のうちに元本返済額が均等に含まれているものとして処理したとするとリース料の総額23,364,000円から元本金額19,800,000円を差し引いた3,564,000円が３年間における利息の総額となり，１月当たりの支払利息は99,000円となります。

　そうすると，貴社が前期に支出したリース料3,894,000円（税込み）のうち3,300,000円が元本の返済額，594,000円が利息の支払額となります。

　また，機械装置の売却が否認されたことにより，前期の10月から３月までの減価償却費が計上されていないことになりますが，貴社が支払リース料として損金経理した金額（3,823,200円）のうち支払利息として損金となる金額以外の金額3,240,000円が償却費として損金経理した金額として認められることになります。

　この場合の修正を仕訳で示すと次のようになります。

（借方）借入金	3,300,000円	（貸方）支払リース料	3,540,000円
支払利息	594,000円	仮払消費税等	354,000円
減価償却費	3,300,000円	機械装置	3,300,000円

　そして，当期における機械の償却限度額は次の算式のとおり2,700,000円となりますが，すでに1,350,000円を償却費として計上していますので，その差額である1,350,000円が10月から３月までの期間に対応する償却限度額となり，上記の損金経理した金額と認められる金額3,300,000円のうち1,950,000円が償却限度超過額となります。

（算式）　$\underset{\text{（期首帳簿価額）}}{13,500,000円} \times \underset{\text{（償却率）}}{0.200} \times \frac{12}{12} = \underset{\text{（償却限度額）}}{2,700,000円}$

　これらを修正する場合には，固定資産譲渡益を所得金額から減算するとともに，減価償却超過額となる金額を所得金額に加算することになりますので，別

第11章 リース取引 *303*

表四及び別表五(一)の記載は次のようになります。

別表四

区　　　分	総　　額	処　　　分		
		留　　保	社 外 流 出	
	①	②	③	
加算　減価償却超過額	1,950,000	1,950,000		
減算　固定資産譲渡益	5,850,000	5,850,000		

別表五（一）

区　　分	期 首 現 在利益積立金額	当 期 の 増 減		翌 期 首 利 益積 立 金 額
		減	増	
	①	②	③	④
機 械 装 置		3,300,000	12,150,000	8,850,000
減価償却超過額			1,950,000	1,950,000
仮受消費税等		1,800,000	1,800,000	
仮払消費税等		△ 354,000	△ 354,000	
未収還付消費税等			1,446,000	1,446,000
借 入 金		△ 3,300,000	△19,800,000	△ 16,500,000

(注) 未収還付消費税等の額1,446,000円は，②の仕訳による仮受消費税等の金額1,800,000円から③の仕訳による仮払消費税等の金額354,000円を控除した残額です。

▷当期の処理◁

当期において前期の否認内容について次のように受け入れたときは，別表四での修正は不要ですが，別表五(一)に記載された税務否認額を消去する次のような処理が必要となります。

（借方）機械装置　　10,800,000円　　（貸方）借入金　　　　16,500,000円

　　　　未収還付消費税　1,446,000円

　　　　利益剰余金　　4,254,000円

304

別表五（一）　　　　　　Ⅰ　利益積立金額の計算に関する明細書

区　分	期首現在利益積立金額	当期の増減		差引翌期首現在利益積立金額
		減	増	
	①	②	③	④
機械装置	8,850,000	8,850,000		
減価償却超過額	1,950,000	1,950,000		
借　入　金	△ 16,500,000	△16,500,000		
未収還付消費税等	1,446,000	1,446,000		
利益剰余金	※　4,254,000	4,254,000		

(注)　受入仕訳の機械装置10,800,000円は別表五（一）の機械装置8,850,000円と減価償却超過額1,950,000円の合計額です。別表五（一）の利益剰余金期首現在利益積立金額4,254,000円は，会計上の変更及び誤謬の訂正に関する会計基準，会計上の変更及び誤謬の訂正に関する会計基準の適用指針に基づく過年度利益剰余金の修正額（受入仕訳による利益剰余金の増加額）を表しています。

　前期の調査による修正で別表五（一）に計上された機械装置（減価償却超過額）と借入金並びに未収還付消費税等の額を当期における修正仕訳で受け入れたことから，別表五（一）に計上された金額をゼロとします。

　なお，当期において受入処理を行わない場合には，当期損金とした支払リース料を借入金の元本の返済と支払利息とに区分し，減価償却超過額の算出をした上で前期と同様に減価償却超過額を所得金額に加算する申告調整を行います。

(2)　税込経理の場合

　貴社は前期に次の仕訳を行っていたものと思われます。

①　期中の減価償却費の計上

（借方）減価償却費　　1,350,000円　　　（貸方）機械装置　　1,350,000円

②　売却時の仕訳

（借方）現預金　　19,800,000円　　　（貸方）機械装置　　12,150,000円

固定資産譲渡益　　7,650,000円

③　支払リース料の仕訳

（借方）支払リース料　3,894,000円　　（貸方）現預金　　　　　3,894,000円

　ところで，調査の指摘により②の譲渡がなかったとして，譲渡により受領した金額を借入金の元本として処理することになりますので，この修正を仕訳で示すと次のようになります。

（借方）機械装置　　12,150,000円　　（貸方）借入金　　　　19,800,000円

　　　　固定資産譲渡益　7,650,000円

　そして，支払リース料を元本の返済額と支払利息とに区分しますが，各月の支払リース料の額のうちに元本返済額が均等に含まれているものとして処理したとするとリース料の総額23,364,000円から元本金額19,800,000円を差し引いた3,564,000円が3年間における利息の総額となり，1月当たりの支払利息は99,000円となります。

　そうすると，貴社が前期に支出したリース料3,894,000円（税込み）のうち3,300,000円が元本の返済額，594,000円が利息の支払額となります。

　また，機械装置の売却が否認されたことにより，前期の10月から3月までの減価償却費が計上されていないことになりますが，貴社が支払リース料として損金経理した金額（3,894,000円）のうち支払利息として損金となる金額（594,000円）以外の金額3,300,000円が償却費として損金経理した金額と認められることになります。

　この場合の修正を仕訳で示すと次のようになります。

（借方）借入金　　　　3,300,000円　　（貸方）支払リース料　3,894,000円

　　　　支払利息　　　　594,000円

　　　　減価償却費　　3,300,000円　　　　　　機械装置　　　3,300,000円

　そして，当期における機械の償却限度額は次の算式のとおり2,700,000円となりますが，既に1,350,000円を償却費として計上していますので，その差額である1,350,000円が10月から3月までの期間に対応する償却限度額となり，上記の

306

損金経理した金額と認められる金額3,300,000円のうち1,950,000円が償却限度超過額となります。

（算式）　$13,500,000円 \times 0.200 \times \dfrac{12}{12} = 2,700,000円$
〈期首帳簿価額〉　　　〈償却率〉　　　　　　〈償却限度額〉

　これらを修正する場合には，固定資産譲渡益を所得金額から減算するとともに，減価償却超過額となる金額を所得金額に加算することになりますので，別表四及び別表五(一)の記載は次のようになります。

別表四

区　　　　　分	総　　額	処　　　分		
		留　保	社 外 流 出	
	①	②	③	
加算　減価償却超過額	1,950,000	1,950,000		
減算　固定資産譲渡益	7,650,000	7,650,000		

別表五（一）

区　分	期首現在利益積立金額	当期の増減		翌期首現在利益積立金額
		減	増	
	①	②	③	④
機 械 装 置		3,300,000	12,150,000	8,850,000
減価償却超過額			1,950,000	1,950,000
借 入 金		△ 3,300,000	△ 19,800,000	△ 16,500,000

　なお，支払リース料の額に係る元本返済額と支払利息部分とが通常の金融取引における元本と利息の区分計算の方法に準じて法人が算出できるとき（リース会社等から受領した元利金の区分計算表などに基づき算出することになる。）は，それにより処理することもできます。

▷**当期の処理**◁

　当期において前期の否認内容について次のように受け入れたときは，別表四での修正は不要ですが，別表五(一)に記載された税務否認額を消去する次のような処理が必要となります。

（借方）機械装置　　　10,800,000円　　　（貸方）借入金　　　　　16,500,000円

　　　　利益剰余金　　5,700,000円

別表五（一）　　　　　　　Ⅰ　利益積立金額の計算に関する明細書

区　　分	期首現在利益積立金額	当期の増減		差引翌期首現在利益積立金額
		減	増	
	①	②	③	④
機 械 装 置	8,850,000	8,850,000		
減価償却超過額	1,950,000	1,950,000		
借　入　金	△ 16,500,000	△16,500,000		
利益剰余金	※　5,700,000	5,700,000		

（注）　受入仕訳の機械装置10,800,000円は別表五（一）の機械装置8,850,000円と減価償却超過額1,950,000円の合計額です。別表五（一）の利益剰余金期首現在利益積立金額5,700,000円は，会計上の変更及び誤謬の訂正に関する会計基準，会計上の変更及び誤謬の訂正に関する会計基準の適用指針に基づく過年度利益剰余金の修正額（受入仕訳による利益剰余金の増加額）を表しています。

　前期の調査による修正で別表五(一)に計上された機械装置（減価償却超過額）と借入金を当期における修正仕訳で受け入れたことから，別表五(一)に計上された金額をゼロとします。

　また，前期の消費税等の更正により還付される税額は当期の益金として処理していればそれでよいことになります。

《消費税の修正》

　消費税においても法人税の処理と同様に機械装置の譲渡による課税売上げはなかったものとするとともに，支払リース料に係る課税仕入れもないものとして修正を行うことになります（還付消費税等の発生であれば法人税と同時に減額更正が行われます。）。

第12章

組織再編等

旧商法による平成11年8月の株式交換・移転制度，平成12年5月の会社分割制度の導入など，企業組織再編に関する法令規定の整備が行われたことにより，税制面でも平成13年度の税制改正で，合併，分割，現物出資及び事後設立が行われた場合の組織再編成に関する所得の計算の規定が創設されました。

これによれば，原則として，合併，分割，現物出資又は事後設立（合併等）により被合併法人，分割法人，現物出資法人又は事後設立法人（被合併法人等）から合併法人，分割承継法人，被現物出資法人又は被事後設立法人（合併法人等）への資産・負債の移転は，移転する資産及び負債のその移転直前の時価による譲渡として，被合併法人等において譲渡損益を計上することとされました。

ところで，組織再編成により，資産及び負債の移転がされた場合であっても，その移転前と移転後で経済実態に実質的な変更がないと認められる場合には，それを適格な組織再編成（適格合併・適格分割・適格現物出資及び適格事後設立）として資産及び負債の譲渡損益の課税を繰り延べる措置が図られるとともに，みなし配当課税も発生しないこととされています。

その後，平成22年のグループ法人税制の導入に伴い株式交換や株式移転を組織再編の一手段として捉え規定の整備がされるとともに，事後設立の規定を削除し現物分配の規定を加えるなど，現実に行われる企業組織再編成との整合性などから規定の整備がされてきています。

なお，営業譲渡にあっては，今までと同様に，営業譲渡を行う法人は営業譲渡日において譲渡する資産等に係る譲渡損益を計上し，課税の繰延措置はありません。

1 組織再編成に関する税務

　組織再編に関する税務では，基本的に適格再編に該当するときは移転資産等の譲渡損益を計上せず，非適格再編にあっては時価で譲渡が行われたものとして譲渡損益を計上することとされています。

　この適格再編か否かを検討する上で，グループ内再編の場合には，完全支配関係がある法人間での再編と支配関係法人間での再編で適格となる要件が異なりますので，グループ内再編にあっては再編当事者間に完全支配関係があるか又は支配関係があるのかを確認する必要があります。

(1) 完全支配関係とは

　　一の者が法人の発行済株式等（自己株式を除きます。）の全部を直接若しくは間接に保有する関係として政令で定める関係（当事者間の完全支配の関係）又は一の者との間に当事者間の完全支配の関係がある法人相互の関係をいうとされています（法2十二の七の六）。

　　政令で定める関係とは，一の者（その者が個人である場合には，その者及びこれと法人税法施行令第4条《同族関係者の範囲》第1項に規定する特殊の関係のある個人）が法人の発行済株式等（発行済株式（自己株式を除きます。）の総数のうちに次に掲げる株式の数を合計した数の占める割合が5％に満たない場合のその株式を除きます。(2)の支配関係の判定にあっても同様です。）の全部を保有する場合におけるその一の者と法人との間の関係（以下「直接完全支配関係」といいます。）とされています。この場合において，一の者及びこれとの間に直接完全支配関係がある一若しくは二以上の法人又は当該一の者との間に直接完全支配関係がある一若しくは二以上の法人が他の法人の発行済株式等の全部を保有するときは，その一の者は他の法人の発行済株式等の全部を保有するものとみなされます（法令4の2②）。

312

一　法人の使用人が組合員となっている民法第667条第1項《組合契約》に規定する組合契約（当該法人の発行する株式を取得することを主たる目的とするものに限ります。）による組合（組合員となる者がその使用人に限られているものに限ります。）の主たる目的に従って取得されたその法人の株式

二　会社法第238条第2項《募集事項の決定》の決議等によりその法人の役員又は使用人（その役員又は使用人であった者及びその者の相続人を含みます。）に付与された新株予約権の行使によって取得されたその法人の株式（役員等が有するものに限ります。）

(2)　支配関係とは

　一の者が法人の発行済株式若しくは出資（自己株式を除きます。）の総数若しくは総額の50％を超える数若しくは金額の株式若しくは出資を直接若しくは間接に保有する関係として政令で定める関係（当事者間の支配の関係）又は一の者との間に当事者間の支配の関係がある法人相互の関係をいうとされています（法法2十二の七の五）。

　政令で定める関係とは，一の者（その者が個人である場合には，その者及びこれと法人税法施行令第4条《同族関係者の範囲》第1項に規定する特殊の関係のある個人）が法人の発行済株式等の総数又は総額の50％を超える数又は金額の株式又は出資を保有する場合における一の者と法人との間の関係（直接支配関係）とされています。この場合において，その一の者及びこれとの間に直接支配関係がある一若しくは二以上の法人又は一の者との間に直接支配関係がある一若しくは二以上の法人が他の法人の発行済株式等の総数又は総額の50％を超える数又は金額の株式又は出資を保有するときは，その一の者は他の法人の発行済株式等の総数又は総額の50％を超える数又は金額の株式又は出資を保有するものとみなされます（法令4の2①）。

1 合併・分割

　法人が合併又は分割により合併法人又は分割承継法人に資産及び負債を移転した場合には，原則として，その移転した資産及び負債の合併又は分割の時の時価により譲渡したものとして所得金額の計算をします。

　この場合，被合併法人又は分割型分割に係る分割法人は，合併法人又は分割承継法人から新株等（法人税法第24条第2項に規定する抱合株式に対して交付を受けたものとみなされる株式その他の資産及び同条第3項により株式の交付を受けたものとみなされる合併法人株式又は分割により分割承継法人から交付される分割承継法人株式その他の資産及び同条第3項により株式の交付を受けたものとみなされる分割承継法人株式を含みます。）をその時の時価により取得し，直ちに株主等に交付したものとして取り扱われます（法法62①）。

　そして，非適格合併における譲渡損益は，被合併法人の最後事業年度（被合併法人の合併の日の前日の属する事業年度）の益金の額又は損金の額に算入します（法法62②）。また，非適格分割における譲渡損益は，分割法人の分割の日を含む事業年度の益金の額又は損金の額に算入します。

　ただし，その合併又は分割が税務上の適格要件を満たすものは，移転直前の帳簿価額により引継ぎをしたものとして，資産及び負債の移転による譲渡損益を繰り延べることとされます（法法62の2）。

(注)　事業年度の中途において合併があった場合には，被合併法人は事業年度開始の日から合併による解散の日までの期間がみなし事業年度となり，このみなし事業年度に係る法人税及び消費税の申告が必要となります。

(1)　適格合併・適格分割の要件

イ　適格合併

　適格合併の場合には，合併により被合併法人から合併法人に移転した資産及び負債は，被合併法人の最後事業年度終了の時の帳簿価額により引継ぎをしたものとして，被合併法人における資産等の移転による損益は生じません。

また，被合併法人の株主においてもみなし配当は発生せず，旧株の帳簿価額を新株の帳簿価額とする処理を行います。

この場合の適格合併とは，次のいずれかに該当する合併で，被合併法人の株主等に合併法人の株式又は合併親法人株式のいずれか一方の株式以外の資産（株主等に対する剰余金の配当等として交付される金銭その他の資産，合併に反対する株主等に対するその買取請求に基づく対価として交付される金銭その他の資産及び合併の直前において合併法人が被合併法人の発行済株式等の総数又は総額の３分の２以上に相当する数又は金額の株式又は出資を有する場合における合併法人以外の株主等に交付される金銭その他の資産を除きます。）が交付されないものをいいます（法法２十二の八）。なお，合併比率の関係上交付新株に１株未満の株式が生じたためその１株未満の株式の合計数に相当する数の株式を他に譲渡し，又は買い取った代金として金銭の交付が行われた場合には，１株未満の株式に相当する株式を交付したものとなりますが，その交付された金銭が，その交付の状況その他の事由を総合的に勘案して実質的に株主等に対して支払う合併の対価であると認められるときは，その合併の対価として金銭が交付されたものとして取り扱うこととされています（法基通１－４－２）。

(注) 配当見合いの合併交付金は利益の配当として取り扱われます。

(イ) 完全支配関係法人間での合併（法令４の３②）

次のＡ又はＢのいずれかの関係に該当するもの

Ａ 被合併法人と合併法人（新設合併である場合にあっては，被合併法人と他の被合併法人）との間にいずれか一方の法人による完全支配関係（合併が無対価合併である場合にあっては，合併法人が被合併法人の発行済株式等の全部を保有する関係に限ります。）がある場合における完全支配関係（次のＢに掲げる関係に該当するものを除きます。）

Ｂ 被合併法人と合併法人との間に同一の者による完全支配関係（無対価

合併である場合にあっては，次に掲げる関係がある場合における完全支配関係に限ります。）があり，かつ，合併後に同一の者と合併法人との間に同一の者による完全支配関係が継続すること（合併後に合併法人を被合併法人又は完全子法人とする適格合併又は適格株式分配を行うことが見込まれている場合には，合併の時から適格合併又は適格株式分配の直前の時まで完全支配関係が継続することとします。）が見込まれている場合における被合併法人と合併法人との間の関係

a 合併法人が被合併法人の発行済株式等の全部を保有する関係

b 被合併法人及び合併法人の株主等（被合併法人及び合併法人を除きます。）の全てについて，その者が保有する被合併法人の株式の数の被合併法人の発行済株式等（合併法人が保有する被合併法人の株式を除きます。）の総数のうちに占める割合とその者が保有する合併法人の株式の数の合併法人の発行済株式等（被合併法人が保有する合併法人の株式を除きます。）の総数のうちに占める割合とが等しい場合における被合併法人と合併法人との間の関係

bの規定を具体的な資本関係に図解すると，例えば次のような資本関係が該当します。

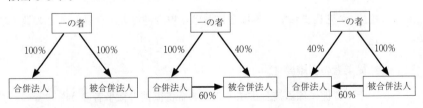

(注) 完全支配関係の継続が見込まれない場合で，次の(ロ)の要件を満たせば，適格合併となります。

(ロ) 支配関係がある法人間での合併（法令4の3③）

次のA又はBのいずれかの関係に該当する場合の合併で，①及び②の全ての要件を満たすもの

A 被合併法人と合併法人(新設合併である場合にあっては,被合併法人と他の被合併法人)との間にいずれか一方の法人による支配関係(合併が無対価合併である場合にあっては,上記(1)Bのbに掲げる関係がある場合における支配関係に限ります。)がある場合における支配関係(次のBに掲げる関係に該当するものを除きます。)

　　(注) 上記(1)Bのbに掲げる関係を具体的な図にすると,例えば次のような資本関係が該当します。

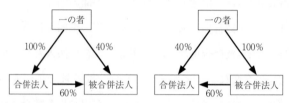

B 被合併法人と合併法人との間に同一の者による支配関係(無対価合併である場合にあっては,上記(1)Bのa又はbに掲げる関係がある場合における支配関係に限ります。)があり,かつ,合併後に同一の者と合併法人との間に同一の者による支配関係が継続すること(合併後に合併法人を被合併法人とする適格合併を行うことが見込まれている場合には,合併の時から適格合併の直前の時まで支配関係が継続することとします。)が見込まれている場合における被合併法人と合併法人との間の関係

① 従業者の引継要件

　　その合併に係る被合併法人のその合併直前の従事者のうち,その総数のおおむね80%以上に相当する数の者がその合併後に合併法人の業務(合併法人との間に完全支配関係がある法人の業務並びに合併後に行われる適格合併により,被合併法人の合併前に行う主要な事業が合併後に行われる適格合併に係る合併法人に移転することが見込まれている場合におけるその適格合併に係る合併法人及び適格合併に係る合併法人との

間に完全支配関係がある法人の業務を含みます。）に従事することが見込まれていること

　従業者とは，役員，使用人その他の者で，合併，分割，現物出資，株式移転，株式交換等又は株式移転の直前において被合併法人の合併前に営む事業，分割事業，現物出資事業，完全子法人の事業，株式交換等完全子法人の事業又はそれぞれの株式移転完全子法人の事業に現に従事する者をいいます。ただし，日々雇い入れられる者で従事した日ごとに給与等の支払を受ける者については，従業者の数に含めないことができます（他の組織再編の場合も同様，法基通1－4－4）。

(注)　出向により受け入れている者で，現に移転事業に従事している者であれば従業者に含まれます。ただし，被合併法人等の工場敷地内で被合併法人等の業務に専属的に従事している者は，従業者には該当しません。なお，移転事業とその他の事業とに従事している従業者にあっては，主としていずれの事業に従事している従業者であるかにより判定します。

② 事業継続要件

　その合併に係る被合併法人のその合併前に営む主要な事業が合併後にその合併に係る合併法人（合併法人との間に完全支配関係がある法人並びに合併後に行われる適格合併により，その主要な事業が合併後に行われる適格合併に係る合併法人に移転することが見込まれている場合におけるその適格合併に係る合併法人及び適格合併に係る合併法人との間に完全支配関係がある法人を含みます。）において引き続き行われることが見込まれていること

　なお，主要な事業であるかどうかは，それぞれの事業に属する収入金額又は損益の状況，従業者の数，固定資産の状況等を総合的に勘案して判定します（法基通1－4－5）。

(ハ) 共同事業を営むための合併

その合併に係る被合併法人と合併法人（新設合併である場合にあっては，

被合併法人と他の被合併法人）とが共同で事業を営むための合併として次
の要件（被合併法人の全てについて，他の者による支配関係がない場合又
は合併法人が資本若しくは出資を有しない法人である場合には，①から④
までの要件）の全てに該当するもの

① 事業関連性要件

　　被合併法人の被合併事業（合併前に営む主要な事業のうちのいずれか
の事業）と合併法人の合併事業（合併前に営む事業のうちのいずれかの
事業をいい，新設合併である場合にあっては，他の被合併法人の被合併
事業）とが相互に関連するものであること

② 規模要件

　　被合併法人の被合併事業と合併法人の合併事業（被合併事業と関連す
る事業に限ります。）のそれぞれの売上金額，従業者の数，合併法人と
被合併法人のそれぞれの資本金の額若しくは出資金の額若しくはこれら
に準ずるものの規模の割合がおおむね５倍を超えないこと又は合併前の
被合併法人の社長，副社長，代表取締役，代表執行役，専務取締役若し
くは常務取締役又はこれらに準ずる者で法人の経営に従事している者
（特定役員）のいずれかと合併法人（新設合併である場合にあっては，
他の被合併法人）の特定役員のいずれかとが合併後にその合併法人の特
定役員となることが見込まれていること

　　これらに準ずるものの規模とは，例えば，金融機関における預金量等，
客観的・外形的にその事業の規模を表わすものと認められる指標をいい
ます（法基通１－４－６）。

　　また，これらに準ずる者とは，役員又は役員以外の者で，社長，副社
長，代表取締役，代表執行役，専務取締役又は常務取締役と同等に法人
の経営の中枢に参画している者をいいます（法基通１－４－７）。

③ 従業者の引継要件

被合併法人の合併直前の従業者のうち，その総数のおおむね80％以上に相当する数の者が，合併法人の業務（合併法人との間に完全支配関係がある法人の業務並びに合併後に行われる適格合併により，被合併法人の合併前に行う主要な事業が合併後に行われる適格合併に係る合併法人に移転することが見込まれている場合におけるその適格合併に係る合併法人及び適格合併に係る合併法人との間に完全支配関係がある法人の業務を含みます。）に従事することが見込まれていること

④ 事業継続要件

被合併法人の被合併事業（合併事業と関連する事業に限ります。）が合併後に合併法人（合併法人との間に完全支配関係がある法人並びに合併後に行われる適格合併により，その主要な事業が合併後に行われる適格合併に係る合併法人に移転することが見込まれている場合におけるその適格合併に係る合併法人及び適格合併に係る合併法人との間に完全支配関係がある法人を含みます。）において引き続き営まれることが見込まれていること

⑤ 株式の継続保有要件

合併により交付される合併法人の株式又は合併親法人株式のいずれか一方の株式（議決権のないものを除きます。）のうち支配株主（合併の直前に係る被合併法人と他の者との間に他の者による支配関係がある場合における他の者及び他の者による支配関係があるもの（合併法人を除く。）をいいます。）に交付されるものの全部が支配株主（合併後に行われる適格合併により支配株主に交付された株式が適格合併に係る合併法人に移転することが見込まれている場合には，適格合併に係る合併法人を含みます。）により継続して保有されることが見込まれていること（合併後に合併法人を被合併法人とする適格合併を行うことが見込まれ

ている場合には，合併の時から適格合併の直前の時まで支配株主に交付された株式の全部が支配株主により継続して保有されることが見込まれていること。）

（注） 無対価合併にあっては，支配株主に交付される株式の全部は，次の算式によって計算した株式の数となります（規則3の2①）

$$合併直後の支配株主が有する合併法人株式の数 \times \frac{支配株主が合併の直前に有していた被合併法人株式の帳簿価額}{支配株主が合併の直前に有していた被合併法人の帳簿価額と合併法人の帳簿価額の合計額}$$

ロ　適格分割

適格分割とは，次のいずれかに該当する分割で，分割対価資産として分割承継法人の株式又は分割承継親法人株式のいずれか一方の株式以外の資産が交付されないもの（株式が交付される分割型分割にあっては，分割法人の株主等が有する分割法人株式の数の割合に応じて交付されるものに限ります。そのため，いわゆる非按分型の分割型分割は適格とはなりません。）をいいます（法法2十二の十一，法令4の3⑥〜⑧）。

なお，適格分割型分割の場合には，分割により分割法人から分割承継法人に移転した資産及び負債は，適格分割型分割の直前の帳簿価額により引継ぎをしたものとして，適格分社型分割の場合には，分割により分割法人から分割承継法人に移転した資産及び負債は，適格分社型分割の直前の帳簿価額により譲渡をしたものとして，いずれも分割法人における譲渡損益は生じません（法法62の2②，62の3①）。

(イ)　完全支配関係法人間での分割

次のいずれかに該当する関係

A　分割前（単独新設分割である場合には，分割後）に分割法人と分割承継法人（複数新設分割である場合には，分割法人と他の分割法人）との

間にいずれか一方の法人による完全支配関係がある分割の次に掲げる区分に応じそれぞれ次に定める関係（Bに掲げる関係に該当するものを除きます。）

 a 新設分割以外の分割型分割（株式等を分割法人と分割法人の株主等とに交付する分割を除きます。）のうち分割型分割前に分割法人と分割承継法人との間に分割承継法人による完全支配関係（分割型分割が無対価分割である場合には，分割承継法人が分割法人の発行済株式等の全部を保有する関係に限ります。）があるもの　その完全支配関係

 b 新設分割以外の分割（aに掲げる分割型分割を除きます。）のうち分割前に分割法人と分割承継法人との間にいずれか一方の法人による完全支配関係（無対価分割である場合には，分割法人が分割承継法人の発行済株式等の全部を保有する関係に限ります。）があるもの　分割後に分割法人と分割承継法人との間にいずれか一方の法人による完全支配関係が継続すること（分割後に他方の法人（分割法人及び分割承継法人のうち，いずれか一方の法人以外の法人をいいます。）を被合併法人又は完全子法人とする適格合併又は適格株式分配を行うことが見込まれている場合には，分割の時から適格合併又は適格株式分配の直前の時まで完全支配関係が継続することとします。）が見込まれている場合における分割法人と分割承継法人との間の関係

 c 単独新設分割のうち単独新設分割後に分割法人と分割承継法人との間に分割法人による完全支配関係があるもの　単独新設分割後に完全支配関係が継続すること（単独新設分割後に分割承継法人を被合併法人又は完全子法人とする適格合併又は適格株式分配を行うことが見込まれている場合には，単独新設分割の時から適格合併又は

適格株式分配の直前の時まで完全支配関係が継続することとします。）が見込まれている場合における分割法人と分割承継法人との間の関係

 d 複数新設分割のうち複数新設分割前に分割法人と他の分割法人との間にいずれか一方の法人による完全支配関係があるもの　次に掲げる場合の区分に応じ，それぞれ次に定める要件に該当することが見込まれている場合における分割法人及び他の分割法人と複数新設分割に係る分割承継法人との間の関係

 i 他方の法人（分割法人及び他の分割法人のうち，いずれか一方の法人以外の法人をいいます。）が分割型分割を行う法人である場合　複数新設分割後にいずれか一方の法人と分割承継法人との間にいずれか一方の法人による完全支配関係が継続すること（複数新設分割後に分割承継法人を被合併法人又は完全子法人とする適格合併又は適格株式分配を行うことが見込まれている場合には，複数新設分割の時から適格合併又は適格株式分配の直前の時まで完全支配関係が継続することとします。）

 ii iに掲げる場合以外の場合　複数新設分割後に他方の法人と分割承継法人との間にいずれか一方の法人による完全支配関係が継続すること（複数新設分割後に他方の法人又は分割承継法人を被合併法人又は完全子法人とする適格合併又は適格株式分配を行うことが見込まれている場合には，複数新設分割の時から適格合併又は適格株式分配の直前の時まで完全支配関係が継続することとします。）

B 分割前（単独新設分割である場合には，分割後）に分割法人と分割承継法人（複数新設分割である場合には，分割法人と他の分割法人）との間に同一の者による完全支配関係がある分割の次に掲げる区分に応じ，

それぞれ次に定める関係

a　新設分割以外の分割型分割（分割対価資産の一部のみを株主等に交付する分割を除きます。）のうち分割型分割前に分割法人と分割承継法人との間に同一の者による完全支配関係（分割型分割が無対価分割である場合には，次に掲げる関係がある場合における完全支配関係に限ります。）があるもの　分割型分割後に同一の者と分割承継法人との間に同一の者による完全支配関係が継続すること（分割型分割後に分割承継法人を被合併法人又は完全子法人とする適格合併又は適格株式分配を行うことが見込まれている場合には，分割型分割の時から適格合併又は適格株式分配の直前の時まで完全支配関係が継続することとします。）が見込まれている場合における分割法人と分割承継法人との間の関係

　i　分割承継法人が分割法人の発行済株式等の全部を保有する関係

　ii　分割法人の株主等（分割法人及び分割承継法人を除く。）及び分割承継法人の株主等（分割承継法人を除きます。）の全てについて，その者が保有する分割法人の株式の数の分割法人の発行済株式等（分割承継法人が保有する分割法人の株式を除きます。）の総数のうちに占める割合とその者が保有する分割承継法人の株式の数の分割承継法人の発行済株式等の総数のうちに占める割合とが等しい場合における分割法人と分割承継法人との間の関係

b　新設分割以外の分割（aに掲げる分割型分割を除きます。）のうち分割前に分割法人と分割承継法人との間に同一の者による完全支配関係（分割が無対価分割である場合には，分割法人が分割承継法人の発行済株式等の全部を保有する関係がある場合における完全支配関係に限ります。）があるもの　分割後に分割法人と分割承継法人との間に同一の者による完全支配関係が継続すること（分割後に分割法人又は分

割承継法人を被合併法人又は完全子法人とする適格合併又は適格株式分配を行うことが見込まれている場合には，分割の時から適格合併又は適格株式分配の直前の時まで完全支配関係が継続することとします。）が見込まれている場合における分割法人と分割承継法人との間の関係

c　単独新設分割のうち単独新設分割後に分割法人と分割承継法人との間に同一の者による完全支配関係があるもの　次に掲げる場合の区分に応じ，それぞれ次に定める要件に該当することが見込まれている場合における分割法人と分割承継法人との間の関係

i　単独新設分割が分割型分割（株式等を分割法人と分割法人の株主等とに交付する分割を除きます。）に該当する場合　単独新設分割後に同一の者と分割承継法人との間に同一の者による完全支配関係が継続すること（単独新設分割後に分割承継法人を被合併法人又は完全子法人とする適格合併又は適格株式分配を行うことが見込まれている場合には，単独新設分割の時から適格合併又は適格株式分配の直前の時まで完全支配関係が継続すること。）

ii　iに掲げる場合以外の場合　単独新設分割後に分割法人と分割承継法人との間に同一の者による完全支配関係が継続すること（単独新設分割後に分割法人又は分割承継法人を被合併法人又は完全子法人とする適格合併又は適格株式分配を行うことが見込まれている場合には，単独新設分割の時から適格合併又は適格株式分配の直前の時まで完全支配関係が継続すること。）

d　複数新設分割のうち複数新設分割前に分割法人と他の分割法人との間に同一の者による完全支配関係があるもの　複数新設分割後に分割法人及び他の分割法人（それぞれ分割型分割を行う法人を除きます。）並びに複数新設分割に係る分割承継法人と同一の者との間に同

一の者による完全支配関係が継続すること（複数新設分割後に分割法人，他の分割法人又は分割承継法人を被合併法人又は完全子法人とする適格合併又は適格株式分配を行うことが見込まれている場合には，複数新設分割の時から適格合併又は適格株式分配の直前の時まで完全支配関係が継続することとします。）が見込まれている場合における分割法人及び他の分割法人と分割承継法人との間の関係

㊁　支配関係がある場合の分割

次のA又はBのいずれかの関係に該当する分割で，①から③の全ての要件を満たすもの

A　分割前（単独新設分割である場合には，分割後）に分割法人と分割承継法人（複数新設分割である場合には，分割法人と他の分割法人）との間にいずれか一方の法人による支配関係がある分割の次に掲げる区分に応じ，それぞれ次に定める関係（Bに掲げる関係に該当するものを除きます。）

a　新設分割以外の分割型分割（分割対価資産の一部のみを株主等に交付する分割を除きます。）のうち分割型分割前に分割法人と分割承継法人との間に分割承継法人による支配関係（分割型分割が無対価分割である場合には，前記（イ）Aのaⅱに掲げる関係がある場合における支配関係に限ります。）があるもの　その支配関係

b　新設分割以外の分割（分割型分割を除きます。）のうち分割前に分割法人と分割承継法人との間にいずれか一方の法人による支配関係（無対価分割である場合には，分割法人が分割承継法人の発行済株式等の全部を保有する関係がある場合における支配関係に限ります。）があるもの　分割後に分割法人と分割承継法人との間にいずれか一方の法人による支配関係が継続すること（分割後に他方の法人（分割法人及び分割承継法人のうち，いずれか一方の法人以外の法人をいいま

す。）を被合併法人とする適格合併を行うことが見込まれている場合には，分割の時から適格合併の直前の時まで支配関係が継続することとします。）が見込まれている場合における分割法人と分割承継法人との間の関係

c 単独新設分割のうち単独新設分割後に分割法人と分割承継法人との間に分割法人による支配関係があるもの　単独新設分割後に支配関係が継続すること（単独新設分割後に分割承継法人を被合併法人とする適格合併を行うことが見込まれている場合には，単独新設分割の時から適格合併の直前の時まで支配関係が継続することとします。）が見込まれている場合における分割法人と分割承継法人との間の関係

d 複数新設分割のうち複数新設分割前に分割法人と他の分割法人との間にいずれか一方の法人による支配関係があるもの　次に掲げる場合の区分に応じ，それぞれ次に定める要件に該当することが見込まれている場合における分割法人及び他の分割法人と複数新設分割に係る分割承継法人との間の関係

　i 他方の法人（分割法人及び他の分割法人のうち，いずれか一方の法人以外の法人をいいます。）が分割型分割を行う法人である場合　複数新設分割後にいずれか一方の法人と分割承継法人との間にいずれか一方の法人による支配関係が継続すること（複数新設分割後に分割承継法人を被合併法人とする適格合併を行うことが見込まれている場合には，複数新設分割の時から適格合併の直前の時まで支配関係が継続することとします。）

　ii iに掲げる場合以外の場合　複数新設分割後に他方の法人と分割承継法人との間にいずれか一方の法人による支配関係が継続すること（複数新設分割後に他方の法人又は分割承継法人を被合併法人とする適格合併を行うことが見込まれている場合には，複数新設分割

の時から適格合併の直前の時まで支配関係が継続することとします。）

B　分割前（単独新設分割である場合には，分割後）に分割法人と分割承継法人（複数新設分割である場合には，分割法人と他の分割法人）との間に同一の者による支配関係がある分割の次に掲げる区分に応じ，それぞれ次に定める関係

a　新設分割以外の分割型分割（株式等を分割法人と分割法人の株主等とに交付する分割を除きます。）のうち分割型分割前に分割法人と分割承継法人との間に同一の者による支配関係（分割型分割が無対価分割である場合には，次に掲げる関係がある場合における支配関係に限ります。）があるもの　分割型分割後に同一の者と分割承継法人との間に同一の者による支配関係が継続すること（分割型分割後に分割承継法人を被合併法人とする適格合併を行うことが見込まれている場合には，分割型分割の時から適格合併の直前の時まで支配関係が継続することとします。）が見込まれている場合における分割法人と分割承継法人との間の関係

i　分割承継法人が分割法人の発行済株式等の全部を保有する関係
ii　分割法人の株主等（分割法人及び分割承継法人を除きます。）及び分割承継法人の株主等（分割承継法人を除きます。）の全てについて，その者が保有する分割法人の株式の数の分割法人の発行済株式等（分割承継法人が保有する分割法人の株式を除きます。）の総数のうちに占める割合とその者が保有する分割承継法人の株式の数の分割承継法人の発行済株式等の総数のうちに占める割合とが等しい場合における分割法人と分割承継法人との間の関係

b　新設分割以外の分割（aに掲げる分割型分割を除きます。）のうち分割前に分割法人と分割承継法人との間に同一の者による支配関係（分

割が無対価分割である場合には，分割法人が分割承継法人の発行済株式等の全部を保有する関係がある場合における完全支配関係に限ります。）があるもの　分割後に分割法人と分割承継法人との間に同一の者による支配関係が継続すること（分割後に分割法人又は分割承継法人を被合併法人とする適格合併を行うことが見込まれている場合には，分割の時から適格合併の直前の時まで支配関係が継続することとします。）が見込まれている場合における分割法人と分割承継法人との間の関係

c　単独新設分割のうち単独新設分割後に分割法人と分割承継法人との間に同一の者による支配関係があるもの　次に掲げる場合の区分に応じ，それぞれ次に定める要件に該当することが見込まれている場合における分割法人と分割承継法人との間の関係

　ⅰ　単独新設分割が分割型分割（株式等を分割法人と分割法人の株主等とに交付する分割を除きます。）に該当する場合　単独新設分割後に同一の者と分割承継法人との間に同一の者による支配関係が継続すること（単独新設分割後に分割承継法人を被合併法人とする適格合併を行うことが見込まれている場合には，単独新設分割の時から適格合併の直前の時まで支配関係が継続すること。）

　ⅱ　ⅰに掲げる場合以外の場合　単独新設分割後に分割法人と分割承継法人との間に同一の者による支配関係が継続すること（単独新設分割後に分割法人又は分割承継法人を被合併法人とする適格合併を行うことが見込まれている場合には，単独新設分割の時から適格合併の直前の時まで支配関係が継続すること。）

d　複数新設分割のうち複数新設分割前に分割法人と他の分割法人との間に同一の者による支配関係があるもの　複数新設分割後に分割法人及び他の分割法人（それぞれ分割型分割を行う法人を除きます。）並

第12章　組織再編等　*329*

びに複数新設分割に係る分割承継法人と同一の者との間に同一の者による支配関係が継続すること（複数新設分割後に分割法人，他の分割法人又は分割承継法人を被合併法人とする適格合併を行うことが見込まれている場合には，複数新設分割の時から適格合併の直前の時まで支配関係が継続することとします。）が見込まれている場合における分割法人及び他の分割法人と分割承継法人との間の関係

① 主要資産の引継要件

分割事業（分割法人の分割前に行う事業のうち，分割承継法人において行われることとなるもの）に係る主要な資産及び負債が当該分割承継法人に移転していること

なお，移転する資産及び負債が主要なものであるかどうかは，分割法人が当該事業を営む上での当該資産及び負債の重要性のほか，当該資産及び負債の種類，規模，事業再編計画の内容等を総合的に勘案して判定します（法基通1－4－8）。

(注) 主要な資産・負債とは，事業分割によりその分割された事業が分割後にも継続して行われるために必要となる資産・負債をいいます。

② 従業者の引継要件

分割事業に係る従業者のうち，その総数のおおむね80％以上に相当する数の者が分割後に分割承継法人の業務（分割承継法人との間に完全支配関係がある法人の業務並びに分割後に行われる適格合併により分割事業が適格合併に係る合併法人に移転することが見込まれている場合における合併法人及び合併法人との間に完全支配関係がある法人の業務を含みます。）に従事することが見込まれていること

③ 事業継続要件

分割事業が分割後に分割承継法人（分割承継法人との間に完全支配関係がある法人並びに分割後に行われる適格合併により分割事業が適格合

併に係る合併法人に移転することが見込まれている場合における合併法人及びその合併法人との間に完全支配関係がある法人を含みます。）において引き続き行われることが見込まれていること

(ハ) 共同事業を営むための分割

その分割に係る分割法人と分割承継法人（新設分割である場合にあっては，分割法人と他の分割法人）とが共同で事業を営むための分割（無対価分割であるときは，前記(イ)Aのa ⅱに掲げる関係がある分割型分割，分割法人の全てが資本若しくは出資を有しない法人である分割型分割又は分割法人が分割承継法人の発行済株式等の全部を保有する関係がある分社型分割に限ります。）として次の要件（その分割が分割型分割である場合で，分割の直前に分割法人の全てについて他の者との間に他の者による支配関係がないときは，①から⑤までの要件）の全てに該当するもの

① 事業関連性要件

分割事業（分割法人の分割前に営む事業のうち，分割承継法人において営まれることとなるもの）と分割承継法人の分割承継事業（分割承継法人の分割前に営む事業のうちいずれかの事業をいい，複数新設分割である場合には，他の分割法人の分割事業をいいます。）とが相互に関連するものであること

② 規模要件

分割事業と分割承継事業（分割事業と関連する事業に限ります。）のそれぞれの売上金額，従業者の数若しくはこれらに準ずるものの規模の割合がおおむね５倍を超えないこと又は分割前の分割法人の社長，副社長，代表取締役，代表執行役，専務取締役，常務取締役又はこれらに準ずる者で法人の経営に従事している者（特定役員）のいずれかと分割承継法人の特定役員（複数新設分割である場合には，他の分割法人の特定役員）のいずれかとが分割後にその分割承継法人の特定役員となること

が見込まれていること

③　主要資産の引継要件

分割事業に係る主要な資産及び負債が分割承継法人に移転していること

④　従業者の引継要件

分割事業に係る従業者のうち，その総数のおおむね80％以上に相当する数の者が，分割後に分割承継法人の業務（分割承継法人との間に完全支配関係がある法人の業務並びに当該分割後に行われる適格合併により分割事業が適格合併に係る合併法人に移転することが見込まれている場合におけるその合併法人及びその合併法人との間に完全支配関係がある法人の業務を含みます。）に従事することが見込まれていること

⑤　事業継続要件

分割事業（分割承継事業と関連する事業に限ります。）が分割後に分割承継法人において引き続き営まれることが見込まれていること（分割後に分割承継法人を被合併法人とする適格合併を行うことが見込まれている場合には，その分割事業が，分割後に分割承継法人において営まれ，その適格合併後にその適格合併に係る合併法人において引き続き営まれることが見込まれていること。）

⑥　株主の継続保有要件

次に掲げる分割の区分に応じそれぞれ次に定める要件

ⅰ　分割型分割　分割型分割により交付される分割承継法人の株式又は分割承継親法人株式のいずれか一方の株式（議決権のないものを除きます。）のうち支配株主（分割型分割の直前に分割法人と他の者との間に他の者による支配関係がある場合における他の者及びその他の者による支配関係があるもの（分割承継法人を除きます。）をいいます。）に交付されるもの（無対価分割である場合には，下記(注)により計算した数の

分割承継法人の株式。「対価株式」といいます。）の全部が支配株主（分割型分割後に行われる適格合併により対価株式が適格合併に係る合併法人に移転することが見込まれている場合には，その合併法人を含みます。）により継続して保有されることが見込まれていること（分割型分割後に分割承継法人（分割法人の株主等が分割型分割により分割承継親法人株式の交付を受ける場合には，法人税法施行令第4条の3第5項に規定する親法人）を被合併法人とする適格合併を行うことが見込まれている場合には，分割型分割の時から適格合併の直前の時まで対価株式の全部が支配株主により継続して保有されることが見込まれていることとします。）

(注) 無対価分割にあっては，支配株主に交付される株式の全部は，次の算式によって計算した株式の数となります（規則3の2②，③）

$$
\text{分割直後の支配株主が有する分割承継法人株式の数} \times \frac{\text{分割直前の分割法人株式のうち法人税法第62条の1第4項に規定する分割純資産対応帳簿価額}}{\text{支配株主が分割の直前に有していた分割承継法人株式の帳簿価額に分子の分割純資産対応帳簿価額を加算した金額}}
$$

ii 分社型分割　分社型分割により交付される分割承継法人の株式又は分割承継親法人株式のいずれか一方の株式（無対価分割である場合には，下記(注)により計算した数の分割承継法人の株式）の全部が分割法人（分社型分割後に行われる適格合併によりいずれか一方の株式の全部が適格合併に係る合併法人に移転することが見込まれている場合には，その合併法人を含みます。）により継続して保有されることが見込まれていること（分社型分割後に分割承継法人（分割法人が分社型分割により分割承継親法人株式の交付を受ける場合には，法人税法施行令第4条の3第5項に規定する親法人）を被合併法人とする適格合併を行うことが見込まれている場合には，分社型分割の時から適格合併の直前の時まで

第12章　組織再編等　*333*

いずれか一方の株式の全部が分割法人により継続して保有されることが見込まれていること。)

(注)　無対価分割にあっては，分割法人に交付される株式の全部は，次の算式によって計算した株式の数となります（規則３の２④，5）

分割直後の分割法人が有する
分割承継法人株式の数

$\times$

移転資産の帳簿価額から移転負債の
帳簿価額を控除した金額
────────────────────
分割の直前の分割承継法人株式の帳簿価額に
分子の金額価額を加算した金額

㊁　分割により新たに設立する分割承継法人において独立して事業を行う分ための分割（法法２十二の十一，法令４の３⑨）

(注)　いわゆるスピンオフを行う場合の適格分割の規定が平成29年度税制改正で創設されました。

分割型分割に該当する分割で単独新設分割であるもの（株式等を分割法人と分割法人の株主等とに交付する分割を除きます。）のうち，次の要件の全てに該当するもの

①　分割の直前に分割法人と他の者（その者が締結している民法上の組合契約，投資事業有限責任組合契約及び有限責任事業組合契約並びに外国におけるこれらの契約に類する契約並びに次に掲げる組合契約に係る他の組合員である者を含みます。）との間に他の者による支配関係がなく，かつ，分割後に分割承継法人と他の者との間に他の者による支配関係があることとなることが見込まれていないこと

　　i　その者が締結している組合契約による組合（これに類するものを含みます。）が締結している組合契約

　　ii　i又はiiiに掲げる組合契約による組合が締結している組合契約

　　iii　iiに掲げる組合契約による組合が締結している組合契約

②　分割法人の役員等（分割法人の重要な使用人（分割法人の分割事業に係る業務に従事している者に限ります。）を含みます。）のいずれか

が，分割後に分割承継法人の特定役員となることが見込まれていること

③　分割事業に係る主要な資産及び負債が分割承継法人に移転していること

④　分割に係る分割法人の当該分割の直前の分割事業に係る従業者のうち，その総数のおおむね80％以上に相当する数の者が分割後に分割承継法人の業務に従事することが見込まれていること

⑤　分割事業が分割後に分割承継法人において引き続き行われることが見込まれていること

2　現物出資

　現物出資を資産及び負債の時価譲渡とする考え方は従前のとおりですが，その現物出資が適格要件を満たすものは，出資直前の帳簿価額により譲渡したものとして譲渡損益を繰り延べることとされています。この場合，適格要件を満たす現物出資については，その譲渡損益の繰延べが強制適用となること，また，現物出資により新会社を設立する場合に限らず現物増資の場合も適用があります。

(1)　適格現物出資の要件

　適格現物出資とは，次の区分に応じて次の要件を満たす現物出資（現物出資法人に被現物出資法人の株式のみが交付されるものに限ります。）をいいます（法法2十二の十四，法令4の3⑩〜⑮）。

　ただし，次に該当する現物出資は除かれます。

①　外国法人に国内にある不動産，国内にある不動産の上に存する権利，鉱業権，採石権その他国内にある事業所に属する資産（外国法人の発行済株式等の25％以上を有する場合のその外国法人の株式を除きます。）又は負債（国内資産等）の移転を行うもの

ただし，移転する国内資産等の全部が外国法人の恒久的施設を通じて行う事業に係るものは除かれます（法令4の3⑩）。

② 外国法人が内国法人又は他の外国法人に国外にある事業所に属する資産（国内にある不動産，国内にある不動産の上に存する権利，鉱業権，採石権を除きます。）又は負債の移転を行うもの

なお，外国法人が他の外国法人に国外資産等の移転を行う現物出資のうち，国外資産等の全部又は一部が他の外国法人の恒久的施設を通じて行う事業に係るものに限られます（法令4の3⑪）。

③ 内国法人が外国法人に国外にある事業所に属する資産（現金，預金，貯金，棚卸資産（不動産及び不動産の上に存する権利を除きます。）及び有価証券以外の資産でその現物出資の日前1年以内に内部取引その他これに準ずるものにより国外の事業所に属する資産となったものに限ります。）又は負債の移転を行うもの

ただし，特定国外資産等の全部が外国法人の恒久的施設を通じて行う事業に係るものは除かれます。（法令4の3⑫）。

国内にある事業所に属する資産又は負債に該当するかどうかは，原則として，当該資産又は負債が国内にある事業所又は国外にある事業所のいずれの事業所の帳簿に記帳されているかどうかにより判定します。ただし，国外にある事業所の帳簿に記帳されている資産又は負債であっても，実質的に国内にある事業所において経常的な管理が行われていたと認められる資産又は負債については，国内にある事業所に属する資産又は負債に該当します（法基通1-4-12）。

内部取引その他これに準ずるものとは，例えば，内国法人の外国にある事業所のうち法人税法第69条第4項第1号に規定する外国事業所等に該当しない事業所と同号に規定する本店等との間で行われた同号に規定する内部取引に相当する事実が含まれます（法基通1-4-13）。

イ　完全支配関係法人間での現物出資

次の(イ)又は(ロ)に掲げる関係に該当するもの

(イ)　現物出資前（単独新設現物出資である場合には，現物出資後）に当該現物出資に係る現物出資法人と被現物出資法人（複数新設現物出資である場合には，現物出資法人と他の現物出資法人）との間にいずれか一方の法人による完全支配関係がある現物出資の次に掲げる区分に応じ，それぞれ次に定める関係（(ロ)に掲げる関係に該当するものを除きます。）

　　ⅰ　新設現物出資以外の現物出資のうち現物出資前に現物出資法人と被現物出資法人との間にいずれか一方の法人による完全支配関係があるもの

　　　　現物出資後に現物出資法人と被現物出資法人との間に当該いずれか一方の法人による完全支配関係が継続すること（当該現物出資後に他方の法人（当該現物出資法人及び被現物出資法人のうち，当該いずれか一方の法人以外の法人をいいます。）を被合併法人又は完全子法人とする適格合併又は適格株式分配を行うことが見込まれている場合には，当該現物出資の時から当該適格合併又は適格株式分配の直前の時まで当該完全支配関係が継続すること。）が見込まれている場合における現物出資法人と被現物出資法人との間の関係

　　ⅱ　単独新設現物出資のうち単独新設現物出資後に現物出資法人と被現物出資法人との間に現物出資法人による完全支配関係があるもの　単独新設現物出資後に完全支配関係が継続すること（単独新設現物出資後に被現物出資法人を被合併法人又は完全子法人とする適格合併又は適格株式分配を行うことが見込まれている場合には，単独新設現物出資の時から適格合併又は適格株式分配の直前の時まで完全支配関係が継続すること。）が見込まれている場合における現物出資法人と被現物出資法人との間の関係

　　ⅲ　複数新設現物出資のうち複数新設現物出資前に現物出資法人と他の現

物出資法人との間にいずれか一方の法人による完全支配関係があるもの

複数新設現物出資後に他方の法人（現物出資法人及び他の現物出資法人のうち，いずれか一方の法人以外の法人をいいます。）と被現物出資法人との間にいずれか一方の法人による完全支配関係が継続すること（複数新設現物出資後に他方の法人又は被現物出資法人を被合併法人又は完全子法人とする適格合併又は適格株式分配を行うことが見込まれている場合には，複数新設現物出資の時から適格合併又は適格株式分配の直前の時まで完全支配関係が継続すること。）が見込まれている場合における現物出資法人及び他の現物出資法人と被現物出資法人との間の関係

(ロ)　現物出資前（単独新設現物出資である場合には，現物出資後）に現物出資法人と被現物出資法人（複数新設現物出資である場合には，現物出資法人と他の現物出資法人）との間に同一の者による完全支配関係がある現物出資の次に掲げる区分に応じ，それぞれ次に定める関係

ⅰ　新設現物出資以外の現物出資のうち現物出資前に現物出資法人と被現物出資法人との間に同一の者による完全支配関係があるもの　現物出資後に現物出資法人と被現物出資法人との間に同一の者による完全支配関係が継続すること（現物出資後に現物出資法人又は被現物出資法人を被合併法人又は完全子法人とする適格合併又は適格株式分配を行うことが見込まれている場合には，現物出資の時から適格合併又は適格株式分配の直前の時まで完全支配関係が継続すること。）が見込まれている場合における現物出資法人と被現物出資法人との間の関係

ⅱ　単独新設現物出資のうち単独新設現物出資後に現物出資法人と被現物出資法人との間に同一の者による完全支配関係があるもの　単独新設現物出資後に完全支配関係が継続すること（単独新設現物出資後に現物出資法人又は被現物出資法人を被合併法人又は完全子法人とする適格合併

又は適格株式分配を行うことが見込まれている場合には，単独新設現物出資の時から適格合併又は適格株式分配の直前の時まで完全支配関係が継続すること。）が見込まれている場合における現物出資法人と被現物出資法人との間の関係

ⅲ　複数新設現物出資のうち複数新設現物出資前に現物出資法人と他の現物出資法人との間に同一の者による完全支配関係があるもの　複数新設現物出資後に現物出資法人，他の現物出資法人及び複数新設現物出資に係る被現物出資法人と同一の者との間に同一の者による完全支配関係が継続すること（複数新設現物出資後に現物出資法人，他の現物出資法人又は被現物出資法人を被合併法人又は完全子法人とする適格合併又は適格株式分配を行うことが見込まれている場合には，複数新設現物出資の時から適格合併又は適格株式分配の直前の時まで完全支配関係が継続すること。）が見込まれている場合における現物出資法人及び他の現物出資法人と被現物出資法人との間の関係

ロ　支配関係がある場合の現物出資

　次の(イ)又は(ロ)に掲げる関係に該当する場合で，①から③の全ての要件を満たすもの

(イ)　現物出資前（現物出資が単独新設現物出資である場合には，現物出資後）に現物出資法人と被現物出資法人（現物出資が複数新設現物出資である場合には，現物出資法人と他の現物出資法人）との間にいずれか一方の法人による支配関係がある現物出資の次に掲げる区分に応じ，それぞれ次に定める関係（(ロ)に掲げる関係に該当するものを除きます。）

ⅰ　新設現物出資以外の現物出資のうち現物出資前に現物出資法人と被現物出資法人との間にいずれか一方の法人による支配関係があるもの　現物出資後に現物出資法人と被現物出資法人との間にいずれか一方の法人による支配関係が継続すること（現物出資後に他方の法人（現物出資法

人及び被現物出資法人のうち、いずれか一方の法人以外の法人をいい
ます。）を被合併法人とする適格合併を行うことが見込まれている場合
には、現物出資の時から適格合併の直前の時まで支配関係が継続するこ
と。）が見込まれている場合における現物出資法人と被現物出資法人と
の間の関係

ⅱ　単独新設現物出資のうち単独新設現物出資後に単独新設現物出資に係
る現物出資法人と被現物出資法人との間に現物出資法人による支配関係
があるもの　単独新設現物出資後に支配関係が継続すること（単独新設
現物出資後に被現物出資法人を被合併法人とする適格合併を行うことが
見込まれている場合には、単独新設現物出資の時から適格合併の直前の
時まで支配関係が継続すること。）が見込まれている場合における現物
出資法人と被現物出資法人との間の関係

ⅲ　複数新設現物出資のうち複数新設現物出資前に複数新設現物出資に係
る現物出資法人と他の現物出資法人との間にいずれか一方の法人による
支配関係があるもの　複数新設現物出資後に他方の法人（現物出資法人
及び他の現物出資法人のうち、いずれか一方の法人以外の法人をいいま
す。）と複数新設現物出資に係る被現物出資法人との間にいずれか一方
の法人による支配関係が継続すること（複数新設現物出資後に他方の法
人又は被現物出資法人を被合併法人とする適格合併を行うことが見込ま
れている場合には、複数新設現物出資の時から適格合併の直前の時まで
支配関係が継続すること。）が見込まれている場合における現物出資法
人及び他の現物出資法人と被現物出資法人との間の関係

㈑　現物出資前（単独新設現物出資である場合には、現物出資後）に現物出
資法人と被現物出資法人（複数新設現物出資である場合には、現物出資法
人と他の現物出資法人）との間に同一の者による支配関係がある現物出資
の次に掲げる区分に応じ、それぞれ次に定める関係

ｉ　新設現物出資以外の現物出資のうち現物出資前に現物出資法人と被現物出資法人との間に同一の者による支配関係があるもの　現物出資後に現物出資法人と被現物出資法人との間に同一の者による支配関係が継続すること（現物出資後に現物出資法人又は被現物出資法人を被合併法人とする適格合併を行うことが見込まれている場合には，現物出資の時から適格合併の直前の時まで支配関係が継続すること。）が見込まれている場合における現物出資法人と被現物出資法人との間の関係

ⅱ　単独新設現物出資のうち単独新設現物出資後に現物出資法人と被現物出資法人との間に同一の者による支配関係があるもの　単独新設現物出資後に支配関係が継続すること（単独新設現物出資後に現物出資法人又は被現物出資法人を被合併法人とする適格合併を行うことが見込まれている場合には，単独新設現物出資の時から適格合併の直前の時まで支配関係が継続すること。）が見込まれている場合における現物出資法人と被現物出資法人との間の関係

ⅲ　複数新設現物出資のうち複数新設現物出資前に現物出資法人と他の現物出資法人との間に同一の者による支配関係があるもの　複数新設現物出資後に現物出資法人，他の現物出資法人及び複数新設現物出資に係る被現物出資法人と同一の者との間に同一の者による支配関係が継続すること（複数新設現物出資後に現物出資法人，他の現物出資法人又は被現物出資法人を被合併法人とする適格合併を行うことが見込まれている場合には，複数新設現物出資の時から適格合併の直前の時まで支配関係が継続すること。）が見込まれている場合における現物出資法人及び他の現物出資法人と被現物出資法人との間の関係

①　主要資産の引継要件

その現物出資により現物出資事業（現物出資法人の現物出資前に営む事業のうち，その現物出資により被現物出資法人において営まれることとな

るものをいいます。）に係る主要な資産及び負債がその被現物出資法人に
移転していること

② 従業者の引継要件

　その現物出資直前の現物出資事業に係る従業者のうち，その総数のおお
むね80％以上に相当する数の者がその現物出資後にその被現物出資法人の
業務（被現物出資法人との間に完全支配関係がある法人の業務並びに現物
出資後に行われる適格合併により現物出資事業が合併法人に移転すること
が見込まれている場合における合併法人及びその合併法人との間に完全支
配関係がある法人の業務を含みます。）に従事することが見込まれている
こと

③ 事業継続要件

　その現物出資に係る現物出資事業が現物出資後に被現物出資法人（被現
物出資法人との間に完全支配関係がある法人並びに現物出資後に行われる
適格合併により現物出資事業が合併法人に移転することが見込まれている
場合における合併法人及びその合併法人との間に完全支配関係がある法人
を含みます。）において引き続き行われることが見込まれていること

ハ　共同事業を営むための現物出資

　その現物出資に係る現物出資法人と被現物出資法人（新設現物出資である
場合には，現物出資法人と他の現物出資法人）とが共同で事業を営むための
現物出資として次の要件のすべてに該当するもの

(イ)　事業関連性要件

　現物出資事業（現物出資法人の現物出資前に営む事業のうち，現物出資
により被現物出資法人において営まれることとなるもの）と被現物出資法
人の被現物出資事業（被現物出資法人の現物出資前に営む事業のうちいず
れかの事業をいい，複数新設現物出資である場合には，他の現物出資法人
の現物出資事業をいいます。）とが相互に関連するものであること

(ロ)　規模要件

　　現物出資事業と被現物出資事業（現物出資事業と関連する事業に限ります。）のそれぞれの売上金額，従業者の数若しくはこれらに準ずるものの規模の割合がおおむね5倍を超えないこと又は現物出資前の現物出資法人の社長，副社長，代表取締役，代表執行役，専務取締役，常務取締役又はこれらに準ずる者で法人の経営に従事している者（特定役員）のいずれかと被現物出資法人の特定役員（複数新設現物出資である場合には，他の現物出資法人の特定役員）のいずれかとが現物出資後に被現物出資法人の特定役員となることが見込まれていること

(ハ)　主要資産の引継要件

　　現物出資事業に係る主要な資産及び負債が被現物出資法人に移転していること

(ニ)　従業者の引継要件

　　現物出資事業に係る従業者のうち，その総数のおおむね80%以上に相当する数の者が，現物出資後に被現物出資法人の業務（被現物出資法人との間に完全支配関係がある法人の業務並びに現物出資後に行われる適格合併により現物出資事業が合併法人に移転することが見込まれている場合における合併法人及びその合併法人との間に完全支配関係がある法人の業務を含みます。）に従事することが見込まれていること

(ホ)　事業継続要件

　　現物出資事業（被現物出資事業と関連する事業に限ります。）が現物出資後に被現物出資法人（被現物出資法人との間に完全支配関係がある法人並びに現物出資後に行われる適格合併により現物出資事業が合併法人に移転することが見込まれている場合における合併法人及びその合併法人との間に完全支配関係がある法人を含みます。）において現物出資後に引き続き営まれることが見込まれていること（現物出資後に被現物出資法人を被

合併法人とする適格合併を行うことが見込まれている場合には，その現物出資事業が，現物出資後に被現物出資法人において営まれ，その適格合併後にその適格合併に係る合併法人において引き続き営まれることが見込まれていること。)

(ヘ)　株式の継続保有要件

現物出資法人が現物出資により交付を受ける被現物出資法人の株式の全部が現物出資法人（現物出資後に行われる適格合併により交付される株式の全部が合併法人に移転することが見込まれている場合には，その合併法人を含みます。）を継続して保有することが見込まれること（現物出資後に被現物出資法人を合併法人とする適格合併を行うことが見込まれている場合には，現物出資の時から適格合併の直前の時まで交付される株式の全部が現物出資法人により継続して保有されることが見込まれていること。)

3　適格現物分配

内国法人を現物分配法人とする現物分配のうち，その現物分配により資産の移転を受ける者が現物分配の直前において現物分配法人と完全支配関係がある内国法人（普通法人又は協同組合等に限ります。）のみであるものは，適格現物分配として，移転をした資産又は負債は現物分配直前の帳簿価額による譲渡として移転による譲渡損益が生じないものとされます（法法2十二の十五，62の5③)。

この場合の現物分配とは，法人が①剰余金の配当若しくは利益の配当又は剰余金の分配，②みなし配当に掲げる事由により金銭以外の資産を交付することをいいます（法法2十二の五の二)。

4　適格株式分配

株式分配とは，現物分配のうち完全子法人株式の全部が移転するものをいい

ます（法法２十二の十五の二）。

　そして，株式分配のうち完全子法人と現物分配法人とが独立して事業を行うための株式分配として一定の要件を満たすものを適格株式分配として，その完全子法人株式の移転直前の帳簿価額により譲渡したものとして譲渡損益が繰延べされます。

　また，現物分配法人の株主が適格株式分配により株式分配を受けた被現物分配から交付を受けた資産等に対してはみなし配当の規定は適用されず，株主における現物分配法人株式の譲渡損益も繰延べとなります（法法２十二の十五の三，62の５③，24①三）。

5　適格株式交換

　適格株式交換とは，次のいずれかに該当する株式交換で株式交換完全子法人の株主に株式交換完全親法人の株式又は株式交換完全支配親法人株式（株式交換完全親法人を直接完全支配する親法人の株式）のいずれか一方の株式以外の資産（株主に対する剰余金の配当として交付される金銭その他の資産及び株式交換に反対する当該株主に対するその買取請求に基づく対価として交付される金銭その他の資産を除きます。）が交付されないものをいいます（法法２十二の十七，法令４の３⑱〜⑳）。

　非適格の株式交換が行われた場合には，株式交換完全子法人は一定の資産について時価評価損益を計上することとされています（法法62の９）。

　また，①全部取得条項付種類株式に係る取得決議により最大株主等以外の全ての株主等が端株となるもの，②株式の併合で最大株主等以外の全ての株主等が端株となるもの，③株式売渡請求により少数株主が有する株式等の全部が一の株主に取得されるものは，株式交換とは異なりますが，これらが実行された場合には少数株主は全て金銭を受領することで株主からは排除され，その結果最大株主等が100％保有することになり，法的な手法は異なるものの完全子法

人とすることが可能であることから，平成29年度税制改正でこれらを株式交換の一形態として，適格株式交換の要件を満たさないときは完全子法人となる法人は時価評価を行うこととされました。

ロ　完全支配関係法人間での株式交換

次に掲げるいずれかの関係

(イ)　株式交換前に株式交換に係る株式交換完全子法人と株式交換完全親法人との間に株式交換完全親法人による完全支配関係（無対価株式交換である場合における完全支配関係を除きます。）があり，かつ，株式交換後に株式交換完全親法人が株式交換完全子法人の発行済株式等の全部を保有する関係が継続すること（株式交換後に株式交換完全子法人を被合併法人又は完全子法人とする適格合併又は適格株式分配を行うことが見込まれている場合には，株式交換の時から適格合併又は適格株式分配の直前の時まで完全支配関係が継続することとします。）が見込まれている場合における株式交換完全子法人と株式交換完全親法人との間の関係（(ロ)に掲げる関係に該当するものを除きます。）。

(ロ)　株式交換前に株式交換に係る株式交換完全子法人と株式交換完全親法人との間に同一の者による完全支配関係（株式交換が無対価株式交換である場合にあっては，株式交換完全子法人の株主（株式交換完全子法人及び株式交換完全親法人を除きます。）及び株式交換完全親法人の株主等（株式交換完全親法人を除きます。）の全てについて，その者が保有する株式交換完全子法人の株式の数の株式交換完全子法人の発行済株式等（株式交換完全親法人が保有する株式交換完全子法人の株式を除きます。）の総数のうちに占める割合とその者が保有する株式交換完全親法人の株式の数の株式交換完全親法人の発行済株式等の総数のうちに占める割合とが等しい場合における株式交換完全子法人と株式交換完全親法人との間の関係がある

場合における完全支配関係に限ります。）があり，かつ，次に掲げる要件の全てに該当することが見込まれている場合における株式交換完全子法人と株式交換完全親法人との間の関係

i 株式交換後に同一の者と株式交換完全親法人との間に同一の者による完全支配関係が継続すること（株式交換後に株式交換完全親法人若しくは株式交換完全子法人を被合併法人とする適格合併（株式交換完全親法人を被合併法人とする適格合併にあっては，同一の者と適格合併に係る合併法人との間に同一の者による完全支配関係がない場合における適格合併に限ります。）又は株式交換完全親法人を完全子法人とする適格株式分配を行うことが見込まれている場合には，株式交換の時から適格合併又は適格株式分配の直前の時まで同一の者と株式交換完全親法人との間に同一の者による完全支配関係が継続すること）

ii 株式交換後に同一の者と株式交換完全子法人との間に同一の者による完全支配関係が継続すること（株式交換後にiに規定する適格合併又は適格株式分配を行うことが見込まれている場合には，株式交換の時から適格合併又は適格株式分配の直前の時まで完全支配関係が継続すること）

iii 株式交換後に次に掲げる適格合併を行うことが見込まれている場合には，それぞれ次に定める要件に該当すること

A 同一の者又は株式交換完全親法人を被合併法人とする適格合併　株式交換の時から適格合併の直前の時まで株式交換完全子法人と株式交換完全親法人との間に株式交換完全親法人による完全支配関係が継続すること（株式交換後にB又はCに掲げる適格合併を行うことが見込まれている場合には，それぞれB又はCに定める要件に該当すること。）

B 株式交換完全親法人を被合併法人とする適格合併（同一の者と適格

合併に係る合併法人との間に同一の者による完全支配関係がない場合における適格合併（特定適格合併）に限ります。） 株式交換の時から特定適格合併の直前の時まで株式交換完全子法人と株式交換完全親法人との間に株式交換完全親法人による完全支配関係が継続し，特定適格合併後に特定適格合併に係る合併法人と株式交換完全子法人との間に合併法人による完全支配関係が継続すること（株式交換後にＣに掲げる適格合併を行うことが見込まれている場合には，Ｃに定める要件に該当すること）

 Ｃ 株式交換完全子法人を被合併法人とする適格合併 株式交換の時から適格合併の直前の時まで株式交換完全子法人と株式交換完全親法人（特定適格合併に係る合併法人を含みます。）との間に株式交換完全親法人による完全支配関係が継続すること

 iv 株式交換後に株式交換完全親法人を完全子法人とする適格株式分配を行うことが見込まれている場合には，株式交換後に株式交換完全子法人と株式交換完全親法人との間に株式交換完全親法人による完全支配関係が継続すること（株式交換後に株式交換完全子法人を被合併法人とする適格合併を行うことが見込まれている場合には，株式交換の時から適格合併の直前の時まで完全支配関係が継続すること）

ロ 支配関係法人間での株式交換

 次の(イ)又は(ロ)に掲げるいずれかの関係がある場合で，次の①及び②の要件のすべてを満たすもの

 (イ) 株式交換前に株式交換に係る株式交換完全子法人と株式交換完全親法人との間にいずれか一方の法人による支配関係（無対価株式交換である場合にあっては，株式交換完全子法人の株主（株式交換完全子法人及び株式交換完全親法人を除きます。）及び株式交換完全親法人の株主等（株式交換完全親法人を除きます。）の全てについて，その者が保有する株式交換完

全子法人の株式の数の株式交換完全子法人の発行済株式等（株式交換完全親法人が保有する株式交換完全子法人の株式を除きます。）の総数のうちに占める割合とその者が保有する株式交換完全親法人の株式の数の株式交換完全親法人の発行済株式等の総数のうちに占める割合とが等しい場合における株式交換完全子法人と株式交換完全親法人との間の関係がある場合における支配関係に限ります。）があり，かつ，株式交換後に株式交換完全子法人と株式交換完全親法人との間にいずれか一方の法人による支配関係が継続すること（株式交換等後に次に掲げる適格合併を行うことが見込まれている場合には，それぞれ次に定める要件に該当すること。）が見込まれている場合における株式交換完全子法人と株式交換完全親法人との間の関係（次の(ロ)に掲げる関係に該当するものを除きます。）

(ロ)　株式交換前に当該株式交換に係る株式交換完全子法人と株式交換完全親法人との間に同一の者による支配関係（無対価株式交換である場合にあっては，株式交換完全子法人の株主（株式交換完全子法人及び株式交換完全親法人を除きます。）及び株式交換完全親法人の株主等（株式交換完全親法人を除きます。）の全てについて，その者が保有する株式交換完全子法人の株式の数の株式交換完全子法人の発行済株式等（株式交換完全親法人が保有する株式交換完全子法人の株式を除きます。）の総数のうちに占める割合とその者が保有する株式交換完全親法人の株式の数の株式交換完全親法人の発行済株式等の総数のうちに占める割合とが等しい場合における株式交換完全子法人と株式交換完全親法人との間の関係がある場合における支配関係に限ります。）があり，かつ，次に掲げる要件の全てに該当することが見込まれている場合における株式交換等完全子法人と株式交換等完全親法人との間の関係

ⅰ　株式交換等後に同一の者と株式交換等完全親法人との間に同一の者による支配関係が継続すること（株式交換等後に株式交換等完全親法人又

は株式交換等完全子法人を被合併法人とする適格合併を行うことが見込まれている場合には，株式交換等の時から適格合併の直前の時まで支配関係が継続すること）

ⅱ　株式交換等後に同一の者と株式交換等完全子法人との間に同一の者による支配関係が継続すること（株式交換等後にⅰに規定する適格合併を行うことが見込まれている場合には，株式交換等の時から適格合併の直前の時まで支配関係が継続すること）

ⅲ　株式交換等後に次に掲げる適格合併を行うことが見込まれている場合には，それぞれ次に定める要件に該当すること。

A　同一の者を被合併法人とする適格合併　株式交換等の時から適格合併の直前の時まで株式交換等完全子法人と株式交換等完全親法人との間に株式交換等完全親法人による完全支配関係が継続すること（株式交換等後にB又はCに掲げる適格合併を行うことが見込まれている場合には，それぞれB又はCに定める要件に該当すること）

B　株式交換等完全親法人を被合併法人とする適格合併（特定適格合併）　株式交換等の時から特定適格合併の直前の時まで株式交換等完全子法人と株式交換等完全親法人との間に株式交換等完全親法人による完全支配関係が継続し，特定適格合併後に特定適格合併に係る合併法人と株式交換等完全子法人との間に合併法人による完全支配関係が継続すること（株式交換等後にCに掲げる適格合併を行うことが見込まれている場合には，Cに定める要件に該当すること）

C　株式交換等完全子法人を被合併法人とする適格合併　株式交換等の時から適格合併の直前の時まで株式交換等完全子法人と株式交換等完全親法人（特定適格合併に係る合併法人を含みます。）との間に株式交換等完全親法人による完全支配関係が継続すること

①　株式交換完全子法人の株式交換の直前の従業者のうち，その総数の

おおむね100分の80以上に相当する数の者が株式交換完全子法人の業務
（株式交換等完全子法人との間に完全支配関係がある法人の業務並びに
株式交換等後に行われる適格合併又は株式交換等完全子法人を分割法人
若しくは現物出資法人とする適格分割若しくは適格現物出資（適格合併
等）により株式交換等完全子法人の株式交換等前に行う主要な事業が適
格合併等に係る合併法人，分割承継法人又は被現物出資法人（合併法人
等）に移転することが見込まれている場合における合併法人等及び合併
法人等との間に完全支配関係がある法人の業務を含みます。）に引き続
き従事することが見込まれていること

② 　株式交換完全子法人の株式交換前に行う主要な事業が株式交換完全子
法人（株式交換等完全子法人との間に完全支配関係がある法人並びに株
式交換等後に行われる適格合併等により主要な事業が適格合併等に係る
合併法人等に移転することが見込まれている場合における合併法人等及
び合併法人等との間に完全支配関係がある法人を含みます。）において
引き続き行われることが見込まれていること

　なお，次のⅰからⅲに掲げる行為により対象法人（それぞれⅰからⅲ
までに規定する法人）がそれぞれⅰ若しくはⅱに規定する最大株主等で
ある法人又はⅲの一の株主等である法人との間にこれらの法人による完
全支配関係を有することとなるものについても株式交換の一形態として，
支配関係法人間での適格株式交換の要件である上記①及び②の全てを満
たさないときは，対象法人の一定の資産について時価評価損益を計上す
ることになります。

ⅰ 　全部取得条項付種類株式に係る取得決議によりその取得の対価とし
てその法人の最大株主等以外の全ての株主等（その法人及び最大株主
等との間に完全支配関係がある者を除きます。）に一に満たない端数
の株式以外のその法人の株式が交付されないこととなる場合のその取

得決議

ⅱ　株式の併合で，その併合をした法人の最大株主等以外の全ての株主等（その法人及び最大株主等との間に完全支配関係がある者を除きます。）の有することとなるその法人の株式の数が一に満たない端数となるもの

ⅲ　株式売渡請求に係る承認により法令の規定に基づきその法人の発行済株式等（一の株主等又は一の株主等との間に完全支配関係がある者が有するものを除きます。）の全部が一の株主等に取得されることとなる場合のその承認

ハ　共同事業を営むための株式交換

次に掲げる要件（株式交換に係る株式交換完全子法人の株主の数が50人以上である場合には，①から④まで及び⑥に掲げる要件）の全てに該当するもの

①　株式交換完全子法人の子法人事業（株式交換完全子法人の株式交換前に行う主要な事業のうちのいずれかの事業をいいます。）と株式交換完全親法人の親法人事業（株式交換完全親法人の株式交換前に行う事業のうちのいずれかの事業をいいます。）とが相互に関連するものであること。

②　株式交換に係る株式交換完全子法人の子法人事業と株式交換に係る株式交換完全親法人の親法人事業（子法人事業と関連する事業に限ります。）のそれぞれの売上金額，子法人事業と親法人事業のそれぞれの従業者の数若しくはこれらに準ずるものの規模の割合がおおむね５倍を超えないこと又は株式交換前の株式交換完全子法人の特定役員のいずれかが株式交換に伴って退任をするものでないこと。

③　株式交換に係る株式交換完全子法人の株式交換の直前の従業者のうち，その総数のおおむね100分の80以上に相当する数の者が株式交換完全子法人の業務（株式交換完全子法人との間に完全支配関係がある法人の業務並

びに株式交換後に行われる適格合併又は株式交換完全子法人を分割法人若しくは現物出資法人とする適格分割若しくは適格現物出資（適格合併等）により株式交換完全子法人の子法人事業が適格合併等に係る合併法人，分割承継法人又は被現物出資法人（合併法人等）に移転することが見込まれている場合における合併法人等及び合併法人等との間に完全支配関係がある法人の業務を含みます。）に引き続き従事することが見込まれていること。

④　株式交換に係る株式交換完全子法人の子法人事業（親法人事業と関連する事業に限ります。）が株式交換完全子法人（株式交換完全子法人との間に完全支配関係がある法人並びに株式交換後に行われる適格合併等により子法人事業が適格合併等に係る合併法人等に移転することが見込まれている場合における合併法人等及び合併法人等との間に完全支配関係がある法人を含みます。）において引き続き営まれることが見込まれていること。

⑤　株式交換により交付される株式交換に係る株式交換完全親法人の株式又は株式交換完全支配親法人株式のいずれか一方の株式（議決権のないものを除きます。）のうち支配株主（株式交換の直前に株式交換に係る株式交換完全子法人と他の者との間に他の者による支配関係がある場合におけるその他の者及び他の者による支配関係があるもの（株式交換完全親法人除きます。）をいいます。）に交付されるもの（株式交換が無対価株式交換である場合にあっては，支配株主が株式交換の直後に保有する株式交換完全親法人の株式の数に支配株主が株式交換の直後に保有する株式交換完全親法人の株式の帳簿価額のうちに支配株主が株式交換の直前に保有していた株式交換完全子法人の株式の帳簿価額の占める割合を乗じて計算した数の株式交換完全親法人の株式。以下この号において「対価株式」といいます。）の全部が支配株主（株式交換後に行われる適格合併により対価株式が適格合併に係る合併法人に移転することが見込まれている場合には，そ

の合併法人を含みます。）により継続して保有されることが見込まれていること（株式交換後に株式交換完全親法人（株式交換完全支配親法人株式の交付を受ける場合には，株式交換完全支配親法人）を被合併法人とする適格合併を行うことが見込まれている場合には，株式交換の時から適格合併の直前の時まで対価株式の全部が支配株主により継続して保有されることが見込まれていること）

⑥　株式交換後に株式交換に係る株式交換完全親法人と株式交換に係る株式交換完全子法人との間に株式交換完全親法人による完全支配関係が継続することが見込まれていること（株式交換後に株式交換完全子法人を被合併法人とする適格合併を行うことが見込まれている場合には株式交換の時から適格合併の直前の時まで株式交換完全親法人による完全支配関係が継続することが見込まれていることとし，株式交換後に株式交換完全子法人を合併法人等とする適格合併（合併親法人株式が交付されるものを除きます。），適格分割（分割承継親法人株式が交付されるものを除きます。）又は適格現物出資（適格合併等）が行われることが見込まれている場合には株式交換の時から適格合併等の直前の時まで株式交換完全親法人による完全支配関係が継続し，適格合併等後に株式交換完全親法人（株式交換完全親法人による完全支配関係がある法人を含みます。）が株式交換完全子法人の適格合併等の直前の発行済株式等の全部に相当する数の株式を継続して保有することが見込まれていることとします。）

6　適格株式移転

　適格株式移転とは，次のいずれかに該当する株式移転で株式移転完全子法人の株主に株式移転完全親法人の株式以外の資産（株式移転に反対する株主に対するその買取請求に基づく対価として交付される金銭その他の資産を除きます。）が交付されないものをいいます（法法2十二の十八，法令4の3㉑～㉔）。

354

非適格の株式移転が行われた場合には，株式移転完全子法人は一定の資産について時価評価損益を計上することとされています（法法62の9）。

イ　株式移転完全子法人と他の株式移転完全子法人との間に同一者による完全支配関係がある場合

次に掲げる要件の全てに該当することが見込まれている場合における株式移転完全子法人と他の株式移転完全子法人との間の関係

(イ)　株式移転後に同一の者と株式移転完全親法人との間に同一の者による完全支配関係が継続すること（株式移転後に株式移転完全親法人を被合併法人とする適格合併（同一の者と適格合併に係る合併法人との間に同一の者による完全支配関係がない場合における適格合併（特定適格合併）に限ります。）又は株式移転完全親法人を完全子法人とする適格株式分配を行うことが見込まれている場合には，株式移転の時から特定適格合併又は適格株式分配の直前の時まで完全支配関係が継続すること）

(ロ)　株式移転後に同一の者と株式移転完全子法人との間に同一の者による完全支配関係が継続すること（株式移転後に株式移転完全子法人若しくは株式移転完全親法人を被合併法人とする適格合併（株式移転完全親法人を被合併法人とする適格合併にあっては，同一の者と合併法人との間に同一の者による完全支配関係がない場合における適格合併（特定適格合併）に限ります。）又は株式移転完全親法人を完全子法人とする適格株式分配を行うことが見込まれている場合には，株式移転の時から適格合併又は適格株式分配の直前の時まで完全支配関係が継続すること）

(ハ)　株式移転後に同一の者と他の株式移転完全子法人との間に同一の者による完全支配関係が継続すること（株式移転後に他の株式移転完全子法人若しくは株式移転完全親法人を被合併法人とする適格合併（株式移転完全親法人を被合併法人とする適格合併にあっては，同一の者と合併法人との間に同一の者による完全支配関係がない場合における適格合併（特定適格合

併）に限ります。）又は株式移転完全親法人を完全子法人とする適格株式分配を行うことが見込まれている場合には，株式移転の時から適格合併又は適格株式分配の直前の時まで完全支配関係が継続すること）

㈡　株式移転後に次に掲げる適格合併を行うことが見込まれている場合には，それぞれ次に定める要件に該当すること

　　ⅰ　同一の者又は株式移転完全親法人を被合併法人とする適格合併　株式移転の時から適格合併の直前の時まで株式移転完全親法人と株式移転完全子法人及び他の株式移転完全子法人との間に株式移転完全親法人による完全支配関係が継続すること（株式移転後にⅱ又はⅲに掲げる適格合併を行うことが見込まれている場合には，それぞれⅱ又はⅲに定める要件に該当すること）

　　ⅱ　特定適格合併（同一の者と合併法人との間に同一の者による完全支配関係がない場合における適格合併）　株式移転の時から特定適格合併の直前の時まで株式移転完全親法人と株式移転完全子法人及び他の株式移転完全子法人との間に株式移転完全親法人による完全支配関係が継続し，特定適格合併後に特定適格合併に係る合併法人と株式移転完全子法人及び他の株式移転完全子法人との間に合併法人による完全支配関係が継続すること（株式移転後にⅲに掲げる適格合併を行うことが見込まれている場合には，ⅲに定める要件に該当すること）

　　ⅲ　株式移転完全子法人又は他の株式移転完全子法人を被合併法人とする適格合併　株式移転の時から適格合併の直前の時まで株式移転完全親法人（特定適格合併に係る合併法人を含みます。）と株式移転完全子法人及び他の株式移転完全子法人との間に株式移転完全親法人による完全支配関係が継続すること

㈣　株式移転後に株式移転完全親法人を完全子法人とする適格株式分配を行うことが見込まれている場合には，株式移転後に株式移転完全親法人と株

式移転完全子法人及び他の株式移転完全子法人との間に株式移転完全親法人による完全支配関係が継続すること（株式移転後に株式移転完全子法人又は他の株式移転完全子法人を被合併法人とする適格合併を行うことが見込まれている場合には，株式移転の時から適格合併の直前の時まで完全支配関係が継続すること）

ロ　一の法人のみが株式移転完全子法人となる株式移転

次に掲げる要件に該当することが見込まれている場合における株式移転完全親法人と株式移転完全子法人との関係

株式移転後に株式移転完全親法人と株式移転完全子法人との間に株式移転完全親法人による完全支配関係が継続すること（株式移転後に株式移転完全子法人を被合併法人又は完全子法人とする適格合併又は適格株式分配を行うことが見込まれている場合には株式移転の時から適格合併又は適格株式分配の直前の時まで完全支配関係が継続することとし，株式移転後に株式移転完全子法人を合併法人，分割承継法人又は被現物出資法人とする適格合併（合併親法人株式が交付されるものを除きます。），適格分割（分割承継親法人株式が交付されるものを除きます。）又は適格現物出資（適格合併等）が行われることが見込まれている場合には株式移転の時から適格合併等の直前の時まで株式移転完全親法人と株式移転完全子法人との間に株式移転完全親法人による完全支配関係が継続し，適格合併等後に株式移転完全親法人（株式移転完全親法人による完全支配関係がある法人を含みます。）が株式移転完全子法人の適格合併等の直前の発行済株式等の全部に相当する数の株式を継続して保有することとします。）が見込まれている場合における株式移転

ロ　支配関係法人間での株式移転

次の(イ)又は(ロ)に掲げるいずれかの関係がある場合で，次の①及び②の要件の全てを満たすもの

(イ)　株式移転前に株式移転完全子法人と他の株式移転完全子法人との間にい

ずれか一方の法人による支配関係があり，かつ，次に掲げる要件の全てに
該当することが見込まれている場合における株式移転完全子法人と他の株
式移転完全子法人との間の関係（(ロ)に掲げる関係に該当するものを除きま
す。）

i　株式移転後に株式移転完全親法人と株式移転完全子法人との間に株式
　移転完全親法人による支配関係が継続すること（株式移転後に次に掲げ
　る適格合併を行うことが見込まれている場合には，それぞれ次に定める
　要件に該当すること）

　A　株式移転完全親法人を被合併法人とする適格合併（特定適格合併）
　　　株式移転の時から特定適格合併の直前の時まで株式移転完全親法人
　　　と株式移転完全子法人との間に株式移転完全親法人による完全支配関
　　　係が継続し，特定適格合併後に合併法人と株式移転完全子法人との間
　　　に合併法人による完全支配関係が継続すること（株式移転後にBに掲
　　　げる適格合併を行うことが見込まれている場合には，Bに定める要件
　　　に該当すること）

　B　株式移転完全子法人を被合併法人とする適格合併　株式移転の時か
　　　ら適格合併の直前の時まで株式移転完全親法人（特定適格合併に係る
　　　合併法人を含みます。）と株式移転完全子法人との間に株式移転完全
　　　親法人による完全支配関係が継続すること

　C　他の株式移転完全子法人を被合併法人とする適格合併　株式移転の
　　　時から適格合併の直前の時まで株式移転完全親法人と株式移転完全子
　　　法人との間に株式移転完全親法人による完全支配関係が継続し，適格
　　　合併後に株式移転完全親法人と株式移転完全子法人との間に株式移転
　　　完全親法人による支配関係が継続すること（株式移転後にA又はBに
　　　掲げる適格合併を行うことが見込まれている場合には，それぞれA又
　　　はBに定める要件に該当すること）

ii 上記 i の「当該株式移転完全子法人」とあるのを「当該他の株式移転完全子法人」と,「当該他の株式移転完全子法人」とあるのを「当該株式移転完全子法人」と読み替えた場合における i に掲げる要件

㈹ 株式移転前に株式移転完全子法人と他の株式移転完全子法人との間に同一の者による支配関係があり,かつ,次に掲げる要件の全てに該当することが見込まれている場合における株式移転完全子法人と他の株式移転完全子法人との間の関係

i 株式移転後に同一の者と株式移転完全親法人との間に同一の者による支配関係が継続すること(株式移転後に株式移転完全親法人を被合併法人とする適格合併(特定適格合併)を行うことが見込まれている場合には,株式移転の時から特定適格合併の直前の時まで支配関係が継続すること)

ii 株式移転後に同一の者と株式移転完全子法人との間に同一の者による支配関係が継続すること(株式移転後に株式移転完全子法人又は株式移転に係る株式移転完全親法人を被合併法人とする適格合併を行うことが見込まれている場合には,株式移転の時から適格合併の直前の時まで支配関係が継続すること)

iii 株式移転後に同一の者と他の株式移転完全子法人との間に同一の者による支配関係が継続すること(株式移転後に他の株式移転完全子法人又は株式移転に係る株式移転完全親法人を被合併法人とする適格合併を行うことが見込まれている場合には,株式移転の時から適格合併の直前の時まで支配関係が継続すること)

iv 株式移転後に次に掲げる適格合併を行うことが見込まれている場合には,それぞれ次に定める要件に該当すること

A 同一の者を被合併法人とする適格合併 株式移転の時から適格合併の直前の時まで株式移転に係る株式移転完全親法人と株式移転完全子

法人との間に株式移転完全親法人による完全支配関係が継続すること（株式移転後にB又はCに掲げる適格合併を行うことが見込まれている場合には，それぞれB又はCに定める要件に該当すること。）

B　特定適格合併（株式移転完全親法人を被合併法人とする適格合併）株式移転の時から特定適格合併の直前の時まで株式移転完全親法人と株式移転完全子法人との間に株式移転完全親法人による完全支配関係が継続し，特定適格合併後に特定適格合併に係る合併法人と株式移転完全子法人との間に合併法人による完全支配関係が継続すること（株式移転後にCに掲げる適格合併を行うことが見込まれている場合には，Cに定める要件に該当すること）

C　株式移転完全子法人を被合併法人とする適格合併　株式移転の時から適格合併の直前の時まで株式移転に係る株式移転完全親法人（適格合併に係る合併法人を含みます。）と株式移転完全子法人との間に株式移転完全親法人による完全支配関係が継続すること

v　上記ivの「株式移転完全子法人」とあるのを「他の株式移転完全子法人」と読み替えた場合におけるivに掲げる要件

①　株式移転に係る各株式移転完全子法人の株式移転の直前の従業者のうち，その総数のおおむね100分の80以上に相当する数の者が株式移転完全子法人の業務（株式移転完全子法人との間に完全支配関係がある法人の業務並びに株式移転後に行われる適格合併又は株式移転完全子法人を分割法人若しくは現物出資法人とする適格分割若しくは適格現物出資（適格合併等）により株式移転完全子法人の株式移転前に行う主要な事業が合併法人，分割承継法人又は被現物出資法人（合併法人等）に移転することが見込まれている場合における合併法人等及び合併法人等との間に完全支配関係がある法人の業務を含みます。）

②　株式移転に係る各株式移転完全子法人の株式移転前に行う主要な事業が

株式移転完全子法人（株式移転完全子法人との間に完全支配関係がある法人並びに株式移転後に行われる適格合併又は株式移転完全子法人を分割法人若しくは現物出資法人とする適格分割若しくは適格現物出資（適格合併等）により主要な事業が適格合併等に係る合併法人，分割承継法人又は被現物出資法人（合併法人等）に移転することが見込まれている場合における合併法人等及び合併法人等との間に完全支配関係がある法人を含みます。）において引き続き営まれることが見込まれていること

ハ　共同で事業を営むための株式移転

イ又はロに該当する株式移転以外の株式移転のうち，次に掲げる要件（株式移転の直前に株式移転完全子法人の全てについて他の者との間に他の者による支配関係がない場合には，①から④まで及び⑥に掲げる要件）の全てに該当するものとします。

①　株式移転完全子法人の子法人事業（株式移転完全子法人の株式移転前に行う主要な事業のうちのいずれかの事業をいいます。）と他の株式移転完全子法人の他の子法人事業（他の株式移転完全子法人の株式移転前に行う事業のうちのいずれかの事業をいいます。）とが相互に関連するものであること

②　株式移転完全子法人の子法人事業と他の株式移転完全子法人の他の子法人事業（子法人事業と関連する事業に限ります。）のそれぞれの売上金額，子法人事業と他の子法人事業のそれぞれの従業者の数若しくはこれらに準ずるものの規模の割合がおおむね5倍を超えないこと又は株式移転前の株式移転完全子法人若しくは他の株式移転完全子法人の特定役員の全てが株式移転に伴って退任をするものでないこと

③　株式移転完全子法人又は他の株式移転完全子法人の株式移転の直前の従業者のうち，それぞれその総数のおおむね100分の80以上に相当する数の者が，それぞれ株式移転完全子法人又は他の株式移転完全子法人の業務

（株式移転完全子法人又は他の株式移転完全子法人との間に完全支配関係がある法人の業務並びに株式移転後に行われる適格合併又は株式移転完全子法人若しくは他の株式移転完全子法人を分割法人若しくは現物出資法人とする適格分割若しくは適格現物出資（適格合併等）により株式移転完全子法人又は他の株式移転完全子法人の子法人事業又は他の子法人事業が適格合併等に係る合併法人，分割承継法人又は被現物出資法人（合併法人等）に移転することが見込まれている場合における合併法人等及び合併法人等との間に完全支配関係がある法人の業務を含みます。）に引き続き従事することが見込まれていること

④　株式移転完全子法人又は他の株式移転完全子法人の子法人事業又は他の子法人事業（相互に関連する事業に限ります。）が株式移転完全子法人又は他の株式移転完全子法人（株式移転完全子法人又は他の株式移転完全子法人との間に完全支配関係がある法人並びに株式移転後に行われる適格合併等により子法人事業又は他の子法人事業が適格合併等に係る合併法人等に移転することが見込まれている場合における合併法人等及び合併法人等との間に完全支配関係がある法人を含みます。）において引き続き営まれることが見込まれていること

⑤　株式移転により交付される株式移転完全親法人の株式（議決権のないものを除きます。）のうち支配株主（株式移転の直前に株式移転完全子法人又は他の株式移転完全子法人と他の者との間に他の者による支配関係がある場合における他の者及び他の者による支配関係があるものをいいます。）に交付されるもの（対価株式）の全部が支配株主（株式移転後に行われる適格合併により対価株式が適格合併に係る合併法人に移転することが見込まれている場合には，合併法人を含みます。）により継続して保有されることが見込まれていること（株式移転後に株式移転完全親法人を被合併法人とする適格合併を行うことが見込まれている場合には，株式移転

の時から適格合併の直前の時まで対価株式の全部が支配株主により継続して保有されることが見込まれていること）

⑥　株式移転後に株式移転に係る株式移転完全子法人と他の株式移転完全子法人との間に株式移転完全親法人による完全支配関係が継続することが見込まれていること（株式移転後に i 又は ii に掲げる適格合併を行うことが見込まれている場合にはそれぞれ i 又は ii に定める要件に該当することが見込まれていることとし，株式移転後に iii に掲げる適格合併等（適格合併，適格分割又は適格現物出資をいいます。）が行われることが見込まれている場合には iii に定める要件に該当することが見込まれていることとします。）

i　株式移転完全子法人を被合併法人とする適格合併　次に掲げる要件の全てに該当すること

A　株式移転後に株式移転完全親法人と他の株式移転完全子法人との間に株式移転完全親法人による完全支配関係が継続すること（株式移転後に下記 ii に掲げる適格合併を行うことが見込まれている場合には，ii の B に掲げる要件に該当すること）

B　株式移転の時から適格合併の直前の時まで株式移転完全親法人と株式移転完全子法人との間に株式移転完全親法人による完全支配関係が継続すること

ii　他の株式移転完全子法人を被合併法人とする適格合併　次に掲げる要件の全てに該当すること

A　株式移転後に株式移転完全親法人と株式移転完全子法人との間に株式移転完全親法人による完全支配関係が継続すること（株式移転後に上記 i に掲げる適格合併を行うことが見込まれている場合には，上記 i の B に掲げる要件に該当すること）

B　株式移転の時から適格合併の直前の時まで株式移転完全親法人と他

の株式移転完全子法人との間に株式移転完全親法人による完全支配関係が継続すること

ⅲ　株式移転完全子法人又は他の株式移転完全子法人を合併法人等とする適格合併等（ⅰ又はⅱに掲げる適格合併及び合併親法人株式が交付される適格合併並びに分割承継親法人株式が交付される適格分割を除きます。）　株式移転の時から適格合併等の直前の時まで株式移転完全親法人と株式移転完全子法人及び他の株式移転完全子法人との間に株式移転完全親法人による完全支配関係が継続し，適格合併等後に次に掲げる要件の全てに該当すること

Ａ　株式移転完全親法人（株式移転完全親法人による完全支配関係がある法人を含みます。）が株式移転完全子法人又は他の株式移転完全子法人（合併法人等となるものに限ります。）の適格合併等の直前の発行済株式等の全部に相当する数の株式を継続して保有すること

Ｂ　株式移転完全親法人と株式移転完全子法人又は他の株式移転完全子法人（合併法人等となるものを除きます。）との間に株式移転完全親法人による完全支配関係が継続すること

7　青色欠損金の引継ぎ等

(1)　被合併法人等の青色欠損金の引継ぎ

　　合併が適格であるときは，原則として，被合併法人の青色欠損金は合併法人に引き継ぐこととされています。

　　ただし，被合併法人と合併法人との間に合併事業年度開始の日前5年以内に支配関係が生じているときは，原則として，被合併法人の支配関係が生じた事業年度前の事業年度に生じた青色欠損金及び支配関係が生じた事業年度以後の事業年度に生じた欠損金のうち特定資産に係る譲渡等損失額に相当する欠損金は引継ぎができません。

なお，支配関係が合併前5年以内に生じている場合であっても，合併が共同で事業を営むもの（法令112③）に該当するときは，制限なく青色欠損金が引き継がれます（法法57②，③）。

(2)　合併法人等の青色欠損金の控除の制限

支配関係がある法人との間で適格合併，適格分割，適格現物出資又は適格現物分配が行われ，かつ，その支配関係が合併，分割，現物出資又は現物分配の日の属する事業年度開始の日の5年前の日以後に生じている場合において，その適格合併，適格分割又は適格現物出資が共同で事業を営むもの（法令112③，⑩）に該当しないときは，合併法人，分割承継法人，被現物出資法人又は被現物分配法人の支配関係が生じた事業年度前の事業年度の青色欠損金及び支配関係が生じた事業年度以後発生した欠損金のうち特定資産に係る譲渡等損失額に相当する欠損金はないものとされます（法法57④）。

8　組織再編成に係る行為又は計算の否認

合併，分割，現物出資，現物分配，株式交換等又は株式移転により，資産等の移転法人，資産等の取得法人又はこれらの法人の株主等である法人の法人税の行為又は計算で，これを容認した場合には，資産等の譲渡利益の減少又は譲渡損失の増加，移転法人や取得法人の株式の譲渡利益の減少又は譲渡損失の増加，みなし配当金額の減少その他の理由により法人税の負担を不当に減少させる結果となると認められるものがあるときは，その行為又は計算にかかわらず，税務署長の認めるところにより，法人の課税標準等の計算ができることとされています（法法132の2）。

《消費税の取扱い》

合併は被合併法人の営業の全部が合併法人に，また，分割は分割法人の営業の全部又は一部が分割承継法人に，いずれも包括的に承継されることから，法

人税の取扱いである適格・非適格を問わず消費税における資産の譲渡等には該当しません。

　現物出資は，対価を得て行う資産の譲渡に該当しますから，移転する資産のうち課税資産の譲渡に係る対価部分が消費税の課税の対象となります（消令2①二）。

　なお，現物出資の場合の課税標準額は，取得した株式の取得の時における時価（課税資産に対応する部分に限ります。）となります（消基通11－4－1）。

[2]　営業譲渡に係る税務の取扱い

《法人税の取扱い》

　法人が現に行っている営業の一部を他に譲渡する場合には，その営業に属する資産及び負債を一括して引き渡すものと思われます。そして譲渡価額の計算は，譲り渡す資産及び負債の時価を評価し資産の時価から負債の時価を控除した金額が譲渡価額となります。営業譲渡に関しては資産及び負債の時価評価が適正に行われている限りにおいては基本的に問題はないものと考えます。ただし，特異なケースとして，再建や清算を前提としている法人が，その有する資産の含み損益を早期に実現化させるために行う営業譲渡で他に営業譲渡を行う合理的な理由が認められない場合には，営業譲渡の適否について譲渡法人の本来の意図などを総合的に勘案して個別に判断することになります。

　営業譲渡に際して営業権（のれん）を評価し，それを譲渡価額に反映させている場合がありますが，企業会計では有償取得した営業権は資産に計上し毎期均等額以上を償却しなければならないとされています（企業会計原則注解25）。これに対して，税務における営業権は無形固定資産とされその耐用年数は5年となっていますので，5年均等償却額を超える償却費は償却超過額として申告調整を行わなければなりません。

366

しかし，営業権の評価に合理性が認められない場合には，当事者間で取り決めた譲渡対価が問題となり，営業の譲受法人から営業譲渡法人に対する寄附金の問題が生じることが考えられます。

《消費税の取扱い》

営業の譲渡は，営業に係る営業権，土地，建物，その他の資産（金銭債権や繰延資産等）及び債務の一切を含めて譲渡する契約ですから，営業譲渡により譲渡される資産のうち課税資産部分が課税の対象となります。そして，譲渡資産に課税資産と非課税資産の双方が含まれているときは課税資産と非課税資産の一括譲渡としてその対価の額を合理的に区分することとされています。また，この場合の対価の額は，実際に授受される金銭だけでなく営業譲渡により引き継がれる負債の額も含まれます。

③　事例の解説と具体的修正の方法

事例34　営業権の譲渡代金を分割で収受した場合

当社はスーパーマーケットを各地に有していましたが，地方の1店舗を同業の関係会社に店舗ごと譲渡することとしました。

営業譲渡に際して次の資産・負債を50,000,000円（時価による資産・負債の差額）で譲渡するとともに，併せて営業権として別途30,000,000円を収受することとしました。

（譲渡資産・負債）	（帳簿価額）	（時価）
（資産）棚卸資産	25,000,000円	25,000,000円
建　　物	20,000,000円	20,000,000円
土　　地	80,000,000円	150,000,000円

第12章 組織再編等 *367*

| （負債）買 掛 金 | 65,000,000円 | 65,000,000円 |
| 借 入 金 | 80,000,000円 | 80,000,000円 |

　ところで，資産・負債に係る譲渡代金の50,000,000円については一括で前期に受領しました。また，営業権の譲渡対価30,000,000円は３年の均等分割で受領することとしたため，前期には受領した10,000,000円について，それぞれ次の仕訳を行いました。

　また，この営業譲渡に関して消費税の計算上，課税売上げとしたものはありませんでした。

（借方）現預金	50,000,000円	（貸方）棚卸資産	25,000,000円
買掛金	65,000,000円	建　　物	20,000,000円
借入金	80,000,000円	土　　地	80,000,000円
		譲 渡 益	70,000,000円
（借方）現預金	10,000,000円	（貸方）譲 渡 益	10,000,000円

　税務調査において，営業権の譲渡代金のうち当期以降に繰り延べた金額20,000,000円も前期の収益となる旨，また，棚卸資産，建物及び営業権に係る消費税の計算がされていない旨の指摘を受けました。

解 説

　営業譲渡による営業財産の評価方法としては，①帳簿価額法（個々の財産の帳簿価額の総額をもって譲渡価額とする方法で現物出資などの場合に用いられる．），②再評価法（個々の財産を時価により評価し，その総額をもって譲渡価額とする方法），③一括価額法（譲渡財産を総合的に評価する方法），④収益価値法（譲渡する営業の平均利益を同業種の営業の平均利益率で除して求める方法）等がありますが，一般的には，営業譲渡に関して譲渡される個々の資産の時価から負債の時価を控除した金額をもって評価している場合が多いようです。また，譲渡される営業に超過収益力（営業権）があるときは，その価額を適正

に評価して譲渡対価に含めることになります。

ただし，営業権の評価には非常に困難な要素を含んでいますので，慎重に行う必要があるでしょう。

法人税における営業譲渡の多くは関係会社間で行われるもので，このような場合には特別の理由がない限り再評価法によりその譲渡価額を評価するのが無難な方法と思われます。そして，営業の譲渡による対価の額が低廉であるときは譲渡法人においては寄附金，譲受法人にあっては受贈益の問題が，高額であるときは譲受法人において寄附金の問題が生じることが考えられます。

具体的修正の方法

営業の譲渡により営業権を評価した場合に，営業権が存在するかどうかが問題となり，営業権があるとは認められないときは，その営業権の譲渡として授受した対価が譲受法人から譲渡法人に対する寄附金となります。なお，営業権が存在すると認められるときであってもその価額が高額であるときは同様の問題が生じます。これとは逆に営業権があるにもかかわらず，営業権の譲渡対価を授受しないというケースがあろうかと思われますが，このような場合には譲渡法人において寄附金，譲受法人において受贈益の問題が理論的には生じますが，現実問題として営業権の存否やその価額は個々の事例により相当困難な問題を含んでいますので，一律に論ずることはできません。

《法人税の修正》

(1) 税抜経理の場合

貴社は前期の確定した決算において次の仕訳を行っています。

（借方）現預金	50,000,000円	（貸方）棚卸資産	25,000,000円
買掛金	65,000,000円	建物	20,000,000円
借入金	80,000,000円	土地	80,000,000円
		譲渡益	70,000,000円

| （借方）現預金 | 10,000,000円 | （貸方）譲渡益 | 10,000,000円 |

　ところで，消費税において，営業譲渡により譲渡される資産のうちに課税資産が含まれているときは，その課税資産に係る部分は課税売上げとなりますが，上記仕訳においては消費税等相当額を区分経理していません。

　貴社が譲渡した資産のうち課税資産となるものは棚卸資産25,000,000円，建物20,000,000円及び営業権30,000,000円の合計75,000,000円，非課税資産は土地150,000,000円となります。そのため，課税資産の譲渡対価75,000,000円に110分の10を乗じた6,818,181円を仮受消費税等として処理する必要があります。

　また，営業権の譲渡により収受する金額は30,000,000円とされており，この価額が適正であるとのことですから，これは一時の収益として処理しなければなりませんので，貴社が前期において営業権の譲渡収益として計上した金額との差額20,000,000円が計上もれとなっています。そこで，仮受消費税等の処理と併せて正しい仕訳を示すと次のようになります。

（借方）現預金	60,000,000円	（貸方）棚卸資産	25,000,000円
買掛金	65,000,000円	建　物	20,000,000円
借入金	80,000,000円	土　地	80,000,000円
未収金	20,000,000円	仮受消費税等	6,818,181円
		譲渡益	93,181,819円

　そのため，確定決算による仕訳と正しい仕訳との差額を示すと，次のようになります。また，譲渡益計上もれを所得金額に加算することになりますが，仮に，消費税等の修正により納付すべき税額が6,818,000円であるとしたときの修正申告における別表四及び別表五(一)の記載は次のようになります。

| （借方）未収金 | 20,000,000円 | （貸方）仮受消費税等 | 6,818,181円 |
| | | 譲渡益 | 13,181,819円 |

370

別表四

区　　　分	総　　額	処　　分	
		留　保	社 外 流 出
	①	②	③
加算　譲渡益計上もれ	13,181,819	13,181,819	
雑益計上もれ	181	181	

別表五（一）

区　　　分	期 首 現 在 利益積立金額	当 期 の 増 減		翌 期 首 利 益 積 立 金 額
		減	増	
	①	②	③	④
未　収　金			20,000,000	20,000,000
仮受消費税等		△ 6,818,181	△ 6,818,181	
未払消費税等			△ 6,818,000	△　　6,818,000

▷当期の処理◁

　当期において，営業権の譲渡対価の未収部分のうち10,000,000円を受領した

ときに，次の仕訳を行い，前期の消費税等の修正により増加した税額を損金経

理で納付しているときは，当期の別表四及び別表五(一)の記載は次のようにな

ります。

（借方）現預金　　　　10,000,000円　　　（貸方）譲渡益　　　　10,000,000円

別表四

区　　　分	総　　額	処　　分	
		留　保	社 外 流 出
	①	②	③
加算　損金の額に算入した消費税等	6,818,000	6,818,000	
減算　譲渡益過大	10,000,000	10,000,000	

別表五（一）

区　分	期首現在利益積立金額	当期の増減		翌期首利益積立金額
		減	増	
	①	②	③	④
未　収　金	20,000,000	10,000,000		10,000,000
未払消費税等	△　6,818,000	△　6,818,000		

　また，営業権の譲渡対価の未収部分のうち10,000,000円を受領したときに，次の仕訳を行い，下記仕訳により発生した仮受消費税等を当期末の仮受・仮払消費税等の清算仕訳で雑益とし，かつ，前期の消費税等の修正により増加した税額を損金経理で納付しているときは，当期の別表四及び別表五（一）の記載は次のようになります。

（借方）現預金　　　　10,000,000円　　（貸方）譲渡益　　　　　9,090,910円

　　　　　　　　　　　　　　　　　　　　　　仮受消費税等　　　909,090円

　　　　仮受消費税等　909,090円　　　　　雑　益　　　　　　909,090円

別表四

区　分	総　額	処　分		
		留　保	社外流出	
	①	②	③	
加算	損金の額に算入した消費税等	6,818,000	6,818,000	
減算	譲渡益過大	9,090,910	9,090,910	
	雑　益　過　大	909,090	909,090	

(注)　当期に計上した仮受消費税等は当期のものではなく（前期に処理済），したがって，雑益として計上した金額は前期計上済の未収金の回収となるものですから，雑益過大とした金額は別表五（一）の未収金の消去とします（翌期の処理も同様）。

別表五（一）

区　分	期首現在利益積立金額	当期の増減		翌期首利益積立金額
		減	増	
	①	②	③	④
未　収　金	20,000,000	9,090,090 909,090		10,000,000
未払消費税等	△　6,818,000	△　6,818,000		

▷翌期の処理◁

翌期において，営業権の譲渡対価の未収部分のうち10,000,000円を受領したときに，次の仕訳を行ったときの翌期の別表四及び別表五（一）の記載は次のようになります。

（借方）現預金　　　　　10,000,000円　　　（貸方）譲渡益　　　　　10,000,000円

別表四

区　分	総　額	処　分	
		留　保	社外流出
	①	②	③
減算　譲渡益過大	10,000,000	10,000,000	

別表五（一）

区　分	期首現在利益積立金額	当期の増減		翌期首利益積立金額
		減	増	
	①	②	③	④
未　収　金	10,000,000	10,000,000		

また，営業権の譲渡対価の未収部分のうち10,000,000円を受領したときに，次の仕訳を行い，下記仕訳により発生した仮受消費税等を当期末の仮受・仮払消費税等の清算仕訳で雑益としたときは，当期の別表四及び別表五（一）の記載は次のようになります。

第12章 組織再編等　*373*

（借方）現預金　　　10,000,000円　　（貸方）譲渡益　　　　　9,090,910円

　　　　　　　　　　　　　　　　　　　　　　仮受消費税等　　　909,090円

　　　　仮受消費税等　909,090円　　　　　雑　益　　　　　　909,090円

別表四

区　　分	総　額	処　　　　分	
		留　保	社外流出
	①	②	③
減算　譲渡益過大	9,090,910	9,090,910	
雑　益　過大	909,090	909,090	

別表五（一）

区　分	期首現在利益積立金額	当期の増減		翌期首利益積立金額
		減	増	
	①	②	③	④
未　収　金	10,000,000	9,090,910 909,090		

⑵　税込経理の場合

　営業権の譲渡による収益は譲渡時点でその全額が確定していますので，仮にその対価が分割払となっていても前期の収益として計上します。

　そのため，修正申告における前期の別表四及び別表五(一)の記載は次のようになります。

　なお，消費税等の修正申告で増加した税額は当期の損金としていればそれでよいことになります。

374

別表四

区　　　分		総　　額	処　　　　分		
			留　保	社 外 流 出	
		①	②	③	
加算	譲渡益計上もれ	20,000,000	20,000,000		

別表五（一）

区　　分	期 首 現 在 利益積立金額	当期の増減		翌 期 首 利 益 積 立 金 額
		減	増	
	①	②	③	④
未 収 金			20,000,000	20,000,000

▷当期の処理◁

　当期において，営業権の譲渡対価の未収部分のうち10,000,000円を受領したときに，次の仕訳を行ったときの当期の別表四及び別表五（一）の記載は次のようになります。

（借方）現預金　　　　10,000,000円　　　（貸方）譲渡益　　　　10,000,000円

別表四

区　　　分		総　　額	処　　　　分		
			留　保	社 外 流 出	
		①	②	③	
減算	譲渡益過大計上	10,000,000	10,000,000		

別表五（一）

区　　分	期 首 現 在 利益積立金額	当期の増減		翌 期 首 利 益 積 立 金 額
		減	増	
	①	②	③	④
未 収 金	20,000,000	10,000,000		10,000,000

▷翌期の処理◁

翌期において，営業権の譲渡対価の未収部分のうち10,000,000円を受領したときに，次の仕訳を行ったときの翌期の別表四及び別表五(一)の記載は次のようになります。

（借方）現預金　　　　　10,000,000円　　（貸方）譲渡益　　　　　10,000,000円

別表四

区　　　分	総　　　額	処　　　　分	
		留　　保	社 外 流 出
	①	②	③
減算 譲渡益過大計上	10,000,000	10,000,000	

別表五（一）

区　　分	期 首 現 在 利益積立金額	当 期 の 増 減		翌 期 首 利 益 積 立 金 額
		減	増	
	①	②	③	④
未 　収 　金	10,000,000	10,000,000		

《消費税の修正》

営業の譲渡は，営業に係る営業権，土地，建物，その他の資産（金銭債権や繰延資産等）及び債務の一切を含めて譲渡する契約ですから，営業譲渡により譲渡される資産のうち課税資産の譲渡部分が課税となります。そして，譲渡資産に課税資産と非課税資産の双方が含まれているときは課税資産と非課税資産の一括譲渡としてその対価の額を合理的に区分することとされています。

貴社が譲渡した資産のうち課税資産となるものは棚卸資産25,000,000円，建物20,000,000円及び営業権30,000,000円で非課税資産は土地150,000,000円（いずれも時価）となり，この合計額は225,000,000円となります。

そして，その対価の額は金銭として収受する80,000,000円及び債務の引受けによる145,000,000円の合計225,000,000円となり，譲渡資産の時価総額と一致していますから，譲渡価額により課税売上げ及び非課税売上げを区分します。

376

そのため，課税資産の譲渡対価は75,000,000円（棚卸資産25,000,000円，建物20,000,000円及び営業権30,000,000円），非課税資産の譲渡対価は150,000,000円の合計225,000,000円となり，課税資産の譲渡対価75,000,000円に110分の100を乗じた金額を前期の確定申告の課税標準額に加算して消費税の再計算を行います。

第13章

交 際 費 等

1 交際費等の概要

平成26年4月1日以後開始事業年度から，交際費等の額のうち接待飲食費の額の50％に相当する金額は損金の額に算入できることとされました（措置法61の4①）。なお，資本金等の額又は出資金等の額が1億円以下の中小法人（大法人等に完全支配されている中小法人を除きます。）は，接待飲食費の額の50％の損金算入又は年800万円の定額控除限度額までの損金算入とのいずれかを選択適用することとされています（措置法61の4②）。

この接待飲食費とは，交際費等のうち飲食その他これに類する行為のために要する費用（専ら法人の役員若しくは従業員又はこれらの親族に対する接待等のために支出するものを除きます。）であって，帳簿書類等に①飲食接待等があった年月日，②飲食等に参加した得意先，仕入先その他事業に関係のある者等の氏名又は名称及びその関係，③飲食費の額並びにその飲食店，料理店等の名称（店舗を有しないことその他の理由により当該名称が明らかでないときは，領収書等に記載された支払先の氏名又は名称）及びその所在地（店舗を有しないことその他の理由により当該所在地が明らかでないときは，領収書等に記載された支払先の住所若しくは居所又は本店若しくは主たる事務所の所在地），④その他飲食費であることを明らかにするために必要な事項が記載していることが要件とされています。

法人税において交際費等とは，「交際費，接待費，機密費その他の費用で，法人が，その得意先，仕入先その他事業に関連のある者等に対する接待，供応，慰安，贈答その他これらに類する行為のために支出するものをいう」とされています（措置法61の4④）。

要するに，法人が業務に関連して得意先，仕入先等その他事業に関連のある者との親睦を密にして取引の円滑な遂行を図る目的のために，その手段として

行う接待，供応，慰安，贈答その他それらの者の個人的な歓心を買うための行
為を行った場合のその費用が交際費等に該当し，また，交際費等の支出の相手
方は得意先や仕入先等事業関連のある者だけでなく，その法人の役員，使用人，
株主等も含まれます。ただし，次のような費用は交際費等に含まれません（措
置法61の4④一，二，措置令37の5）。

① 専ら従業員の慰安のために行われる運動会，演芸会，旅行等のために通常
要する費用

② 飲食その他これに類する行為のために要する費用（専らその法人の役員若
しくは従業員又はこれらの親族に対する接待等のために支出するものは除か
れます。）の額が5,000円以下のもの

③ カレンダー，手帳，扇子，うちわ，手拭いその他これらに類する物品を贈
与するために通常要する費用

④ 会議に関連して，茶菓，弁当その他これらに類する飲食物を供与するため
に通常要する費用

⑤ 新聞，雑誌等の出版物又は放送番組を編集するために行われる座談会その
他の記事の収集のために，又は放送のための取材に通常要する費用

1　交際費等の具体的範囲

具体的には次のような費用が交際費等に含まれます（措置通61の4(1)-15）。

① 会社の何周年記念又は社屋新築記念における宴会費，交通費及び記念品代
並びに新船建造又は土木建築等における進水式，起工式，落成式等における
これらの費用。なお，進水式，起工式，落成式等の式典の祭事のために通常
要する費用は交際費等に該当しません。

② 下請工場，特約店，代理店等となるため，又はするための運動費等の費用。
なお，これらの取引関係を結ぶために相手方である事業者に対して金銭又は
事業用資産を交付する費用は，交際費等に該当しません。

③　得意先，仕入先等社外の者の慶弔，禍福に際し支出する金品等の費用

④　得意先，仕入先その他事業に関係のある者（製造業者又は卸売業者と直接関係のないその製造業者の製品又はその卸売業者の扱う商品を取り扱う販売業者を含みます。）等を旅行，観劇等に招待する費用。なお，卸売業者が製造業者又は他の卸売業者から受け入れる下記⑤の負担額に相当する金額を除きます。

⑤　製造業者又は卸売業者がその製品又は商品の卸売業者に対し，当該卸売業者が小売業者等を旅行，観劇等に招待する費用の全部又は一部を負担した場合のその負担額

⑥　いわゆる総会対策等のために支出する費用で総会屋等に対して会費，賛助金，寄附金，広告料，購読料等の名目で支出する金品に係るもの

⑦　建設業者等が高層ビル，マンション等の建設に当たり，周辺の住民の同意を得るために，当該住民又はその関係者を旅行，観劇等に招待し，又はこれらの者に酒食を提供した場合におけるこれらの行為のために要した費用。なお，周辺の住民が受ける日照妨害，風害，電波障害等による損害を補償するために当該住民に交付する金品は，交際費等に該当しません。

⑧　スーパーマーケット業，百貨店業等を営む法人が既存の商店街等に進出するに当たり，周辺の商店等の同意を得るために支出する運動費等（営業補償等の名目で支出するものを含みます。）の費用

　　なお，その進出に関連して支出するものであっても，主として地方公共団体等に対する寄附金の性質を有するもの及び自己が便益を受ける公共的施設又は共同的施設の設置又は改良のために支出する費用の性質を有するものは，交際費等に該当しません。

⑨　得意先，仕入先等の従業員に対して取引の謝礼等として支出する金品の費用

⑩　建設業者等が工事の入札等に際して支出するいわゆる談合金その他これに類する費用

⑪　①から⑩までに掲げるもののほか，得意先，仕入先等社外の者に対する接待，供応に要した費用

2　交際費等とその隣接費用

法人が支出する各種費用と交際費等との区分については，租税特別措置法通達で定められていますが，主なものは次のとおりです。

①　寄附金との区分

事業に直接関係のない者に対して金銭，物品等の贈与をした場合において，それが寄附金であるか交際費等であるかは個々の実態により判定することになりますが，金銭でした贈与は原則として寄附金となり，次のような費用は交際費等に該当しないこととされています（措置通61の4(1)-2）。

イ　社会事業団体，政治団体に対する拠出金

ロ　神社の祭礼等の寄贈金

②　売上割戻し等との区分

法人がその得意先である事業者に対し，売上高若しくは売掛金の回収高に比例して，又は売上高の一定額ごとに金銭で支出する売上割戻しの費用及びこれらの基準のほかに得意先の営業地域の特殊事情，協力度合い等を勘案して金銭で支出する費用は，交際費等に該当しません。

また，売上割戻し等の算定基準と同一の基準により，得意先である事業者において棚卸資産若しくは固定資産として販売し若しくは使用することが明らかな物品（事業用資産）又はその購入単価が少額（おおむね3,000円以下）である物品（少額物品）を交付する場合におけるこれらの物品を交付するために要する費用についても，交際費等に該当しないこととされています（措置通61の4(1)-3）。

ただし，売上割戻しと同一の基準で行われるものであっても得意先に対して物品（事業用資産又は少額物品を除きます。）を交付する場合又は得意先を旅

行，観劇等へ招待する場合の費用は交際費等に該当します。（措置通61の4(1)-4）。

また，製造業者又は卸売業者が得意先に対していわゆる景品引換券付販売又は景品付販売により交付する景品については，その景品が少額物品であり，かつ，その種類及び金額が製造業者又は卸売業者で確認できるものである場合には，その景品の交付に要した費用は交際費等に該当しません（措置通61の4(1)-5）。

③ 販売奨励金等との区分

法人が販売促進の目的で特定の地域の得意先である事業者に対して販売奨励金等として金銭又は事業用資産を交付する場合のその費用は，交際費等には該当しません。ただし，販売奨励金等として交付する金銭の全部又は一部が得意先事業者の交際費等の負担額として支出されるものは交際費等とされます（措置通61の4(1)-7）。

④ 情報提供料等との区分

法人が取引に関する情報の提供又は取引の媒介，代理，あっせん等の役務の提供（情報提供等）を行うことを業としていない者（取引先の従業員を除きます。）に対して情報提供等の対価として金品を交付した場合であっても，その金品の交付につき，例えば，次の要件の全てを満たしている等その金品の交付が正当な対価の支払であると認められるときは，その交付に要した費用は交際費等に該当しません（措置通61の4(1)-8）。

イ　その金品の交付があらかじめ締結された契約に基づくものであること

ロ　提供を受ける役務の内容が当該契約において具体的に明らかにされており，かつ，それに基づいて実際に役務の提供を受けていること

ハ　その交付した金品の価額がその提供を受けた役務の内容に照らし相当と認められること

第13章 交際費等 *383*

⑤ **広告宣伝費との区分**

不特定多数の者に対する宣伝的効果を意図するものは広告宣伝費の性質を有するものとし，次のようなものは交際費等に該当しません（措置通61の4(1)－9）。

イ 製造業者又は卸売業者が，抽選により，一般消費者に対し金品を交付するために要する費用又は一般消費者を旅行，観劇等に招待するために要する費用

ロ 製造業者又は卸売業者が，金品引換券付販売に伴い，一般消費者に対し金品を交付するために要する費用

ハ 製造業者又は販売業者が，一定の商品等を購入する一般消費者を旅行，観劇等に招待することをあらかじめ広告宣伝し，その購入した者を旅行，観劇等に招待する場合のその招待のために要する費用

ニ 小売業者が商品を購入した一般消費者に対し景品を交付するために要する費用

ホ 一般の工場見学者等に製品の試飲，試食をさせる費用（これらの者に対する通常の茶菓等の接待に要する費用を含みます。）

ヘ 得意先等に対する見本品，試用品の供与に通常要する費用

ト 製造業者又は卸売業者が，自己の製品又はその取扱商品に関し，これらの者の依頼に基づき，継続的に試用を行った一般消費者又は消費動向調査に協力した一般消費者に対しその謝礼として金品を交付するために通常要する費用

⑥ **福利厚生費との区分**

社内の行事に際して支出される金額等で次のようなものは交際費等に含まれません（措置通61の4(1)－10）。

イ 創立記念日，国民祝日，新社屋落成式等に際し従業員等におおむね一律に社内において供与される通常の飲食に要する費用

ロ 従業員等（従業員であった者を含みます。）又はその親族等の慶弔・禍

福に際し一定の基準に従って支給される金品に要する費用

⑦　給与等との区分

従業員に対して支給される次のようなものは，給与の性格を有するものとして交際費等に含まれません（措置通61の4(1)-12）。

イ　常時給与される昼食等の費用

ロ　自社の製品，商品等を原価以下で従業員に販売した場合の原価に達するまでの費用

ハ　機密費，接待費，交際費，旅費等の名義で支給したもののうち，その法人の業務のために使用したことが明らかでないもの

⑧　販売手数料との区分

製造業者又は卸売業者が自己又はその特約店等に専属するセールスマン（所得税法第204条の規定の適用を受ける者に限ります。）のために支出する次の費用は，交際費等に該当しません（措置通61の4(1)-13）。

イ　セールスマンに対し，その取扱数量又は取扱金額に応じてあらかじめ定められているところにより交付する金品の費用

ロ　セールスマンの慰安のために行われる運動会，演芸会，旅行等のために通常要する費用

ハ　セールスマン又はその親族等の慶弔・禍福に際し一定の基準に従って交付する金品の費用

⑨　会議費等との区分

会議に際して社内又は通常会議を行う場所において通常供与される昼食の程度を超えない飲食物等の接待に要する費用は，原則として会議費に該当します。また，製造業者又は卸売業者が特約店その他の販売業者を旅行，観劇等に招待し，併せて新製品の説明，販売技術の研究等の会議を開催した場合において，その会議が会議としての実体を備えていると認められるときは，会議に通常要すると認められる費用の金額は交際費等の金額に含めないこととされています

（措置通61の4(1)-16，61の4(1)-21）。

⑩　被災者に対する債務免除・見舞金等

災害を受けた得意先等に対して売掛金や貸付金等を免除した場合であっても，その免除が被災した法人が通常の営業活動を再開するための復旧過程にある期間内において復旧支援を目的として行われたものであれば寄附金や交際費に該当しないこととされています（措置通61の4(1)-10の2）。

また，災害を受けた取引先等に対して，被災前の取引関係の維持，回復を目的として災害発生後相当の期間内に取引先に対して行った災害見舞金の支出又は事業用資産の供与若しくは役務の提供のために要した費用は交際費等に該当しないものとされています（措置通61の4(1)-10の3）。

さらに，不特定又は多数の被災者を救援するために緊急に行う自社製品等の提供に要する費用は交際費等に該当しないものとされています（措置通61の4(1)-10の4）。

⑪　飲食その他これに類する行為

飲食その他これに類する行為には，得意先，仕入先等社外の者に対する接待，供応の際の飲食の他，例えば，得意先，仕入先等の業務の遂行や行事の開催に際して，得意先，仕入先等の従業員等によって飲食されることが想定される弁当等の差し入れが含まれます。なお，例えば中元・歳暮の贈答のように，単なる飲食物の詰め合わせ等を贈答する行為は，飲食等には含まれません。ただし，飲食等に付随して支出した費用（例えば，飲食等のために要するテーブルチャージ料やサービス料等）については，当該飲食等に要する費用に含めて差し支えないこととされています（措置通61の4(1)-15の2）。

2 交際費等の支出の方法・意義

1 交際費等の支出の方法

　法人が支出する交際費等は，法人が直接支出した交際費等はもちろん，2以上の法人が共同で接待，供応，慰安，贈答その他これらに類する行為をして，その費用を分担した場合のその負担金，同業者の団体等が接待，供応，慰安，贈答その他これらに類する行為をしてその費用を法人が負担した場合のその負担金や法人が団体等に対する会費その他の経費を負担した場合においても，当該団体が専ら団体相互間の親睦のために会合を催す等のために組織されたと認められるものであるときは，その会費等の負担は交際費等の支出があったものとして取り扱われます（措置通61の4(1)-23）。

2 交際費等の支出の意義

　法人の各事業年度において支出する交際費等とは，交際費等の支出の事実があったものをいいます。例えば，資産の取得価額に含まれている交際費等でその事業年度の損金の額に算入されていないものでも，その支出の事実があった事業年度の交際費等とされます。また，交際費等の支出の事実があったときとは，接待，供応，慰安，贈答その他これらに類する行為のあったときをいいますから，これらに要する費用について仮払又は未払等の経理をしているかどうかは問いません（措置通61の4(1)-24）。

　なお，支出交際費等の金額のうちに資産の取得価額に含めたため，その事業年度の損金となっていない部分の金額があるときは，交際費等の損金不算入額にその事業年度の支出交際費等の金額のうちに資産の取得価額に含まれている交際費等の金額の占める割合を乗じた金額を，申告調整において，その資産の

取得価額から減算することができます。そして，この場合には，別表五(一)に記載された資産の取得価額から減算した金額を翌事業年度において決算上調整することとされています（措通61の4(2)-7）。

3　交際費等に係る控除対象外消費税等の額

　法人が消費税の経理処理について税抜経理を適用している場合において，交際費等に係る消費税等の額で消費税の仕入税額控除の規定により控除できなかった金額（控除対象外消費税等の額）があるときは，その控除対象外消費税等の額は支出交際費等の額に含めて損金不算入額の計算を行うこととされています（平成元年「消費税法等の施行に伴う法人税の取扱いについて」⑫）。

　この場合，接待飲食費の額に係る控除対象外消費税等の額は，中小法人が交際費等の損金不算入額の計算において年800万円の定額控除の適用を受ける場合を除いて，原則として，その50％相当額を交際費等の額に含めることになります。

《消費税の取扱い》

　法人税において交際費等とされる金額のうち飲食代金等は課税仕入れとなります。

　また，平成14年10月1日以後東京都内のホテル又は旅館に宿泊した場合で，その宿泊料金が1人1泊1万円以上である場合には，宿泊税が課税されていますので，宿泊に要した費用の額から宿泊税（宿泊料金が1万円以上1万5千円未満の場合100円，1万5千円以上の場合200円）を控除した残額に110分の7.8を乗じた金額が課税仕入れ等の税額となります（東京都宿泊税条例）。

　　(注) 東京オリンピック・パラリンピックの開催に伴い，2020年7月1日から
　　　　2020年9月30日までの3月間に限り，宿泊税の課税が停止されます。

　情報提供料等として，得意先事業者等に金銭を支払ったことが交際費等とさ

388

れた場合には，その金銭の支払に対して何らかの役務を受けたかどうかの判定
が必要となり，役務の提供を受けている事実が判明すれば課税仕入れとなりま
すが，何らの役務の提供も受けていないときはその支出は課税仕入れとはなり
ません。なお，この場合の役務の提供と支払対価との関係については相当の対
価であるかどうかは問いません。

③ 事例の解説と具体的修正の方法

事例35 創立記念パーティーの費用

> 当社は資本金5億円の法人ですが，前期に創立25周年を迎えたため，得
> 意先を招待し記念パーティーをホテルで開催し9,900,000円（消費税等込み
> の金額）の費用を支出しました。
>
> このパーティーに要した費用から，当社の従業員に要した費用に相当す
> る金額3,960,000円（消費税等込みの金額）及びパーティーに出席した得意
> 先からの祝儀680,000円を差し引いた金額を交際費等として処理していた
> ところ，税務調査において，パーティーに要した費用の全額が交際費等と
> なるとの指摘を受けました。

解 説

《法人税の処理》

会社の創立記念日に際し従業員におおむね一律に社内において供与される通
常の飲食に要する費用は福利厚生費として交際費等には該当しません。ところ
で，社内において全従業員を一堂に会して創立記念式典等を行う場所がないこ
となどからホテルの会議室等を借りて行う創立記念式典及びそれに伴う通常の
飲食であるときはその費用は福利厚生費となります。

第13章　交際費等　*389*

　しかし，貴社の場合，得意先を招待し創立記念パーティーを開催したもので
すから，これに要した費用は得意先等事業に関連のある者に対する接待，供応
のために支出する費用であり交際費等に該当することになります。そして，創
立記念パーティーがホテルで得意先を招待して行われていること及び金額から
判断して招待者の数も相当数に及ぶことが伺われることからすれば，これに要
した費用は一般的に福利厚生費となる「社内において供与される通常の飲食に
要する費用」とはならないものと思われますので，従業員部分を区分して福利
厚生費として処理することはできません。

　また，交際費等の額とは接待等のために支出する金額がこれに該当しますか
ら，たとえ招待者から祝儀を受領しているとしてもそれを控除することは認め
られず，祝儀として受領した金額は雑収入として計上することになります。

《消費税の処理》

　ホテルに対して支出するパーティー費用は課税仕入れとなります。

　ただし，得意先から受領した祝儀は消費税の課税の対象とはなりません。そ
のため，祝儀を支出した法人においても課税仕入れとすることはできません。

具体的修正の方法

《法人税の修正》

⑴　税抜経理の場合

　貴社は，前期の確定した決算において次の仕訳を行っているものと思われま
す。

（借方）交際費等	5,400,000円	（貸方）現預金	9,900,000円
福利厚生費	3,600,000円		
仮払消費税等	900,000円		
現預金	680,000円	交際費等	680,000円

(注)　仮払消費税等の金額900,000円 ＝ 9,900,000円 $\times \dfrac{10}{110}$

390

そして，4,720,000円（5,400,000円－680,000円）の2分の1を支出交際費等の額に加算して確定申告を行っていたとします。

ところで，貴社が支出した9,000,000円 $\{9,900,000円 \times (1 - \frac{10}{110})\}$ が支出交際費等の金額となりますから，正しい仕訳は次のようになります。

（借方）交際費等 　　　9,000,000円 　　（貸方）現預金 　　　　　9,900,000円

　　　　仮払消費税等 　　900,000円

　　　　現預金 　　　　　680,000円 　　　　　　雑　　益 　　　　680,000円

そのため，正しい仕訳と確定決算による仕訳との差額部分の修正を，仕訳で示すと次のようになります。

（借方）交際費等 　　　4,280,000円 　　（貸方）福利厚生費 　　3,600,000円

　　　　　　　　　　　　　　　　　　　　　　　雑　　益 　　　　680,000円

貴社は，雑益計上もれに相当する金額について交際費等としての経費が過少に計上されていますから，経費認容の処理をいったん行った上で交際費等の損金不算入額の加算もれを処理します。そして，貴社は資本金が5億円で，かつ，この交際費となる支出額は接待飲食費に該当しますから，その50％相当額が損金不算入となりますので，雑益計上もれに相当する交際費等680,000円及び福利厚生費中交際費3,600,000円の合計4,280,000円の2分の1に相当する2,140,000円を交際費等の損金不算入額の加算もれとして別表四で加算することになり，修正申告における別表四の記載は次のようになります。

別表四

区　　　分	総　　額	処　　　　　分		
		留　　保	社 外 流 出	
	①	②	③	
加算 交際費等の損金不算入額	2,140,000		その他	2,140,000
雑 益 計 上 も れ	680,000			680,000
減算 交 際 費 認 容	680,000			680,000

(注) 雑益計上もれとした金額は，同額が交際費として社外流出していますので，いずれも社外流出として処理します。

第13章　交際費等　*391*

なお，交際費等の損金不算入額に係る修正は社外流出ですから，当期の受入
処理は生じません。

(2)　税込経理の場合

貴社は，前期の確定した決算において次の仕訳を行っているものと思われま
す。

（借方）交際費等　　　5,940,000円　　（貸方）現預金　　　　　9,900,000円

　　　　福利厚生費　　3,960,000円

　　　　現預金　　　　　680,000円　　　　　　交際費等　　　　680,000円

そして，5,260,000円（5,940,000円 − 680,000円）の2分の1を支出交際費等の
額に加算して確定申告を行っていたとします。

ところで，貴社が支出した9,900,000円が支出交際費等の金額となりますから，
正しい仕訳は次のようになります。

（借方）交際費等　　　9,900,000円　　（貸方）現預金　　　　　9,900,000円

　　　　現預金　　　　　680,000円　　　　　　雑　益　　　　　680,000円

そのため，正しい仕訳と確定決算による仕訳との差額部分の修正を，仕訳で
示すと次のようになります。

（借方）交際費等　　　4,640,000円　　（貸方）福利厚生費　　3,960,000円

　　　　　　　　　　　　　　　　　　　　　　　雑　益　　　　　680,000円

貴社は，雑益計上もれに相当する金額について交際費等としての経費が過少
に計上されていますから，この処理をいったん行った上で交際費等の損金不算
入額の加算もれを処理します。そして，貴社は資本金が5億円で，かつ，この
交際費となる支出額は接待飲食費に該当しますから，その50％相当額が損金不
算入となりますので，雑益計上もれに相当する交際費等680,000円及び福利厚
生費中交際費等3,960,000円の合計4,640,000円の2分の1である2,320,000円を交
際費等の損金不算入額の加算もれとして別表四で加算することになり，修正申

392

告における別表四の記載は次のようになります。

別表四

区　　　分		総　　額	処　　　　分			
			留　保	社　外　流　出		
		①	②	③		
加算	交際費等の損金不算入額	2,320,000		その他	2,320,000	
	雑益計上もれ	680,000			680,000	
減算	交際費認容	680,000			680,000	

　なお，交際費等の損金不算入額に係る修正は社外流出ですから，当期の受入処理は生じません。

《消費税の修正》

　支出費用のうち課税仕入れとなるものについて適正に処理されていれば，消費税等の修正は必要ありません。

> ### 事例36　会議に併せて宴会を行った場合
>
> 　当社は資本金2億円の法人です。新製品を開発したため，その販売を担当する特約店の従業員を集めて新製品の知識習得に係る研修会を1泊2日で行い，次の費用を支出しその全額を会議費として処理していました。
>
> ①　往復の旅費交通費　1,760,000円（消費税等込み）
>
> ②　宿泊代　　　　　　2,750,000円（消費税等込み）
>
> ③　宴会費用　　　　　2,640,000円（消費税等込み）
>
> ④　観光費用　　　　　 396,000円（消費税等込み）
>
> 　税務調査において，研修会は初日及び翌日の午前中まで行われている事実があるので①と②の費用は会議費と認められるが，③宴会費用と④観光費用は交際費等に該当するとの指摘を受けました。

第13章 交 際 費 等　　*393*

解　説

《法人税の処理》

　得意先を旅行等に招待し，併せて会議等を行った場合には，その会議が会議
として実体を備えていると認められるときは，会議に通常要すると認められる
費用の金額は交際費等とはなりません（措置通61の4(1)-16）。

　貴社の場合，特約店の従業員に新製品に係る知識を習得してもらうために研
修会を行ったとのことですから，これに通常要すると認められる金額は交際費
等以外の費用となります。この場合，研修会に1日以上要するとか参加者が地
方から出席するなど，研修に際して宿泊しなければならない理由があるときは，
往復の旅費，宿泊費及び研修会場の借上費用並びに研修に際して通常供与され
る昼食の程度を超えない飲食費用は会議費等となりますが，研修会終了後に宴
会や観光等を行った場合の費用は交際費等となります。

具体的修正の方法

《法人税の修正》

(1)　税抜経理の場合

　貴社が支出した①から④の費用はいずれも消費税等が課税されていますので，
仮払消費税等の金額は支出金額に110分の10を乗じた金額となります。

　貴社は，前期の確定した決算において次の仕訳を行っているものと思われま
す。

　（借方）会議費　　　　　　6,860,000円　　（貸方）現預金　　　　　　7,546,000円

　　　　　仮払消費税等　　　686,000円

　ところで，宴会費用2,400,000円 $\{2,640,000円 \times (1 - \frac{10}{110})\}$ は接待飲食
費に該当しますから，その2分の1である1,200,000円及び観光費用360,000円
$\{396,000円 \times (1 - \frac{10}{110})\}$ の合計2,760,000円が会議費とならず交際費等とな
ることから，正しい仕訳は次のようになります。

394

（借方）会議費　　　　4,100,000円	（貸方）現預金　　　　7,546,000円
交際費等　　　　2,760,000円	
仮払消費税等　　686,000円	

貴社は資本金が2億円ですが，宴会費用は接待飲食費に該当しますから，その2分の1である1,200,000円及び観光費用360,000円の合計額である1,560,000円が交際費等加算もれとなり，修正申告における別表四の記載は次のようになります。

別表四

区　　　　分	総　　額	処　　　　　分		
		留　　保	社　外　流　出	
	①	②	③	
加算　交際費等の損金不算入額	1,560,000		その他	1,560,000

(2)　税込経理の場合

貴社は，前期の確定した決算において次の仕訳を行っているものと思われます。

（借方）会議費　　　　7,546,000円	（貸方）現預金　　　　7,546,000円

ところで，宴会費用2,592,000円及び観光費用388,800円の合計2,980,800円が会議費とならず交際費等となることから，正しい仕訳は次のようになります。

（借方）会議費　　　　4,510,000円	（貸方）現預金　　　　7,546,000円
交際費等　　　　3,036,000円	

貴社は資本金が2億円ですが，宴会費用は接待飲食費に該当しますから，その2分の1である1,320,000円及び観光費用396,000円の合計額である1,716,000円が交際費等加算もれとなり，修正申告における別表四の記載は次のようになります。

第13章 交際費等　*395*

別表四

区　　　分	総　　額	処　　分		
		留　保	社外流出	
	①	②	③	
加算　交際費等の損金不算入額	1,716,000		その他	1,716,000

《消費税の修正》

　支出費用のうち課税仕入れとなるものについて適正に処理されていれば，消費税等の修正は必要ありません。

事例37　情報提供料が交際費となる場合

　当社は不動産販売を業とする資本金２千万円の法人ですが，当社の下請けである建設業者から不動産の購入希望者の紹介があり，その希望者との契約が成立しましたので，下請建設業者に紹介手数料として1,210,000円（税込み）を支払い，手数料勘定で処理していました。

　税務調査において，この手数料は事前の契約に基づくものではないから交際費等に該当するとの指摘を受けました。なお，確定申告における支出交際費等の額は8,708,000円，損金不算入額は708,000円でした。

解　説

《法人税の処理》

　不動産の仲介業者からの紹介で契約が成立した場合には，不動産の売買契約書等で仲介業者を明示して当然に仲介の対価を支払うことになりますが，仲介等を業としない者に対する紹介手数料等はあらかじめ手数料等を支払うことが契約等で明らかにされていない場合には，その手数料等は仲介の対価とは認められず単なる謝礼として交際費等に該当することになります。

396

具体的修正の方法

《法人税の修正》

(1) 税抜経理の場合

　貴社は確定した決算で次の仕訳を行っているものと思われます。

（借方）支払手数料　　　1,100,000円　　（貸方）現預金　　　　　　1,210,000円

　　　　仮払消費税等　　　110,000円

　そして，貴社が支出した支払手数料については，下請業者から仲介の事実は
あったものと認められますから，消費税の課税取引となり仮払消費税等の処理
については問題ないものと思われます。

　そのため，支払手数料とした1,100,000円を支出交際費等に加算し，交際費等
の損金不算入額を算出すれば，別表十五のとおり1,808,000円となり，確定申告
で損金不算入とした708,000円との差額1,100,000円を修正申告において所得金
額に加算しますので，修正申告における別表四の記載は次のようになります。

別表四

区　　　分	総　　額	処　　　　分		
		留　　保	社外流出	
		②	③	
		①		
加算　交際費等の損金不算入額	1,100,000		その他	1,100,000

　ところで，貴社が支出した仲介手数料について，下請業者から仲介の事実が
全くなかった場合には，その支出は課税仕入れとはなりませんから，この場合
の修正を仕訳で示すと次のようになります。

（借方）交際費　　　　　1,210,000円　　（貸方）支払手数料　　　1,100,000円

　　　　　　　　　　　　　　　　　　　　　　　仮払消費税等　　　110,000円

　そして，この場合に消費税の修正で増加する税額が85,800円，地方消費税の
修正で増加する税額が24,200円の合計110,000円であるときは，仮払消費税等の

否認により当期の損金が110,000円過少となっていることから，これを所得金額から減算することになりますので，修正申告における別表四及び別表五(一)の記載は次のようになります。

（借方）仮払消費税等　　110,000円　　（貸方）未払消費税等　　110,000円

交際費等の損金算入に関する明細書

事業年度	・ ・ ・ ・	法人名	

						円
支出交際費等の額 （8の計）	1	9,808,000 円	損金算入限度額 (2)又は(3)	4		8,000,000
支出接待飲食費損金算入基準額 （9の計）×$\frac{50}{100}$	2		損金不算入額 (1)-(4)	5		1,808,000
中小法人等の定額控除限度額 [(1)の金額又は800万円×$\frac{12}{12}$ 相当額のうち少ない金額]	3	8,000,000				

支出交際費等の額の明細

科　　目	支　出　額	交際費等の額から 控除される費用の額	差引交際費等の額	(8)のうち接待 飲食費の額
	6	7	8	9
	円	円	円	円
交　際　費	8,708,000		8,708,000	
支払手数料	1,100,000		1,100,000	
計	9,808,000		9,808,000	

法　0301－1500

別表四

区　　　分	総　　額	処　　分			
		留　保		社　外　流　出	
	①	②		③	
加算 交際費等の損金不算入額	1,210,000		その他		1,210,000
減算 交際費等認容	110,000	110,000			

別表五（一）

区　　分	期首現在利益積立金額	当期の増減		翌期首利益積立金額
		減	増	
	①	②	③	④
仮払消費税等		△　110,000	△　110,000	
未払消費税等			△　110,000	△　　　110,000

▷当期の処理◁

　下請業者から仲介等の役務提供を受けた事実が認められる場合には消費税等の修正は発生しませんから，当期における処理は発生しません。

　支払手数料について仲介業者から仲介の事実が全くなかったときは，前期の修正において未払消費税等の否認額が別表五（一）で表示されますが，この金額は当期において損金経理により納付することになりますので，この場合には当期損金とした消費税等を申告調整で所得金額に加算し，別表五（一）の未払消費税等の金額を消去します。

(2)　税込経理の場合

　貴社は確定した決算で次の仕訳を行っているものと思われます。

　（借方）支払手数料　　1,210,000円　　　（貸方）現預金　　　　　　1,210,000円

　そのため，支払手数料とした1,210,000円を当期の支出交際費等に加算し，交際費等の損金不算入額を算出すれば，別表十五のとおり1,918,000円となり，確定申告で損金不算入とした708,000円との差額1,210,000円を修正申告において

400

交際費等の損金算入に関する明細書		事業年度	・ ・ ・ ・	法人名		

支出交際費等の額 （8 の 計）	1	9,918,000 円	損金算入限度額 (2)又は(3)	4	8,000,000 円
支出接待飲食費損金算入基準額 （9の計）× $\frac{50}{100}$	2		損金不算入額 (1)－(4)	5	1,918,000
中小法人等の定額控除限度額 [(1)の金額又は800万円×$\frac{12}{12}$ 相当額のうち少ない金額]	3	8,000,000			

支 出 交 際 費 等 の 額 の 明 細

科 目	支 出 額	交際費等の額から 控除される費用の額	差引交際費等の額	(8)のうち接待 飲食費の額
	6 円	7 円	8 円	9 円
交 際 費	8,708,000		8,708,000	
支 払 手 数 料	1,210,000		1,210,000	
計	9,918,000		9,918,000	

別表十五　平三十一・四・一以後終了事業年度分

法　0301－1500

第13章 交際費等 *401*

所得金額に加算しますので，修正申告における別表四の記載は次のようになります。

別表四

区　　　　分		総　　額	処　　　　　分		
			留　　保	社 外 流 出	
		①	②	③	
加算	交際費等の損金不算入額	1,210,000		その他	1,210,000

《消費税の修正》

支払手数料や仲介手数料等が交際費等とされた場合であっても，その支払に対して相手先から何らかの役務の提供があるときはその支払は課税仕入れに該当します。

そのため，確定申告で課税仕入れとしていた支払手数料等が交際費等となった場合であっても，何らかの役務を受けているとき（役務の提供に対する相当の対価かどうかは問わない。）は消費税及び地方消費税の修正は生じません。

なお，下請業者から仲介の事実が全くなかった場合には，仕入税額控除が否認され，消費税等の修正により納付すべき税額が110,000円発生します。

事例38　親子会社における交際費の付替え

当社に対する税務調査において，親会社が行った接待費用を子会社に付け替えていた事実が発覚しました。

付替えの方法は，親会社が得意先に対して行った接待飲食に要した費用の額2,160,000円を子会社に負担させ，親会社においては何らの経理処理も行っていませんでした。

また，親会社が得意先接待を行った飲食店からは，子会社宛の領収書を受領し子会社に交付し，子会社の交際費として経理処理させていました。

402

なお，親会社及び子会社の確定申告における交際費等の金額及び損金不算入額等は次のとおりです。

	親会社	子会社
申告所得金額	85,680,000円	△5,270,000円
支出交際費等の金額	12,500,000円	9,300,000円
損金不算入額	12,500,000円	1,300,000円
資本金額	1億2千万円	2千万円
資本積立金	3千万円	0円

この場合，どのように修正を行えばよいでしょうか。

(注) 親会社と子会社との間には完全支配関係はないものとします。

解 説

《法人税の処理》

親子会社間で経費を付け替えたり，本来経費を負担すべき法人が他の法人に負担させていた場合には，本来負担すべき法人の経費とする一方実際に負担していた法人にあっては，本来負担すべき法人に対する寄附金として処理します。

そのため，事例においては，まず子会社の交際費が否認されますが，それが親会社に対する寄附金となります。したがって，交際費等の損金不算入額の認容と寄附金の損金不算入額否認が生じます。

次に，親会社においては，子会社に負担させていた経費は親会社の経費となりますから簿外経費認容が生じますが，この経費の額については子会社に負担させていたことから子会社からの受贈益となります。

本件は，接待飲食費に該当する支出金額を子会社へ付け替えていたため，本来の負担者である親会社では帳簿書類に飲食である旨の事項が記載されていませんから，接待飲食費の50％を交際費とする特例は認められないものと考えます。したがって，子会社に付け替えていた金額の総額が交際費等損金不算入額として加算が生じます。

第13章 交 際 費 等　*403*

　具体的修正の方法

《法人税の修正》

⑴　税抜経理の場合

　子会社は確定した決算で次の仕訳を行っているものと思われます。

（借方）交際費　　　　　2,000,000円　　（貸方）現預金　　　　　2,200,000円

　　　　仮払消費税等　　 200,000円

　そして，子会社が支出した交際費は親会社に対する寄附金となり，消費税の課税取引としていたものが不課税取引となりますから，本来の仕訳は次のようになります。

（借方）寄附金　　　　　2,200,000円　　（貸方）現預金　　　　　2,200,000円

　そのため，交際費等の損金不算入額を再計算すると別表十五のとおり０円となり，確定申告における交際費等の損金不算入額1,300,000円を別表四で減算するとともに，寄附金の損金不算入額2,187,500円（資本金額２千万円における資本金基準による損金算入額である12,500円を超える部分の金額）を寄附金の損金不算入額として加算します。

404

《参考》確定申告における別表十五

支出交際費等の額 （8 の 計）	1	円 9,300,000	損 金 算 入 限 度 額 (2)又は(3)	4	円 8,000,000
支出接待飲食費損金算入基準額 （9の計）×$\frac{50}{100}$	2				
中小法人等の定額控除限度額 $\left(\begin{array}{l}\text{(1)の金額又は800万円×}\frac{12}{12}\\\text{相当額のうち少ない金額}\end{array}\right)$	3	8,000,000	損 金 不 算 入 額 (1)−(4)	5	1,300,000

支 出 交 際 費 等 の 額 の 明 細				
科　　　　　　　目	支 出 額	交際費等の額から 控除される費用の額	差引交際費等の額	(8)のうち接待 飲食費の額
	6	7	8	9
交　　際　　費	円 9,300,000	円	円 9,300,000	円
計	9,300,000		9,300,000	

　また，交際費が寄附金となることにより，その修正仕訳は次のようになります。

（借方）寄附金　2,200,000円（貸方）交際費　　　　　　2,000,000円

　　　　　　　　　　　　　　　仮払消費税等　200,000円

　そのため，消費税における仕入税額控除が200,000円否認されることにより，仮受・仮払消費税等の清算による雑損200,000円が生じますので，これも別表四で減算することになります。

　したがって，修正事項における別表四等の記載は次のようになります。

別表四

区　　　　分		総　　　額	処		分
			留　　保	社 外 流 出	
		①	②	③	
加算	交際費等の損金不算入額	△　1,300,000		その他	△　1,300,000
減算	寄 附 金 認 容	200,000	200,000		
寄附金の損金不算入額		2,187,500			2,187,500

第 13 章 交 際 費 等　*405*

別表五（一）

区　分	期首現在利益積立金額	当期の増減		翌期首利益積立金額
		減	増	
	①	②	③	④
仮払消費税等		△　200,000	△　200,000	
未払消費税等			△　200,000	△　200,000

別表十五

支出交際費等の額 （8 の 計）	1	円 7,300,000	損 金 算 入 限 度 額 (2)又は(3)	4	円 8,000,000
支出接待飲食費損金算入基準額 （9の計）× $\frac{50}{100}$	2				
中小法人等の定額控除限度額 （(1)の金額又は800万円× $\frac{12}{12}$ 相当額のうち少ない金額）	3	8,000,000	損 金 不 算 入 額 (1)-(4)	5	0

支 出 交 際 費 等 の 額 の 明 細				
科　　目	支 出 額	交際費等の額から 控除される費用の額	差引交際費等の額	(8)のうち接待 飲食費の額
	6	7	8	9
交　　際　　費	円 9,300,000	円 2,000,000	円 7,300,000	円
計	9,300,000	2,000,000	7,300,000	

　また，親会社においては，確定決算において何らの仕訳もされていませんが，子会社に負担させた交際費は親会社における経費ですから，親会社の交際費（経費）として損金の額に算入されるとともに，その金額を子会社に負担させたことによる受贈益として処理することになります。

　そして，これを仕訳で示せば次のようになります。

（借方）交際費　　　　　2,000,000円　　　（貸方）受贈益　　　　　2,200,000円
　　　　仮払消費税等　　　200,000円

　そして，仮払消費税等は，帳簿等への記載及び請求書等の保存がないことから，仕入税額控除が認められず，控除対象外消費税額等として雑損処理するこ

406

とになりますが，交際費等に係る控除対象外消費税額等であることから，交際費に別途加算する必要が生じます。

　したがって，修正申告における別表四等の記載は次のようになります。

別表四

区　　　分		総　　額	処　　　　分			
			留　保	社　外　流　出		
		①	②	③		
加算	受　贈　益	2,200,000	2,200,000			
	交際費等の損金不算入額	2,200,000		その他		2,200,000
減算	交際費等認容	2,000,000	2,000,000			
	雑　　　　損	200,000	200,000			

別表五（一）

区　　分	期首現在利益積立金額	当期の増減		翌　期　首　利　益積　立　金　額
		減	増	
	①	②	③	④
仮払消費税等（控除対象外消費税額等）		200,000	200,000	
受　贈　益交　際　費仮払消費税等		2,000,000200,000	2,200,000	

第13章 交際費等　　*407*

別表十五

支出交際費等の額 （8 の 計）	1	円 14,700,000	損金算入限度額 (2)又は(3)	4	円 0
支出接待飲食費損金算入基準額 （9の計）×$\frac{50}{100}$	2				
中小法人等の定額控除限度額 （(1)の金額又は800万円×$\frac{12}{12}$ 相当額のうち少ない金額）	3	0	損 金 不 算 入 額 (1)−(4)	5	14,700,000

支 出 交 際 費 等 の 額 の 明 細				
科　　　　目	支 出 額	交際費等の額から 控除される費用の額	差引交際費等の額	(8)のうち接待 飲食費の額
	6	7	8	9
交 際 費	円 12,500,000	円	円 12,500,000	円
簿 外 交 際 費	2,000,000		2,000,000	
控除対象外消費税額等	200,000		200,000	
計	14,700,000		14,700,000	

▷当期の処理◁

　子会社において，消費税等の修正申告により納付すべき税額は損金経理で納付することになりますので，当期損金とした消費税等を申告調整で所得金額に加算し，別表五(一)の未払消費税等の金額を消去します。

(2)　税込経理の場合

　子会社は確定した決算で次の仕訳を行っているものと思われます。

（借方）交際費　2,200,000円　　（貸方）現預金　2,200,000円

　そして，子会社が支出した交際費は親会社に対する寄附金となり，消費税の課税取引としていたものが不課税取引となりますから，本来の仕訳は次のようになります。

（借方）寄附金　2,200,000円　　（貸方）現預金　2,200,000円

　そのため，交際費等の損金不算入額を再計算すると別表十五のとおり0円と

なり，確定申告における交際費等の損金不算入額1,300,000円（税抜経理の場合の《参考》別表十五参照）を別表四で減算するとともに，寄附金の損金不算入額2,187,500円（資本等金額2千万円における資本金基準による損金算入額である12,500円を超える部分の金額）を寄附金の損金不算入額として加算します。

なお，消費税等の修正又は更正により増加する税額200,000円は，消費税等の修正申告書の提出又は更正があった事業年度の損金として処理します。

したがって，修正事項における別表四等の記載は次のようになります。

別表四

区　　　分		総　　　額	処　　　　分	
			留　　保	社 外 流 出
		①	②	③
加算	交際費等の損金不算入額	△　1,300,000		その他　△　1,300,000
	寄附金の損金不算入額	2,187,500		2,187,500

別表十五

支 出 交 際 費 等 の 額 （ 8 の 計 ）	1	円 7,100,000	損金算入限度額 (2)又は(3)	4	円 8,000,000
支出接待飲食費損金算入基準額 （9の計）× $\frac{50}{100}$	2		損金不算入額 (1)－(4)	5	0
中小法人等の定額控除限度額 ((1)の金額又は800万円× $\frac{12}{12}$ 相当額のうち少ない金額)	3	8,000,000			

支 出 交 際 費 等 の 額 の 明 細				
科　　　　　　　目	支 出 額	交際費等の額から控除される費用の額	差引交際費等の額	(8)のうち接待飲食費の額
	6	7	8	9
交　　　際　　　費	円 9,300,000	円 2,200,000	円 7,100,000	円
計	9,300,000	2,200,000	7,100,000	

また，親会社においては，確定決算においては何らの仕訳もされていませんが，子会社に負担させた交際費は親会社における経費ですから，親会社の交際

費（経費）として損金の額に算入されるとともに，その金額を子会社に負担させたことにより受贈益として処理することになります。そして，これを仕訳で示せば次のようになります。

（借方）交際費　2,200,000円　　（貸方）受贈益　2,200,000円

　したがって，修正申告における別表四等の記載は次のようになります。

別表四

区　　　分		総　　額	処　　　　分		
			留　保	社 外 流 出	
		①	②	③	
加算	受　贈　益	2,200,000	2,200,000		
	交際費等の損金不算入額	2,200,000		その他	2,200,000
減算	交 際 費 等 認 容	2,200,000	2,200,000		

別表五（一）

区　　分	期 首 現 在利 益 積 立 金 額	当 期 の 増 減		翌 期 首 利 益積 立 金 額
		減	増	
	①	②	③	④
受　贈　益（交 際 費）		2,200,000	2,200,000	

別表十五

支出交際費等の額 （8 の 計）	1	14,700,000 円	損金算入限度額 (2)又は(3)	4	0 円
支出接待飲食費損金算入基準額 （9の計）× $\frac{50}{100}$	2				
中小法人等の定額控除限度額 〔(1)の金額又は800万円× $\frac{12}{12}$ 相当額のうち少ない金額〕	3	0	損金不算入額 (1)-(4)	5	14,700,000

	支 出 交 際 費 等 の 額 の 明 細			
科　　　　　目	支　出　額	交際費等の額から 控除される費用の額	差引交際費等の額	(8)のうち接待 飲食費の額
	6	7	8	9
交　　際　　費	12,500,000 円	円	12,500,000 円	円
簿　外　交　際　費	2,200,000		2,200,000	
計	14,700,000		14,700,000	

▷当期の処理◁

　子会社において，消費税等の修正申告により納付すべき税額は損金経理で納付することになりますから，修正申告を行った当期において，損金経理により納付されていればそれでよいことになります。

《消費税の修正》

　子会社においては交際費として支出した金額が寄附金となることによって，交際費としていた金額に係る仕入税額が否認され，消費税等の額が200,000円増加する修正申告を必要とします。

　親会社においては，交際費として経費が認められた金額に係る消費税額等は帳簿等への記載及び請求書等の保存がないことから仕入税額控除が認められませんから，親会社における消費税等の修正は生じません。

第14章

使途不明金・使途秘匿金

1　使途不明金の取扱い

　法人税基本通達9-7-20では「法人が交際費，機密費，接待費等の名義を
もって支出した金銭でその費途が明らかでないものは，損金の額に算入しな
い」とされています。

　企業会計においても，法人の費用や損失の額は，個々の取引を裏付ける証票
書類に基づいて，その支出の時期，支出の相手先，支出の内容及びその金額が
明確にされていなければなりませんから，法人税法においてもこれらの事項が
明らかでない支出については損金として認められないのは当然でしょう。

　一概に使途不明金といっても，その形態は様々であると思われます。例えば，
支出当初は証票書類があり，それに基づき記帳された支出であっても，証票書
類の保存をおろそかにしたために事後の調査時においてその支出の信憑性を立
証できない場合や，領収書等の証票書類は保存されているが，それに記載され
た取引の相手先が調査日現在実在しないことにより，その領収書そのものの信
憑性が立証できない場合又は収入を除外していたことが判明し，領収書等の保
存を行わなかったことから，その除外した収入から支出した原価の額や経費の
額について立証できない場合などがあるでしょう。

　そして，これらの支出が使途不明金として損金不算入となるかどうかは，
個々の事情により異なるものと思われます。つまり，仕入れた商品等の請求書
や領収書を紛失した場合には，調査等においてその支出先を立証できないこと
になりますが，関連する事項，例えば仕入商品が現実に売上げとされている
（又は在庫として計上されている）などの事項を立証することにより請求書や
領収書を紛失した支出についてその支出が合理的に推察できるものであるとき
は使途不明金とはならないものと思われます。しかし，このことは個別事情に
より異なりますので，一概には判断できません。

② **使途秘匿金の取扱い**

　平成6年4月1日以後（平成20年4月1日から同年4月29日までの間を除きます。）に，法人が使途秘匿金を支出した場合には，その使途秘匿金の支出金額は損金不算入となるとともに，その支出金額に対して40％の法人税が追加課税されます（措置法62①）。

　この場合の使途秘匿金とは，法人がした金銭の支出（贈与，供与その他これらに類する目的のためにする金銭以外の資産の引渡しを含みます。）のうち，相当の理由がなく，その相手先の氏名又は名称及び住所又は所在地並びにその事由を法人の帳簿書類に記載していないものをいうこととされています（措置法62②）。

　ただし，相手方の氏名等が帳簿書類に記載されていない場合であっても，資産の譲受けその他の取引の対価の支払としてされたもの（当該支出に係る金銭又は金銭以外の資産が当該取引の対価として相当であると認められるものに限ります。）であることが明らかなものは使途秘匿金とはなりません。

　つまり，使途秘匿金とは，法人が金銭の支出や資産の贈与等を行った相手先を公表しない（秘匿する）場合の，その支出金額等がこれに該当することになります。

　そのため，法人がした支出のその支出の時期，支出の相手先，支出の内容及びその金額が不明なものが使途不明金となり，このうちその支出の相手先を秘匿する意思をもって明らかにしないものが使途秘匿金となります。

《消費税の取扱い》

　消費税においては，課税仕入れ等の税額の控除に係る帳簿及び請求書等を保存しない場合には，そもそも課税仕入れ等の税額は控除されないこととされ

ていますので，法人税において使途不明金（使途秘匿金とされる金額も含みます。）とされる金額は帳簿に課税仕入れ等の要件となる事項の記載がなく，またそれに係る請求書等の保存がない（使途秘匿金となる支出にあっては，仮に保存があったとしてもその提示がされない。）ことから，当然に仕入税額控除の対象とはなりません（消基通11－2－23）。

③ 事例の解説と具体的修正の方法

事例39　経費が使途不明とされた場合

　当社では各経費の支出を行った者が出金伝票を記載し，証拠となる領収書などと一緒に経理に回付することとしています。

　税務調査において，前期に会議費として支出した308,000円（税込み）及び435,600円（税込み）については領収書等の保存がなく，使途が不明である旨の指摘を受けました。

解　説

　法人が原価や経費として処理した金額について，取引の相手先から受領した納品書，請求書，領収書等を調査時点で提出しないときや紛失したため提出できないときがありますが，これらの証票書類の提出がないことをもって即使途不明金又は使途秘匿金とされるものではありません。

　税務調査の時点で，法人が経費として支出したとする金額の支出先，支出目的等を法人が立証しない場合，その支出金額が法人の特定の役員又は従業員が個人的に費消したものであると認められるときはその支出金は賞与となります。

　また，役員や従業員が個人的に費消したものでないときに，その支出先を法人が秘匿していると認められるときは使途秘匿金として，使途秘匿の意思は認

第14章　使途不明金・使途秘匿金　*415*

められないがその支出先が不明のときは使途不明金となります。

　事例の場合は，使途秘匿の意思は認められないが最終的に支出先が明らかではないから法人の経費としての損金性は認めないと認定されたものと思われます。

具体的修正の方法

《法人税の修正》

(1)　税抜経理の場合

　貴社は前期の確定した決算において次の仕訳を行っていたものと思われます。

（借方）会議費　　　　　280,000円　　（貸方）現預金　　　　　　　308,000円

　　　　仮払消費税等　　 28,000円

　　　　会議費　　　　　396,000円　　　　　　現預金　　　　　　　435,600円

　　　　仮払消費税等　　 39,600円

　しかし，上記支出金額について領収書の保存がなく，その使途が確認できないとのことですから，使途不明金として処理することになります。

　また，確定決算の仕訳では会議費について仮払消費税等を計上していますが，使途不明金となる支出については，消費税の仕入税額控除も認められませんから，修正を仕訳で示すと次のようになります。

（借方）使途不明金　　　743,600円　　（貸方）会議費　　　　　　　676,000円

　　　　　　　　　　　　　　　　　　　　　　仮払消費税等　　　　 67,600円

　そして，上記仮払消費税等の否認により消費税の追徴税額52,700円，地方消費税の追徴税額14,800円であったとすると仮受・仮払消費税等の清算で100円の雑益計上もれが生じます。

（借方）仮払消費税等　　 67,600円　　（貸方）未払消費税等　　　　 67,500円

　　　　　　　　　　　　　　　　　　　　　　雑　　益　　　　　　　　100円

　この場合の修正申告における別表四及び別表五(一)の記載は次のようになり

ます。

別表四

区　　　分		総　　額	処　　　　分		
			留　保	社 外 流 出	
		①	②		③
加算	使 途 不 明 金	676,000	67,600	使途不明	743,600
	雑 益 計 上 も れ	100	100		

別表五（一）

区　　分	期 首 現 在 利益積立金額	当 期 の 増 減		翌 期 首 利 益 積 立 金 額
		減	増	
	①	②	③	④
仮払消費税等		△　67,600	△　67,600	
未払消費税等			△　67,500	△　67,500

(注) 仮払消費税等をいったん経費として認容し，使途不明金として加算する場合の処理は事例40を参照してください。なお，いずれの処理の方法でも課税所得は同額となります。

▷当期の処理◁

使途不明金としての加算は流出処理ですから当期に影響しませんが，別表五(一)で繰り越した未払消費税等を処理する必要があります。

この場合，当期においては前期否認に係る仮払消費税等を修正仕訳することができませんから，前期の消費税等の修正により増加した税額は原則として損金経理で納付することになり，この場合の別表四及び別表五(一)の記載は次のようになります。

別表四

区　　　分		総　　額	処　　　　分		
			留　保	社 外 流 出	
		①	②	③	
加算	損金の額に算入した 消 費 税 等	67,500	67,500		

第14章　使途不明金・使途秘匿金　　*417*

別表五（一）

区　　分	期首現在利益積立金額	当期の増減		翌期首利益積立金額
		減	増	
	①	②	③	④
未払消費税等	△　　67,500	△　　67,500		

(注)　別表四で加算した金額は，前期別表五（一）で計上した未払消費税等の納付に係るものですから，未払消費税等の消去として「当期の減」にマイナスで表示します。

　なお，当期未払消費税等の取崩しとして前期の増加税額を納付し，期末の未払消費税等を正しく算出すると，当期の仮受・仮払消費税等の清算で前期の増加税額と同額が雑損として計上されますが，当該雑損は当期の仮受・仮払消費税等の清算による損金ではありませんから，この場合には当該雑損を所得金額に加算することになります。

　この場合の別表四及び別表五（一）の記載は次のようになります。

別表四

区　　分	総　　額	処　　分		
		留　保	社外流出	
	①	②	③	
加算　雑損否認	67,500	67,500		

別表五（一）

区　　分	期首現在利益積立金額	当期の増減		翌期首利益積立金額
		減	増	
	①	②	③	④
未払消費税等	△　　67,500	△　　67,500		

(注)　別表四で加算した雑損は，前期別表五（一）で計上した未払消費税等に係るものですから，未払消費税等の消去として「当期の減」にマイナスで表示します。

(2)　税込経理の場合

　貴社は前期の確定した決算において次の仕訳を行っていたものと思われます。

418

| （借方）会議費 | 308,000円 | （貸方）現預金 | 308,000円 |
| 会議費 | 435,600円 | 現預金 | 435,600円 |

　しかし，上記支出金額について領収書の保存がなく，その使途が確認できないとのことですから，使途不明金として処理することになり，修正を仕訳で示すと次のようになります。

| （借方）使途不明金 | 743,600円 | （貸方）会議費 | 743,600円 |

　また，修正申告における別表四の記載は次のようになります。

別表四

区　　　　分	総　　額	処　　　　　分		
		留　保	社　外　流　出	
	①	②	③	
加算　使　途　不　明　金	743,600		使途不明	743,600

▷当期の処理◁

　使途不明金としての加算は流出処理ですから当期の申告調整は不要です。また，前期の消費税等の修正で増加した税額は損金として処理されていればそれでよいことになります。

《消費税の修正》

　使途不明金は課税仕入れとなりませんから，確定申告で課税仕入れとしていた税額が認められないことになり，それに係る消費税52,700円及び地方消費税14,800円の修正が必要となります。

（事例40）　**仮払金として経理した金額が使途秘匿金となる場合**

　当社は前期に役員Ａに現金5,000,000円を渡しましたが，期末までに精算がされなかったため仮払金としていました。

　税務調査において，調査官が役員Ａに対して仮払金の内容を確認したと

ころ，当該金額は前期に当社の取引が順調に進むようにある者に口添えを
依頼しその謝礼として支出した旨の申立てがありました。しかし，役員Ａ
は今後の取引に影響するとしてその支出先を明らかにしませんでした。

　そのため，支出先を明らかにしないのであれば使途秘匿金として修正す
るよう指摘されました。

解 説

　役員に対する仮払金については，その仮払いを受けた役員が事業経費等で支
出した時をもって会計帳簿にその支出の内容等による適正な勘定科目をもって
記帳されなければなりません。事例の場合は，役員Ａがその支出した相手方を
明らかにした場合には今後の取引に影響があると判断し，5,000,000円の支出の
相手方を明らかにできないまま決算を迎えたものと思われます。

　しかし，役員Ａがある者に口添えを依頼しその謝礼として支出した場合には，
その支出した日をもって会計処理及び税務上損金となるかどうかを判断しなけ
ればならないものですから，前期において謝礼として支出された金額が期末仮
払金とされていることをまず修正しなければなりません。そして，謝礼として
支出された金額については，その支出先を貴社が明らかにしないことから使途
秘匿金となります。

具体的修正の方法

《法人税の修正》

　貴社は，前期において役員に5,000,000円を仮払したときに，次の仕訳を行っ
ているものと思われます。

（借方）仮払金　　　　　5,000,000円　　（貸方）現　金　　　　　5,000,000円

　そして，前期末までに当該金額は社外の者に渡され，その相手先を明らかに
できないとのことですから，修正を仕訳で示すと次のようになります。なお，
使途秘匿金は消費税の課税仕入れとなりませんから，税抜経理及び税込経理と

420

も同様の処理となります。

　（借方）使途秘匿金　　5,000,000円　　（貸方）仮払金　　　　5,000,000円

　この場合の別表四及び別表五（一）の記載を示すと次のようになり，所得金額上は増減額がありませんが，使途秘匿金に対しては40％の追加課税がされますから，法人税額が2,000,000円増加することになります。

別表四

区　　　分	総　　額	処　　　　分		
		留　保	社 外 流 出	
	①	②	③	
加算 使 途 秘 匿 金	5,000,000		使途不明	5,000,000
減算 仮 払 金 認 容	5,000,000	5,000,000		

別表五（一）

区　　分	期 首 現 在 利益積立金額	当 期 の 増 減		翌 期 首 利 益 積 立 金 額
	①	減 ②	増 ③	④
仮 払 金			△ 5,000,000	△　　　5,000,000

　使途秘匿金に対する40％の追徴税額は，別表一（一）の「法人税額計」10欄の上段に，その税額を記載して申告することになりますので，記載例は次のようになります。

別表一（一）の部分抜粋

留保金 課税留保金額	8								
同上に対する税額	9								
法 人 税 額 計 (4) + (5) + (7) + (9)	10			2	0	0	0	0	0	0
仮装経理に基づく過大申告の更正に伴う控除法人税額	11								

▷当期の処理◁

　当期において，会計上処理されている仮払金を次の仕訳により損金の額に算入したときは，その損金は当期の費用とはなりませんので，申告調整で損金不

第14章 使途不明金・使途秘匿金 *421*

算入として処理します。なお，使途秘匿金としての申告は前期で行っていますので，40％の追徴税額を加算する必要はありません。

（借方）経　費　　　5,000,000円　　（貸方）仮払金　　　5,000,000円

この場合の，別表四及び別表五（一）の記載は次のようになります。

(注) 損益科目を一般経費ではなく交際費として仕訳した場合でも，その交際費とした金額は当期に係るものではありませんので，当期においては下記別表四と同様にその損金を否認する処理を行います。

別表四

区　　　　分	総　　額	処　　　　分		
		留　保	社 外 流 出	
	①	②	③	
加算 経費中損金とならない金額	5,000,000	5,000,000		

別表五（一）

区　　分	期 首 現 在 利益積立金額	当 期 の 増 減		翌 期 首 利 益 積 立 金 額
		減	増	
	①	②	③	④
仮 払 金	△　5,000,000	△ 5,000,000		

(注) 別表四の加算金額は，前期別表五（一）で否認した仮払金の消去となりますから「当期の減」にマイナスで表示します。

《消費税の修正》

使途秘匿金は課税仕入れとなりませんから，税務調査において仮払金が前期の経費としていったん認められたとしても課税仕入れ等の税額は生じません。また，当期の確定決算において，仮払金を経費に振替処理したとしても課税仕入れとはなりません。

事例41　交際費等の支出が使途秘匿金となる場合

当社は，資本金８千万円の法人ですが，前期にある取引先の役員に今ま

422

での取引において便宜を図ってもらった謝礼として2,200,000円を現金で渡し，交際費として処理しました。

税務調査において，交際費として処理した2,200,000円はその支出先が帳簿に記載されておらず，その記載されていなかったことについて相当の理由があるとは認められないから，使途秘匿金となる旨の指摘を受けました。

なお，交際費として処理した2,200,000円は消費税の課税仕入れとして，消費税及び地方消費税の申告を行っていました。

解　説

法人が取引先やその役員等に支出した金銭を交際費等として処理し，その結果損金不算入となっている場合であっても，その支出先を秘匿したときは使途秘匿金として40％の追加課税が行われます。

この場合には，申告における交際費等の損金不算入額のうち使途秘匿金に係る部分が損金不算入過大となりこれを所得金額から減算するとともに，使途秘匿金を損金不算入として所得に加算することになります。また，使途秘匿金については40％の追加課税がされますので，その税額を併せて納付します。

具体的修正の方法

《法人税の修正》

⑴　税抜経理の場合

貴社は前期に次の仕訳を行っていたものと思われます。

（借方）交際費等　　　　2,000,000円　　（貸方）現預金　　　　　2,200,000円
　　　　仮払消費税等　　 200,000円

ところが，当該交際費等として支出した金銭の相手先を明らかにできないなどの理由から，支出先を帳簿等に記載せず申告していたとのことですから，支出した金額は使途秘匿金として修正する必要があり，修正を仕訳で示すと次の

ようになります。

（借方）使途秘匿金　　2,200,000円　　（貸方）交際費等　　　2,000,000円

　　　　　　　　　　　　　　　　　　　　　仮払消費税等　　200,000円

　この場合，貴社が上記2,200,000円の支出金額について使途を秘匿したことから，当該支出金については消費税の課税対象取引かどうかの判断ができませんので，当初交際費として経理したときに計上した仮払消費税等も同時に否認しこれをいったん経費として所得から減算する必要があります。

　そのため，当期の損金は仮払消費税等の200,000円が過少に計上されていたことになりますので，この金額及び交際費等の損金不算入としていた2,000,000円との合計額を所得金額から減算し，使途秘匿金2,200,000円を所得金額に加算することになり，修正申告における別表四及び別表五（一）の記載は次のようになります。

別表四

区　　　　分	総　　　額	処　　　　分		
		留　　保	社 外 流 出	
	①	②	③	
加算　使 途 秘 匿 金	2,200,000		使途不明	2,200,000
減算　交 際 費 等 の 損金不算入額過大	2,000,000		その他	2,000,000
経 費 認 容	200,000	200,000		

別表五（一）

区　　分	期 首 現 在 利益積立金額	当 期 の 増 減		翌　期　首　利　益 積　立　金　額
		減	増	
	①	②	③	④
仮払消費税等		△　200,000	△　200,000	
未払消費税等			△　200,000	△　　200,000

　使途秘匿金2,200,000円に対する40％の追徴税額は，別表一（一）の「法人税額計」10欄の上段に，その税額を記載して申告することになりますので，記載例

424

は次のようになります。

別表一（一）の部分抜粋

留保金	課税留保金額	8								
	同上に対する税額	9								
法 人 税 額 計 (4) + (5) + (7) + (9)		10				8	8	0	0	0	0
仮装経理に基づく過大申告 の更正に伴う控除法人税額		11								

▷当期の処理◁

前期の否認事項は社外流出に係る交際費等が使途秘匿金となったものですから，この部分に関する当期の処理は必要ありませんが，消費税等の修正申告で増加した税額は損金経理で納付することになりますので，次の別表四及び別表五(一)のとおり当該損金経理で納付した消費税等を損金不算入として所得に加算し，別表五(一)の未払消費税等の繰越額を消去します。

別表四

区　　分		総　　額	処　　　分	
			留　保	社 外 流 出
		①	②	③
加算	損金の額に算入した 消　費　税　等	200,000	200,000	

別表五（一）

区　分	期 首 現 在 利益積立金額	当 期 の 増 減		翌 期 首 利 益 積 立 金 額
		減	増	
	①	②	③	④
未払消費税等	△　200,000	△　200,000		

(2)　税込経理の場合

貴社は前期に次の仕訳を行っていたものと思われます。

（借方）交際費等　　　　2,200,000円　　（貸方）現預金　　　　2,200,000円

第14章　使途不明金・使途秘匿金　　*425*

　ところが，当該交際費等として支出した金銭の相手先を明らかにできないなどの理由から，支出先を帳簿等に記載せず申告していたとのことですから，支出した金額は使途秘匿金として修正する必要があり，修正を仕訳で示すと次のようになります。

（借方）使途秘匿金　　2,200,000円　　（貸方）交際費等　　　　2,200,000円

　そのため，当期の所得金額には影響ありませんが，交際費等の損金不算入としていた2,200,000円を所得金額から減算し，使途秘匿金2,200,000円を所得金額に加算する処理を行う必要がありますので，修正申告における別表四の記載は次のようになります。

別表四

区　　　分		総　　額	処　　　　分		
			留　保	社　外　流　出	
		①	②	③	
加算	使 途 秘 匿 金	2,200,000		使途不明	2,200,000
減算	交 際 費 等 の 損金不算入額過大	2,200,000		その他	2,200,000

　使途秘匿金に対する40％の追徴税額は，別表一（一）の「法人税額計」10欄の上段に，その税額を記載して申告することになりますので，記載例は税抜経理の場合と同様です。

▷**当期の処理**◁

　前期の否認事項は社外流出に係る交際費等が使途秘匿金となったものですから，この部分に関する当期の処理は必要ありません。また，消費税等の修正申告で増加した税額について損金で納付していればそれでよいことになります。

《**消費税の修正**》

　役務提供に対する対価を支払った場合には，その金額は課税仕入れとなりますが，法人がその支出の相手先等を秘匿したときはそもそもその支出が役務提供の対価かどうかの確認ができず，課税仕入れとは認められないことになりま

すから，交際費等のうち使途秘匿金となる金額を課税仕入れ等の税額から除いたところで仕入控除税額の再計算を行い，消費税及び地方消費税の修正申告を行うことになります。

第15章

課税仕入れの帳簿への記載及び請求書の保存要件を欠く仕入税額控除の否認事例と修正手続

1 消費税の基本的仕組み

消費税は，事業者が国内において行う課税資産の譲渡等及び保税地域から引き取る外国貨物を課税の対象としています。そして，事業者が国内において行う課税資産の譲渡等については，各流通段階で税が累積しないように課税標準額に対する消費税額から，課税仕入れに係る消費税額及び保税地域から引き取った課税貨物につき課された又は課されるべき消費税額の合計額を控除することとされ，これを仕入税額控除制度といいます。

そして，仕入税額控除の適用を受けるためには，課税仕入れ等の事実を記載した帳簿及び請求書等の双方を保存することとし，双方の保存がない場合には仕入税額控除が認められないこととされています（消法30⑦）。

ただし，災害その他やむを得ない事情によりその保存をすることができなかったことを事業者が証明した場合には，この限りではありません。

2 帳簿及び請求書等の保存

2019年（令和元年）10月1日から消費税等の税率が10％（標準税率）とされ，飲食料品や定期購読新聞の譲渡が8％（軽減税率）となったことにより，従前の帳簿及び請求書等の双方を保存する請求書等保存方式に代えて，税率の区分ごとの取引内容を明確にする区分記載請求書等保存方式に変更されました。

(注) 2023年（令和5年）10月1日からは，いわゆるインボイス方式が導入されるため，区分記載請求書等保存方式から適格請求書等保存方式にさらに変更される予定です。

(1) 帳簿への記載事項

　仕入税額控除の適用要件の一つである保存しなければならない帳簿への記載事項は，次のとおりです（消法30⑧，平28改正法附則34②）。

　イ　課税仕入れの相手方の氏名又は名称

　ロ　課税仕入れを行った年月日

　ハ　課税仕入れに係る資産又は役務の内容（課税仕入れが他の者から受けた軽減対象資産の譲渡等に係るものである場合には，資産の内容及び軽減対象資産の譲渡等に係るものである旨）

　ニ　課税仕入れに係る支払対価の額(税込み対価の金額)

(2) 請　求　書　等

　仕入税額控除のもう一つの適用要件である保存しなければならないこととされている請求書等とは，事業者に対して課税資産の譲渡等を行う他の事業者が，その課税資産の譲渡等につきその事業者に交付する請求書，納品書，領収書その他これらに類する書類で，①書類の作成者の氏名又は名称，②課税資産の譲渡等を行った年月日（月ごとの請求など，まとめ発行も可能），③課税資産の譲渡等に係る資産又は役務の内容(課税資産の譲渡等が軽減対象資産の譲渡等である場合には，資産の内容及び軽減対象資産の譲渡等に係るものである旨)，④税率の異なるごとに区分して合計した課税資産の譲渡等の対価の額，⑤書類の交付を受ける当該事業者の氏名又は名称の全てが記載された書類をいいます。

　なお，小売業や飲食店業など不特定多数の相手として取引を行っている事業に係るものである場合には，その事業者等が発行する領収書には⑤の記載がなくてもよいこととされています（消法30⑨一，消令49④）。

　また，上記の課税資産の譲渡等を行った者が発行した請求書，納品書，領

収書その他これらに類する書類に代えて，課税仕入れを行った事業者が作成する仕入明細書，仕入計算書その他これらに類する書類で，①書類の作成者の氏名又は名称，②課税資産の譲渡等を行った年月日（月ごとの請求など，まとめ発行も可能），③課税資産の譲渡等に係る資産又は役務の内容（課税資産の譲渡等が軽減対象資産の譲渡等である場合には，資産の内容及び軽減対象資産の譲渡等に係るものである旨），④税率の異なるごとに区分して合計した課税資産の譲渡等の対価の額，⑤書類の交付を受ける当該事業者の氏名又は名称の全てが記載された書類で，その相手方事業者の確認を受けたものも請求書等として認められます（消法30⑨二）。

　次に，課税貨物の引取りに係る請求書等には，輸入時に税関長が交付する輸入許可書，賦課決定通知書，修正申告書の副本で税関長の受理印が押捺されたもの，更正通知書又は決定通知書等がこれに当たります（消法30⑨三）。

　ただし，例外として１回の取引の課税仕入れに係る税込金額が３万円未満である場合には，請求書等の保存がなくても法定事項が記載された帳簿の保存があれば仕入税額控除は認められます（消法30⑦，消令49①一，消基通11－6－2）。

③　事例の解説と具体的修正の方法

事例42　簿外売上げ及び仕入れがあった場合

　当社は食料品の小売を行い，前期の消費税及び地方消費税の確定申告を次のとおり行っていました。

　ところが，税務調査において売上げを除外している事実を把握され，調査担当者から除外した売上げに係る帳簿等の提示を求められました。特にそれを記帳したものはありませんが，売上除外した金額は簿外の預金に入

金し，そこから簿外の仕入代金等を支払っている旨申し立てたところ，調査担当者から，当期の売上除外金額24,840,000円，売上除外に係る簿外の仕入れ12,960,000円（いずれも税込み）に基づき法人税並びに消費税及び地方消費税の修正申告を行うよう指摘されました。

　なお，小売店舗の販売商品の状況等により，簿外売上としていた課税資産はすべて飲食料品の譲渡に該当すると認められることから，軽減税率を適用して税額計算するよう指摘されました。

　ただし，簿外の仕入れについて法人税の所得金額の計算上は売上原価として認められましたが，消費税については仕入税額控除の適用要件である帳簿及び請求書等の保存がないので仕入税額控除は認められないとのことです。

消費税及び地方消費税の確定申告の状況

この申告書による消費税の税額の計算			
課　税　標　準　額	①	285,640,000	03
消　　費　　税　　額	②	17,823,936	06
控 控除対象仕入税額	④	10,585,201	08
除 返還等対価に係る税額	⑤	－	09
税 貸倒れに係る税額	⑥	－	10
額 控除税額小計	⑦	10,585,201	
差　引　税　額	⑨	7,238,700	15
中　間　納　付　税　額	⑩	2,195,000	16
納　付　税　額	⑪	5,043,700	17

この申告書による地方消費税の税額の計算				
地方消費税の課税標準となる消費税額	控除不足還付税額	⑰		51
	差 引 税 額	⑱	7,238,700	52
譲渡割額	還 付 額	⑲		53
	納 税 額	⑳	2,041,600	54
中 間 納 付 譲 渡 割 額		㉑	592,400	55
納 付 譲 渡 割 額		㉒	1,449,200	56

(注) 課税標準額①欄は，全額飲食料品の譲渡に係るもので，その税込課税売上高は308,491,200円です。

解　説

具体的修正の方法

　調査等により簿外の取引が把握された場合で，その簿外の取引が記帳された帳簿（いわゆる裏帳簿）がある場合とない場合とがあると思われます。

　いわゆる裏帳簿であっても，日々の取引その他財産の変動について継続的に記録され社会通念上それが帳簿としての実態を備えるものであり，かつ，帳簿記載の要件が充足されている場合には，それを帳簿として認め，信憑性を確認した上で仕入税額控除が認められることもあるでしょう。

　事例の場合には，この裏帳簿の存在は確認されなかったものと思われますので，法人税において仕入原価の金額として認められた部分については課税仕入れとしての要件である帳簿及び請求書等の保存がありませんので，仕入税額控除は認められないことになります。

　これと同様のケースとして，帳簿がない場合に法人所得を推計により認定したときも，消費税の課税売上高は同様に推計の方法により認定されますが，課税仕入れについては消費税法第30条第7項の規定により控除が認められないことになります。

第15章　要件を欠く仕入税額控除の否認　*433*

《法人税の修正》

⑴　税抜経理の場合

　簿外の税抜売上金額23,000,000円を所得金額に加算し，税抜仕入金額12,000,000円を所得金額から減算します（売上金額と仕入金額との差額11,000,000円を売上利益計上もれとして所得金額に加算する場合もあります。）。

　そして，別表五(一)は税込売上金額24,840,000円と税込仕入金額12,960,000円との差額11,880,000円が簿外の預金とされていることから，この預金を受入処理することになり，修正を仕訳で示すと次のようになります。

（借方）預金	11,880,000円	（貸方）売上	23,000,000円
仕入	12,000,000円	仮受消費税等	1,840,000円
仮払消費税等	960,000円		

　ところで，売上げに係る消費税額等1,840,000円は消費税等の修正により納付することになりますが，仕入れに係る消費税額等960,000円は消費税法第30条第7項の規定により控除することができないことから，控除対象外消費税額等として処理することになります。この控除対象外消費税額等は原価（棚卸資産）に係るものであることから資産に係る控除対象外消費税額等となります。そして，これについては損金経理がなされていませんからその全額を繰延消費税額等として処理することになり，翌期以降受入処理を行った上で損金経理を行い損金算入限度額を順次損金の額に算入していくことになります。

　なお，控除対象外消費税額等が経費に係るものであるときは，それは損金の額に算入されますが，それが交際費等に係るものであるときは損金算入額を支出交際費等として別途損金不算入額の計算を行い損金不算入額を所得金額に加算します。

　この場合の修正に係る仮受・仮払消費税等の清算を仕訳で示すと次のようになります。

（借方）仮受消費税等　1,840,000円　　　（貸方）仮払消費税等　　960,000円

　　　　繰延消費税額等　960,000円　　　　　　　未払消費税等　1,840,000円

　そのため，修正申告における別表四及び別表五(一)の記載は次のようになります。

別表四

区　　　分	総　　額	処　　分	
		留　　保	社　外　流　出
	①	②	③
加算 売上計上もれ	23,000,000	23,000,000	
減算 仕　入　認　容	12,000,000	12,000,000	

別表五（一）

区　　分	期首現在利益積立金額	当期の増減		翌期首利益積立金額
		減	増	
	①	②	③	④
預　　金			24,840,000 △12,960,000	11,880,000
仮受消費税等		△ 1,840,000	△ 1,840,000	
仮払消費税等		960,000	960,000	
未払消費税等			△ 1,840,000	△ 1,840,000
繰延消費税額等			960,000	960,000

▷当期の処理◁

　当期においては簿外の預金を受け入れなければならず，この処理に伴い次の仕訳を行います（繰延消費税額等の当期損金算入額を損金の額に算入するためには受け入れた後損金経理を行わなければなりません。）。

（借方）預金　　　　　　11,880,000円　　　（貸方）未払消費税等　1,840,000円

　　　　繰延消費税額等　960,000円　　　　　　　雑益　　　　　　11,000,000円

　そして，繰延消費税額等の当期損金算入限度額192,000円（960,000円×12÷60）を損金の額に算入する次の仕訳を行います。

（借方）繰延消費税額等償却 192,000円　　（貸方）繰延消費税額等　192,000円

　なお，前期の消費税等の修正により増加した消費税等の額は上記受入仕訳で計上した未払消費税等を取り崩して次の仕訳により納付します。

（借方）未払消費税等　1,840,000円　　（貸方）現預金　　　　　1,840,000円

　この場合の，当期の別表四及び別表五(一)の記載は次のようになります。

別表四

区　　　　分	総　　額	処　　　　分	
		留　　保	社 外 流 出
		②	③
	①		
減算　雑　益　認　容	11,000,000	11,000,000	

別表五（一）

区　　分	期 首 現 在 利益積立金額	当 期 の 増 減		翌 期 首 利 益 積 立 金 額
		減	増	
	①	②	③	④
預　　　金	11,880,000	11,880,000		
未払消費税等	△　1,840,000	△ 1,840,000		
繰延消費税額等	960,000	960,000		

(2)　税込経理の場合

　簿外の税込売上金額24,840,000円を所得金額に加算し，税込仕入金額12,960,000円を所得金額から減算します（売上金額と仕入金額との差額11,880,000円を売上利益計上もれとして所得金額に加算する場合もあります。）。

　そして，別表五(一)は預金を受入処理することになり，修正を仕訳で示すと次のようになります。

（借方）預金　　　　　11,880,000円　　（貸方）売上　　　　　24,840,000円
　　　　仕入　　　　　12,960,000円

　そのため，修正申告における別表四及び別表五(一)の記載は次のようになります。

別表四

区　　　分	総　　額	処　　分	
		留　保	社 外 流 出
	①	②	③
加算 売 上 計 上 も れ	24,840,000	24,840,000	
減算 仕 入 認 容	12,960,000	12,960,000	

別表五（一）

区　　分	期 首 現 在 利益積立金額	当 期 の 増 減		翌 期 首 利 益 積 立 金 額
		減	増	
	①	②	③	④
預　　金			24,840,000 △12,960,000	11,880,000

▷当期の処理◁

　当期においては簿外の預金を受け入れるために次の仕訳を行います。なお，前期の消費税等の修正により増加した消費税額等は損金経理で納付していればそれでよいことになります。

　（借方）現預金　　　　11,880,000円　　（貸方）雑益　　　　11,880,000円

　この場合の，当期の別表四及び別表五(一)の記載は次のようになります。

別表四

区　　　分	総　　額	処　　分	
		留　保	社 外 流 出
	①	②	③
減算 雑 益 認 容	11,880,000	11,880,000	

別表五（一）

区　　分	期 首 現 在 利益積立金額	当 期 の 増 減		翌 期 首 利 益 積 立 金 額
		減	増	
	①	②	③	④
預　　金	11,880,000	11,880,000		

第15章　要件を欠く仕入税額控除の否認　*437*

《消費税の修正》

　調査による税込課税売上高24,840,000円を当初申告の税込課税売上高308,491,200円に加算した333,331,200円に108分の100を乗じて算出した308,640,000円を課税標準額とし，それに6.24％を乗じた19,259,136円を消費税額とします。

　そして，仕入れに係る部分は仕入税額控除が認められませんから，消費税及び地方消費税の修正申告の記載は次のようになります。

消費税及び地方消費税の修正申告

この申告書による消費税の税額の計算				
課　税　標　準　額	①	308,640,000	03	
消　　費　　税　　額	②	19,259,136	06	
控　控除対象仕入税額	④	10,585,201	08	
除　返還等対価に係る税額	⑤	−	09	
税　貸倒れに係る税額	⑥	−	10	
額　控　除　税　額　小　計	⑦	10,585,201		
差　　引　　税　　額	⑨	8,673,900	15	
中　間　納　付　税　額	⑩	2,195,000	16	
納　　付　　税　　額	⑪	6,478,900	17	
この申告書が修正申告である場合　既確定税額	⑬	5,043,700	19	
この申告書が修正申告である場合　差引納付税額	⑭	1,435,200	20	

この申告書による地方消費税の税額の計算				
地方消費税の課税標準となる消費税額	控除不足還付税額	⑰		51
	差　引　税　額	⑱	8,673,900	52
譲渡割額	還　　付　　額	⑲		53
	納　　税　　額	⑳	2,446,400	54
中　間　納　付　譲　渡　割　額		㉑	592,400	55
納　付　譲　渡　割　額		㉒	1,854,000	56
この申告書が修正申告である場合	既確定譲渡割額	㉔	1,449,200	19
	差引納付譲渡割額	㉕	404,800	20

事例43　帳簿への記載はあるが請求書等の保存がない場合

　当社は不動産の販売を行う資本金8千万円の法人ですが，前期にA社から不動産の購入予定者の情報を提供してもらい，その情報に基づき営業活動を行ったところ取引が成立しましたので，A社に対して情報提供料1,650,000円（税込み）を支払いました。

　A社は情報の提供を業としていない法人であったことから，当該情報提供料について法人税の処理においては交際費等としましたが，消費税においては課税仕入れとして，その税額の全額を控除していました。

　ところが，A社に対して支出した情報提供料の領収書を紛失してしまい，税務調査において請求書等の保存がないから，仕入税額控除は認められない旨の指摘を受けました。

第15章　要件を欠く仕入税額控除の否認　　*439*

解　説

具体的修正の方法

　法人が情報提供等を行うことを業としない者（取引先の従業員を除きます。）に対して情報提供等の対価として金品を交付した場合であっても，①その金品の交付があらかじめ締結された契約に基づくものであること，②提供を受ける役務の内容がその契約において具体的に明らかにされており，かつ，それに基づいて実際に役務の提供を受けていること，③その交付した金品の価額がその提供を受けた役務の内容に照らし相当と認められることのすべての要件を満たしているときは，交際費等に該当しないとされています（措置通61の4⑴-8）。

　しかし，事例の場合には，上記要件を満たしていないことから，法人税の確定申告で交際費等として処理したものと思われます。

　ところで，消費税法上課税仕入れとなるかどうかは，情報提供料として支払った金銭が法人税の取扱いにおいて情報提供料として損金となるか交際費等となるかを問わず，実際に情報等の提供を受けた対価として支払われたかどうかの問題ですから，現実に情報の提供を受けた対価として支払われたものであれば課税仕入れに該当します。

　事例の場合は情報提供料としてＡ社に支払った際に受領した領収書を紛失し，その保存がないとのことですから，消費税法第30条第7項の規定により仕入税額控除が認められないことになります。

《法人税の修正》

⑴　税抜経理の場合

　貴社は前期の確定決算において，次の仕訳を行っているものと思われます。

（借方）交際費等　　　　1,500,000円　　　（貸方）現預金　　　　　1,650,000円

　　　　仮払消費税等　　　150,000円

440

　そして，交際費等とした1,500,000円はその全額を損金不算入とし，また，仮払消費税等とした150,000円は消費税及び地方消費税の納付税額の計算上，全額控除対象としていたとのことですが，上記支払について領収書の保存がないことから仕入税額控除が認められないことにより消費税額117,000円及び地方消費税額33,000円の追徴税額が生じることになります。

　貴社が確定申告で仮払消費税等とした150,000円は期末の仮受・仮払消費税等の清算で消去されていますが，当初仕訳した仮払消費税等が控除できないとすれば，その金額は控除対象外消費税額等として処理することになり，これは経費に係る控除対象外消費税額等であることから，損金経理を要件としないで損金の額となります。

　そして，この損金となる控除対象外消費税額等は交際費等に係るものですから，控除対象外消費税額等となる150,000円を前期の支出交際費等に加算し交際費等の損金不算入額を算出すれば，同額が新たに損金不算入となります。

　この場合の修正を仕訳で示すと，清算仕訳で消去した仮払消費税等が控除できないことからこれを控除対象外消費税額等として借方に発生させ，その相手勘定が未払消費税等となります。そして，控除対象外消費税額等は経費に係るものであることからこれを消去（貸方表示）して相手勘定を雑損としますので，これを示すと次のようになります。

（借方）控除対象外消費税額等 150,000円　　　（貸方）未払消費税等　　　150,000円

　　　　雑損　　　　　　150,000円　　　　　　　控除対象外消費税額等 150,000円

　この場合の別表四及び別表五(一)の記載は次のようになります。

別表四

区　　　分		総　　額	処　　　　　分		
			留　保	社 外 流 出	
		①	②	③	
加算	交 際 費 等 の 損 金 不 算 入 額	150,000		その他	150,000
減算	雑　損　認　容	150,000	150,000		

別表五（一）

区　　分	期 首 現 在 利益積立金額	当 期 の 増 減		翌　期　首　利　益 積　立　金　額
		減	増	
	①	②	③	④
控除対象外 消費税額等		150,000	150,000	
未払消費税等			△　150,000	△　　　150,000

▷当期の処理◁

　当期においては，前期法人税で修正した事項の処理は何ら生じませんから，前期の消費税及び地方消費税の修正申告で増加した税額150,000円は損金経理で納付することになり，これを損金不算入として処理し，前期から繰り越した別表五(一)の未払消費税等を消去します。

　この場合の当期の別表四及び別表五(一)の記載は次のようになります。

別表四

区　　　分		総　　額	処　　　　　分		
			留　保	社 外 流 出	
		①	②	③	
加算	損 金 不 算 入 の 消 費 税 額 等	150,000	150,000	その他	

442

別表五（一）

区　　分	期首現在利益積立金額	当期の増減		翌　期　首　利　益積　　立　　金　　額	
		減	増		
	①	②	③	④	
未払消費税等	△　　150,000	△　　150,000			

⑵　税込経理の場合

　貴社は前期の確定決算において，次の仕訳を行っているものと思われます。

（借方）交際費等　　　　　1,650,000円　　　（貸方）現預金　　　　　　　1,650,000円

　そして，交際費等とした1,650,000円はその全額を損金不算入とし，また，当該交際費等を課税仕入れとして処理していたとのことですが，上記支払について領収書の保存がないことから仕入税額控除が認められないことにより消費税額117,000円及び地方消費税額33,000円の追徴税額が生じることになります。

　しかし，税込経理の場合には，当該消費税及び地方消費税の追徴税額については消費税及び地方消費税の修正申告を行った事業年度の損金となりますから，当期に修正申告を行えば当期の損金として処理し，前期の法人税の所得金額に影響はありません。

　したがって，前期の法人税については修正の必要がありません。

▷当期の処理◁

　当期は前期の消費税及び地方消費税の修正申告により増加した税額150,000円を損金経理で納付していればそれでよいことになり，申告調整の必要はありません。

《消費税の修正》

　情報提供料として支出した1,650,000円に係る仕入税額控除が認められないことから，消費税額117,000円及び地方消費税額33,000円の増加税額が生じます。

第16章

税抜経理に伴う消費税等の前期否認額に係る当期の処理

消費税等の経理処理を税抜きで行っている場合には，調査等で法人税の是否認に伴い消費税等の是否認が生じたときは，消費税等の修正申告により増加する税額を法人税の修正申告書の別表五(一)で未払消費税等として計上することになります。

そして，消費税等の修正申告書を提出し増加税額を納付した事業年度で，法人税の修正申告書の別表五(一)に記載してある未払消費税等を消去することになりますが，この消去の方法については，法人が消費税等の増加税額を損金経理で納付しているか，それとも未払消費税等を取り崩して納付することにより損益に影響させていないかなど増加税額の処理の態様により，別表上の処理の方法が下表のとおり異なります。

処 理 の 態 様		別 表 上 の 処 理
増加税額の処理	仮受・仮払消費税等の期末清算	
(1) 損金経理により納付	仮受・仮払消費税等の期末清算仕訳上，前期の増加税額相当額を期末未払消費税等として計上（期末の未払消費税等の計上金額が前期増加税額相当額だけ過大となっている。）	損金算入した消費税等の額を留保加算し期末の未払消費税等の過大計上額を別表五(一)で表示します。
(2) 損金経理により納付	仮受・仮払消費税等の期末清算仕訳上，前期の増加税額相当額を雑益として計上（期末の未払消費税等の計上は正しく行われている。）	損金算入した消費税等の額を留保加算するとともに雑益の過大計上を減算し，別表五(一)ではいずれも未払消費税等として当期増及び当期減に表示し，期末残をゼロとします。
(3) 未払消費税等のマイナスとして納付	前期の増加税額を未払消費税等のマイナスで納付した場合には，期末の未払消費税等の計上額は正しく行われていることになる。	別表での加減算は必要ありません。

この章では，法人の当期における増加税額の処理の態様ごとに具体的事例により別表上の処理について解説することとします。

第 16 章　税抜経理に伴う消費税等の前期否認額に係る当期の処理　　*445*

事例44　　前期の売上計上もれについて当期にその全額が計上
　　　　された場合の処理

当社は前期の法人税について2,000,000円（税抜き）の売上計上もれがあ
り，次の別表四及び別表五（一）のとおり修正申告を行いました。

そして，前期に売上計上もれであった金額についてはその全額を当期の
売上げとして計上しています。

この場合の，当期の法人税申告書別表四及び別表五（一）の記載はどのよ
うになりますか。

解　説

前期の修正申告における別表四

区　　　　　分	総　　　額	処　　　　　分	
		留　　保	社 外 流 出
	①	②	③
加算 売上計上もれ	2,000,000	2,000,000	

前期の修正申告における別表五（一）

区　　　分	期 首 現 在 利益積立金額	当 期 の 増 減		翌期首利益 積 立 金 額
		減	増	
	①	②	③	④
売　　掛　　金			2,200,000	2,200,000
仮受消費税等		△　　200,000	△　　200,000	
未払消費税等			△　　200,000	△　　200,000

具体的修正の方法

(1)　消費税等を損金経理で納付した場合

前期の消費税等の修正により増加した税額200,000円を次の仕訳のとおり損

金として納付したとします。

（借方）租税公課　　　　200,000円　　（貸方）現預金　　　　　200,000円

　ところで，当期においては前期法人税の修正申告で計上もれであった売上げは計上されていることになり，この仕訳が次のとおり行われています。

（借方）現預金　　　　2,200,000円　　（貸方）売　上　　　　2,000,000円
　　　（又は売掛金）　　　　　　　　　　　　　　仮受消費税等　　200,000円

　そして，上記仕訳により計上された仮受消費税等の金額は，期末の仮受・仮払消費税等の清算において処理することになります。例えば，上記の仮受消費税等を除いたところの当期の仮受消費税等が13,000,000円，仮払消費税等が8,000,000円及び当期の消費税等の申告により納付することとなる正当税額が5,000,000円（内1,875,000円は消費税等の中間納付額として期中仮払税金で処理している。）であるとしたときに，前期の売上計上もれに係る仮受消費税等を除いたところの当期の仮受・仮払消費税等の清算仕訳は次のようになります。

（借方）仮受消費税等　　13,000,000円　　（貸方）仮払消費税等　8,000,000円

　　　　　　　　　　　　　　　　　　　　　　　仮払税金　　　　1,875,000円

　　　　　　　　　　　　　　　　　　　　　　　未払消費税等　　3,125,000円

　しかし，貸借対照表上は前期売上計上もれに係る仮受消費税等200,000円が計上されていますから，実際にはこれを含めたところで期末の仮受・仮払消費税等の清算を行うことになり，清算仕訳における借方仮受消費税等が200,000円多いことによる貸方科目を未払消費税等とする場合と，雑益とする場合とが考えられます。

① 　未払消費税等とした場合

　仮受・仮払消費税等の清算仕訳で，前期の売上計上もれに係る仮受消費税等の金額部分を未払消費税等として負債に計上した場合には，次の仕訳のとおり期末の未払消費税等が当期の消費税等の申告により納付する税額より200,000円過大に計上されることになります。

第 16 章　税抜経理に伴う消費税等の前期否認額に係る当期の処理　　*447*

（借方）仮受消費税等　　13,200,000円　　（貸方）仮払消費税等　8,000,000円

　　　　　　　　　　　　　　　　　　　　　　　仮払税金　　　1,875,000円

　　　　　　　　　　　　　　　　　　　　　　　未払消費税等　3,325,000円

　そのため，当期においては損金経理により納付した前期の消費税等の修正による増加税額200,000円を損金不算入とするとともに，別表五（一）ではその金額を未払消費税等の過大計上として表示することになり，当期の別表四及び別表五（一）の記載は次のようになります。

別表四

区　　　分	総　　額	処	分
		留　　保	社 外 流 出
	①	②	③
加算　損金の額に算入した消 費 税 等	200,000	200,000	
減算　売 上 認 容	2,000,000	2,000,000	

別表五（一）

区　　　分	期 首 現 在利益積立金額	当期の増減		翌 期 首 利 益積 立 金 額
		減	増	
	①	②	③	④
売　掛　金	2,200,000	2,200,000		
仮受消費税等		△　200,000	△　200,000	
未払消費税等	△　200,000	△　200,000	200,000	200,000

（注）　別表五（一）の太線部分は売掛金に係る仮受消費税等の処理です（以下同じ）。

　ところで，当期末において未払消費税等が200,000円過大計上となっていますが，これは前期に処理された仮受消費税等に係るものですから，当期の雑益として処理する必要はありません。ただし，いずれかの時点で処理（消去）しないと永久に未払消費税等が過大となったまま残りますので，これを確定決算上雑益として振替処理した時に別表四で雑益の過大計上として減算し，別表五（一）の残高をゼロとします（下記②雑益とした場合を参照）。

② 雑益とした場合

仮受・仮払消費税等の清算仕訳で当期の未払消費税等の金額を正しく計上し，前期の売上計上もれに係る未払消費税等を損金として納付したことから，当期に計上された前期売上計上もれに係る仮受消費税等の金額部分を雑益として次の仕訳を行った場合には，税務上その仮受消費税等は前期に計上すべきものであり，当期の仮受消費税等ではないことから，その雑益も当期の益金とはならず雑益が過大に計上されていることになります。

（借方）仮受消費税等　13,200,000円　　（貸方）仮払消費税等　8,000,000円

　　　　　　　　　　　　　　　　　　　　　　　仮払税金　　　1,875,000円

　　　　　　　　　　　　　　　　　　　　　　　未払消費税等　3,125,000円

　　　　　　　　　　　　　　　　　　　　　　　雑　益　　　　　200,000円

この場合には，当期において損金経理により納付した前期の消費税等の修正による追徴税額200,000円を損金不算入として別表四で加算するとともに，期末の仮受・仮払消費税等の清算仕訳で計上した雑益を減算しますが，貸借対照表上の未払消費税等の金額は正しく計上されていますから，別表五(一)の翌期首利益積立金として表示すべき金額はなく，当期の別表四及び別表五(一)の記載は次のようになります。

別表四

区　　　　分		総　　額	処　　　　分		
			留　　保	社 外 流 出	
		①	②	③	
加算	損金の額に算入した消 費 税 等	200,000	200,000		
減算	売 上 認 容	2,000,000	2,000,000		
	雑 益 認 容	200,000	200,000		

第16章　税抜経理に伴う消費税等の前期否認額に係る当期の処理　*449*

別表五（一）

区　分	期 首 現 在 利益積立金額	当期の増減		翌 期 首 利 益 積 立 金 額
		減	増	
	①	②	③	④
売　掛　金	2,200,000	2,200,000		
仮受消費税等		△　200,000	△　200,000	
未払消費税等	△　200,000	△　200,000	200,000 △　200,000	

(2)　消費税等を損金経理しなかった場合

　前期の消費税等の修正により増加した税額200,000円を損金としないで納付するには，次の仕訳が考えられます。

仕訳1　（借方）仮払税金　　200,000円　　（貸方）現預金　　200,000円

仕訳2　（借方）仮受消費税等　200,000円　　（貸方）現預金　　200,000円

仕訳3　（借方）未払消費税等　200,000円　　（貸方）現預金　　200,000円

　ところで，当期においては前期法人税の修正申告で計上もれとした売上げは，確定決算上計上されていることになり，この仕訳が次のとおり行われています。

　（借方）現預金　　　　2,200,000円　　（貸方）売　上　　　　2,000,000円
　　　　（又は売掛金）　　　　　　　　　　　　　仮受消費税等　　200,000円

　そして，上記仕訳により計上された仮受消費税等の金額は，期末の仮受・仮払消費税等の清算において処理することになります。

　例えば，上記の仮受消費税等を除いたところの当期の仮受消費税等が13,000,000円，仮払消費税等が8,000,000円及び当期の消費税等の申告により納付することとなる税額が5,000,000円（内1,875,000円は消費税等の中間納付額として期中仮払税金で処理している。）であるとしたときに，前期の消費税等の修正により増加した税額200,000円の納付仕訳の形態に応じ，当期の仮受・仮払消費税等の清算仕訳は次のようになります。

450

仕訳 1 の場合

（借方）仮受消費税等　　13,200,000円　　（貸方）仮払消費税等　　8,000,000円

　　　　　　　　　　　　　　　　　　　　　　　仮払税金　　　　　1,875,000円

　　　　　　　　　　　　　　　　　　　　　　　仮払税金　　　　　　200,000円

　　　　　　　　　　　　　　　　　　　　　　　未払消費税等　　　3,125,000円

仕訳 2 の場合

（借方）仮受消費税等　　13,000,000円　　（貸方）仮払消費税等　　8,000,000円

　　　　　　　　　　　　　　　　　　　　　　　仮払税金　　　　　1,875,000円

　　　　　　　　　　　　　　　　　　　　　　　未払消費税等　　　3,125,000円

（注）　仮受消費税等の期末残高は，前期の消費税等の修正申告による納付税額の仕訳時（上記仕訳 2 ）に，既に200,000円減額されているため，13,000,000円となっています。

仕訳 3 の場合

（借方）仮受消費税等　　13,200,000円　　（貸方）仮払消費税等　　8,000,000円

　　　　　　　　　　　　　　　　　　　　　　　仮払税金　　　　　1,875,000円

　　　　　　　　　　　　　　　　　　　　　　　未払消費税等　　　　200,000円

　　　　　　　　　　　　　　　　　　　　　　　未払消費税等　　　3,125,000円

（注）　貸方未払消費税等200,000円は，期中に計上した借方未払消費税等の消去仕訳であり，未払消費税等の期末残は3,125,000円となる。

　そのため，いずれの仕訳の場合も前期の修正による増加税額は損金とされておらず，かつ，期末の未払消費税等は正しい金額が表示されていますので，当期における消費税等の申告調整は不要となりますから，別表四及び別表五(一)の記載は次のようになります。

第16章　税抜経理に伴う消費税等の前期否認額に係る当期の処理　　*451*

別表四

区　　　　分	総　　額	処　　　　分	
		留　　保	社　外　流　出
	①	②	③
減算　売　上　認　容	2,000,000	2,000,000	

別表五（一）

区　　分	期　首　現　在 利益積立金額	当　期　の　増　減		翌　期　首　利　益 積　立　金　額
		減	増	
	①	②	③	④
売　　掛　　金	2,200,000	2,200,000		
仮 受 消 費 税 等		△　　200,000	△　　200,000	
未 払 消 費 税 等	△　　200,000	△　　200,000		

事例45　　**前期の売上計上もれの一部が当期に計上されている場合の処理**

　　当社は前期の法人税について30,000,000円（税抜き）の売上計上もれがあり，次の別表四及び別表五(一)のとおり修正申告を行いました。

　　そして，前期に売上計上もれであった金額のうち20,000,000円（税抜き）を当期の売上げとして計上しています。

　　この場合の，当期の申告書別表四及び別表五(一)の記載はどのようになりますか。

解　説

前期の修正申告における別表四

区　　分		総　　額	処　　分	
			留　　保	社 外 流 出
		①	②	③
加算	売上計上もれ	30,000,000	30,000,000	

前期の修正申告における別表五（一）

区　　分	期 首 現 在 利益積立金額	当期の増減		翌 期 首 利 益 積 立 金 額
		減	増	
	①	②	③	④
売　掛　金			33,000,000	33,000,000
仮受消費税等		△　3,000,000	△　3,000,000	
未払消費税等			△　3,000,000	△　3,000,000

具体的修正の方法

(1)　消費税等を損金経理で納付した場合

　前期の消費税等の修正により増加した税額3,000,000円を次の仕訳のとおり損金として納付したとします。

（借方）租税公課　　　　3,000,000円　　（貸方）現預金　　　　　　3,000,000円

　ところで，当期においては前期法人税の修正申告で計上もれであった売上げの一部が次の仕訳のとおりに計上されていることになります。

（借方）現預金　　　　22,000,000円　　（貸方）売　上　　　　　20,000,000円
　　　　（又は売掛金）　　　　　　　　　　　　　仮受消費税等　　2,000,000円

　そして，上記仕訳により計上された仮受消費税等の金額は，期末の仮受・仮払消費税等の清算において処理することになります。

　例えば，上記の仮受消費税等を除いたところの当期の仮受消費税等が13,000,000円，仮払消費税等が8,000,000円及び当期の消費税等の申告により

第16章　税抜経理に伴う消費税等の前期否認額に係る当期の処理　　*453*

納付することとなる正当税額が5,000,000円（内1,875,000円は，消費税等の中間納付額として期中仮払税金で処理している。）であるとしたときに，前期の売上計上もれに係る仮受消費税等を除いたところの当期の仮受・仮払消費税等の清算仕訳は次のようになります。

（借方）仮受消費税等　　13,000,000円　　（貸方）仮払消費税等　　8,000,000円

　　　　　　　　　　　　　　　　　　　　　　　　仮払税金　　　　1,875,000円

　　　　　　　　　　　　　　　　　　　　　　　　未払消費税等　　3,125,000円

　しかし，貸借対照表上は前期売上計上もれに係る仮受消費税等2,000,000円が計上されていますから，実際にはこれを含めたところで期末の仮受・仮払消費税等の清算を行うことになり，清算仕訳における借方仮受消費税等が2,000,000円多いことによる貸方科目を未払消費税等とする場合と，雑益とする場合とが考えられます。

①　未払消費税等とした場合

　仮受・仮払消費税等の清算仕訳で，前期の売上計上もれに係る仮受消費税等の金額部分を未払消費税等として負債に計上した場合には，次の仕訳のとおり期末の未払消費税等が当期の消費税等の申告で納付する税額より2,000,000円過大に計上されていることになります。

（借方）仮受消費税等　　15,000,000円　　（貸方）仮払消費税等　　8,000,000円

　　　　　　　　　　　　　　　　　　　　　　　　仮払税金　　　　1,875,000円

　　　　　　　　　　　　　　　　　　　　　　　　未払消費税等　　5,125,000円

　そのため，当期においては損金経理により納付した前期の消費税等の修正による増加税額3,000,000円を損金不算入として別表四で加算するとともに，別表五(一)では未払消費税等の過大計上額2,000,000円を表示することになり，当期の別表四及び別表五(一)の記載は次のようになります。

454

別表四

区　　　分		総　　額	処　　　分		
			留　保	社外流出	
		①	②	③	
加算	損金の額に算入した消費税等	3,000,000	3,000,000		
減算	売上認容	20,000,000	20,000,000		

別表五（一）

区　　　分	期首現在利益積立金額	当期の増減		翌期首利益積立金額
		減	増	
	①	②	③	④
売　掛　金	32,400,000	21,600,000		10,800,000
仮受消費税等		△ 2,000,000	△ 2,000,000	
未払消費税等	△ 3,000,000	△ 2,000,000	3,000,000	2,000,000

▷翌期の処理◁

　翌期において残額の10,000,000円を売上げとして計上した場合には，次の仕訳が行われることになります。

（借方）現預金　　　　　11,000,000円　　　（貸方）売　上　　　　　10,000,000円
　　　　（又は売掛金）
　　　　　　　　　　　　　　　　　　　　　　　　　仮受消費税等　1,000,000円

　そして，上記仕訳により計上された仮受消費税等の金額は，期末の仮受・仮払消費税等の清算において処理することになりますが，例えば，上記の仮受消費税等を除いたところの翌期の仮受消費税等が11,000,000円，仮払消費税等が6,000,000円及び翌期の消費税等の申告により納付することとなる税額が5,000,000円（内3,750,000円は消費税等の中間納付額として期中仮払税金で処理している。）であるとしたときに，前期の売上計上もれに係る仮受消費税等を除いたところの翌期の仮受・仮払消費税等の清算仕訳は次のようになります。

第16章　税抜経理に伴う消費税等の前期否認額に係る当期の処理　　*455*

（借方）仮受消費税等　　11,000,000円　　（貸方）仮払消費税等　　6,000,000円

　　　　　　　　　　　　　　　　　　　　　　　　仮払税金　　　　　3,750,000円

　　　　　　　　　　　　　　　　　　　　　　　　未払消費税等　　　1,250,000円

　しかし，貸借対照表上は前期売上計上もれに係る仮受消費税等1,000,000円が計上されていますから，実際にはこれを含めたところで期末の仮受・仮払消費税等の清算を行うことになり，次の仕訳のとおり期末の未払消費税等が翌期の消費税等の申告により納付する税額より1,000,000円過大に計上されることになります。

（借方）仮受消費税等　　12,000,000円　　（貸方）仮払消費税等　　6,000,000円

　　　　　　　　　　　　　　　　　　　　　　　　仮払税金　　　　　3,750,000円

　　　　　　　　　　　　　　　　　　　　　　　　未払消費税等　　　2,250,000円

　ところで，当期に計上した未払消費税等は2,000,000円過大に計上されており，上記の清算仕訳による未払消費税等2,250,000円と併せて翌期末における未払消費税等の合計額は4,250,000円となります。

　したがって，期末の正しい未払消費税等1,250,000円との差額3,000,000円が過大に計上されることになりますから，翌期においては別表四で前期計上もれとした売上げのうち翌期で計上した10,000,000円を減算し，別表五(一)では未払消費税等の過大計上額3,000,000円を繰り越すことになり，当期の別表四及び別表五(一)の記載は次のようになります。

別表四

区　　　分	総　　額	処　　　　分		
		留　　保	社 外 流 出	
	①	②	③	
減算　売　上　認　容	10,000,000	10,000,000		

456

別表五（一）

区　　分	期首現在 利益積立金額	当期の増減		翌期首利益 積立金額
		減	増	
	①	②	③	④
売　掛　金	11,000,000	11,000,000		
仮受消費税等		△　1000,000	△　1000,000	
未払消費税等	2,000,000	△　1000,000		3,000,000

　なお，翌期の仮受・仮払消費税等の清算仕訳で，当期から繰り越した未払消費税等の過大計上額及び翌期に過大となる金額との合計額を消却するために，次の仕訳のとおり雑益として処理した場合（期末の未払消費税等の金額は正当額1,250,000円が計上される。）には，その雑益を申告調整で減算することになりますから，この場合の別表四及び別表五(一)は次のようになります。

（借方）仮受消費税等　12,000,000円　　　（貸方）仮払消費税等　　6,000,000円

　　　　　　　　　　　　　　　　　　　　　　　　仮払税金　　　　3,750,000円

　　　　　　　　　　　　　　　　　　　　　　　　未払消費税等　　2,250,000円

　　　　　　未払消費税等　3,000,000円　　　　　　雑　　益　　　3,000,000円

(注) 　雑益計上額は翌期の仮受・仮払消費税等の清算仕訳に係る未払消費税等800,000円及び当期から繰り越した未払消費税等1,600,000円の合計額です。

別表四

区　　分	総　　額	処		分
		留　保	社外流出	
	①	②	③	
減算　売上認容	10,000,000	10,000,000		
雑益認容	3,000,000	3,000,000		

第16章　税抜経理に伴う消費税等の前期否認額に係る当期の処理　*457*

別表五（一）

区　　分	期　首　現　在 利　益　積　立　金　額	当　期　の　増　減		翌　期　首　利　益 積　立　金　額
		減	増	
	①	②	③	④
売　掛　金	11,000,000	11,000,000		
仮受消費税等		△　1000,000	△　1000,000	
未払消費税等	2,000,000	△　1000,000	△　3,000,000	

(注)　なお，当期及び翌期で仮受・仮払消費税等の清算仕訳で生じる未払消費税等の過大計上額を，それぞれの期末において雑益に振替処理し，期末の未払消費税等を正しく計上したときは，それぞれの期において雑益計上額を別表四で減算処理し，別表五(一)の未払消費税等の残額をゼロとします（②雑益とした場合参照）。

②　雑益とした場合

　当期においては前期法人税の修正申告で計上もれであった売上げの一部が次の仕訳のとおり計上されていることになります。

（借方）現預金　　　　22,000,000円　　　（貸方）売　上　　　　20,000,000円
　　　　（又は売掛金）
　　　　　　　　　　　　　　　　　　　　　　仮受消費税等　2,000,000円

　そして，上記仕訳により計上された仮受消費税等の金額が，期末の仮受・仮払消費税等の清算において処理することになります。

　例えば，上記の仮受消費税等を除いたところの当期の仮受消費税等が13,000,000円，仮払消費税等が8,000,000円及び当期の消費税等の申告により納付することとなる正当税額が5,000,000円（内1,875,000円は消費税等の中間納付額として期中仮払税金で処理している。）であるとしたときに，仮受・仮払消費税等の清算仕訳で当期の未払消費税等の金額を正しく計上し，前期の売上計上もれに係る仮受消費税等の金額部分を雑益として次の仕訳を行った場合には，税務上その仮受消費税等2,000,000円は前期に計上すべきものであり当期の仮受消費税等ではないことから，その雑益2,000,000円も当期の益金とはならず，雑益が過大に計上されることになります。

458

（借方）仮受消費税等	15,000,000円	（貸方）仮払消費税等	8,000,000円
		仮払税金	1,875,000円
		未払消費税等	3,125,000円
		雑　益	2,000,000円

　この場合には，当期において損金経理により納付した前期の消費税等の修正による追徴税額3,000,000円を損金不算入とするとともに，期末の仮受・仮払消費税等の清算仕訳で計上した雑益2,000,000円を減算しますが，貸借対照表上の未払消費税等の金額は正しく計上されていますから，別表五(一)の翌期首利益積立金として表示すべき金額はなく，当期の別表四及び別表五(一)の記載は次のようになります。

別表四

区　　　分		総　　額	処　　　分	
			留　　保	社 外 流 出
		①	②	③
加算	損金の額に算入した消費税等	3,000,000	3,000,000	
減算	売　上　認　容	20,000,000	20,000,000	
	雑　益　認　容	2,000,000	2,000,000	

別表五（一）

区　　分	期 首 現 在利益積立金額	当期の増減		翌 期 首 利 益積 立 金 額
		減	増	
	①	②	③	④
売　掛　金	33,000,000	22,000,000		11,000,000
仮受消費税等		△　2,000,000	△　2,000,000	
未払消費税等	△　3,000,000	△　2,000,000	△　2,000,000 3,000,000	

▷翌期の処理◁

　翌期においても当期と同様に残額の10,000,000円を売上げとして計上した場合には，次の仕訳が行われることになります。

第16章　税抜経理に伴う消費税等の前期否認額に係る当期の処理　*459*

（借方）現預金　　　11,000,000円　　　（貸方）売　上　　　　10,000,000円
　　　　（又は売掛金）　　　　　　　　　　　　仮受消費税等　　1,000,000円

　そして，上記仕訳により計上された仮受消費税等の金額は，期末の仮受・仮払消費税等の清算において処理することになります。

　例えば，上記の仮受消費税等を除いたところの翌期の仮受消費税等が11,000,000円，仮払消費税等が6,000,000円及び当期の消費税等の申告により納付することとなる税額が5,000,000円（内3,750,000円は消費税等の中間納付額として期中仮払税金で処理している。）であるとしたときに，前期の売上計上もれに係る仮受消費税等を除いたところの翌期の仮受・仮払消費税等の清算仕訳は次のようになります。

（借方）仮受消費税等　11,000,000円　　　（貸方）仮払消費税等　6,000,000円
　　　　　　　　　　　　　　　　　　　　　　　　仮払税金　　　　3,750,000円
　　　　　　　　　　　　　　　　　　　　　　　　未払消費税等　　1,250,000円

　しかし，貸借対照表上は前期売上計上もれに係る仮受消費税等1,000,000円が計上されていますから，実際にはこれを含めたところで期末の仮受・仮払消費税等の清算を行うことになり，期末の未払消費税等を正しく計上すると前期売上計上もれに係る仮受消費税等1,000,000円に相当する金額を雑益として次の仕訳のとおり計上することになります。

（借方）仮受消費税等　12,000,000円　　　（貸方）仮払消費税等　6,000,000円
　　　　　　　　　　　　　　　　　　　　　　　　仮払税金　　　　3,750,000円
　　　　　　　　　　　　　　　　　　　　　　　　未払消費税等　　1,250,000円
　　　　　　　　　　　　　　　　　　　　　　　　雑　益　　　　　1,000,000円

　そのため，雑益に計上した1,000,000円を減算する処理を行いますが，翌期末における未払消費税等は正しい金額が計上されていますので，当期の別表四及び別表五(一)の記載は次のようになります。

別表四

区　　　分	総　額	処　分		
		留　保	社 外 流 出	
	①	②	③	
減算　売 上 認 容	10,000,000	10,000,000		
雑 益 認 容	1,000,000	1,000,000		

別表五（一）

区　　分	期 首 現 在 利益積立金額	当期の増減		翌 期 首 利 益 積 立 金 額
		減	増	
	①	②	③	④
売　掛　金	11,000,000	11,000,000		
仮受消費税等		△　1,000,000	△　1,000,000	
未払消費税等		△　1,000,000	△　1,000,000	

⑵　消費税等を損金経理しなかった場合

　前期の消費税等の修正申告により増加した税額3,000,000円を損金としないで納付するには，次の仕訳が考えられます。

仕訳1　（借方）仮払税金　　　3,000,000円（貸方）現預金　3,000,000円

仕訳2　（借方）仮受消費税等　3,000,000円（貸方）現預金　3,000,000円

仕訳3　（借方）未払消費税等　3,000,000円（貸方）現預金　3,000,000円

　ところで，当期においては前期法人税の修正申告で計上もれとした売上げのうち20,000,000円（税抜き）が計上されていることになり，この仕訳が次のとおり行われています。

　（借方）現預金　　　　22,000,000円　　（貸方）売 上　　　　20,000,000円
　　　　（又は売掛金）　　　　　　　　　　　　仮受消費税等　2,000,000円

　そして，上記仕訳により計上された仮受消費税等の金額は，期末の仮受・仮払消費税等の清算において処理することになります。

第16章　税抜経理に伴う消費税等の前期否認額に係る当期の処理　　*461*

　例えば，上記の仮受消費税等を含んだところの当期の仮受消費税等が14,600,000円，仮払消費税等が8,000,000円及び当期の消費税等の申告により納付することとなる税額が5,000,000円（内1,875,000円は消費税等の中間納付額として期中仮払税金で処理している。）であるとしたときに，前期の消費税等の修正により増加した税額3,000,000円の納付仕訳の形態に応じ，当期の仮受・仮払消費税等の清算仕訳は次のようになります。

仕訳１の場合

（借方）仮受消費税等	15,000,000円	（貸方）仮払消費税等	8,000,000円
雑　損	1,000,000円	仮払税金	1,875,000円
		仮払税金	3,000,000円
		未払消費税等	3,125,000円

仕訳２の場合

（借方）仮受消費税等	15,000,000円	（貸方）仮払消費税等	8,000,000円
雑　損	1,000,000円	仮払税金	1,875,000円
		仮受消費税等	3,000,000円
		未払消費税等	3,125,000円

仕訳３の場合

（借方）仮受消費税等	15,000,000円	（貸方）仮払消費税等	8,000,000円
雑　損	1,000,000円	仮払税金	1,875,000円
		未払消費税等	3,000,000円
		未払消費税等	3,125,000円

　そのため，いずれの仕訳の場合も期末の未払消費税等は正しい金額が表示されていますが，当期の損金とはならない雑損1,000,000円が計上されていますのでこれを所得金額に加算することになり，当期の別表四及び別表五（一）の記載は次のようになります。

別表四

区　　　分	総　　額	処　　分		
		留　保	社 外 流 出	
	①	②	③	
加算 雑 損 否 認	1,000,000	1,000,000		
減算 売 上 認 容	20,000,000	20,000,000		

別表五（一）

区　　分	期 首 現 在 利益積立金額	当期の増減		翌 期 首 利 益 積 立 金 額
		減	増	
	①	②	③	④
売 掛 金	33,000,000	22,000,000		
仮受消費税等		△ 2,000,000	△ 2,000,000	
未払消費税等	△ 3,000,000	△ 2,000,000	1,000,000	

▷翌期の処理◁

　翌期において残額の10,000,000円（税抜き）を売上げとして計上した場合には，次の仕訳が行われることになります。

（借方）現預金　　　　11,000,000円　　　（貸方）売　上　　　　　10,000,000円
　　　　（又は売掛金）　　　　　　　　　　　　　　仮受消費税等　1,000,000円

　そして，上記仕訳により計上された仮受消費税等の金額は，期末の仮受・仮払消費税等の清算において処理することになります。

　例えば，上記の仮受消費税等を含んだところの当期の仮受消費税等が14,000,000円，仮払消費税等が8,000,000円及び当期の消費税等の申告により納付することとなる税額が5,000,000円（内3,750,000円は消費税等の中間納付額として期中仮払税金で処理している。）であるとしたときに，翌期の未払消費税等を正しい金額で計上したときは，次の仕訳のとおり前期法人税の修正で計上もれとした売上げのうち10,000,000円に対応する仮受消費税等の1,000,000円が雑益として計上されることになります。

第 16 章　税抜経理に伴う消費税等の前期否認額に係る当期の処理　　*463*

（借方）仮受消費税等　14,000,000円　　（貸方）仮払消費税等　　8,000,000円

仮払税金　　　3,750,000円

未払消費税等　1,250,000円

雑　　益　　　1,000,000円

　そのため，この場合には期末の未払消費税等は正しい金額が表示されていますが，翌期の益金とはならない雑益1,000,000円が計上されていますのでこれを所得金額から減算することになり，翌期の別表四及び別表五（一）の記載は次のようになります。

別表四

区　　　　分	総　　額	処　　分	
		留　　保	社 外 流 出
	①	②	③
減算　売　上　認　容	10,000,000	10,000,000	
雑　益　認　容	1,000,000	1,000,000	

別表五（一）

区　　　分	期 首 現 在利益積立金額	当期の増減		翌 期 首 利 益積 立 金 額
		減	増	
	①	②	③	④
売　掛　金	11,000,000	11,000,000		
仮受消費税等		△　1,000,000	△　1,000,000	
未払消費税等		△　1,000,000	△　1,000,000	

事例46　　**前期の経費否認に係る当期の処理**

　税務調査において当社が前期に費用計上した3,000,000円（税抜き）のうち2,000,000円（税抜き）は前払費用であると指摘されたことから，次の別表四及び別表五（一）のとおり修正申告を行いました。

そして，前期に前払費用とされた金額のうち1,000,000円（税抜き）を当期の費用として申告調整しようと考えていますが，この場合の，当期の申告書別表四及び別表五(一)の記載はどのようになりますか。

解　説

前期の修正申告に係る別表四

区　　　　分	総　　額	処　　分	
		留　　保	社 外 流 出
	①	②	③
加算　経　費　否　認	2,000,000	2,000,000	

前期の修正申告に係る別表五（一）

区　　分	期 首 現 在 利 益 積 立 金 額	当 期 の 増 減		翌 期 首 利 益 積 立 金 額
		減	増	
	①	②	③	④
前 払 費 用			2,200,000	2,200,000
仮 払 消 費 税 等		△　200,000	△　200,000	
未 払 消 費 税 等			△　200,000	△　200,000

具体的修正の方法

(1)　受入処理した場合

　前期の修正申告で経費否認とした金額を次の仕訳のとおり当期に受入処理し，以後経費となる金額を順次費用化したときは，前期の修正申告により増加した税額は，修正事項を受入処理したことにより計上された未払消費税等を消去することにより，また，当期以降の未払消費税等は決算上に仮払消費税等の仕訳が生じますから，これに伴い期末の仮受・仮払消費税等の清算を行えばよいことになります。

第 16 章　税抜経理に伴う消費税等の前期否認額に係る当期の処理　*465*

受入仕訳

（借方）前払費用　　　2,200,000円　　　（貸方）雑　　益　　　2,000,000円

　　　　　　　　　　　　　　　　　　　　　　未払消費税等　　　200,000円

納付時の仕訳

（借方）未払消費税等　　200,000円　　　（貸方）現預金　　　　200,000円

当期経費認容仕訳

（借方）経　　費　　　1,000,000円　　　（貸方）前払費用　　　1,100,000円

　　　　未払消費税等　　100,000円

　なお，受入処理を行った場合の当期別表四及び別表五（一）の記載は次のように

なります。

別表四

区　　　　　分	総　　額	処　　分	
		留　　保	社 外 流 出
	①	②	③
減算　雑　益　認　容	2,000,000	2,000,000	

別表五（一）

区　　分	期 首 現 在 利 益 積 立 金 額	当 期 の 増 減		翌 期 首 利 益 積 立 金 額
		減	増	
	①	②	③	④
前 払 費 用	2,200,000	2,200,000		
仮 払 消 費 税 等		△　　200,000	△　　200,000	
未 払 消 費 税 等	△　　200,000	△　　200,000		

（注）　別表五（一）の太線部分は前払費用に係る仮払消費税等の部分です（以下同
　　じ。）。

(2)　申告調整で処理する場合

　経費が否認された場合には一般的に受入処理は行わず，当該否認された経費

を申告調整で認容するのが一般的です。この場合には，前期の消費税等の修正

466

申告により増加した税額200,000円は次の仕訳のとおり損金として納付することになります。

（借方）租税公課　　　　200,000円　　（貸方）現預金　　　　　200,000円

そして，受入処理を行わないで別表上で経費となる金額を減算するときは，確定決算において仮払消費税等の仕訳が何ら生じないことになりますから，この場合には別表五（一）で繰り越した前払費用のうち当期の費用となる金額を申告書別表四で減算するとともに，別表五（一）でいったん仮払消費税等を計上することにより申告調整することになります。

例えば，当期における確定決算上の仮受消費税等が13,000,000円，仮払消費税等が8,000,000円及び当期の消費税等の申告により納付することとなる税額が5,000,000円（内1,875,000円は消費税等の中間納付額として期中仮払税金で処理している。）であるとしたときに，当期の仮受・仮払消費税等の清算仕訳は次のようになります。

（借方）仮受消費税等　13,000,000円　　（貸方）仮払消費税等　　8,000,000円

　　　　　　　　　　　　　　　　　　　　　仮払税金　　　　1,875,000円

　　　　　　　　　　　　　　　　　　　　　未払消費税等　　3,125,000円

しかし，別表四で減算した費用に係る消費税等が当期の消費税の計算において課税仕入れに係る税額78,000円（$1,100,000円 \times \dfrac{7.8}{110}$）として控除されることになり，上記確定決算で計上された未払消費税等の金額のうち消費税額78,000円及び地方消費税額22,000円の合計100,000円が過大に計上されていることになります。

そこで，確定決算上の未払消費税等は3,125,000円のままで，別表五（一）で未払消費税等の過大計上額100,000円を表示することにより，税務上の未払消費税等の額が正当額である3,025,000円となるように申告調整しますので，この場合の別表四及び別表五（一）の処理は次のとおり記載します。

別表四

区　　　　分	総　　額	処　　　　分	
		留　保	社　外　流　出
	①	②	③
加算 損金の額に算入した消　費　税　等	200,000	200,000	
減算 経　費　認　容	1,000,000	1,000,000	

別表五（一）

区　分	期　首　現　在利益積立金額	当期の増減		翌　期　首　利　益積　立　金　額
		減	増	
	①	②	③	④
前　払　費　用	2,200,000	1,100,000		1,100,000
仮払消費税等		△　　100,000	△　　100,000	
未払消費税等	△　　200,000	△　　100,000	200,000	100,000

　なお，当期の仮受・仮払消費税等の清算において，当期の正しい未払消費税等の金額3,025,000円を計上しようとするためには，次の仕訳のとおり100,000円の雑益が計上されることになり，この場合には，申告調整において雑益認容として100,000円を減算し，未払消費税等の翌期首利益積立金額を零とします。そして，この場合の別表四及び別表五(一)の記載は次のようになります。

（借方）仮受消費税等　13,000,000円　　（貸方）仮払消費税等　8,000,000円

　　　　　　　　　　　　　　　　　　　　　　仮払税金　　　1,875,000円

　　　　　　　　　　　　　　　　　　　　　　未払消費税等　3,025,000円

　　　　　　　　　　　　　　　　　　　　　　雑　益　　　　　100,000円

別表四

区　　　分		総　　額	処　　　　分	
			留　保	社 外 流 出
		①	②	③
加算	損金の額に算入した消費税等	200,000	200,000	
減算	経 費 認 容	1,000,000	1,000,000	
	雑 益 認 容	100,000	100,000	

別表五（一）

区　　分	期首現在利益積立金額	当期の増減		翌期首利益積立金額
		減	増	
	①	②	③	④
前 払 費 用	2,200,000	1,100,000		1,100,000
仮 払 消 費 税 等		△　100,000	△　100,000	
未 払 消 費 税 等	△　200,000	△　100,000	200,000 △　100,000	

▷翌期の処理◁

　翌期においても同様に残額の1,000,000円（税抜き）が経費として認められるとした場合，消費税等について別表五(一)で仮払消費税等100,000円が控除の対象となりますが，これは確定決算上の仮受・仮払消費税等に反映しませんので，当期と同様の申告調整を行うことになります。

　ところで，当期の未払消費税等として経理した3,125,000円のうち実際に納付することになる税額は100,000円を控除した3,025,000円ですから，当期中に消費税額等を納付した後においても未払消費税等100,000円が残ることになり，この未払消費税等100,000円及び翌期の仮受・仮払消費税等の清算による未払消費税等の過大額100,000円の合計200,000円が貸借対照表に計上されているときの別表四及び別表五(一)は次のようになります。

第16章　税抜経理に伴う消費税等の前期否認額に係る当期の処理　　*469*

別表四

区　　　　分	総　　額	処　　　　分	
		留　保	社 外 流 出
	①	②	③
減算　経　費　認　容	1,000,000	1,000,000	

別表五（一）

区　　分	期 首 現 在 利益積立金額	当期の増減		翌 期 首 利 益 積 立 金 額
		減	増	
	①	②	③	④
前 払 費 用	1,100,000	1,100,000		
仮 払 消 費 税 等		△　　100,000	△　　100,000	
未 払 消 費 税 等	100,000	△　　100,000		200,000

　なお，当期に計上した過大となっている未払消費税等100,000円を次の仕訳により雑益として処理したときは，次のとおり申告調整を行うことになります（この場合でも，翌期の仮受・仮払消費税等の清算による未払消費税等は100,000円過大に計上されていることになりますから，この過大額が別表五（一）に残ることになる）。

（借方）未払消費税等　3,125,000円　　　（貸方）現預金　　　　　3,025,000円

　　　　　　　　　　　　　　　　　　　　　　　　雑　益　　　　　　100,000円

別表四

区　　　　分	総　　額	処　　　　分	
		留　保	社 外 流 出
	①	②	③
減算　経　費　認　容	1,000,000	1,000,000	
雑　益　認　容	100,000	100,000	

470

別表五（一）

区　　分	期首現在利益積立金額	当期の増減		翌期首利益積立金額
		減	増	
	①	②	③	④
前 払 費 用	1,100,000	1,100,000		
仮払消費税等		△　100,000	△　100,000	
未払消費税等	100,000	△　100,000	△　100,000	100,000

　　さらに，翌期の仮受・仮払消費税等の清算仕訳において翌期の未払消費税等を別表五(一)で発生する仮払消費税等を見込んで（現実の仕訳は生じない。）100,000円過少に計上（翌期の仮受・仮払消費税等の清算仕訳で雑益100,000円が計上される。）した上で，当期に計上した未払消費税等の過大額の繰越額100,000円を雑益として消去した場合には，翌期の清算仕訳における100,000円の雑益と当期からの繰越額の消去による100,000円の雑益（雑益の合計額200,000円）とが計上され，かつ，翌期末における未払消費税等は正当額が計上されることになりますので，この場合の別表四及び別表五(一)の記載は次のようになります。

別表四

区　　分		総　　額	処　　分		
			留　　保	社 外 流 出	
		①	②	③
減算	経 費 認 容	1,000,000	1,000,000	
	雑 益 認 容	200,000	200,000	

別表五（一）

区　　分	期首現在利益積立金額	当期の増減		翌期首利益積立金額
		減	増	
	①	②	③	④
前 払 費 用	1,100,000	1,100,000		
仮払消費税等		△　100,000	△　100,000	
未払消費税等	100,000	△　100,000	△　200,000	

第17章

税効果会計に係る
法人税の処理

1 税効果会計の目的

　税効果会計は，企業会計上の資産又は負債の額と課税所得計算上の資産又は負債の額に相違がある場合において，法人税その他利益に関する金額を課税標準とする税金（以下「法人税等」といいます。）の額を適切に期間配分することにより，税引前当期利益と法人税等を合理的に対応させることを目的とする手続であるとされています。

　例えば，税引前当期利益が5,000であるときに，不良債権に対して2,000の貸倒引当金を計上したが，内1,000が有税引当となる場合において，実効税率30％であるときに税効果会計を適用した場合と適用しなかった場合の税引後当期純利益の相違については次のようになります。

税効果会計適用あり		**税効果会計適用なし**	
税引前当期利益	5,000	税引前当期利益	5,000
法人税等	△1,800	法人税等	△1,800
法人税等調整額	300		
当期純利益	3,500	当期純利益	3,200

2 税効果会計の仕組み

　税効果会計の方法には，会計上の収益又は費用の金額と税務上の益金又は損金の額の相違を一時差異とする「繰延法」と，会計上の資産又は負債の額と税務上の資産又は負債の額の相違を一時差異とする「資産負債法」とがありますが，我が国においては国際的な流れのなかで資産負債法を採用しています。

第17章　税効果会計に係る法人税の処理　　*473*

(1)　一時差異について

　前述のとおり，会計上の資産又は負債の額と税務上の資産又は負債の額の相違を一時差異として，それに係る法人税等を合理的に期間対応させるのが税効果会計ですが，この一時差異には，将来減算一時差異と将来加算一時差異とがあります。なお，交際費等の損金不算入額や役員給与等の損金不算入額のように，将来的に課税所得が調整されないものは永久差異として税効果会計の対象とはなりません。

①　将来減算一時差異とは，貸倒引当金等各種引当金の損金算入限度超過額，貸倒損失の否認額，減価償却費の損金算入限度超過額，事業税の引当計上額や資産に係る評価損否認額のように，それを計上した事業年度では有税であっても将来それが損金の額に算入されるものをいいます。また，税務上の繰越欠損金や外国税額控除限度超過額も，発生年度の翌期以降で課税所得を減算又は税額を減少させると見込まれる部分の金額については一時差異に準ずるものとして取り扱われます。

②　将来加算一時差異とは，固定資産の圧縮積立金，特別償却準備金やその他租税特別措置法上規定されている各種準備金のように，それを経理した事業年度においては課税所得を減少させるが，将来的に課税所得を構成することになるものをいいます。

(2)　税効果会計の経理処理

①　繰延税金資産及び繰延税金負債の計上の仕方

　　税効果会計の適用に伴い，貸借対照表上は，将来減算一時差異及び税務上の繰越欠損金等に対しては繰延税金資産が，将来加算一時差異に対しては繰延税金負債が計上され，損益計算書上は，それらの差額を期首と期末で比較した増減額を法人税等調整額として計上することとされています。

ただし，資産又は負債の評価替えにより生じた評価差額が直接純資産の部に計上される場合には，当該評価差額に係る繰延税金資産又は繰延税金負債の金額を当該評価差額から控除して計上することとされています。

② 積立金方式による租税特別措置法上の諸準備金等の計上額

剰余金の処分による圧縮積立金，特別償却準備金，その他租税特別措置法上の諸準備金（以下「諸準備金等」といいます。）の繰入額及び取崩高は，税効果相当額を控除した純額によることとされています。つまり，純資産の部に計上する諸準備金等については，繰延税金負債控除後の純額を積み立てることになります。

なお，税率が変更された場合の諸準備金等に係る繰延税金負債の修正額は，損益計算書上，税率変更に係る改正税法が公布された日を含む事業年度の法人税等調整額に含めて処理するとともに，当該年度に係る剰余金の処分を通じて純資産の部の諸準備金等に加減するものとすることとされています。

③ 税効果会計と申告調整

税効果会計は，企業会計上の資産又は負債の額と課税所得計算上の資産又は負債の額とに生じる差額に係る法人税等の額を適正に期間配分することですから，法人税申告書別表四で留保加算の対象となる項目のうち将来それが損金として認容される部分（例えば，減価償却超過額，棚卸資産・有価証券の有税評価減，有税の貸倒引当金，長期前払費用など）に係る法人税等相当額を繰延税金資産として資産勘定に，申告書別表四で課税の繰延措置として留保減算の対象となる部分（例えば，剰余金の処分による圧縮記帳や特別償却など）に係る法人税等相当額を繰延税金負債として負債勘定に計上する方法です。

税効果会計の適用に当たって，貸借対照表に計上された繰延税金資産や繰延

税金負債が，直接法人税の課税所得に影響を与えるものではありませんが，当期に発生した一時差異に係る繰延税金資産や繰延税金負債の増加額や，当期に解消した一時差異に係る繰延税金資産や繰延税金負債の減少額の調整は，法人税等調整額として，損益計算書上の税引前当期利益（又は損失）の次に記載し，税引前当期利益（又は損失）の額に，その期の法人税等の額及び法人税等調整額を加減した金額を当期純利益（又は損失）として表示することになっています。

税効果会計導入前においては，損益計算書の税引前当期利益（又は損失）の次に，その期の法人税等の額を加減した金額を当期純利益（又は損失）として表示していました。

そして，ここで表示された法人税等の額は損金の額に算入した法人税等引当額として，法人税申告書別表四で加算する申告調整を行っていましたが，税効果会計の適用に当たり，その期の損益計算書で計上された法人税等調整額も同様に申告書別表四で申告調整を行うことになります。

ただし，損金の額に算入した法人税等引当額は法人税申告書別表四で加算のみが生じていましたが，法人税等調整額は，その期における税効果相当額が繰延税金資産の計上か繰延税金負債の計上かにより，税引前当期利益から減算する場合と加算する場合とがあり，税引前当期利益から減算された法人税等調整額は申告書別表四で加算処理を，税引前当期利益に加算された法人税等調整額は申告書別表四で減算処理を行うことになります。

④ 修正申告に係る税効果

「税効果会計に係る会計基準の適用指針」（企業会計基準委員会）の第60項によれば，「過去の誤謬により修正再表示をした連結会計年度及び事業年度の連結財務諸表及び個別財務諸表（以下「修正再表示した年度の比較情報」とい

う。）において，資産又は負債の額が変更される場合，当該変更に伴い一時差異が生ずるときは，当該一時差異に係る繰延税金資産又は繰延税金負債の額を修正再表示した年度の比較情報に反映させる。」とされています。

そのため，確定申告書を提出した後に，当該申告について修正又は更正があった場合で，当該修正又は更正により所得金額に加算又は減算された金額が一時差異に該当する場合には，当該修正又は更正に係る一時差異に係る繰延税金資産又は繰延税金負債は，当該修正申告書を提出又は更正通知書を受領したときに認識することとされていますから，修正申告書を提出した事業年度の決算（又はこれに係る中間決算）で調整することになります。

したがって，修正申告を行う場合には，当該修正事項のみを別表四で加算等を行うことになり，それに伴う税効果会計の申告調整は過年度の修正申告ではなく当期（修正申告書を提出した事業年度）の確定申告に係る申告調整で生じることになります。

次に，税効果会計を適用した場合の申告調整について，事例により解説します。

事例47 退職給付引当金限度超過額に係る税効果の処理

　X1年3月期及びX2年3月期における期末退職給付引当金のうち益金の額に算入された金額の累積額が，次の①のとおりであるとします。

　そうすると，法人税の申告において各期に発生した退職給付引当金の益金算入額を別表四で加算することになりますが，この加算額は税効果会計における将来減算一時差異となりますから，これに見合う繰延税金資産を法人税等調整額として計上することになります。

　そして，法人税等の実効税率を36％としたときのX1年3月期及びX2年3月期の繰延税金資産の計上額は次の②のとおりとなります。

第 17 章　税効果会計に係る法人税の処理　*477*

	Ｘ１年３月期	Ｘ２年３月期	増　減　額
①益金の額に算入された退職給付引当金の累積額	1,350,000	3,500,000	2,150,000
②①に対する繰延税金資産	（30％）　405,000	（30％）　1,050,000	645,000

　そして，上記事例について，Ｘ２年３月期の貸借対照表及び損益計算書を表示すると次のようになります。

貸借対照表

　（資産の部）

………………

繰延税金資産　　　　　1,050,000円

　（負債の部）

………………

未払法人税額　　　　　3,645,000円

　（純資産の部）

………………

繰越利益剰余金　　　　14,000,000円

損益計算書

………………

税引前当期純利益　　　10,000,000円

法人税等　　　　　△ 3,645,000円

法人税等調整額　　　　645,000円

当期純利益　　　　　7,000,000円

解　説

　この場合の税効果相当額の処理については，当期純利益前で計上した法人税等調整額を別表四の留保で減算処理することになります。

　そして，Ｘ２年３月期の別表四及び別表五（一）の記載は次のようになります。

478

別表四

区　　　分	総　　額	処　　分		
		留　　保	社 外 流 出	
	①	②	③	
当期利益又は当期損失の額	7,000,000	7,000,000		
加算　損金の額に算入した納税充当金	3,645,000	3,645,000		
退職給付引当金益金算入額	2,150,000	2,150,000		
減算　法人税等調整額	645,000	645,000		

別表五（一）

区　　　分	期 首 現 在利益積立金額	当 期 の 増 減		翌 期 首 利 益積 立 金 額
		減	増	
	①	②	③	④
退職給与引当金	1,350,000		2,150,000	3,500,000
繰延税金資産	△　405,000	△	645,000	△　1,050,000
繰越損益金	××××	××××	14,000,000	14,000,000
納税充当金	××××	××××	3,645,000	3,645,000

事例48　賞与引当金限度超過額に係る税効果の処理

　Ｘ１年３月期並びにＸ２年３月期における使用人に対する賞与引当金の引当額が次のとおりであるとします。

　そうすると，法人税の申告において賞与引当金の繰入額を別表四で加算することになりますが，この加算額は税効果会計における将来減算一時差異となりますから，これに見合う法人税等相当額を繰延税金資産として計上することになります。

　なお，賞与引当金は翌期洗い替えですから，Ｘ１年３月期の将来減算一時差異はＸ２年３月期でその全額が解消されることになり，Ｘ１年３月期及びＸ２年３月期の税効果相当額は次の④のとおりとなります。

	X1年3月期	X2年3月期	増　減　額
①B/S上の期末引当金残高	7,500,000	10,800,000	
②上記に対する繰延税金資産	（30%）　2,250,000	（30%）　3,240,000	990,000

　そして，上記事例について，X2年3月期の貸借対照表及び損益計算書を表示すると次のようになります。

貸借対照表

（資産の部）

‥‥‥‥‥‥‥

繰延税金資産　　　　　3,240,000円

（負債の部）

‥‥‥‥‥‥‥

未払賞与　　　　　　10,800,000円

未払法人税額　　　　　3,990,000円

（純資産の部）

‥‥‥‥‥‥‥

繰越利益剰余金　　　14,000,000円

損益計算書

‥‥‥‥‥‥‥

税引前当期純利益　　10,000,000円

法人税等　　　　　△3,990,000円

法人税等調整額　　　　990,000円

当期純利益　　　　　7,000,000円

解　説

　この場合の税効果相当額の処理については，当期純利益前で計上した法人税等調整額は別表四の留保で減算処理することになります。

480

そして，Ｘ２年３月期の別表四及び別表五（一）の記載は次のようになります。

別表四

区　　　　分	総　　　額	処　　　　　分		
		留　　保	社　外　流　出	
	①	②	③	
当期利益又は当期損失の額	7,000,000	7,000,000		
加算　損金の額に算入した納税充当金	3,990,000	3,990,000		
加算　賞与引当金繰入限度超過額	10,800,000	10,800,000		
減算　法人税等調整額	990,000	990,000		
減算　賞与引当金繰入限度超過額認容	7,500,000	7,500,000		

別表五（一）

区　　　分	期　首　現　在利益積立金額	当期の増減		翌期首利益積立金額
		減	増	
	①	②	③	④
賞　与　引　当　金	7,500,000	7,500,000	10,800,000	10,800,000
繰　延　税　金　資　産	△ 2,250,000		△ 990,000	△ 3,240,000
繰　越　損　益　金	×××××	×××××	14,000,000	14,000,000
納　税　充　当　金	×××××	×××××	3,990,000	3,990,000

［事例49］　土地評価損の計上が認められない場合の税効果の処理

　　Ｘ１年３月期に有する販売用不動産等について，確定した決算において評価損を10,000,000円計上するが，当該評価損が税務上認められないものであるとして申告書別表四で加算処理を行う場合，3,000,000円の繰延税金資産を計上することになります。

第17章 税効果会計に係る法人税の処理 *481*

解 説

　この場合，Ｘ１年３月期における繰延税金資産の額を損益計算書の法人税等調整額として計上することになり，この場合の貸借対照表及び損益計算書を表示すると次のとおりとなります。

貸借対照表

　（資産の部）

………………

繰延税金資産　　　　3,000,000円

　（負債の部）

………………

未払法人税額　　　　6,000,000円

　（純資産の部）

………………

繰越利益剰余金　　14,000,000円

損益計算書

………………

税引前当期純利益　　10,000,000円

法人税等　　　　△ 6,000,000円

法人税等調整額　　　3,000,000円

当期純利益　　　　　7,000,000円

　この場合の税効果相当額の処理については，当期純利益前で計上した法人税等調整額は別表四の留保で減算処理することになります。

　そして，この場合の別表四及び別表五(一)の記載は次のようになります。

別表四

区　　　分	総　　額	処　　分		
		留　　保	社外流出	
	①	②	③	
当期利益又は当期損失の額	7,000,000	7,000,000		
加算　損金の額に算入した納税充当金	6,000,000	6,000,000		
棚卸資産の評価損否認	10,000,000	10,000,000		
減算　法人税等調整額	3,000,000	3,000,000		

別表五

区　　　分	期首現在利益積立金額	当期の増減		翌期首利益積立金額
		減	増	
	①	②	③	④
棚　卸　資　産			10,000,000	10,000,000
繰延税金資産			△　3,000,000	△　3,000,000
繰越損益金	××××	××××	14,000,000	14,000,000
納税充当金	××××	××××	6,000,000	6,000,000

第18章

時価会計・ヘッジ会計

484

法人税法における時価法及びヘッジ処理には，①売買目的有価証券の期末評価を時価による評価とし，②オフバランス取引であるデリバティブ取引や有価証券の空売り等のうち期末未決済部分の時価評価による損益を計上するとしたことに伴い，③資産・負債の価額変動等による損失を減少させるために行ったデリバティブ取引については，そのデリバティブ取引に係る損益をヘッジ対象資産の損益計上時点まで繰り延べる繰延ヘッジ処理が，④売買目的外有価証券をヘッジ対象資産とした場合のヘッジ手段であるデリバティブ損益を計上する見返りとして，売買目的外有価証券のヘッジ部分の損益を計上する時価ヘッジ処理の各規定が設けられています。

また，時価法の導入に伴い，有価証券の譲渡の時期について，約定日基準により売買損益を計上することとされています。

1 有価証券の譲渡損益

1 有価証券に係る譲渡損益の計上時期

⑴ 原則的な処理

有価証券の譲渡による利益又は損失の額は，その譲渡に係る契約をした日の属する事業年度の所得の金額の計算上，益金の額又は損金の額に算入しなければなりません（法法61の2①）。

平成12年4月1日前開始事業年度では有価証券の譲渡に関しては，原則として引渡しのあった日の属する事業年度の損益とされていましたが，継続して譲渡に係る契約を締結した日の損益とすることも認められていました。

しかし，平成12年度の税制改正で時価法が導入されたことに伴い，平成12年4月1日以後開始する事業年度から有価証券の譲渡損益の計上時期も約定

第18章 時価会計・ヘッジ会計　*485*

日基準により計上することにより，時価法との調整が図られました。

　また，有価証券の譲渡原価算出の基礎となる帳簿価額の算出の方法は，移動平均法又は総平均法のいずれかを選択して行い，選択を行わなかった場合又は選定した評価方法により評価しなかった場合の法定評価方法は移動平均法とされています。

　なお，譲渡の形態ごとの譲渡の日は，次のようになります（法基通2－1－22）。

譲渡の形態	譲渡の日
市場取引	取引成立の日
相対取引	約定日，売買契約書の締結日など約定が成立した日
合併	合併の効力を生ずる日（新設合併の場合は，新設合併設立法人の設立登記の日）
分割型分割	分割の効力を生ずる日（新設分割の場合は，新設分割設立法人の設立登記の日）
株式交換	株式交換の効力を生ずる日
株式移転	株式移転完全親法人の設立登記の日

⑵　期中引渡基準による譲渡損益の計上

　有価証券の譲渡損益は上記のとおり約定日に計上することが原則となりますが，法人が有価証券の区分に応じて，継続して引渡基準により譲渡損益を計上している場合には，その処理（企業会計上の修正受渡日基準）を認めることとしています（法基通2－1－23）。

　ただし，引渡基準による譲渡損益の計上に当たっては，その事業年度内に約定が成立し同一事業年度内に引渡しが行われるものに限られ，その事業年度内に売買約定が成立したが引渡しが翌事業年度となるものについては，期

486

末において約定日基準により譲渡損益を計上する調整を行う必要があります。

また，譲渡の時期を引渡基準によっている場合には，取得についてもこれと合わせて引渡基準によることとされています。ただし，その事業年度内に取得の約定が成立したが引渡しが翌事業年度となるものについては，譲渡の場合と同様に期末において約定日基準により取得として処理することが条件となります。

2 有価証券の譲渡による譲渡対価及び譲渡原価

有価証券の譲渡損益の計算は，次の譲渡形態に応じて次に掲げる譲渡対価及び譲渡原価により計算します。

(注) 外貨建有価証券の場合であっても，譲渡原価の計算は円貨で記帳された1株当たりの帳簿価額により算定します。

(1) 一般的な譲渡の場合

通常の売買契約に基づく譲渡の場合には，その譲渡の時における有償によるその有価証券の譲渡により通常得べき対価の額（いわゆる時価）とし，譲渡直前の1株当たりの帳簿価額に譲渡に係る有価証券の数を乗じた金額を譲渡原価とします。

なお，株式発行法人に対する株式の譲渡（自己株式の譲渡）の場合など，法人税法第24条（みなし配当）第1項各号の規定によりみなし配当となる金額があるときは，受領する金銭等の額から，みなし配当金額を控除した残額が譲渡対価の額となります（法法61の2①）。

(2) 贈与による場合

贈与（無償による譲渡）の場合には，譲渡した時の当該有価証券の時価により譲渡があったものとし，譲渡直前の1株当たりの帳簿価額に贈与した有

価証券の数を乗じた金額を譲渡原価とします。

⑶　合併による場合

株式発行法人を被合併法人とする合併があった場合には，次の区分により次によります。

①　合併により合併法人又は合併の直前に合併法人の発行済株式等の全部を直接又は間接に保有する親法人のうちいずれか一の法人の株式以外の資産の交付がされなかった場合には，被合併法人株式の合併直前の帳簿価額を譲渡対価とします。そして，被合併法人株式の合併直前の帳簿価額を合併法人から交付を受けた合併法人株式又は合併親法人株式の帳簿価額に付替え，譲渡損益は生じません。また，特定無対価合併により被合併法人の株式を有しなくなった場合も同様に，被合併法人株式の合併直前の帳簿価額は合併法人株式の帳簿価額に付替え（抱合株式に該当する場合を除きます。），譲渡損益は生じません（法法61の2②）。

なお，非適格合併によりみなし配当があるときは，みなし配当となる金額を合併法人株式の帳簿価額に加算します。

(注)　特定無対価合併とは，被合併法人の株主等に合併法人の株式その他の資産が交付されなかった合併で，株主等に対する株式の交付が省略されたと認められる被合併法人と合併法人の関係（法令4の3②二に掲げる関係）がある合併をいいます。

②　合併により合併法人の株式又は親法人の株式のいずれか一の法人の株式以外の資産の交付を受けた場合には，株式及び株式以外の資産の時価から，みなし配当となる金額を控除した金額が譲渡対価となります。そして，合併により交付を受けた株式の取得価額は，その交付を受けた時の時価となります。

③　抱合株式（合併法人が合併直前に有していた被合併法人の株式又は新設合併や複数合併における被合併法人が合併直前に有していた他の被合併法

人株式をいいます。）については，合併直前の帳簿価額を譲渡対価として譲渡損益は生じません（法法61の2③）。そして，適格合併の場合は合併直前の抱合株式の帳簿価額を，非適格合併の場合は直前の帳簿価額にみなし配当となる金額を加算した金額を合併法人の合併により増加する資本金等の額から減算して処理します。

④　適格合併により合併法人が被合併法人の株主に親法人の株式を交付した場合の譲渡対価の額及び譲渡原価の額は，いずれも適格合併の直前の帳簿価額に相当する金額とされています（法法61の2⑥）。

⑤　合併法人が合併により，合併法人の発行済株式等の全部を直接又は間接に保有する親法人の株式を交付しようとする場合において，契約日にその親法人株式を有していたとき又は契約日後に，その親法人株式が適格再編等により帳簿価額により移転を受けたときは，契約日又は移転を受けた日においてその親法人株式を契約日又は移転を受けた日の時価で譲渡し，かつ，時価で取得したものとみなして譲渡損益を計上することとされています（法法61の2㉓）。

⑷　分割型分割による場合

株式発行法人を分割法人とする分割型分割があった場合には，次の区分により次によります。

①　分割型分割により分割承継法人又は分割の直前に分割承継法人の発行済株式等の全部を直接又は間接に保有する親法人のうちいずれか一の法人の株式以外の資産が交付されなかった場合には，次の算式により計算した金額が，分割型分割による譲渡対価及び譲渡原価となりますから，譲渡損益は生じません。そして，次の算式による金額を分割法人株式の帳簿価額から減算し，分割型分割により交付を受けた分割承継法人株式又は分割承継法人の親法人の株式の取得価額（みなし配当となる金額があるときはその

みなし配当の金額を，株式の交付を受けるために要した費用の額があるときはその費用の額を取得価額に加算します。）とします（法法61の2④，法令119の8①）。

（算式）

$$\text{分割型分割直前の旧株の帳簿価額} \times \frac{\text{分割により移転した資産の帳簿価額から負債の帳簿価額を控除した金額}}{\text{分割法人の分割の日の属する事業年度の前事業年度終了の時の資産の帳簿価額から負債の帳簿価額を減算した金額}}$$

(注) 1　分数式の割合に小数点以下三位未満の端数があるときは切り上げます。
　　　2　前事業年度終了の時から分割型分割の直前の時までの間に資本金等の額又は利益積立金額（法人税法施行令第9条第1項第1号又は第6号の金額を除きます。）が増加し又は減少した場合にはその増加した金額を分母の金額に加算し，減少した金額は分母の金額から減算します。
　　　3　分割型分割の日前6月以内に仮決算による中間申告書の提出があり，その提出の日から分割型分割の日のまでに確定申告書の提出がないときは，分母の金額はその中間申告期間の末日の資産の帳簿価額から負債の帳簿価額を減算した金額とします。
　　　4　分子の金額が分母の金額を超えるときは，分子の金額は分母の金額を限度とします。

②　分割型分割により分割承継法人又は分割の直前に分割承継法人の発行済株式等の全部を直接又は間接に保有する親法人のうちいずれか一の法人の株式以外の資産の交付を受けた場合には，交付を受けた資産の時価からみなし配当となる金額を控除した残額が分割型分割による譲渡対価となり，譲渡原価は上記①による算式の金額となりますので，その差額が譲渡損益となります。そして，交付を受けた分割承継法人株式又は分割承継法人の親法人の株式の取得価額は，その交付を受けた時の時価となります。

③　分割型分割の場合には，分割法人は資産・負債を分割承継法人に移転しその対価として分割承継法人株式等の資産の交付を受けますが，この分割承継法人から交付を受けた資産を直ちに分割法人の株主に交付することに

490

なります。

　この場合，分割法人が適格分割型分割により分割承継法人から交付を受けた分割承継法人株式又は分割承継法人の親法人の株式を分割法人の株主に交付した場合の譲渡対価の額及び譲渡原価の額は，いずれも分割法人が分割により移転した資産・負債の簿価純資産価額となり譲渡損益は生じません（法法61の2⑤）。

④　非適格分割により分割承継法人株式やその他の資産の交付を受けたときは，その交付を受けた資産の時価を譲渡対価とし，上記①の算式により計算した金額を譲渡原価として譲渡損益を計上します。

⑤　適格分割型分割により分割の直前に分割承継法人の発行済株式等の全部を直接又は間接に保有する親法人の株式を交付した場合の譲渡対価の額及び譲渡原価の額は，いずれも適格分割型分割の直前の帳簿価額に相当する金額とされています（法法61の2⑦）。

⑥　分割承継法人が分割により，分割承継法人の発行済株式等の全部を直接又は間接に保有する親法人の株式を交付しようとする場合において，契約日にその親法人株式を有していたとき又は契約日後に，その親法人株式が適格再編等により帳簿価額により移転を受けたときは，契約日又は移転を受けた日においてその親法人株式を契約日又は移転を受けた日の時価で譲渡し，かつ，時価で取得したものとみなして譲渡損益を計上することとされています（法法61の2㉓）。

⑸　**株式分配**

①　株式分配により完全子法人株式の交付を受けたとき（完全子法人株式以外の資産の交付がなく，かつ，現物分配法人に対する出資割合に応じて交付されたものに限ります。）は，次の算式による金額が株式分配による譲渡対価及び譲渡原価となりますから，譲渡損益は生じません。そして，次

の算式による金額を現物分配法人の株式の帳簿価額から減算し，株式分配により交付を受けた完全子法人株式の取得価額（みなし配当となる金額があるときはそのみなし配当の金額を，株式の交付を受けるために要した費用の額があるときはその費用の額を取得価額に加算します。）とします（法法61の2⑧）。

（算式）

$$
\begin{array}{c}
\text{株式分配直前の現物分配法} \\
\text{人の株式の帳簿価額}
\end{array} \times \dfrac{\text{完全子法人株式の現物分配の直前の帳簿価額}}{\begin{array}{l}\text{現物分配法人の現物分配の日の属する事業}\\\text{年度の前事業年度終了の時の資産の帳簿価}\\\text{額から負債の帳簿価額を減算した金額}\end{array}}
$$

(注) 1 分数式の割合に小数点以下三位未満の端数があるときは切り上げます。
   2 前事業年度終了の時から株式分配の直前の時までの間に資本金等の額又は利益積立金額（法人税法施行令第9条第1項第1号又は第6号の金額を除く）が増加し又は減少した場合にはその増加した金額を分母の金額に加算し，減少した金額は分母の金額から減算します。
   3 株式分配の日前6月以内に仮決算による中間申告書の提出があり，その提出の日から株式分配の日までに確定申告書の提出がないときは，分母の金額はその中間申告期間の末日の資産の帳簿価額から負債の帳簿価額を減算した金額とします。
   4 分子の金額が零以下であるときは分子の金額を零とし，分子の金額が分母の金額を超えるときは，分子の金額は分母の金額を限度とします。

② 株式分配により完全子法人株式以外の資産の交付を受けたときは，交付を受けた完全子法人株式及びその他の資産の時価からみなし配当となる金額を控除した金額が譲渡対価となります。そして，完全子法人株式の取得価額は交付を受けた時の時価となります。

⑹ 株式交換による場合

① 株式交換により株式交換完全子法人となる法人の株主に株式交換完全親法人又は株式交換の直前に株式交換完全親法人の発行済株式等の全部を直接又は間接に保有する親法人のうちいずれか一の法人の株式以外の資産が交付されなかったもの（金銭等不交付株式交換）は，株式交換完全子法人

株式の交換直前の帳簿価額を譲渡対価とし譲渡損益は生じません（法法61
の2⑨）。また，特定無対価適格株式交換より株式交換完全子法人株式を
有しなくなった場合も同様に譲渡損益は生じません。そして，株式交換直
前の株式交換完全子法人株式の帳簿価額を交付を受けた株式の帳簿価額に
付替え，又は交付を受けなかった場合には直前の帳簿価額を株式交換完全
親法人株式の帳簿価額とします。

② 適格株式交換（金銭等不交付株式交換に限ります。）により株式交換完
全親法人が，株式交換完全支配親法人（株式交換の直前に株式交換完全親
法人との間に完全支配関係があり，かつ，株式交換後も完全支配関係が継
続することが見込まれている直接又は間接の親法人）の株式を交付した場
合の譲渡対価の額は，その親法人株式の株式交換直前の帳簿価額に相当す
る金額とされています（法法61の2⑩）。

③ 株式交換完全親法人が株式交換により株式交換完全支配親法人の株式を
交付しようとする場合において，契約日にその親法人株式を有していたと
き又は契約日後に，その親法人株式が適格再編等により帳簿価額により移
転を受けたときは，契約日又は移転を受けた日においてその親法人株式を
契約日又は移転を受けた日の時価で譲渡し，かつ，時価で取得したものと
みなして譲渡損益を計上することとされています（法法61の2㉓）。

(7) 株式移転による場合

株式移転により株式移転完全子法人となる法人の株主が株式移転完全親法
人株式の交付を受けた場合（株式移転完全親法人の株式以外の資産が交付さ
れなかったものに限ります。）には，株式移転完全子法人株式の株式移転直
前の帳簿価額を譲渡対価とし譲渡損益は生じません（法法61の2⑪）。

第18章　時価会計・ヘッジ会計　　*493*

(8)　企業再編により新たな新株予約権の交付を受けた場合

　新株予約権（新株予約権付社債を含む）を発行していた法人を被合併法人，分割法人，株式交換完全子法人又は株式移転完全子法人とする合併，分割，株式交換又は株式移転が行われたことにより旧新株予約権に代えて合併法人，分割承継法人，株式交換完全親法人又は株式移転完全親法人の新株予約権（新株予約権付社債を含む）のみの交付を受けた場合には，旧新株予約権の帳簿価額を新たに交付を受けた新株予約権の帳簿価額に付け替えることにより譲渡損益は生じません（法法61の2⑫）。

　なお，交付を受けるために要した費用があるときは，その費用の額を交付を受けた新株予約権の帳簿価額に加算します。

(9)　組織変更による場合

　旧株を発行した法人の組織変更により新たな組織の法人の株式のみの交付を受けた場合には，直前の旧株の帳簿価額を新たに交付を受けた株式の帳簿価額に付替え，譲渡損益は生じません（法法61の2⑬）。

　なお，交付を受けるために要した費用があるときは，その費用の額を交付を受けた株式の帳簿価額に加算します。

(10)　種類株式等の譲渡等を行った場合

　次に掲げる事由により，種類株式等を譲渡し新たに種類の異なる株式等を取得した場合には，旧株式等の直前の帳簿価額を新たに取得した株式等の帳簿価額に付替え，譲渡損益は生じません（法法61の2⑭）。

①　取得請求権付株式に係る請求権の行使によりその取得請求権付株式を取得する法人の株式のみの交付を受けた場合

②　取得条項付株式に係る取得事由の発生により，その取得条項付株式を取

得する法人の株式のみの交付を受けた場合

③　全部取得条項付種類株式に係る取得決議により，その全部取得条項付種類株式を取得する法人の株式（新株予約権を含みます。）のみの交付を受けた場合

④　新株予約権付社債に付された新株予約権の行使により，発行法人の新株のみの交付を受けた場合

⑤　取得条項付新株予約権又は取得条項が付された新株予約権付社債の取得事由の発生により，発行法人の新株のみの交付を受けた場合

⑾　信託の併合又は分割があった場合

①　信託の併合により新たな信託の受益権のみの交付を受けた場合には，旧受益権の直前の帳簿価額を新たな受益権の帳簿価額とし，譲渡損益は生じません（法法61の2⑮）。

②　受託者を同一とする信託の分割により，承継信託の受益権のみの交付を受けた場合には，下記の計算による金額を旧受益権の帳簿価額から交付を受けた承継信託の受益権の帳簿価額に付替え，譲渡損益は生じません。ただし，信託の分割により承継信託の受益権以外の資産が交付された場合には，下記の計算による金額を譲渡原価とし，交付を受けた資産の時価を譲渡対価として譲渡損益を算出します（法法61の2⑯，割合計算は法令119の8の4①）。

（算式）

$$\text{分割直前の旧受益権の帳簿価額} \times \frac{\text{承継信託に移転した資産の価額から負債の価額を控除した金額}}{\text{分割直前に終了した信託の計算期間末日における資産の価額から負債の価額を控除した金額}}$$

(注)　分子の金額が分母の金額を超えるときは，分子の金額は分母の金額を限度とします。

第18章　時価会計・ヘッジ会計　*495*

⑿　完全支配関係法人間においてみなし配当事由が生じた場合

　完全支配関係がある内国法人のみなし配当事由により金銭等の交付を受けた場合には，譲渡原価の金額を譲渡対価の額として譲渡損益は生じません（法法61の2⑰）。この場合，交付金銭等の額と譲渡原価との差額は資本金等の額に加算又は減算して調整します（法令8①十九）。

⒀　資本の払戻しや解散による残余財産の分配を受けた場合

　資本の払戻し又は解散による残余財産の分配を受けた場合には，受領した金銭等の額からみなし配当等の額を控除した金額を譲渡対価とし，次の算式による金額を譲渡原価として譲渡損益を算出します（法法61の2⑱）。

　（算式）

$$\text{払戻し又は残余財産分配直前の株式の帳簿価額} \times \frac{\text{払戻しにより減少した資本剰余金の額又は残余財産の分配により交付した金銭等の額}}{\text{払戻し法人の払戻し等の前事業年度終了の時の資産の帳簿価額から負債の帳簿価額を減算した金額}}$$

(注)　1　分数式の割合に小数点以下三位未満の端数があるときは切り上げます。
　　2　前事業年度終了の時から払戻し等の日の直前の時までの間に資本金等の額又は利益積立金額（法令第9条第1項第1号又は第6号の金額を除く）が増加し又は減少した場合にはその増加した金額を分母の金額に加算し，減少した金額は分母の金額から減算します。
　　3　払戻し等の日以前6月以内に仮決算による中間申告書の提出があり，その提出の日から払戻し等の日までに確定申告書の提出がないときは，分母の金額はその中間申告期間の末日の資産の帳簿価額から負債の帳簿価額を減算した金額とします。
　　4　分子の金額が分母の金額を超えるときは，分子の金額は分母の金額を限度とします。
　　5　残余財産の全部の分配を行う場合には分数式の割合を一とします。

⒁　出資の払戻しを受けた場合

　出資の払戻しとして金銭等の交付を受けた場合には，交付を受けた金銭等

の額を譲渡対価とし，払戻し直前の出資の帳簿価額に払戻しに係る出資の割合を乗じた金額を譲渡原価として譲渡損益を算出します（法法61の2⑲）。

⒂　有価証券の空売りをした場合

　有価証券の空売りをした場合には，同一銘柄の有価証券の買戻しの契約をした日に譲渡損益を計上します。この場合，譲渡対価の額は売付け有価証券の一単位当たりの帳簿価額を移動平均法により算出し，買い戻した有価証券の数を乗じて計算した金額とし，買戻しに係る対価の額を譲渡原価の額とします（法法61の2⑳）。

　この場合の，空売りに係る有価証券の譲渡対価の額は，空売有価証券を銘柄の異なるごとに区分し，その銘柄の同じものについてその売付け（適格合併，適格分割型分割による空売有価証券の引継ぎ又は適格分社型分割，適格現物出資による空売有価証券の取得を含みます。）をする都度その空売有価証券の売付けの直前の帳簿価額とその売付けをした空売有価証券のその売付けに係る対価の額（適格組織再編により移転を受けた空売有価証券にあっては移転直前の帳簿価額）との合計額をこれら空売有価証券の総数で除して平均単価を算出し，その算出した平均単価をもってその空売有価証券の一単位当たりの譲渡に係る対価の額とします（法令119の10）。

⒃　信用取引又は発効日取引をした場合

　信用取引又は発効日取引の方法により，株式の売付け又は買付けをし，その後にその株式と銘柄を同じくする株式の買付け又は売付けをして決済をした場合には，その決済に係る買付け又は売付けの契約をした日に，売付けに係る対価の額と買付けに係る対価の額との差額を譲渡損益として計上します（法法61の2㉑）。

⒄　有価証券の区分変更があった場合

　売買目的有価証券がその他有価証券に区分変更されたなどの場合には，その事実が生じた時に売買目的有価証券を譲渡し同日にその他有価証券を取得したものとし，帳簿価額をその時の時価に付け替える処理をし，同時に譲渡損益を計上します（法法61の2㉒）。

⒅　再編で親法人株式を交付する場合

　合併，分割，株式交換により親法人株式を交付しようとする場合において，合併等の契約日に親法人株式を有しているとき又は契約日以後に適格再編等により親法人株式の移転を受けたときは，契約日又は移転を受けた日にその株式を譲渡し同時に取得したものとし，帳簿価額をその時の時価に付け替える処理をし，同時に譲渡損益を計上します（法法61の2㉓）。

② 　有価証券の評価損益

　法人が有する有価証券のうち短期的な価格の変動を利用して利益を得る目的で保有する有価証券（企業支配株式を除く。）で一定の要件を満たしたものについて売買目的有価証券とし，それ以外の有価証券を売買目的外有価証券として区分した上で，売買目的有価証券は期末の時価法により評価し，売買目的外有価証券は原価法により評価することとされています（法法61の3）。

　なお，期末時価評価により計上した評価益又は評価損は洗替処理により翌期の損益に戻入れします。

1　売買目的有価証券の評価

　売買目的有価証券とは，①短期的な価格の変動を利用して利益を得る目的で

行う取引に専ら従事する者が短期売買目的でその取得を行ったもの，②その取得の日において短期売買目的で取得したものである旨を帳簿書類に記載したもの，③金銭信託のうち，その契約を締結したことに伴いその信託財産となる金銭を支出した日において，その信託財産として短期売買目的の有価証券を取得する旨帳簿書類に記載したもののその信託財産に属する有価証券，④適格組織再編成により，被合併法人等から移転を受けた有価証券のうち，被合併法人等において①から③又は⑤に掲げる有価証券とされていたもの，及び⑤法人が株式以外の資産が交付されなかった合併，分割型分割，株式分配，株式交換又は株式移転により交付を受けた合併法人（親法人を含みます。），分割承継法人（親法人を含みます。），完全子法人，株式交換完全親法人（親法人を含みます。）又は株式移転完全親法人の株式で，その交付の基因となった被合併法人等の株式が①から④に掲げる有価証券とされていたものをいいます（法令119の12①）。

そして，売買目的有価証券は期末時価法により評価することとされ，期末の時価とは，期末に有する売買目的有価証券を次の区分に応じて次の価額により評価した金額となります（法法61の3①一，法令119の13）。

(1) 取引所売買有価証券（上場有価証券）については，金融商品取引所において公表された事業年度終了の日の最終売買価格（事業年度終了の日の最終売買価格がない場合には，事業年度終了の日の気配相場の価格とし，最終の売買価格及び最終の気配相場の価格のいずれもない場合には，事業年度終了の日前の最終の売買価格又は最終の気配相場の価格が公表された日で事業年度終了の日に最も近い日におけるその最終の売買価格又は最終の気配相場の価格によることになります。）。

(2) 店頭売買有価証券及び取扱有価証券については，事業年度終了の日における店頭売買有価証券又は取扱有価証券の最終の売買価格（公表された同日における最終の売買価格がない場合には，公表された同日における最終の気配

相場の価格とし，その最終の売買価格及び最終の気配相場の価格のいずれも
ない場合には，同日前の最終の売買価格又は最終の気配相場の価格が公表さ
れた日で事業年度終了の日に最も近い日の最終の売買価格又は最終の気配相
場の価格によることになります。)。

(3) その他価格公表有価証券については，価格公表者によって公表された事業
年度終了の日におけるその他価格公表有価証券の最終の売買価格（公表され
た同日における最終の売買価格がない場合には，公表された同日における最
終の気配相場の価格とし，その最終の売買価格及び最終の気配相場の価格の
いずれもない場合には，同日前の最終の売買価格又は最終の気配相場の価格
が公表された日で事業年度終了の日に最も近い日の最終の売買価格又は最終
の気配相場の価格によることになります。)。

(4) 上記以外の売買目的有価証券のうち，償還期限及び償還金額の定めがある
有価証券（償還期限に償還されないと見込まれる新株予約権付社債その他こ
れに準ずるものを除く。）については，アモチ・アキュム（帳簿価額と償還
金額との差額を償還までの期間に応じて損金又は益金とする方法）により，
それ以外の有価証券については，期末の帳簿価額による金額を期末の評価額
とします。

上記売買目的有価証券の期末評価を一覧で表示すると次のようになります。

上場有価証券		最終上場価額
店頭売買有価証券及び取扱有価証券		最終店頭価額
その他価格公表有価証券		最終の売買価格又は気配相場の価額
上記以外の有価証券	満期償還型有価証券	アモチ・アキュム
	その他の有価証券	取得原価

2　売買目的外有価証券

売買目的外有価証券とは，売買目的有価証券以外の有価証券をいい，期末の
帳簿価額を期末評価額とする方法（原価法）により評価することとされていま

500

す（法法61の3①二）。

　ただし，償還期限及び償還金額の定めがある有価証券（償還期限に償還されないと見込まれる新株予約権付社債その他これに準ずるものを除く。）にあっては，アモチ・アキュムが強制適用されることになりました。

　上記売買目的外有価証券の期末評価を一覧で表示すると次のようになります。

満期償還型有価証券	アモチ・アキュム
その他の有価証券	原価法

3　空売り・信用取引・発行日取引・有価証券の引受けの未決済部分

　空売り・信用取引・発行日取引・有価証券の引受けを行い，これらの取引のうち期末において決済されていないものがあるときは，決済したものとみなして算出した利益の額又は損失の額を益金又は損金とします（法法61の4①）。

　また，空売り等に係る契約を適格分割又は適格現物出資により移転するときは，分割等の前日を事業年度終了の日とした場合に決済したものとみなして算出した利益の額又は損失の額を益金又は損金とします（法法61の4②）。

4　信用取引・発行日取引に係る契約に基づき有価証券を取得した場合の損益

　信用取引・発行日取引に係る契約（いずれも買付けに限る。）に基づき有価証券を取得したときは，その取得した有価証券の取得価額はその取得の時の時価により計上し，その時価と信用取引・発行日取引に係る契約に基づきその有価証券の取得の対価として支払った金額との差額は，当該有価証券の取得の日の属する事業年度の益金の額又は損金の額に算入します（法法61の4③）。

第18章 時価会計・ヘッジ会計　*501*

③ デリバティブ取引に係る未決済損益の計上

1 期末未決済のデリバティブ損益の計上

　デリバティブ取引（金利，通貨の価格，商品の価格その他の指標の数値として あらかじめ当事者間で約定された数値と将来の一定の時期における現実の当 該指標の数値との差に基づいて算出される金銭の授受を約する取引又はこれに 類似する取引であって，法人税法施行規則第27条の7第1項に定めるもの）を 行った場合において，そのデリバティブ取引のうち事業年度終了の時において 決済されていないもの（法人税法第61条の8第2項の規定の適用を受ける同項 に規定する先物外国為替契約等に基づくもの及び法人税法施行規則第27条の7 第2項に定める取引を除く。）があるときは，その時において当該未決済デリ バティブ取引を決済したものとみなして算出した利益の額又は損失の額を，当 該事業年度の所得の金額の計算上益金の額又は損金の額に算入します（法法61 の5①）。

　また，デリバティブ取引に係る契約を適格分割，適格現物出資又は適格現物 分配により移転するときは，分割等の前日を事業年度終了の日とした場合に決 済したものとみなして算出した利益の額又は損失の額を益金又は損金とします （法法61の5②）。

2 デリバティブ取引により現物を取得した場合

　デリバティブ取引に係る契約に基づき金銭以外の資産を取得した場合（繰延 ヘッジの適用を受けるデリバティブ取引に係る契約に基づき資産を取得した場 合を除く。）には，その取得した資産の取得価額はその取得の時の時価により計 上し，その時価とその取得の基因となったデリバティブ取引に係る契約に基づ

きその資産の取得の対価として支払った金額との差額は，その取得の日の属する事業年度の所得の金額の計算上，益金の額又は損金の額に算入します（法法61の5③）。

4 繰延ヘッジ処理

1 繰延ヘッジによる利益又は損失の繰延べ

ヘッジ対象資産等の損失の額（ヘッジ対象資産等損失額）を減少させるためにデリバティブ取引等（ヘッジ手段）を行った場合（時価ヘッジの規定の適用を受けるものを除き，ヘッジとしてデリバティブ取引等を行った旨等を帳簿書類に記載した場合に限ります。）で，そのデリバティブ取引等を行った時から事業年度終了の時までの間においてそのヘッジ対象資産等損失額を減少させようとするヘッジ対象資産等の譲渡若しくは消滅又は受取若しくは支払がなく，かつ，そのデリバティブ取引等がそのヘッジ対象資産等損失額を減少させるために有効であると認められる場合には，そのデリバティブ取引等に係る利益又は損失の額のうち，そのヘッジ対象資産等損失額を減少させるために有効である部分の金額は，有価証券の空売り等に係る利益相当額又は損失相当額の益金又は損金算入等，デリバティブ取引に係る利益相当額又は損失相当額の益金又は損金算入等，外貨建資産等の期末換算差益又は期末換算差損の益金又は損金算入等の規定にかかわらず，益金又は損金の額に算入されません（法法61の6）。

(1) ヘッジ対象資産等損失額とは次のものをいいます（法法61の6①一，二）。

　イ　資産（短期売買商品及び売買目的有価証券を除く。）又は負債の価額の変動（期末時換算をする外貨建資産・負債の価額の外国為替の売買相場の変動に基因する変動を除く。）に伴って生ずるおそれのある損失

　ロ　資産の取得若しくは譲渡，負債の発生若しくは消滅，金利の受取若しく

は支払その他これらに準ずるものに係る決済により受け取ることとなり，又は支払うこととなる金銭の額の変動（期末時換算をする外貨建資産・負債に係る外国為替の売買相場の変動に起因する変動を除く。）に伴って生ずるおそれのある損失

(2) ヘッジ手段であるデリバティブ取引等とは次のものをいいます。

デリバティブ取引等とは次に掲げる取引のうち，先物外国為替契約等により円換算額を確定させた外貨建取引の換算（法法61の8②）の規定の適用を受ける場合における先物外国為替契約等に基づくもの及び法人税法施行規則第27条の7第2項に定める取引を除くものをいいます。

　イ　法人税法第61条の5第1項に規定するデリバティブ取引

　ロ　有価証券の空売り，信用取引（売付けに限る。），発行日取引（売付けに限る。）

　ハ　期末時換算法により円換算する外貨建資産等を取得し，又は発生させる取引

(3) ヘッジの有効性判定

期末時（ヘッジ手段であるデリバティブ取引を行った時から期末までの間においてデリバティブ取引等を決済していない場合の期末時）及び決済時（ヘッジ対象資産等の消滅時におけるデリバティブ取引の決済を除く。）において，次により有効性判定を行わなければなりません（法令121①）。

　イ　資産又は負債の価格変動をヘッジした場合

　　期末時又は決済時におけるデリバティブ取引等に係る利益額又は損失額とヘッジ対象資産等評価差額とを比較する方法

　ロ　受取又は支払金銭の額の変動をヘッジした場合

　　期末時又は決済時におけるデリバティブ取引等に係る利益額又は損失額とヘッジ対象金銭受払差額とを比較する方法

(4) ヘッジが有効である場合

　ヘッジが有効である場合とは，ヘッジ手段のデリバティブ取引を行った時から期末までの間のいずれかの有効性判定において，デリバティブ取引等に係る利益額又は損失額をヘッジ対象資産等評価差額で除して計算した割合，又は，デリバティブ取引等に係る利益額又は損失額をヘッジ対象金銭受払差額で除して計算した割合が，おおむね80％から125％までとなっている場合をいいます（法令121の２）。

(5) ヘッジとして有効である部分の金額（法令121の３）

　イ　有効性割合がおおむね80％から125％までとなっている場合

　　デリバティブ取引等に係る利益額又は損失額を繰り延べます。

　(注) デリバティブ取引等に係る利益額又は損失額とは，①デリバティブ取引等の決済によって生じた利益の額又は損失の額（決済損益額），②有価証券の空売り，信用取引，発行日取引及び有価証券の引受けが期末未決済のときの決済されたものとみなした利益の額又は損失の額，③未決済デリバティブ取引の決済したものとみなした利益の額又は損失の額，④外貨建資産等の期末時換算差損益をいいます。

　　ただし，デリバティブ取引等に係る利益額又は損失額のうち，有効性割合がおおむね100％から125％までとなった場合の100％を超える部分に相当する金額（超過差額）を損益として計上する旨を帳簿書類に記載した場合には，超過差額を損益として計上することができることとされています。

　ロ　有効性割合がおおむね80％から125％までとなっていない場合

　　有効性割合がおおむね80％から125％までとなっていた事業年度終了の時の直近の有効性判定におけるデリバティブ取引等に係る利益額又は損失額を繰り延べます。なお，この場合には直近の有効性判定におけるデリバティブ取引等の利益額又は損失額と，当期末又は決済時におけるデリバティブ取引等の利益額又は損失額との差額は益金の額又は損金の額に算入します。

第18章 時価会計・ヘッジ会計　　*505*

2　繰り延べたデリバティブ取引等の決済損益額の計上時期

　ヘッジが有効であるとして繰り延べたデリバティブ取引等の決済損益額は，ヘッジ対象資産等の譲渡又は消滅，ヘッジ対象金銭の受取又は支払のあった日の事業年度の益金又は損金の額に算入します（法令121の5①）。

5　時価ヘッジ処理

1　時価ヘッジによる利益又は損失の計上

　売買目的外有価証券の価額の変動（期末時換算をする外貨建償還有価証券に係る為替の変動に基因する変動を除く。）により生ずるおそれのある損失の額（ヘッジ対象有価証券損失額）を減少させるために，デリバティブ取引等を行った場合（売買目的外有価証券を時価評価等する旨帳簿書類に記載した場合に限ります。）において，デリバティブ取引等を行った時から事業年度終了の日までの間において，売買目的外有価証券の譲渡がなく，かつ，そのデリバティブ取引等がヘッジ対象有価証券損失額を減少させるために有効であると認められるときは，その売買目的外有価証券の時価と帳簿価額との差額のうち，そのデリバティブ取引等の利益額又は損失額に対応する部分の金額は，損金の額又は益金の額に算入します（法法61の7①）。

(1)　ヘッジ対象有価証券損失額には次の損失が該当します。

　　イ　売買目的外有価証券の価額の変動に伴って生ずるおそれのある損失

　　ロ　発生時換算法による売買目的外外貨建有価証券の外国為替の売買相場の変動に伴って生ずるおそれのある損失

(2)　ヘッジの有効性判定

　　期末時（期末までヘッジ手段であるデリバティブ取引等を決済していない

506

場合の期末時）及び決済時（デリバティブ取引等を決済した場合の決済時，ただしヘッジ対象有価証券の譲渡があった事業年度における決済を除く。）において，デリバティブ取引等に係る利益額又は損失額とヘッジ対象有価証券のデリバティブ取引等を行った時における価額と期末時又は決済時における価額との差額（ヘッジ対象有価証券評価差額）とを比較する方法により有効性判定を行うこととされています（法令121の7①）。

(3) ヘッジが有効である場合

　　デリバティブ取引等に係る利益額又は損失額を，ヘッジ対象有価証券のデリバティブ取引等を行った時における価額と期末時又は決済時における価額との差額（ヘッジ対象有価証券評価差額）で除して計算した割合がおおむね80％から125％までとなっている場合をいいます（法令121の8）。

(4) 売買目的外有価証券の含み損益のうちデリバティブ取引等の利益額又は損失額に対応する部分の金額

　　デリバティブ取引等を事業年度開始の日前に決済していない場合にあっては，次の区分に応じる金額とし，決済した場合にはないものとします（法令121の9）。

イ　有効性割合がおおむね80％から125％までとなっている場合

　　ヘッジ対象有価証券評価差額に相当する金額

ロ　有効性割合がおおむね80％から125％までとなっていない場合及び当該事業年度においてデリバティブ取引等の決済（ヘッジ対象有価証券を譲渡している場合の決済を除く。）をしている場合

　　有効性割合がおおむね80％から125％までとなっていた事業年度終了の時の直近の有効性判定に係るヘッジ対象有価証券評価差額に相当する金額

2　時価ヘッジ処理における売買目的外有価証券の評価額と円換算額

　時価ヘッジを適用した場合の売買目的外有価証券の帳簿価額は次によります

（法令121の6）。

なお，下記(1)及び(2)により有価証券の帳簿価額に加減算したヘッジ対象有価証券評価差額は，原則として，翌事業年度に洗い替える処理を行うことになりますが，デリバティブ取引等の決済をした日の属する事業年度において加減算されたヘッジ対象有価証券評価差額については洗い替えを行いません（法令121の11）。

(1) 売買目的外有価証券の価格変動についてヘッジしている場合

売買目的外有価証券の期末時（ヘッジ手段を決済していない場合の期末時）及び決済時（ヘッジ手段を決済した場合の決済時）における売買目的外有価証券の帳簿価額に，そのヘッジ対象有価証券評価差額（デリバティブ取引等を行った時における価額と期末時及び決済時における価額との差額）を加減算した金額となります。

(2) 売買目的外有価証券の為替変動についてヘッジしている場合

売買目的外有価証券の期末時及び決済時における売買目的外有価証券の帳簿価額に，そのヘッジ対象有価証券評価差額（デリバティブ取引等を行った時における円換算額と期末時及び決済時における円換算額との差額）を加減算した金額となります。

6 外貨建資産等の期末時換算

法人が期末に有する外貨建資産等の換算は，次の区分に応じて次のようになります（法法61の9）。

外貨建資産等の区分			税務上の換算方法
外貨建債権債務	短期外貨建債権債務		<u>発生時換算法</u>又は期末時換算法
	長期外貨建債権債務		発生時換算法又は<u>期末時換算法</u>
外貨建有価証券	売買目的有価証券		期末時換算法
	売買目的外有価証券	償還期限及び償還金額の定めがあるもの	発生時換算法又は<u>期末時換算法</u>
		上記以外のもの	発生時換算法
外貨預金	短期外貨預金		<u>発生時換算法</u>又は期末時換算法
	長期外貨預金		発生時換算法又は<u>期末時換算法</u>
外国通貨			期末時換算法

(注)1 アンダーラインを付したものが決定換算方法となります（法令122の7）。

2 短期外貨建債権債務とは，その決済により外国通貨を受け取る又は支払う期限がその事業年度終了の日の翌日から1年を経過した日の前日までに到来するものをいいます。また，短期外貨預金とは，その満期日がその事業年度終了の日の翌日から1年を経過した日の前日までに到来するものをいいます。

3 長期外貨建債権債務とは短期外貨建債権債務以外のものを，長期外貨預金とは短期外貨預金以外のものを，それぞれいいます。

(事例50) **償還有価証券について差額計上がない場合**

　当社は3月決算の法人ですが，前期にA社発行の社債（普通社債）を満期まで保有する目的で，割引で購入しました。

　取得月日，購入金額，購入手数料，額面金額及び償還期限は次のとおりです。

① 購入月日　6月1日

② 償還期限　4年後の5月31日

③ 購入金額　　96,000,000円　(@96円で1,000,000口)

④ 額面金額　100,000,000円

⑤　購入手数料　　　385,000円（税込み）

　そのため，Ａ社社債の購入金額に購入手数料を加算した金額をＡ社社債の期末帳簿価額として確定申告を行いました。

　この場合，Ａ社社債についての期末評価に問題はないでしょうか。

解　説

　貴社はＡ社社債（普通社債）を満期まで保有する目的で購入していますので，当該社債は売買目的外有価証券となります。

　そして，売買目的外有価証券の期末評価は原価法（期末帳簿価額を期末の評価額とする方法）とされていますが，償還期限及び償還金額の定めがある有価証券（償還有価証券）にあっては，期末帳簿価額と償還金額（額面金額）との差額のうち，取得から償還までの期間に応じて調整することになる金額（アンダーパー取得は調整差益，オーバーパー取得は調整差損）を償還有価証券の帳簿価額に加減算した上で期末評価額を算出しなければなりません（法令119の14）。

　そして，各事業年度に償還有価証券の帳簿価額に加減算することになる調整差益又は調整差損の金額の算出は次の区分に応じて次のようになります（法令139の2②）。

(1)　当期末の額面金額が前期末額面金額を超える場合（当期に新規取得又は期中に同一銘柄の償還有価証券を買増しした場合）……次の算式により計算します。

（当期末額面金額の合計額－当期末調整前帳簿価額の合計額）×下記①と②の割合の合計割合＝調整差益（マイナスの場合は調整差損）

$$① = \frac{\text{当期末額面金額の合計額} - \text{前期末額面金額の合計額}}{\text{当期末額面金額の合計額}}$$

$$\times \frac{\text{当該事業年度の日数} \div 2}{\text{当該事業年度の日数} \div 2 + \text{翌事業年度開始の日から償還までの日数}}$$

$$② = \frac{\text{前期末額面金額の合計額}}{\text{当期末額面金額の合計額}}$$

$$\times \frac{\text{当該事業年度の日数}}{\text{当該事業年度の日数} + \text{翌事業年度開始の日から償還までの日数}}$$

(2) 当期末の額面金額が前期末額面金額以下の場合（期中に同一銘柄の償還有価証券を一部売却又は前期と同一口数保有している場合）……次の算式により計算します。

$$(\text{期末額面金額の合計額} - \text{期末調整前帳簿価額の合計額})$$
$$\times \frac{\text{当該事業年度の日数}}{\text{当該事業年度の日数} + \text{翌事業年度開始の日から償還までの日数}}$$
$$= \text{調整差益}(\text{マイナスの場合は調整差損})$$

具体的修正の方法

《法人税の修正》

(1) 税抜経理の場合

　貴社は，A社社債の期末評価額を取得時の帳簿価額としていますが，その帳簿価額が額面金額に満たないことから，その満たない金額を取得から償還までの期間でアキュムレーションしなければなりません。

　そして，税抜経理の場合は，購入手数料（385,000円）からそれに係る消費税額等（35,000円）を控除した金額（350,000円）を社債の購入金額に加算した金額がA社社債の取得時の帳簿価額となりますから，その帳簿価額96,350,000円と額面金額100,000,000円との差額3,650,000円を取得から償還までの期間に応じ

第18章　時価会計・ヘッジ会計　*511*

て，調整差益を益金の額に算入しなければならないことになります。

　ただし，社債を取得した事業年度においては，その社債を事業年度の中間で取得したものとして償還差益の計算を行うことになっています（銘柄を同じくする償還有価証券を初めて，かつ，一度に取得した場合には，その取得の日から事業年度終了の日までの期間により計算することも認められます（法令139の2③））。

　そのため，事例における調整差益の計算を上記　**解　説**　の算式に当てはめると，(1)の算式により計算することになりますが，前期に初めて取得していることから，(1)の算式における②の割合はゼロ（前期末額面金額の合計額がゼロ）となり，額面金額と帳簿価額との差額に①の割合を乗じた金額が前期における調整差益計上もれとなります。

$$\overset{\text{(期末額面金額の合計額)}}{(100,000,000\text{円}} - \overset{\text{(期末帳簿価額の合計額)}}{96,350,000\text{円})} \times \frac{\overset{\text{(算式(1)の①の割合)}}{182.5}}{182.5 + 365 + 365 + 365 + 61} = \overset{\text{(調整差益)}}{497,665\text{円}}$$

　上記調整差益を前期の所得金額に加算し，償還有価証券の期末評価額を修正することになりますが，この場合の修正を仕訳で示すと次のようになります。

　（借方）有価証券　　　　497,665円　　　　（貸方）調整差益　　　　497,665円

　そして，修正申告における別表四及び別表五(一)の記載は次のようになります。

別表四

区　　　　分		総　　　額	処　　　　　分		
			留　　保	社　外　流　出	
		①	②	③	
加算	調整差益計上もれ	497,665	497,665		

512

別表五（一）

区　　分	期　首　現　在 利益積立金額	当期の増減		翌期首利益 積　立　金　額
		減	増	
	①	②	③	④
有　価　証　券			497,665	497,665

▷当期の処理◁

　当期においてＡ社社債の追加取得や一部売却がない場合の当期における調整差益の金額は，**解　説**における算式(2)により計算することになり，次のようになります。

$$\overset{\text{(期末額面金額の合計額)}}{(100,000,000円} - \overset{\text{(期末帳簿価額の合計額)}}{96,847,665円)} \times \frac{\overset{\text{(当該事業年度の日数)}}{365}}{365+365+365+61} \overset{\text{(当該事業年度の日数+翌事業年度から償還までの日数)}}{} = \overset{\text{(調整差益)}}{995,330円}$$

　そして当期において，前期計上もれとなった調整差益と当期の調整差益の合計金額を有価証券の帳簿価額とし，過年度遡及会計により次の仕訳のとおり前期計上もれ額と過去の誤謬の訂正として利益剰余金の増として処理した場合は，別表四での調整は必要ありませんが，別表五（一）の期首に繰り越している有価証券の税務否認額をないものとし，前期からの繰越利益剰余金を増加する処理が必要です。

（借方）有価証券　　　　1,492,995円　　　（貸方）調整差益　　　　995,330円

　　　　　　　　　　　　　　　　　　　　　　　　利益剰余金　　　497,665円

（過去の誤謬の訂正がないものとした場合）

別表五（一）

区　　分	期　首　現　在 利益積立金額	当期の増減		翌期首利益 積　立　金　額
		減	増	
	①	②	③	④
有　価　証　券	497,665			

⇩

第18章　時価会計・ヘッジ会計　*513*

（過去の誤謬の訂正が行われた場合）

別表五（一）

区　　分	期　首　現　在利　益　積　立　金　額	当 期 の 増減		翌 期 首 利 益積　立　金　額
		減	増	
	①	②	③	④
繰 越 損 益 金	497,665			

　なお，前期と同様に当期分の調整差益の金額の計上もない場合には，前期の修正申告と同様に当期分の調整差益の金額995,330円を別表四で加算しなければなりません。

別表四

区　　　　分	総　　　　額	処　　　　分		
		留　　　保	社 外 流 出	
	①	②	③	
加算　調整差益計上漏れ	995,330	995,330		

別表五（一）

区　　分	期　首　現　在利　益　積　立　金　額	当 期 の 増減		差引翌期首現在利 益 積 立 金 額
		減	増	
	①	②	③	④
有 価 証 券	497,665		995,330	1,492,995

⑵　税込経理の場合

　貴社は，A社社債の期末評価額を取得時の帳簿価額としていますが，その帳簿価額が額面金額に満たないことから，その満たない金額を取得の日から償還までの期間でアキュムレーションしなければなりません。

　そして，税込経理の場合は，購入手数料として支出した税込金額を社債の購入金額に加算した金額がA社社債の取得時の帳簿価額となりますから，その帳

簿価額96,385,000円と額面金額100,000,000円との差額3,615,000円を取得から償還までの期間に応じて，調整差益を益金の額に算入しなければならないことになります。

　ただし，社債を取得した事業年度においては，その社債を事業年度の中間で取得したものとして調整差益の計算を行うことになっています（銘柄を同じくする償還有価証券を初めて，かつ，一度に取得した場合には，その取得の日から事業年度終了の日までの期間により計算することも認められます（法令139の2③））。

　そのため，事例における調整差益の計算を上記　**解　説**　の算式に当てはめると，(1)の算式により計算することになりますが，前期に初めて取得していることから，(1)の算式における②の割合はゼロとなり，額面金額と帳簿価額との差額に①の割合を乗じた金額が前期における調整差益計上もれとなります。

$$\underset{\text{(期末額面金額の合計額)}}{(100,000,000円} - \underset{\text{(期末帳簿価額の合計額)}}{96,385,000円)} \times \frac{\overset{\text{(算式(1)の①の割合)}}{182.5}}{182.5 + 365 + 365 + 365 + 61} = \underset{\text{(調整差益)}}{492,893円}$$

　上記調整差益を前期の所得金額に加算し，償還有価証券の期末評価額を修正することになりますが，この場合の修正を仕訳で示すと次のようになります。

　（借方）有価証券　　　　　492,893円　　　　（貸方）調整差益　　　　　492,893円

　そして，修正申告における別表四及び別表五（一）の記載は次のようになります。

別表四

区　　　　分		総　　額	処　　　　分		
			留　　保	社 外 流 出	
		①	②	③	
加算	調整差益計上もれ	492,893	492,893		

第18章　時価会計・ヘッジ会計　*515*

別表五（一）

区　　分	期　首　現　在 利益積立金額	当　期　の　増　減		翌　期　首　利　益 積　立　金　額
		減	増	
	①	②	③	④
有　価　証　券			492,893	492,893

▷当期の処理◁

当期においてＡ社社債の追加取得や一部売却がない場合の当期における調整差益の金額は，　**解　説**　における算式(2)により計算することになり，次のようになります。

$$\underset{\text{(期末額面金額の合計額)}}{(100{,}000{,}000\text{円}} - \underset{\text{(期末帳簿価額の合計額)}}{96{,}877{,}893\text{円})} \times \dfrac{\overset{\text{(当該事業年度の日数)}}{\underset{\text{(当該事業年度の日数+翌事業年度から償還までの日数)}}{365}}}{365 + 365 + 365 + 61} = \underset{\text{(調整差益)}}{985{,}786\text{円}}$$

そして当期において，前期計上もれとなった調整差益と当期の調整差益の合計金額を有価証券の帳簿価額とし，過年度遡及会計により次の仕訳のとおり前期計上もれ額を過去の誤謬の訂正として利益剰余金の増として処理した場合は，別表四での調整は必要ありませんが，別表五（一）の期首に繰り越している有価証券の税務否認額をないものとし，前期からの繰越利益剰余金を増加する処理が必要です。

（借方）有価証券　　1,478,679円　　　（貸方）調整差益　　　985,786円

前期損益修正益 492,893円

（過去の誤謬の訂正がないものとした場合）

別表五（一）

区　　分	期　首　現　在 利益積立金額	当　期　の　増　減		翌　期　首　利　益 積　立　金　額
		減	増	
	①	②	③	④
有　価　証　券	492,893			

（過去の誤謬の訂正が行われた場合）

別表五（一）

区　　分	期 首 現 在 利益積立金額	当期の増減		翌 期 首 利 益 積 立 金 額
		減	増	
	①	②	③	④
繰 越 損 益 金	492,893			

　なお，前期と同様に当期分の調整差益の金額の計上もない場合には，前期の修正申告と同様に当期分の調整差益の金額985,786円を別表四で加算しなければなりません。

別表四

区　　　　　分	総　　　額	処　　　　分		
		留　　保	社 外 流 出	
	①	②	③	
加算 調整差益計上漏れ	985,786	985,786		

別表五（一）

区　　分	期 首 現 在 利益積立金額	当期の増減		差引翌期首現在 利 益 積 立 金 額
		減	増	
	①	②	③	④
有 価 証 券	492,893		985,786	1,478,679

《消費税の処理》

　公社債等に係る償還差益は課税売上割合の分母に加算し，償還差損は分母から減算します。

　そして，この場合の資産の譲渡等の時期は，原則として償還の日となります。

　ただし，法人が償還有価証券に係る調整差益をそれを計上した事業年度の課

第18章　時価会計・ヘッジ会計　*517*

税売上割合の計算上分母に加算しているときは，それが認められます（消基通9
－1－19の2）。

事例51　デリバティブ取引に係る期末未決済損益を計上していなかった場合

当社は3月決算の法人ですが，前期の2月に甲社との間で，6月後にB
社株式1株を850円で2,000,000株を買うオプションを締結し，オプション
料として70,000,000円支払いました。

そして，当該オプション料として支払った70,000,000円を資産勘定に計
上したまま，前期の確定申告を行っていました。

税務調査において，当該オプションについては，期末に決済したものと
して，その決済したものとした場合の損益を計上することとされているこ
と，そして，B社株式の時価が上昇したことから期末のオプション料の時
価は82,000,000円となり，期末に当該オプションを決済したとした場合に
は12,000,000円の利益が発生しているので，その利益を所得金額に含める
ように指導がありました。

この場合の修正申告はどのように行えばよいのでしょうか。

解　説

法人がデリバティブ取引を行い，それが事業年度終了の時において決済され
ていない場合（繰延ヘッジ又は時価ヘッジの対象となるものを除きます。）に
は，そのデリバティブ取引を決済したものとみなして算出した利益の額又は損
失の額を，洗替方式により益金の額又は損金の額に算入しなければなりなせん
（法法61の5）。

518

具体的修正の方法

《法人税の修正》

　貴社は，期末に未決済のデリバティブ取引について，期末に決済したものと
みなして算出した利益の額を所得金額に加算していませんでしたので，これを
所得金額に加算しなければなりません。

　この場合の修正を仕訳で示すと次のようになります。

（借方）オプション資産　12,000,000円　　（貸方）オプション評価益 12,000,000円

　そして，この場合の別表四及び別表五（一）の記載は次のとおりです。

　なお，デリバティブ取引に係るみなし決済損益の計上は，消費税の課税対象
外ですから，税抜経理及び税込経理とも同様になります。

別表四

区　　分		総　　額	処　　分		
			留　保	社 外 流 出	
		①	②	③	
加算	オプション評価益計上もれ	12,000,000	12,000,000		

別表五（一）

区　　分	期 首 現 在利益積立金額	当期の増減		翌 期 首 利 益積 立 金 額
		減	増	
	①	②	③	④
オプション資産			12,000,000	12,000,000

　(注)　別表五（一）に記載されたオプション資産は，貸倒引当金の対象となる売掛債
　　　権等には該当しません。

▷当期の処理◁

　貴社が契約したオプション取引は，契約して6月後に行使するか又は行使し
ないかにより終了しますので，当期において，行使した場合にはその行使によ
る利益が，また，行使しなかったときは支払オプション料が損金として確定決
算において計上されていると思われます。

第18章　時価会計・ヘッジ会計　　*519*

そして，前期の修正申告において別表四で加算したオプション評価益は洗替方式とされていることから，当期の申告においては，前期に計上したオプション評価益を減算することになります。

そのため，当期の別表四及び別表五(一)の記載は次のようになります。

別表四

区　　　分		総　　額	処　　　　分	
			留　　保	社　外　流　出
		①	②	③
減算	オプション評価益　認　容	12,000,000	12,000,000	

別表五（一）

区　　　分	期　首　現　在利　益　積　立　金　額	当　期　の　増　減		翌　期　首　利　益積　立　金　額
		減	増	
	①	②	③	④
オプション資産	12,000,000	12,000,000		

《消費税の修正》

デリバティブ取引の期末未決済損益は消費税の課税対象外ですから，法人税の修正に伴う消費税の修正は必要ありません。

事例52　有価証券の空売り等に係る期末未決済損益を計上していなかった場合

当社は３月決算法人ですが，前期にＣ社株式を信用で100,000株（１株当たりの売却単価450円，取扱手数料278,300円，税込み）を売付ける約定を行い，委託証拠金13,500,000円を支出しました。

そして，前期の確定決算において，当該信用売りに係る取引について次の仕訳を行い，それ以外の処理は行わずに申告を行っていました。

（借方）　差入保証金　13,500,000円　　　（貸方）　現預金　13,500,000円

520

　　税務調査において，信用売りしたＣ社株式の期末の時価は380円となっていることから，信用取引を決済したものとみなした利益が7,000,000円発生しているので，その利益を所得金額に含めるように指導がありました。

　　この場合の修正申告はどのように行えばよいのでしょうか。

解　説

　法人が有価証券の空売り，信用取引，発行日取引及び有価証券の引受けを行い，それが事業年度終了の時において決済されていない場合（繰延ヘッジ又は時価ヘッジの対象となるものを除きます。）には，その有価証券の空売り等を決済したものとみなして算出した利益の額又は損失の額を，洗替方式により益金の額又は損金の額に算入しなければなりません（法法61の４）。

　なお，信用取引に要した委託手数料の額は反対売買を行った時の費用として経理します。

具体的修正の方法

《法人税の修正》

　貴社は，前期に信用取引によりＣ社株式を売付ける取引について，期末に決済したものとみなして算出した利益の額を所得金額に加算していませんでしたので，これを所得金額に加算しなければなりません。

$$\underset{(売付け価額)}{(450円 \times 100,000株)} - \underset{(決済のための買戻価額)}{(380円 \times 100,000株)} = \underset{(利益の額)}{7,000,000円}$$

　この場合の修正を仕訳で示すと次のようになります。

（借方）未収金　　　　　7,000,000円　　（貸方）営業外利益　　　7,000,000円

　そして，この場合の別表四及び別表五(一)の記載は次のとおりです。

　なお，信用取引に係るみなし決済損益の計上は，消費税の課税対象外ですから，税抜経理及び税込経理とも同様になります。

第18章　時価会計・ヘッジ会計　*521*

別表四

区　　　　　分	総　　額	処　　分		
		留　　保	社 外 流 出	
	①	②	③	
加算 信用取引の未決済利益計上もれ	7,000,000	7,000,000		

別表五（一）

区　　　分	期 首 現 在 利益積立金額	当 期 の 増 減		翌 期 首 利 益 積 立 金 額
		減	増	
	①	②	③	④
未　　収　　金			7,000,000	7,000,000

(注)　別表五(一)に記載された未収金は，貸倒引当金の対象となる売掛債権等には該当しません。

▷当期の処理◁

　貴社が信用取引の売付けについて，当期において決済している場合には，その決済による損益が，当期の確定決算において計上されていることになります。

　そして，前期の修正申告において別表四で加算した信用取引の未決済利益は洗替方式とされていることから，当期の申告においては，前期に計上した信用取引の未決済利益を所得金額から減算することになります。

　そのため，当期の別表四及び別表五(一)の記載は次のようになります。

別表四

区　　　　　分	総　　額	処　　分		
		留　　保	社 外 流 出	
	①	②	③	
減算 信用取引の未決済利益認容	7,000,000	7,000,000		

別表五（一）

区　　分	期　首　現　在 利益積立金額	当期の増減		翌期首利益 積　立　金　額
		減	増	
	①	②	③	④
未　収　金	7,000,000	7,000,000		

《消費税の修正》

　信用取引により有価証券を売付けた行為は有価証券の譲渡として消費税の非課税取引に該当しますが，その譲渡の時期は，売付けに係る取引の決済を行った日となります（消基通9－1－18）。したがって，信用取引の決済を行った日を含む課税期間において2,250,000円（450円×100,000株×5％）を課税売上割合の分母に算入することになります。

　なお，期末に未決したものとみなした利益の額は消費税の課税対象外ですから，法人税の修正に伴う消費税の修正は必要ありません。

《著 者 紹 介》

諸星　健司（もろほし　けんじ）

中央大学経済学部卒
国税庁消費税課，東京国税局調査第一部調査審理課，東京国税不服審判所を経て，現在税理士

〔主な著書〕
「法人税・消費税等の経理処理実務」，「みなし配当をめぐる法人税実務」，「事例詳解　資本等取引をめぐる法人税実務」，「グループ法人税制と申告調整実務」，「会計基準と税務処理の重要ポイント」（以上，税務研究会），「関係会社間の税務」（税務経理教会），「設例でわかる法人税申告調整の実務ポイント」（中央経済社）

本書の内容に関するご質問は、ファクシミリ等、文書で編集部宛にお願いいたします。（fax 03-6777-3483）
なお、個別のご相談は受け付けておりません。

否認事例にみる 法人税・消費税 修正申告の実務

平成11年4月15日	初 版 発 行	（著者承認検印省略）
令和元年9月20日	四訂版第一刷印刷	
令和元年9月24日	四訂版第一刷発行	

© 著者　諸 星 健 司

発行所　税務研究会出版局
代表者　山 根　　毅
郵便番号100-0005
東京都千代田区丸の内1-8-2
鉄鋼ビルディング
振替00160-3-76223
電話〔書 籍 編 集〕03（6777）3463
　　〔書 店 専 用〕03（6777）3466
　　〔書 籍 注 文〕03（6777）3450
　　〈お客さまサービスセンター〉

●　各事業所　電話番号一覧　●

北海道	011（221）8348	神奈川	045（263）2822	中　国	082（243）3720
東　北	022（222）3858	中　部	052（261）0381	九　州	092（721）0644
関　信	048（647）5544	関　西	06（6943）2251		

〈税研ホームページ〉https://www.zeiken.co.jp

乱丁・落丁の場合は，お取替えします。　　　　印刷・製本　藤原印刷株式会社

ISBN978-4-7931-2482-2

消費税関係

《2019年7月1日現在》

〔七訂版〕勘定科目別の事例による
消費税の課否判定と仕訳処理

上杉 秀文 著／A5判／780頁

定価 **4,500** 円+税

勘定科目別に選定した事例を基に仕訳処理を示し、関連する法人税、所得税等の取扱いも含めてわかりやすく解説。10%税率への対応のほか、収益認識に関する会計基準及び法人税法の改正、平成31年度税制改正まで織り込んで全体的に見直しています。軽減税率の適用、リバースチャージ方式の適用などを中心に新たな事例を追加し、総数854事例を収録。

2019年5月刊

〔改訂版〕
消費税の「軽減税率とインボイス制度」完全解説

太田 達也 著／A5判／476頁

定価 **2,500** 円+税

軽減税率制度、区分記載請求書等保存方式、適格請求書等保存方式(インボイス方式)などについて、2018年7月の初版刊行後に公表された最新の法令等に基づき、実務上の対応に必要な事項をできる限り詳説。今版では、軽減税率の対象となる飲食料品の新たな論点や、各種請求書等の具体的な記載方法等について加筆を行っています。

2019年6月刊

「消費税 税率引上げ・軽減税率・
インボイス」施行に係る準備と実務

渡辺 章 著／A5判／324頁

定価 **2,000** 円+税

軽減税率制度とインボイス方式について、その制度自体を詳しく解説し、それぞれの制度に潜む問題点を筆者の視点からピックアップしています。これと併せて、新制度導入に向けての準備に関して、検討すべき事項を列挙するとともに、それぞれのポイントをまとめています。

2019年4月刊

ポイントで理解する 消費税改正

椿 隆 著／A5判／252頁

定価 **2,000** 円+税

2019年10月1日から導入される軽減税率制度について、各章の冒頭で改正項目を理解するための「ポイント」を示し、軽減税率制度の立法趣旨等を踏まえて、できる限りわかりやすく簡明に解説するとともに、消費税率引上げ前後の注意点にも言及。

2019年1月刊

税務研究会出版局 https://www.zeiken.co.jp